Paul Eluard:
Liebesbriefe an Gala
(1924–1948)

Herausgegeben und kommentiert
von Pierre Dreyfus
Mit einem Vorwort von Jean-Claude Carrière

Deutsch von Thomas Dobberkau

Deutscher
Taschenbuch
Verlag

dtv

Ungekürzte Ausgabe
1. Auflage Januar 1990
Deutscher Taschenbuch Verlag GmbH & Co. KG,
München

Titel der französischen Originalausgabe:
»Lettres à Gala«

ISBN 3-455-01878-5
Die Übersetzungen der Gedichte Eluards stammen von Lothar Klünner (in Brief Nr. 16, 19, 50, 70, 122, 163, 164 »Krieg der Führer...« bis »Und meinen vermach ich dir.«, 228, 230), von Johannes Hübner (in Brief Nr. 76, 105, 129), aus: Paul Eluard, »Choix de Poèmes/Ausgewählte Gedichte«, Neuwied/Berlin 1963, von Friedrich Hagen (in Brief Nr. 111), von Max Hölzer (in Brief Nr. 164 »Die poetische Objektivität...« sowie »und deine Regenhände...« bis »Sogar die Frau die mir fehlt.«), aus: »Vom Horizont eines Menschen zum Horizont aller Menschen«, Berlin 1956.
Umschlaggestaltung: Celestino Piatti
Gesamtherstellung: C. H. Beck'sche Buchdruckerei,
Nördlingen
Printed in Germany · ISBN 3-423-11166-6
1 2 3 4 5 6 · 95 94 93 92 91 90

Das Buch

»Meine Schöne, meine Angebetete, ohne Dich ist es sterbenslangweilig. Gähnende Leere hier, zum Küssen sind mir nur Deine Kleider geblieben. Deine Augen, Dein Mund, Dein ganzes Wesen, sie fehlen mir. Du bist die einzige, ich liebe Dich in alle Ewigkeit.« Die Briefe des surrealistischen Dichters Paul Eluard an seine Frau Gala sprechen von einer intensiven Liebesbeziehung, die sich nur wenig um gesellschaftliche Konventionen kümmerte und auch zahlreiche Affären mit Dritten einschloß. Trotz vieler Trennungen und mancher Zerwürfnisse nahm seine Liebe zu Gala in Eluards Leben stets einen besonderen Stellenwert ein, auch als die beiden bereits geschieden waren und Gala längst mit dem Maler Salvador Dali zusammenlebte. Es ist keine Phrase, wenn er schreibt: »Ohne die Liebe, die ich für Dich hege, würde ich sterben.« Neben dieser großen ungewöhnlichen Liebesgeschichte spiegelt sich in diesen Briefen auch die Epoche des Surrealismus, die Eluard mit seinen Freunden wie Max Ernst, Breton, Aragon, Picasso, Miró, Dali und Man Ray prägte.

Der Autor

Paul Eluard, eigentlich Eugène Grindel, wurde am 14. Dezember 1895 in Saint-Denis bei Paris geboren. 1912/13 wegen einer Lungenkrankheit Aufenthalt in einem Sanatorium bei Davos, wo er Helena Dmitriewna Diakonowa oder »Gala«, seine spätere Frau, kennenlernte. 1914 Soldat im Ersten Weltkrieg. 1917 erschien sein erster Gedichtband »Le devoir et l'inquiétude«. In diesem Jahr auch Heirat mit Gala. 1924 Aufbruch Eluards zu einer großen Weltreise. 1929 Trennung und 1932 Scheidung von Gala, als sie den Maler Salvador Dali kennenlernte, mit dem sie bis zu ihrem Tod 1982 zusammenlebte. Trotzdem erhielt Eluard die Beziehung und den Briefwechsel zu Gala aufrecht. Politische Aktivitäten in der Résistance und der KPF. Freundschaft mit Pablo Picasso und anderen bedeutenden bildenden Künstlern. Eluard starb am 18. November 1952 in Charenton-le-Pont bei Paris.

Vorwort

Paul-Eugène Grindel – der sich später Paul Eluard nannte – und ein junges russisches Mädchen namens Helena Dmitriewna Diakonowa – die von ihm für alle Zeit den Namen GALA erhielt – lernten sich im Dezember 1912 im Sanatorium von Clavadel, unweit von Davos kennen, wo sie sich wegen einer Tuberkuloseerkrankung zur Heilkur aufhielten. Sie waren damals beide erst siebzehn Jahre alt.

Als sie sich im Jahr 1914, kurz vor dem Ausbruch des Ersten Weltkrieges, zum erstenmal trennten, fuhr Gala nach Rußland zurück. Eluard, der erst zum Hilfsdienst eingezogen worden war und danach eine Weile in einem Krankenhaus lag, diente schließlich in einem Infanterie-Regiment. Gala kehrte 1916 aus Rußland zurück, und da das Leben trotz Krieg weitergeht, heirateten sie im Februar 1917. Ein Jahr später brachte Gala ein Mädchen – Cécile – zur Welt.

Einige – jugendlich-leidenschaftliche – Briefe Galas aus diesen ersten Jahren wurden wiedergefunden. Sie stehen im Anhang dieses Buches. Verschiedene Briefe Eluards sind in *Lettres de Jeunesse* bei Seghers erschienen. Jene, die wir heute herausbringen und die allesamt an Gala gerichtet sind, wurden von ihrer Tochter Cécile nach dem Tod ihrer Mutter im Jahr 1982 gefunden. Sie umfassen den Zeitraum von 1924 – zwölf Jahre nach ihrer ersten Begegnung, sieben Jahre nach ihrer Heirat, als die surrealistische Auseinandersetzung voll in Gang gekommen war – bis 1948 – vier Jahre vor dem Tode Eluards. Alle diese Briefe wurden von Gala über dreißig Jahre lang aufgehoben.

Wir wissen nicht, ob es noch weitere Briefe von ihm gab, die möglicherweise verlorengingen oder vernichtet wurden.
Folgen wir eine Weile der Beziehung zwischen dieser Frau und diesem Mann, so wie uns die Briefe dazu einladen. Trotz Stürme, trotz Entfernungen und trotz verschiedener Zerwürfnisse hat Eluard die Beziehung zu Gala stets als ein kostbares Geschenk betrachtet.
Über die ersten Jahre erfahren wir nur wenig. Eluard und Gala verbringen die meiste Zeit zusammen, beteiligen sich wohlgemut am selben Kampf. Sie schreiben einander nur wenig. Ihre wechselseitige Untreue scheint für sie kein Problem darzustellen – wenn man den Briefen Glauben schenkt. Sie entziehen sich der konventionellen Gefühlsgemeinschaft Ehe und lehnen jeden Besitzanspruch gegenüber dem anderen ab. Wie Eluard häufig sagte, bejahte er eine höhere, eine substantielle Treue, die durch die Kapricen des Körpers nicht gefährdet werden könne. Eine jede große Liebe grenzt ans Utopische, und dieses Streben nach dem Unmöglichen begleitet uns von Brief zu Brief.
Durch ein Paradoxon, das Eluard wohl für wahr hielt und das es vielleicht auch ist, behauptet er sogar, treu bleiben zu können, gerade weil er frei ist.
Schon ab 1929 lebten die Eheleute körperlich voneinander getrennt, ohne Groll und ohne Haß. Doch in den darauffolgenden Jahren führte sie die Leidenschaft immer wieder zusammen. Fast liebevoll schrieb damals Eluard an Gala, er habe eine kleine Berlinerin kennengelernt und »große Lust, für drei Tage nach Berlin zu fahren«. Er fügte hinzu: »Aber natürlich nur, wenn Du *nichts* dagegen einzuwenden hast...«
Gala hatte nichts dagegen einzuwenden. Eluard fuhr nach Berlin. Eine enttäuschende Reise, in deren Verlauf er auch noch krank wurde.
Hinter dieser scheinbaren Unkompliziertheit der Umgangsformen, bei denen es ihnen wohl um mehr ging als um formale Treue, und die deutlich macht, daß alle beide in ihrem ehelichen Zusammenleben über die bürgerlichen Konventionen hinausgehen wollten, vernimmt man allerdings auch bedrohliche, ja fast verzweifelte Töne. Galas Zuneigung für Max Ernst, der eine Zeitlang mit dem Paar zusammenlebte, muß Paul Eluard

ebenso stark verwirrt haben wie der Streit mit seinem Vater und das allgemeine Durcheinander, in dem er lebte, und zwar derart, daß er im Jahr 1924 Hals über Kopf zu einer großen Weltreise aufbrach. Während dieser »idiotischen Reise« litt er so sehr unter der Einsamkeit, daß er Gala und Max Ernst darum bat, zu ihm nach Asien zu kommen. Umsonst, denn schon kurze Zeit danach versetzte ihm Freund Max während einer Zusammenkunft bei André Breton mit der Faust einen kräftigen Schlag aufs Auge. »Das Schwein Max Ernst... Das Argument eines Boxers. Und das angesichts der menschlich hohen Ebene, auf der ich uns wähnte.« War es wegen Gala? Wir wissen es nicht genau. Die richtige Trennung erfolgte 1929, als Gala und Salvador Dali sich in Cadaqués kennenlernten. Luis Buñuel, Zeuge dieser Begegnung erzählt in seinem Buch *Mein letzter Seufzer,* deutsche Ausgabe Athenäum 1983, u. Ullstein Tb 1985, wie Dali damals völlig aufgewühlt angerannt kam und ausrief: »Es ist eine außergewöhnliche Frau angekommen.«

Dali selbst hat diese entscheidende Begegnung lang und breit beschrieben, in Eluards Briefen jedoch findet sich davon nur ein schwacher, bisweilen bitterer Widerhall – wobei er stets das, was ihm wesentlich erschien, hervorhob: die Liebe, die stärker ist als die Trennung, und seinen Wunsch, Gala glücklich zu sehen.

Dieses Glück hatte für ihn absoluten Vorrang. Eluard schrieb es, wiederholte es immerzu, als wollte er erst einmal sich selbst davon überzeugen. Und dieses Glück war allem Anschein nach von Dali nicht zu trennen.

Dali hat einmal versichert – und das erscheint uns einigermaßen glaubhaft (Buñuel war davon sogar überzeugt) –, daß Gala die einzige Frau war, mit der er je geschlafen hat. Sie blieb damals (im August 1929) in Cadaqués, fuhr später nach Paris zurück, stieg wieder in den Zug Richtung Cadaqués... In jener Zeit häuften sich Eluards Briefe. Man schreibt stets einem Abwesenden – und Gala blieb immer öfter fort und schließlich ganz bei Dali, bis zu ihrem fernen Tod.

1932 ließen sich Eluard und Gala scheiden, doch gehört es zu den Absonderlichkeiten dieser Liebesgeschichte, daß sie selbst nach Eluards Heirat im Jahr 1934 mit der zarten und sanften Nusch,

mit »Nusch, der vollkommenen«, noch jahrelang fortdauerte und daß Eluards Leidenschaft scheinbar nicht schwächer, seine Sprache nicht abgeklärter wurde. Ungeachtet der großen Zuneigung, die er für seine zweite Frau empfand, blieb Gala in seinen Briefen die einzige, die unersetzliche Inspiratorin, eine Art Leuchtturm, ohne den jedes Leben in die Irre geht und zerschellt. Die geschiedenen Eheleute sahen sich noch oft in der Folgezeit. Und es ist so gut wie sicher, daß sie wiederholt miteinander schliefen, bis der Krieg sie für lange Jahre voneinander trennte. Erst in den letzten Jahren, nach Nuschs plötzlichem Tode, legte sich ein wenig das lodernde Feuer seiner Liebe.
Als Eluard viele Jahre nach dem Kriege Dali wiederbegegnete, zeigte er sich darüber enttäuscht, daß dieser, und Gala mit ihm, immer mehr in mondänen Kreisen verkehrte, die ihn, Eluard, nicht im geringsten interessierten. Er selbst, jener »alte, unnütze und ungeschickte Narr«, der sich einst beklagte, er führe »das Leben eines Besiegten«, war nun eine bekannte Stimme, die millionenfach gehört wurde. Er genoß großes Ansehen, man erwies ihm hohe Ehrungen, lud ihn zu Reisen ein. Er hatte es geschafft. Ein Ruhm ohne Geld allerdings – will man seinen Briefen an Gala Glauben schenken, in denen die Worte der Liebe nunmehr mechanischer, hohler klingen. Geblieben ist die Melancholie. In einem der letzten Botschaften an sein »ewiges kleines Mädchen« gesteht er: »Ich kann nicht mehr so recht lachen.« Und zutiefst entmutigt durch Nuschs Tod, entschlüpft ihm dieses Bekenntnis: »Das Leben ist doch recht schwer.«

Wie in jedem anderen Briefwechsel geht es auch in diesen Briefen um die ewigen Alltagssorgen, um die Gesundheit, ums fehlende Geld; und es ist von Kaufgeschäften die Rede, von weiterverkauften Kunstgegenständen und Gemälden, von den Konflikten innerhalb der Surrealistengruppe. Man erfährt, daß Eluard, ungeachtet seiner Trennung von Gala, auf Dalis Meinung – er nennt ihn die »Denkmaschine« – großen Wert legt, daß er ihn um seine Kritik bittet und sich sehr besorgt zeigt, als dieser eine gewisse Faszination für Hitler zeigt. Dali mußte für seine Phantastereien unbedingt ein anderes Thema finden ... Man wird sehen, wie er selbst die Gefahren klar erkennt, die auf

ihn lauern; als er die Befürchtung äußert, er selbst könnte wohl ein »gräßlicher Romantiker« sein oder als ein solcher erscheinen. Man erhält Kenntnis von seinen Beziehungen zu André Breton bis zum endgültigen Bruch (den er mit diesem sonderbaren Satz kommentiert: »Mögen andere sich etablieren«); man erhält Einblick in all die kleinen Momente, die ein Leben ausmachen, begreift den »ungeheuren Zorn«, den die Bombardierung von Guernica in Eluard hervorruft, und die Gemütsfassung, die nach Eluards Mobilisierung in der Vorphase des zweiten Weltkrieges (er sagte von sich, er sei der älteste Oberleutnant Frankreichs) in dieser Bemerkung zum Ausdruck kommt: »Ich werde zu einem komischen Kauz.«
Schritt für Schritt verfolgt der beharrliche Leser die Suche des Dichters nach dem, »was die Poesie nicht entehrt«.
Aber es sind vor allem Briefe, in denen ein Mann von der Liebe spricht.

In erster Linie von körperlicher Liebe. Anders als bei den meisten Nachlaßverfahren, die häufig einen »kastrierenden« Eingriff zur Folge haben, fügt diese Publikation dem Werk und dem Leben des Dichters eine zusätzliche, eine erotische Note hinzu. Das ist allerdings schon keine Ausnahme mehr. Es verwundert heute niemanden, daß Poeten ein sexuelles Leben haben, daß sie darüber reden und gut darüber reden. Man ist sich schon lange darüber einig, daß jeder öffentliche Mensch uns sein Intimleben, seine Wünsche, seine Wunschträume und Obsessionen nicht vorenthalten darf, denn sie sind Ausdruck der verschlungenen Wege eines Herzens, das er selber nicht kennt.
Hätte man nun diese Briefe verbrannt oder in irgendeine prüde Schatulle verbannt – zwecks späterer Indiskretionen –, ein Leben wäre damit verzerrt, ein Toter wäre zensiert worden. Wenn auch manche Zeitgenossen noch dazu neigen, unsere Geistesfürsten mit dem Nimbus der Unantastbarkeit zu umgeben, und im Namen ihrer eigenen Tugend an einer solchen Veröffentlichung Anstoß nehmen oder sich gar empören, so werden andere Leser Freudensprünge machen: Paul Eluard – ungeschminkt, überraschend, reicher, so wie er lebte und liebte. Das erotische Gepräge dieser Briefe – Tagträume, Erinnerung an ein bestimmtes

Erlebnis, Aufzeichnung eines Traumes oder prächtige Masturbation –, dieses Gepräge entsteht aus der mit einfachen Worten und starken Bildern zum Ausdruck gebrachten Liebe eines Dichters, der uns auch hier noch zu fesseln vermag.
Im übrigen sagt er es uns selbst: Der schöne Ausdruck der sexuellen Lust kann ein Weg zur Befreiung, zur Vervollkommnung sein. Und das gilt ebenfalls für die Darstellung dieser Lust, wie man aus seiner Huldigung des »obszönen Films« urteilen kann.
Bleiben wir auf derselben Ebene, und ziehen wir nicht das Geschlechtliche ins Prosaische hinab. Richten wir unseren Blick auf das Ganze. In allen großen Liebesbeziehungen findet jeder seine eigene Geschichte. Das gilt auch für diese Briefe. Die Literaturkritik, die sich ihrer annehmen wird, wird uns sagen, was wir über die teils offenkundigen, teils verborgenen Wechselbeziehungen wissen sollten, die mit dem anderen Teil des Werkes bestehen. Als Leser begegnen wir vornehmlich einem Menschen, der uns mit Nachdruck zu verstehen gibt, daß »ohne Liebe schon immer alles verloren war«.
Daß er Gala geliebt hat, beziehungsweise lieben wollte, noch bevor er sie eigentlich kannte und auch dann noch, als sie endgültig voneinander getrennt lebten, daß er sie jede Sekunde seines Lebens geliebt hat oder – das eine schließt das andere nicht aus – daß er sie »in alle Ewigkeit« liebte – das verdeutlichen uns diese Briefe, indem sie uns jenen Kampf gegen die Zeit zeigen, den Paul Eluard stets mit der Liebe als seiner ersten Waffe geführt hat. Oft genug hat er die Meinung verfochten, daß allein die Liebe imstande ist, Vergangenheit und Zukunft zu vereinen, zu verschmelzen und zu besiegen. Starke Liebe existiert außerhalb von Werden und Vergehen, und Gala war seine zeitlose Pyramide. »Ich denke an Dich wie an das schicksalhafte Licht meiner Geburt.« Für sie und durch sie wurde er geboren. Sie ist seine Herkunft und sein Schicksal, sie ist seine Freiheit, sie ist ganz einfach er selbst. »Mein Kind, ich selbst«, sagte er zu ihr, und manchmal sogar: »Mein Wesen ...«
Von dieser tatsächlichen Identifizierung zeugen in den vorliegenden Briefen verschiedene Lapsi linguae. Eluard liebte in Gala eine gewisse Form der Zeitlosigkeit. Ihr selbst jedoch waren

Erinnerungen verhaßt, nie sprach sie von der Vergangenheit. Da sie frei war von jeder banalen Sehnsucht nach früheren glücklichen Tagen, erblickte er in ihr »die freieste aller Frauen«. Er brauchte sie nicht kennenzulernen, ihr nicht zu begegnen – er hatte sie schon immer gekannt. Daraus erwuchs ein starkes Gefühl, vor dem Raum und Zeit weichen. Und daß die Liebe auch dann fortbesteht, wenn der geliebte Mensch sich entfernt, das ist nur allzu logisch: Ein Umtausch der Ewigkeit findet unterwegs nicht statt.

Lange schon vor Galas Abkehr manifestierte sich dieser schwärmerische Optimismus im Wechsel mit Anfällen von Schwermut, die den Stil der Briefe mitprägten und sich mit den Jahren noch verschlimmerten. Eluard sprach von »einer großen, entsagungsvollen Leere«, von »einem großen traurigen Traum«, als erschiene ihm sein Streben als zu vermessen, illusorisch gar, als habe sich das, was er von der Liebe erhofft hatte, als unerreichbar erwiesen. Für diesen hohen Bund, für diese große Herausforderung benutzte Eluard ein passendes Wort: »mystisch«. Doch verband er es mit einem unerwarteten Eigenschaftswort: »Ich habe immer mehr eine mystische und verzweifelte Vorstellung von Dir.«

Durch zuviel Identifizierung droht man, sich selbst zu verlieren. Die Abwesenheit läßt schließlich Zweifel aufkommen, ob die Frau, mit der er sich eins wähnte, auch wirklich existiert. »Ich bin in Deinen Augen«, schreibt er ihr, womit er wohl andeutet, daß er nur durch ihre Augen sah. Wenn diese Frau aber er selbst und dieser Blick der seine ist, vor welcher dunklen Kulisse erfolgte dann die Liebesbalz? Ein Verdacht kommt auf: »Du bist wahrscheinlich meine Phantasie...«

Dann beruhigt er sich wieder: »Ich kann nur zu Dir ernsthaft reden, weil ich Dich liebe.« Da er zu ihr spricht, existiert sie auch und antwortet ihm von Zeit zu Zeit. Gelegentlich erlag er gar der Verlockung einer Einsamkeit zu zweit und der damit verbundenen Geborgenheit: »Ich träume davon, mit Dir zu sein, anstatt mit der Welt zu sein.«

Jede Liebesgeschichte, die wie diese einseitig durch Briefe ohne Antwort belegt ist, hat etwas Unfertiges an sich, wie eine Piste im Wald, die man nur durch spärliche Anhaltspunkte verfolgen kann. Darüber hinaus fehlt das, was in Gesprächen gesagt wurde, was während des Zusammenseins hätte gesagt werden können. Und das, was nie ausgesprochen wird. Aber abgesehen davon, daß Briefe Zusammenhänge aufdecken, die uns sonst verborgen blieben, das, was nur andeutungsweise darin steht, die verschlüsselten Anspielungen, die sonderbare typographische Gestaltung (Benutzung des Blatts in seiner ganzen Länge und Breite, unterschiedliche Schrifthöhe), die Abkürzungen, die Zeichensetzung, die vertraulichen Mitteilungen, die Einsilbigkeiten – das alles bringt uns den Geheimnissen der Herzen doch etwas näher.

Da es hier um Gala, um eine der großen Frauen des Jahrhunderts geht, verdichtet sich das Geheimnis noch um einiges mehr. Das, was man über sie sicher zu wissen glaubte, erscheint mit einem Mal recht fragwürdig. Die Konturen des Klischees verfließen. Wer war sie?

Wie jedes, unablässig flackernde Bild von einem Menschen, so erhält auch Galas Bild durch diese Briefe neue Glanzlichter, die allerdings den in Schatten gehüllten Bereich nur wenig erhellen. Noch lange wird uns das Gesicht mit den schwarzen Augen dieselben Fragen stellen. Diese Frau, der nicht wenige Menschen Habsucht und Gefühlskälte nachsagten – aber wie einfach ist es doch, das Rätselhafte zu verachten – schickte während des Krieges an ihren wiederverheirateten Ex-Ehemann Geld und Päckchen mit Nahrungsmitteln. Aufmerksam verfolgte sie sein weiteres Schaffen, interessierte sich für sein Leben und zeigte sich zuweilen verliebt in ihn. Man kann sich unschwer vorstellen, daß sie gewissermaßen über ihn wachte. Erinnern wir uns doch an diesen Satz aus einem ihrer Jugendbriefe: »Du mußt höher sein als Dein Ehrgeiz.«

Und erinnern wir uns auch an dieses Bekenntnis: »Du liebst mich nicht so, wie ich Dich liebe.«

Gala überlebte Eluard um drei Jahrzehnte. Dreißig Jahre lang hob sie – die von sich sagte, sie verabscheue jede Art von Erinnerung – seine Briefe auf, ja selbst die Telegramme und Postkarten. Hat sie diese Briefe je wieder gelesen? Wir wissen es nicht. Vielleicht hatte sie diese einfach vergessen. Solange das Leben weitergeht, neigt der Mensch wohl dazu, die eigenen

Relikte zu vernachlässigen. Mit dem Tod bekommen die Worte wieder ein größeres Gewicht. So bleiben uns heute nur noch diese Spuren der Abwesenheit, Fragmente, die von größerer Dauer sind als zwei in die Erde versenkte Körper.

Jean-Claude Carrière

1. Paul Eluard und Gala in Clavadel, 1913

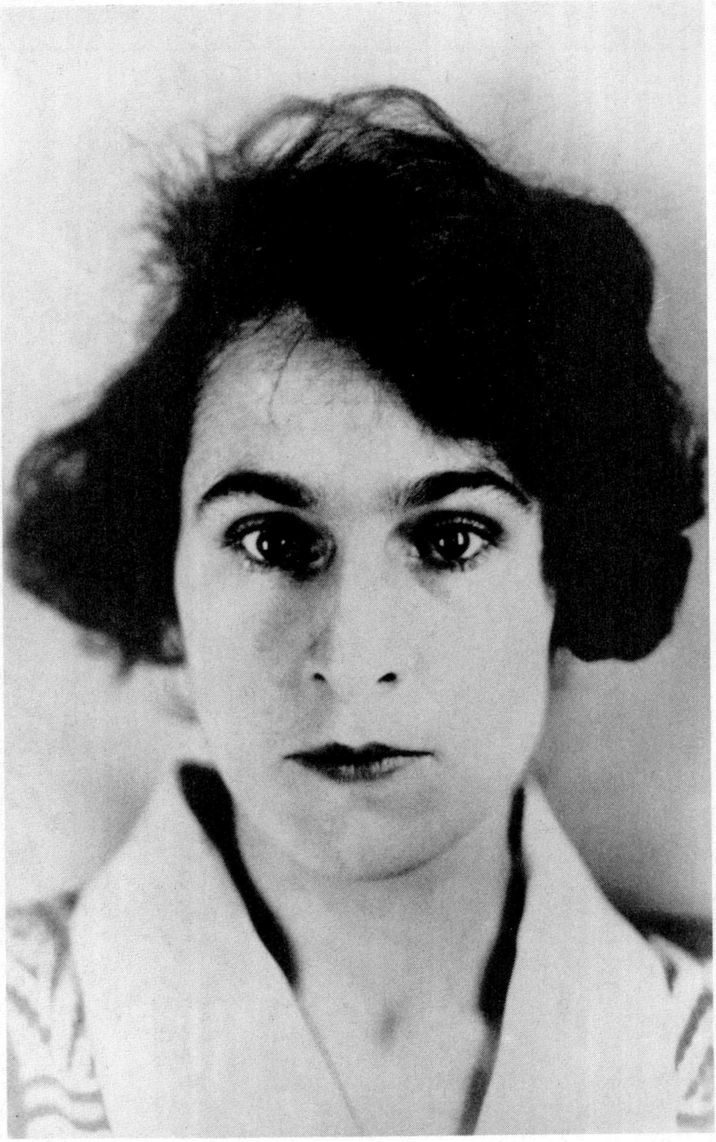

2. *Gala, 1927*

3. Paul Eluard, 1930

4. *Eluard um 1935*

5. *Gala, Eluard, Dalí, Valentino Hugo und René Crevel im Luna-Park um 1930*

Briefe von Paul Eluard an Gala

(Mai 1924 – Februar 1948)

1.
Poststempel: Cristobal[1]*, 12. Mai 1924 – New York, 20. Mai 1924.*
Absender: »Sender: M. Grindel-Papeete-Tahiti«.[2]
Empfänger: Madame Hélène[3] *Grindel, Avenue Hennocque 4, Eaubonne (Seine-et-Oise)*[4]*, Frankreich.*

Geliebtes kleines Mädchen, ich hoffe, Du kommst hier bald mal vorbei. Ich langweile mich. Ich habe Dir ständig geschrieben. Du hättest vor Deiner Abreise die Briefumschläge vorbereiten sollen.[5] Wenn Du erst einmal hier bist, wirst Du sehen, was für Geschenke ich Dir machen werde. Du bist die einzig Kostbare. Ich liebe nur Dich, ich habe immer nur Dich geliebt. Ich kann nichts anderes lieben.
Ich füge meinem Brief 200 Mark bei. Wenn Du Objekte findest, vor allem »Tikis«, »Gelegenheiten« oder »Nazca«*, dann zahle sie für mich an.

Dieser Brief geht sofort zur Post. Ich küsse Dich überall.
Paul

Seitdem Du weg bist, habe ich jede Minute an Dich gedacht. Könntest Du Nierendorf[6] nach Gurlitts Adresse fragen (Potsdamer Straße Nr.?) oder im Telephonbuch nachsehen, Du könntest nämlich in der Rue Torrès eine Maske aus Schildpatt abholen, die Tual[7] bei ihm gekauft hat? Dieser hat ihm schon Bescheid gesagt, daß er sie Dir aushändigen soll. Wenn sich irgendwelche Schwierigkeiten ergeben (Zoll, Transport usw....), dann laß es sein. Ansonsten wäre es für Tual sehr viel einfacher, wenn Du sie ihm mitbringst.

* Umgangssprachliche Ausdrücke des Kunsthandels

Vielen Dank für die Mühe, Gala. Machen Sie sich aber vor allem keine Umstände.
Freundliche Grüße,
Roland Tual

2.
Telegramm.
Aufgegeben in: Paris.
Ankunftsstempel: Arosa, 27. Juli 1925[1].
Absender: Grindel, Parksanatorium, Arosa, Schweiz.

Habe ein paar Gegenstände verkauft einen herrlichen Picasso gekauft treffen Dienstag morgen 10 Uhr in Leysin ein freue mich riesig Dich zu sehen.
Paul

3.
⟨Paris, um den 25. Mai 1927⟩
Donnerstag

Maia daragaja[1],
Du mußt kurz vor Leningrad[2] sein, oder Du bist schon angekommen. Ich bin in der Rue Clauzel. Es ist sechs Uhr früh. Ich habe nicht geschlafen, bin niedergeschlagen und traurig, traurig. Gestern abend bei Breton habe ich mich mit Max Ernst, dem Schwein, geprügelt, das heißt, er hat mir plötzlich einen sehr heftigen Schlag aufs Auge verpaßt; ich habe nichts mehr gesehen und blindlings zurückgeschlagen.[3]
Marie-Berthe[4] hatte mir aus heiterem Himmel und ohne jeden Grund böse Vorhaltungen gemacht. Max Ernst hat nämlich (in einer Szene mit ihr) ausgeplaudert, daß sie keine Frau meiner Art ⟨*sic*⟩ wäre.[5] Er hat es als Vorwurf gemeint.
Erst habe ich die Dame angefaucht, und da ich der Meinung war, daß der Herr mich übel hintergangen hat, habe ich ihn schließlich einen Lügner geschimpft und ihm die Freundschaft aufgekündigt. Indem ich ihn einen Lügner nannte, wollte ich außerdem, daß er seine Flegelei und seine Gemeinheiten wieder-

1 Moya [illegible], jeudi 1

tu dois arriver à ~~[illegible]~~ Leningrad, ou être arrivée. Moi, je suis rue Clauzel. Il est 6 heures du matin. Je n'ai pas dormi. Je suis abruti et triste, triste.

Hier soir, chez Breton, je me suis battu avec Max Ernst le porc, ou plutôt il m'a frappé ~~[illegible]~~ brusquement assez fort sur l'œil, j'ai perdu la vue et tapé au hasard.

Mariberthe m'avait soudain et sans raisons tenu des propos agressifs. Max lui avait répété (dans une scène avec elle) qu'elle n'était pas une femme dans mon genre ~~[illegible]~~. Il le lui reprochait.

J'ai d'abord engueulé la dame, puis trouvant que le monsieur abusait de moi, j'ai trouvé la

gutmacht. Und da kam der gezielte Schlag, der jedermann außer Gefecht setzt. So hat mich mein bester Freund geschlagen, entstellt – mein Freund, das ist sicher nicht zu viel gesagt, wie Du weißt.[6]
Deshalb hat mich Monsieur, das Schwein, geboxt.
Alle meine Feinde werden frohlocken. Er hat das gewagt, was niemand wagen würde, er hat mich geschlagen – *ungestraft* außerdem. Eine Woche lang konnte ich weder einkaufen gehen, noch irgend etwas anderes tun. Mein Auge sieht scheußlich aus. Aber es ist nichts Schlimmes. Kurz und gut, ich bin wieder ganz ruhig. Max werde ich niemals wiedersehen.
NIEMALS.
Du selbst kannst es halten, wie Du willst. Ich fühle mich im Innersten getroffen, bin schrecklich traurig, alleingelassen. Ich muß an das Schwein Verlaine denken, als der auf Rimbaud schoß und ihn verletzte. Was für ein erbärmliches Argument zwischen Max und mir: einen sauberen Fausthieb aufs Auge – das Argument eines Boxers. Und das angesichts der menschlich so hohen Ebene, auf der ich uns wähnte.
Ich hatte geglaubt, ich wüßte Bescheid. Ich habe mich geirrt. Es war eine Frage der Kraft.
Vor allem aber sollst Du Dich nicht aufregen. Aus Liebe zu Dir werde ich nichts gegen ihn unternehmen, damit Du Dir keine Sorgen machst. Aber verrate mich nicht. Ich würde das nicht überleben.
Sei überall geküßt. Paul
Schreibe mir in die Rue Ordener.[7]

9 Uhr

Ich werde eine dunkle Brille tragen. Sonst ist bei uns alles in Ordnung. Schicke mir Deine Adresse, gut lesbar und ohne etwas zu vergessen: weder Deinen Namen noch etwas anderes. Ich hätte das Schwein umbringen können, aber ich wollte Dir nicht weh tun. Ich bin verraten, beraubt und geschlagen worden. Es ist ein Jammer. Sei aber unbesorgt, ich pflege mich. Es wird alles wieder gut, ich verspreche es Dir. Nimm das alles aber nicht zum Anlaß, um länger wegzubleiben.
Dein Freund
Paul

4.
⟨Eaubonne?⟩ 29. Mai[1] ⟨1927⟩

Meine Schöne, meine Angebetete, ohne Dich ist es sterbenslangweilig. Gähnende Leere hier, zum Küssen sind mir nur Deine Kleider geblieben. Deine Augen, Dein Mund, Dein ganzes Wesen, sie fehlen mir. Du bist die einzige, ich liebe Dich in alle Ewigkeit. All die Not, die ich erlitten habe, ist nichts. Meine Liebe, unsere Liebe brennt sie aus. Wenn Du wieder da bist, werde ich Dich herrlich schmücken. Schreibe mir Deine Maße auf, für die Pyjamas (!!!).[2] Alles, was man kriegen kann, sollst Du bekommen, und es soll das Allerschönste sein. Bleibe nicht so lange fort. Komme bald wieder. Ohne Dich bin ich kein Mensch mehr. Alle anderen Wünsche erfülle ich mir im Traume. Der Wunsch nach Dir kann sich nur in der Wirklichkeit erfüllen. Er absolviert die Wirklichkeit.

Gala, mein Dorogoj, meine sehr geliebte seit eh und je und für alle Zeit, komme so bald wie möglich zurück. Es gibt keinen zwingenden Grund dafür, daß wir einander derart versagen. Trotz meiner Traurigkeit geht es mir hier recht gut.

Tual hat in Deutschland herrliche Objekte gefunden, unter anderem ein 0,80 m großes Totem für 1800 frs. Wenn Du ⟨was⟩ findest, dann soll man mir schreiben. Wie sieht es damit in Rußland aus? Habe den Brief an meine Mutter bekommen. Cécile geht es sehr gut. Schicke doch eine Karte an die verwitwete Madame Salahum[3]: Jouvence de l'Abbé-Soury. Rouen (Seine-Inférieure).

Zur Vernissage von Tanguy-Amérique[4] ist gestern niemand gekommen. Es regnete. Die Ausstellung ist großartig. Schade, daß Du sie nicht sehen wirst. Das nimmt ihr in meinen Augen jeden Reiz.

Breton und ich haben ein Manifest verfaßt und veröffentlicht: *Lautréamont gegen alles und jeden* – gegen Soupault, der eine unmögliche Ausgabe des »Gesamtwerkes«[5] besorgt hat. Wenn Du zurück bist, lese ich es Dir vor.

Ich habe 2 sehr schöne Pueblo-Puppen (New Mexico). Schöneres gibt es nicht auf der Welt. Sie kommen in Dein Zimmer, wo Du auch all die Geschenke finden wirst, die ich Dir noch machen werde.

Schreibe nicht an Max. Marie-Berthe hat sich abfällig über Dich geäußert. Wir haben uns geprügelt. Wir sind für alle Zeit zerstritten. Aber *sei unbesorgt,* ich bin jetzt wieder ganz ruhig. Es wird nichts mehr passieren. *Ich schwöre es Dir.* Wir müssen vergessen, daß es ihn gibt. Bald wird ihn jedermann nur noch hassen. Ich liebe Dich über alles, das weißt Du. Du bist mein zartes, schönes kleines Mädchen. Ich küsse Dich überall.

Paul

Ich habe Deinen Brief aus Moskau bekommen, in dem Du mir vorwirfst, ich würde Dir nicht schreiben. Meine arme Kleine. Ich habe ja Deine Adresse nicht. Ja, komme sobald wie möglich zurück. Deine Treue rührt mich sehr. Aber anders wäre es so schlimm. Laß Dir doch Deine Post nach Moskau nachschicken.

5.
⟨Eaubonne, Juni 1927⟩

Geliebter kleiner Schatz. Ich habe Dir geschrieben, weiß aber nicht, ob Du meinen Brief erhalten hast. Die Adresse, die ich von Dir hatte, war so schlecht geschrieben, und außerdem hattest Du vergessen, Deinen Namen dazuzuschreiben. Ich habe versucht, ihn selbst zu schreiben, habe mich aber dabei geirrt. Aus alter Gewohnheit habe ich Hélène Diakonowa geschrieben.

Mir kommt da eine Idee. Ich werde Fraenkel[1] fragen. Ohne Dich ist es traurig in Eaubonne und auch in der Rue Clauzel.

Damit ich Dir bis nach Berlin entgegenfahren kann, werde ich versuchen, *La Gare de Montparnasse*[2] und vielleicht auch *La Danseuse nègre* von Picasso (28 000) an Alphonse Kann[3] zu verkaufen. Ich weiß nicht, an wen ich in Berlin das Geld schicken soll. Vielleicht an Nierendorf. Schicke mir seine Adresse und schreibe ihm, daß ich Geld für Dich an ihn überweisen werde, das er Dir dann auf der Durchreise aushändigen kann.

Tual hat bei Nierendorf wunderbare Sachen entdeckt. Breton und ich haben hier Puppen aus New Mexico (Pueblo) gefunden. Sie sind wunderschön.

Mir geht es gut. Schreibe nicht an Max. Ich werde es Dir erklären: Wir haben uns tödlich zerstritten, für immer.
Meine über alles geliebte, ich möchte Dich nackt in meinen Armen halten. Du bist mein Lebensquell. Wenn Du kommst, wird das Wetter schön warm sein, und Du wirst nackt bei mir bleiben.
Natürlich möchte ich Dich schon in Berlin wiedersehen, nicht wegen der Kunstgegenstände, sondern um früher mit Dir zusammensein zu können und um die Reise mit Dir zu tun. Und auch, um Dir noch besser sagen zu können, wie sehr ich Dich liebe. Um Dich bei mir zu haben. Meiner Mutter geht es recht gut. Du wirst sehr ⟨?⟩ sein.[4] Ich küsse Dich leidenschaftlich überall.

Paul

Schreibe mir sehr ordentlich Deine komplette Anschrift.

6.
⟨Eaubonne, Juni 1927⟩

Mein armes kleines Mädchen, endlich schickst Du mir Deine Adresse. Ich habe Dir sehr oft geschrieben, fürchte aber, an eine falsche Adresse.
Ja, komme, wenn es geht, schon am 5. zurück. Ich habe entsetzliche Sehnsucht nach Dir. Ich erwarte Dich mit einer immensen Ungeduld. Und ich liebe Dich wahnsinnig. Du mußt so bald wie möglich zurückkommen.
Ich hoffe, daß ich zu Deiner Rückkehr genug Geld haben werde, um Dich mit den allerschönsten Dingen schmücken zu können. Schreibe an das Hotel Am Zoo,[1] sie möchten den Brief, den ich Dir dorthin schicke, aufheben. Versuche auch, Berger[2] zu erreichen. Tual hat in Berlin wunderschöne Sachen erstanden, vor allem amerikanische.
Ich muß nach Aubervilliers fahren. Gabriels[3] Mutter ist gestorben, und ich bin ohne Wagen.

Ich liebe Dich, ich liebe Dich, ich liebe Dich, ich liebe Dich. Ich liebe nur Dich. Du wirst sehen, wie ich Dich verwöhnen werde. Ich liebe Dich und küsse Dich überall.

Paul

Schreibe nicht an Max – wir haben uns endgültig zerstritten. Ich werde es Dir erklären.

7.
⟨Arosa, März 1928⟩

Meine Kleine, ich habe Dir geschrieben und auch nach Berlin telegraphiert.[1] Ich hoffe, daß alles in Ordnung ist. Ich weiß nicht, ob Du meinen Brief noch vor Deiner Abreise erhalten hast. Ich möchte Dich um zweierlei bitten: 1. Wähle bei den Museumsphotos die schönsten Gegenstände aus, die die stärkste surrealistische Ausstrahlung haben; vergiß nicht, Gegenstände aus Nordamerika und von den Eskimos zu photographieren. Ich habe noch keine davon. 2. Kaufe unbedingt ein oder sogar zwei schön phantastische Aquarelle von Klee *bei Walden* oder bei Flemming, wenn dieser sie zu einem *sehr vernünftigen* Preis anbietet. Bei näherer Überlegung finde ich das (die Klee-Bilder) einfach toll – *Die Knospen* für 1000 RM. Ich kaufe sie. Hier ist Max Flemmings Anschrift: Badestraße Nr. 42, glaube ich. Rufe ihn an. Ich mag besonders *Der Grieche und der Gendarm*. Paß aber auf, denn es gibt auch Aquarelle von einem Klee-Nachahmer (nicht verwechseln).
Ich finde Klee phantastisch.
Wie schon in meinem Brief aus Berlin, ermahne ich Dich nochmals, vorsichtig zu sein, Dich nicht zu sehr anzustrengen und daran zu denken, daß Du diese Reise für Deine Gesundheit tust. Mein Brief aus Berlin war besser. Ich will hoffen, daß Du ihn noch bekommst. Ich bete Dich an wie das Licht, das Du bist, wie das abwesende Licht.
Ganz allein der Deine.

Paul

Bei Flechtheim[2] gibt es eine Ausstellung neuer Arbeiten von Klee, aber wahrscheinlich sind sie zu teuer und nicht so gut. Noll[3] will mir die Photos zuschicken, die Bilder befinden sich wohl in der Rue Ordener.

8.
⟨Arosa, März 1928⟩

Mein schönes kleines Mädchen,
Du hast mich falsch verstanden. Ich dachte nämlich, Du würdest am Mittwoch nicht in Arosa[1], sondern in Berlin sein, denn Du hattest mir doch gesagt, daß Du am Sonntag abreisen willst. Ich bin mit dem Befund einigermaßen zufrieden. Im Grunde bin ich auch mit meiner Krankheit *einigermaßen* zufrieden, denn unter anderen Umständen hättest Du nicht so sehr auf Dich achtgegeben wie in einem Sanatorium. Hier kannst Du alles Erforderliche tun: sieben Mahlzeiten, Ruhe, und das alles in einer herrlichen Umgebung. Mir geht es wieder besser, bis auf mein Ohr und meine Zähne, derentwegen ich in Behandlung bin. *Das Wetter ist sehr schön.* Wie Du Dir denken kannst, wird zu Deiner Rückkehr und für Deinen Empfang alles bestens bereitet sein. Nelli[2] hat die Kunstgegenstände in die Rue Ordener geschickt.[3] Habe einen *sehr* langen, sehr ergreifenden Brief von Bousquet[4] bekommen. Er macht ausgezeichnete Photos. Ich schicke Dir eines davon. Bleibe so lange, wie Du möchtest. Ich werde es verschmerzen. Ein durch Dich angeregtes Gedicht ist schon fertig. Ein zweites ist im Entstehen. Und wie viel Liebe und welche Vollkommenheit lege ich in Dich hinein. Sei überall geküßt.

Paul

9.
⟨Arosa, März 1928⟩

Donnerstag

Geliebte Schöne, kaufe bitte für mich keine Bücher über die Kunst der Wilden, es sei denn, Du findest eines von denen, die ich Dir als besonders interessant aufgeschrieben habe. In Paris habe ich nämlich zwei davon bestellt: *Südseekunst* von Stephan und *Die Papua* von Murray. Sie kosten zusammen 200 frs, sind aber gut, gib also sonst kein Geld für mich aus (kaufe keine Krawatte). Als Geschenk wünsche ich mir nur Dich am kommenden Mittwoch und zu wissen, wie es Dir geht und wie einmalig Du bist. Hier regnet es ununterbrochen. Ich gehe nicht aus dem Haus. Der Arzt meint, es wäre nicht gut für mich. Bin müde und traurig, ja, richtig traurig wie ein altes, leeres und staubiges Glasfläschchen. Läuft bei Dir alles nach Wunsch? Ich hätte Dir den Rat geben sollen, mir zu schreiben. Aber Du kannst mir immer noch ein paar Zeilen zukommen lassen. Ich hätte sie dann am Sonntag oder Montag. Eine Karte. Ich küsse Deine Nase, Deinen Mund, Deine Augen, alles. Ich liebe Dich. ⟨ohne Unterschrift⟩

10.
⟨Eaubonne, März 1928⟩

Montag, 1 Uhr

Mein schönes kleines Mädchen, ich bin heute früh gut angekommen[1] und habe mich hingelegt, um bis morgen zu ruhen. Das Geld (250 000) soll mir morgen ausgezahlt werden. Ich werde mit dem Notar Oger[2] erst zu Mittag essen und danach mit ihm das Geld abheben gehen.
Die Reise war doch sehr ermüdend. Am Mittwoch bin ich mit Nini[3] zum Abendessen verabredet. Sie werden uns bestimmt im Winter besuchen. Am Donnerstag gehe ich mit meiner Mutter in die Folies-Bergère.
Ziehe nicht zuviel umher, wenn sich damit nicht auch die Notwendigkeit eines »Vergnügens« verbindet.
Ich liebe Dich über alles.
Ich werde jetzt schlafen. Um Deine Kleider kümmere ich mich.
Ich bin froh, sehr froh, daß Dir die Stricksachen gefallen.
Nutze Deine Freiheit. Man sollte seine Freiheit stets mißbrauchen.
Ich liebe Dich über alles.
Sei überall geküßt.
Paul

11.
⟨Eaubonne, März 1928⟩

Mittwoch

Mein schönes kleines Mädchen, ich kann Dir kaum aufzählen, was ich so alles getan habe. Gestern hatte ich einen Verhandlungstermin bei der Kanzlei.[1] Das hat mich einen halben Tag gekostet. Und natürlich fehlte ein Dokument: die Heiratsurkunde. Ich bekomme sie am Freitag. Hoffentlich, das Geld wird noch vor Freitag ausgezahlt.

War gestern abend mit Breton zusammen, er ist sehr traurig und voller Überdruß. Nichts Neues. Ich werde morgen mit ihm zu Mittag essen. Habe auch Fraenkel vor den Photoautomaten getroffen. Eine Aufnahme kostet 5 frs. Wenn man Grimassen schneidet, ist es ganz lustig.

Habe die letzte Nacht in Paris verbracht. Am Abend bin ich mit den Lavidière zum Essen verabredet. Sie wollen den Winter in Eaubonne verbringen. Deine Tigerjacke wird morgen abgeschickt. Ich bin ganz erschlagen von all den Dingen, die ich noch zu erledigen habe: zu viel. Habe Crevel gesehen, es geht ihm gut. Werde mit ihm zu Mittag essen, am Freitag bei ihm zu Hause und am Samstag in Montlignon.[2]

Nachher eile ich schnurstracks zur Gesellschaft. Und morgen zu Deiner Schneiderin. Verzeih mir, aber nach all der Ruhe ist das eine unmögliche Lebensweise.

Und das alles trotz dieser entsetzlichen Traurigkeit. Keine Kraft für Abenteuer. Wir werden hier nicht bleiben können. Es ist die Hölle. Nach Marseille kommen mir die Leute hier richtig häßlich vor. Es regnet, es ist kalt. Die Arbeit regiert.

Ich liebe nur Dich.

Aber welch ein Geschmack von Leere in diesem Leben. Crevel möchte mit uns eine große Reise machen. Das wäre die einzige Lösung. Und im Süden leben. Das wäre erholsam und lustig.

Breton läßt den lieben langen Tag sein Grammophon laufen, Chansons von Fortugé und von Dranem.

»*Ce que sur la vie la terre est atroce.*«[3]

La Bréchue[4] mag Dich sehr. Die Hunde werden Dir eines Tages einen festlichen Empfang bereiten.

Ich liebe nur Dich. Es gibt nichts außer Dir.

Paul

12.
⟨Eaubonne, März 1928⟩

Donnerstag

Meine sehr Liebe, ich habe es noch nicht geschafft, mit Deiner Schneiderin zu sprechen. Ich war zwar bei ihr, aber sie hatte zu tun. Ich bin für morgen mit ihr verabredet. Aber weißt Du, ich habe anderswo zugegriffen, in den »Modegeschäften«, und hoffe, daß die Sachen Dir gefallen werden. Ich suche weiter, denn mir liegt daran, wirklich passende Sachen zu finden.
Heute abend gehe ich mit meiner Mutter in die Folies-Bergère. Morgen bin ich bei der Schneiderin, esse danach mit Crevel zu Mittag und eile dann mit Oger zur Kanzlei. Diese entstandene Verzögerung ist ärgerlich. Ich fürchte, daß es mir jetzt vor Monatsende nicht mehr gelingen wird, das Geld richtig anzulegen. Laß mich doch per Eilbrief wissen, ob Du etwas dagegen hast, wenn ich noch ein bis zwei Tage länger hier bleibe, falls das Geld nicht rechtzeitig ausgezahlt wird und nicht so schnell und günstig angelegt werden kann. Weißt Du, ich bin seit Dienstag wie ein Geistesgestörter von früh bis spät unterwegs gewesen.
»Le Cirque« läuft nicht mehr. Es ist kaum was los hier. Ich bin *sehr selten* mit *sehr wenig* Leuten zusammen. Nichts Schlimmes – »weder gut noch schlecht«. Alle Welt ist flach.
Verabredung mit Ratton[1] am Samstag nachmittag. Ich muß auch mit Bouissounouse[2] telephonieren. Die Anstrengung bekommt mir ganz gut. Aber diese Stadt bereitet mir keinerlei Vergnügen.

Freitag

Ich habe das Geld von der Kanzlei bekommen. War auch bei Deiner Schneiderin – den ganzen Vormittag. Sie war ein wenig verwirrt bei dem Gedanken, daß sie eine »graubraune« Spitze auf blauen Grund aufnähen soll. Nun, am Dienstag bin ich wieder bei ihr und werde sehen, wie das wirkt. Ich habe auch ein gelbes Nachmittagskleid für Dich bestellt. Das alles wird aber nicht vor nächstem Freitag fertig sein. Wenn es Dir nichts ausmacht, bleibe ich zwei Tage länger und bringe es dann mit. Weißt Du, das blaue Kleid wird wegen der Volants sowieso erst in zehn Tagen fertig sein. Deswegen würde es sich also nicht

lohnen, hierzubleiben. Außerdem langweile ich mich. Ich führe ein Leben, das mit *meinem* Leben nichts mehr zu tun hat. Sicher, die Rückkehr nach Arosa wird kein Vergnügen sein. Vor allem wegen dem, was wir dort vorfinden werden, und nicht wegen dem, was ich hier zurücklasse. Also, wenn Du meinst, daß es Dir nichts ausmacht, wenn ich bis Freitag hierbleibe, dann schicke mir doch ein Telegramm. Es wäre schon das beste im Hinblick auf den Kauf der Wertpapiere. Also gut. Ich lege aber keinen gesteigerten Wert darauf. Ich habe übrigens nicht einmal Zeit, spazierenzugehen, und selbst wenn ich sie hätte, würde es mir keinen Spaß machen. Teile mir auf Deinem Telegramm mit, ob das Kleid so gemacht werden soll, wie Du es gewünscht hast. Die einzige vorgeschlagene Variante war eine Spitze in derselben Farbe. So wird es wohl immer gemacht; eine einzige Farbe. Aber vielleicht passen Graubraun und Blau gut zusammen. Entscheide Du, oder ich entscheide am Dienstag vormittag mit meiner Mutter zusammen, die mich begleiten wird. Du hast vergessen, die Gesamtlänge vom Hals bis zum Knie oder die Rocklänge aufzuschreiben. Das ist etwas unangenehm, weil ich nicht weiß, ob sie die alten Maße noch finden wird.
Langweile Dich nur nicht. Nutze die Zeit, in der Du »allein« bist.
Deine Briefe sind sehr lieb, aber nicht sehr lang.
Liebe mich, aber wenn Dir danach ist, nutze Deine Freiheit.
Liebster Schatz, ich küsse Dich überall, *wirklich*. Ich liebe Dich über alles, nur Dich und ewiglich.

Paul

Habe vergessen, Dir zu sagen, daß die Kunstgegenstände von Nelli einfach herrlich sind.

13.
〈Eaubonne, März 1928〉

Sonntag abend

Mein schönes kleines Mädchen, ich habe den ganzen Tag mit einem prächtigen Schnupfen im Bett verbracht. Vorsichtshalber werde ich auch morgen das Bett hüten.

Fieber habe ich nicht. Es ist also nichts Schlimmes. Wegen meiner Abreise am Freitag warte ich noch auf eine Antwort von Dir. Ich muß am Donnerstag vormittag noch einmal zu Guénot[1] wegen einer Nachuntersuchung. Wenn Dir die Zeit aber zu lang werden sollte, dann rufe mich einfach an. Das Wetter hier ist scheußlich. In der Schweiz ist es wenigstens etwas trockener. Habe Ratton die Eskimoschnitzerei aus Elfenbein verkauft: 6000. Nicht schlecht, was? Von Van Leer[2] habe ich das Gemälde bekommen – wunderbar. Mit Deinen Kleidern geht alles klar, glaube ich. In Sachen Wertpapiere habe ich mich durch Sgard beraten lassen. Der meinte, er würde für sich dasselbe tun. Nun, ohne diese Erkältung wäre alles gut. Ich bin morgen mit Bouiss ⟨ounou⟩se verabredet. Werde nicht hingehen. Gestern war Crevel zum Mittagessen hier. Cécile hat sich darüber gefreut. Meine Mutter legt diesem Brief die Photos von Jouk[3] bei, sie sind sehr schön.
Ich liebe Dich, Dich allein.
Paul

Dein Pelzmantel ist unterwegs nach Lugano.

14.
⟨Eaubonne, April 1928⟩

Montag, 4 Uhr

Geliebter, süßer Schatz, ich bin auch heute im Bett geblieben, und ich hatte gerade einen wunderschönen Traum, einen jener Tagträume, bei denen die körperliche Erregung nach dem Erwachen all die empfundene Lust nachschwingen läßt. Und die Lust, die man dann im wachen Zustand empfindet, gleicht so vollends der Lust, die man im Traum erlebte. Ich lag auf einem Bett neben einem Mann, den ich sicher nicht wiedererkennen würde, einem folgsamen Mann aber, einem Träumer seit jeher und für alle Zeit und einem Schweiger. Ich drehe ihm den Rücken zu. Du kommst und schmiegst Dich verliebt an mich, küßt mich zart, sehr zart auf den Mund, und ich streichle unter Deinem Kleid Deine schmiegsamen und so lebendigen Brüste. Und ganz sanft greift Deine Hand über mich hinweg nach der anderen Gestalt und legt sich auf deren Glied. Ich kann dies an Deinen Augen ablesen, die mich immer verklärter anschauen. Und Dein Kuß wird inniger, feuchter, deine Augen weiten sich. Das Leben des anderen fließt zu Dir hinüber, und bald ist es so, als würdest Du einen Toten masturbieren. Ich erwache leicht berauscht und möchte mich aus diesem Zustand der Lust nicht mehr lösen.

Ich muß gestehen, daß die Rückkehr[1] nach Arosa mich nicht allzu traurig stimmt, zumal es keine Rückkehr nach Arosa, sondern ein Zurück zu Dir ist, also zu meiner Liebe. Demzufolge habe ich nur einen Wunsch: Dich sehen, Dich berühren, Dich küssen, mit Dir reden, Dich bewundern, Dich streicheln, Dich anbeten, Dich anschauen. Ich liebe Dich, ich liebe Dich allein, Du Schönste, und in allen Frauen erblicke ich immer wieder nur Dich: die ganze Frau, meine ganze, so große, so einfache Liebe.

Mir geht es wieder besser. Philippon war heute früh hier und meinte, ich solle auf mich achtgeben, meine Lunge sei aber in Ordnung. Für die Nase, die mir sehr zu schaffen macht, hat er mir eine Kokainsalbe gegeben, die sofort Linderung brachte.

Ich habe immerzu daran gedacht, Dir Bücher zu schicken, aber erst vor drei Tagen habe ich auch welche gefunden. Und bevor ich sie Dir dann mitbringe, werde ich sie vorsichtshalber selber lesen. Du bekommst mindestens drei davon, von denen Dir zwei ganz gut gefallen und Spaß machen werden.

In meinen Briefen schreibe ich oft, daß die Kleider gut passen und daß Du Dich auf wahre Wunder gefaßt machen sollst. Schenke dem keinen allzu großen Glauben. Ich habe eher das Gefühl, daß sie gerade so passen werden. Die Hauptsache, meine Geliebte ist für die Liebe ganz nackt – oder völlig angezogen!

Ihr Telegramm habe ich vor dem auf der Rückseite beschriebenen Traum bekommen. Die »Küsse«, die darauf standen, haben mich sehr verwirrt. Und es wurden Erinnerungen wach, von denen ich Ihnen in Arosa erzählen werde. Ich leide sehr darunter, daß Sie so weit weg sind. Ich bin sehr entschlossen, richtig gesund zu werden. Ich war sehr angetan von einem Kompliment, das mir eine sehr hübsche kleine Berlinerin bei Crevel gemacht hat (die wir in Berlin besucht haben und die zwei kleine Bilder von Rousseau verkaufen wollte. Ihr Mann war ein

⟨recht⟩ gutaussehender Päderast; Du hast ihn sogar »sehr schön« gefunden). Sie sagte, ich sei »groß und schön, habe eine schlanke Taille und breite Schultern«. Möge sie an ihren Illusionen festhalten. Es wäre ein Sakrileg, wenn ich sie ihr rauben würde!! Ha! Ha![2] Ich schicke Ihnen noch ein paar Bilder von Ihrem Jouk, der *auch* zu mir sehr »freundlich« ist und gern auf meinem Bett liegt. Ich werde Ihnen von ihm erzählen. Er wedelt mit dem Schwanz und drückt seine Schnauze in meine Hand.
Ich werde auf jeden Fall am Freitag abend abreisen. Sie sollten von Magadino am Samstag vormittag aufbrechen, um am Abend in Arosa zu sein, es sei denn, Sie möchten aus Gründen ⟨*sic*⟩ den Sonntag noch in Magadino verbringen. Ich versichere Ihnen, daß ich dagegen nichts einzuwenden habe. In diesem Falle würde ich alles vorbereiten, um Sie in Arosa würdig zu empfangen. Meine Sehnsucht wird dadurch keineswegs geringer sein.
Eines steht fest: Ihr Bild geht mir keinen Augenblick aus dem Sinn, ich liebe Sie ganz und gar: so, wie Sie sind, den ganzen Körper, in echter Liebe. Ich bin für immer und ewig Ihr Gatte.
Paul

Ich schicke Ihnen eine kleine Zeichnung, die mir gut gefällt. Sie wäre einzurahmen. Und meine Photos. Darüber hinaus erwarte ich eine Rückzahlung der Steuern, die mein Vater zuviel eingezahlt hatte: 4 bis 5000 frs. Jetzt werde ich wieder schlafen. Von GALA träumen. Ich bringe Ihnen ein Gedicht mit, das für Sie bestimmt ist.
Ich müßte mit Gala unterschreiben. Aus dem Titel *Décalques* ist *Comme une image* geworden.[3]

15.
⟨Arosa, Ende Mai 1928⟩

Meine schöne kleine Dorogaja,
ia tebia lubliu,[1] wahnsinnig.
Ich habe vergessen, Dir zu sagen, Du möchtest Mademoiselle Bouissounouse bitten, mir folgende Bücher zu schicken, und

zwar an das Sans-Pareil (ohne ihr zu sagen, daß sie für mich sind, ohne darüber zu reden):
Alexander Block: *Die Zwölf* (1. Aufl.) [2]
Paul Eluard: *Les animaux et leurs hommes,* davon 1 Exemplar auf Holländer-, China- oder Japanpapier sowie 3 einfache Ausgaben.
– : *Exemples,* 1 Exemplar auf Holländer und 3 normal
– : *Répétitions,* 2 Exemplare an die Nouvelle Revue Française
– : *Capitale de la douleur,* 3 Exemplare.

Sie möchte sie für den Versand *sehr gut einpacken.* Ein schönes Paket. Natürlich soll sie auch sagen, wieviel es kostet, ich werde ihr das Geld überweisen.
Eine Karte von Max bekommen, nach Eaubonne adressiert und mit »guten Gedanken«. Nun ja, das ist doch besser als gar nichts. [3] Der von meiner Mutter gekaufte deutsche Katalog ist angekommen. Sehr gut.
Ich hoffe, daß Du zur Zeit schöne Reisen unternimmst. Die Italienerin ist vor Neid fast geplatzt, als sie hörte, daß Du auch nach Berlin fährst wie ihr Verlobter.
Und jetzt trinkst Du schon Bier. Davon wirst Du gut schlafen. Ich liebe Dich wahnsinnig. Und ins Kino wirst Du gehen, ins Varieté, zu den Händlern. Und Du wirst Kostbarkeiten finden. Selbst in der Wüste würdest Du welche finden. Ich küsse sehr zärtlich Deine schönen Augen. Deine ⟨...⟩ [4] (alles, was Du willst).
⟨ohne Unterschrift⟩

16.
⟨Arosa, Ende Mai/Anfang Juni 1928⟩

Mein geliebter kleiner Schatz, ich wollte Dir schon früher schreiben, wußte aber nicht, wo, in welchem Hotel Du absteigen würdest. Ich schicke Dir *Lord Jim.* Es ist als einziges angekommen. Die anderen werden später folgen, haben sie gesagt. Ich bin froh, daß ich Dir wenigstens das eine schicken kann.
Ich habe heute nachmittag geschlafen, ich langweile mich. Lese

gerade die »Kalevala«, großartig.[1] Habe gestern ein kleines Gedicht geschrieben.
Brief von Crevel. Man hat ihn – ein Amerikaner, wie ich glaube – wegen eines Buches um meine Adresse gebeten. Das ist komisch. Ich werde an Bondy[2] schreiben. Schreibe Du an Nierendorf. Ich werde die Photos an ihn zurückschicken. In zwei Wochen etwa wird Crevel bei uns sein. Schreibe ihm, gib ihm ein paar Auskünfte, um ihn anzulocken: Preise, Bedingungen usw. An: René Crevel, Rue des Marroniers 6, Paris 6.
Meine Kleine, ich habe eine Kleine gefunden, die ich Dir schikken werde. Ich war allein spazieren auf unserem Weg, der zu den überschwemmten Wiesen führt.
Du hast recht getan, Dein Versprechen nicht zu halten. Ich wäre nicht froh gewesen, weißt Du. Und paß gut auf Dich auf, ja? Meine Kleine darf keine Kopfschmerzen mehr haben, sie muß strahlen. Ich werde diesen Brief sofort an Dich abschicken.
Ich küsse Dich überall.

Paul

Das bewußte Gedicht, das fast als Einleitung dienen könnte:

Ich horte die dunklen Schätze[3]
Aus Verstecken die keiner kennt
Das Herz der Wälder den Schlaf
Einer entflammten Rakete
Den nächtlichen Horizont
Der mich krönt
Ich geh und der Kopf ist der erste
Der mit einem neuen Geheimnis
Die Geburt der Bilder begrüßt.

Ich würde lieber am 14. fahren als am 15. und lieber am 13. als am 14.[4] Luisa läßt fragen, wo Du die gelbe Wolle hingetan hast.

17.
⟨Arosa⟩, 7. Juni ⟨19⟩28

Mein geliebtes kleines Mädchen,
gestern kein Brief, heute kein Brief. Und in Deinem letzten Brief hieß es, Du seiest krank. Ich mache mir Sorgen, noch immer. Heute war ich sogar den ganzen Tag etwas verdreht, ich habe Sehstörungen. Ich möchte fort.
Unser Chirico wird am 9. Juni zum Verkauf angeboten. Die Seide soll wohl bald ankommen.
Bist Du in Seelisberg gewesen? Wenn Du Dich für einen Ort entscheidest, dann schicke mir sofort die Adresse, damit ich sofort alles ändern kann.
Meine Bücher, die am 31. abgeschickt wurden, sind noch nicht da.
Wie gefällt Dir *Lord Jim?* Vor 4 Jahren fand ich ihn einigermaßen unterhaltsam.
Ich denke an die Kleider, die Du bei heißem Wetter trägst. Ich liebe Dich. Wir sind hier in Wolken und Regen eingehüllt. Wir küssen Sie überall.
Paul

Guillaume[1] hat mir für das Neubespannen von Leinwänden eine Adresse gegeben.
Ich schreibe und werde das Bild auf direktem Weg schicken.

18.
⟨Arosa, Juni 1928⟩

Freitag abend, halb zehn

Mein liebes kleines Mädchen,
ich habe Dir Seide geschickt, die ich sehr schön finde. Habe auch *Chantiers*[1] abgeschickt. Bousquet und Nelli, das ist gut, sehr gut. Ich weiß noch nicht genau, wieviel es kosten wird, aber etwa so viel, wie Luisa Dir gesagt hat. Die gelbe Wolle habe ich nicht gefunden. Und im Geschäft werden sie erst am Montag welche haben. Das ist dumm, aber was soll's, Luisa wird sich schon zu helfen wissen. Es wird am 15. fertig sein. Und ich reise

am 15. früh. Es wäre wohl das beste, Du ziehst schon am Vorabend ein. Oder möchtest Du, daß ich die Nacht bei Dir im Luzerner Hotel verbringe und daß wir am nächsten Tag einen Ausflug zusammen unternehmen? Entscheide Du. Wenn Bürgenstock auch nicht besser ist, dann scheint mir Bellevue-Seelisberg das richtige zu sein. Das sollst auch Du entscheiden, ohne lange zu zögern. Und schreibe mir die Anschrift, sobald Du das Zimmer auf den Namen Eluard-Grindel hast reservieren lassen. Schreibe auch an Crevel. Gib ihm die nötigen Auskünfte. Und schreibe ein nettes Wort an Nierendorf. Ich schicke Dir Nierendorfs Brief, damit Du darauf antworten kannst. Sage ihm, daß er die Photos von mir zurückbekommt. Meine Bücher sind eingetroffen. Sehr gut. Deine Hansi küßt Dir die Hände. Das Wetter ist scheußlich, Regen und Wind. Ich schreibe keine Gedichte. Ich habe zu nichts Lust.
Denke daran, daß der kleine Balkon sehr nützlich sein wird, wenn man eine Chaiselongue oder einen Liegestuhl auftreiben kann. Thorner sagte, daß Seelisberg sehr schön ist. Für Kranke gibt es da einen sehr guten Lungenspezialisten: Dr. Real in Schwyz.
Meinem Ohr geht es wohl besser. Das andere ist gesund.
Nach Deiner Abreise hat mich der Maler zum Essen eingeladen; so esse ich mit ihm.
Ein neuer Abschnitt hat hier begonnen: Das Essen ist eher mäßig als gut. Gleich nach Deiner Abfahrt wurde der Speisesaal verkleinert. Ich unternehme ganz allein große Ausflüge. Mir geht es sehr gut, nur ich bin ein bißchen verrückt und habe Schwindelanfälle. Schreibe bitte Bouissounouse ein paar Zeilen. Sie hat mir einen aufgeregten Brief geschrieben, in dem sie fragt, ob die Operation denn stattgefunden hat. Vier Zeilen nur.
Ich liebe Dich für alle Zeit.
Und ich träume von Dir vom Kopf bis zu den Füßen.

Paul

19.
⟨Arosa, Juni 1928⟩

Mein kleiner Schatz,
ich werde wie vereinbart den Zug am Freitag dem 15. nehmen. In Thalwil steige ich dann um. Ich kann es kaum erwarten, Dich wiederzusehen, Dich zu berühren, Dich zu umarmen. Ich habe einen Kabinenkoffer (für diese famose Reise)[1] gekauft.
Es herrscht hier strahlendes Wetter. Heute noch schicke ich das Bild ab. Ich schreibe recht langweilige Briefe.
Ich liebe Dich über alles. Für immer Dein
Paul

Ich werde jetzt einen großen Spaziergang machen. Ich trainiere. Weißt Du, wir sollten in Luzern einen kleinen, aber sehr guten 6½ mal 9 Apparat kaufen. Wir brauchen ihn für die Reise. Und warum ihn nicht gleich kaufen? Ich möchte Dich nackt in allen Posen photographieren.

20.
Arosa, den 11. Juni ⟨19⟩28

Revolte des Schnees[1]

Ein Schattenhieb nur und er ist schon vergangen
Gerade noch Zeit den Toten Vergessen entgegenzubringen
Die Erde erbleichen zu lassen.

Auf den Stufen der Sturzbäche
Gläserne Mädchen mit kühlen Schläfen
Kleine die aufblühn und schlaffe die lächeln
Dem Wasser zuliebe verführn sie das Licht.

Sonnenstürze flüssige Morgenröten

Und wenn ihre Küsse unsichtbar werden
Gehn sie schlafen im Rachen der Löwen.

Mein schönes kleines Mädchen, Bellevue-Seelisberg scheint mir das richtige zu sein. Ich fahre am 15. um 10 Uhr von hier ab, werde aber nicht über Zürich kommen. Bin am 16. in Seelisberg. Versuchen Sie, in Erfahrung zu bringen, wann mein Zug eintrifft. Ich werde mich gleichfalls erkundigen. Werden Sie, um mich abzuholen, bei warmem Wetter jenes schöne Kleid mit den Stickereien anziehen? Brauchen Sie Geld? Hier; heute früh hat es geschneit. Es war kalt. Luisa wird mit Deinem Trikot fertig sein.
Ich liebe Dich, ich küsse Dich überall.

Paul

Ich werde mir Mühe geben, damit ich bei meinen Gängen durch Luzern gut aussehe und Dir so recht gefalle.

21.
Postkarte: Ansicht von Arosa.
An: Madame Hélène Grindel, Terrasse Hôtel, Luzern.
Poststempel: verwischt.

Litzi-Rüm, den 13. Juni ⟨19⟩28

Meine liebe kleine Gala, dieser Ausflug ist sehr schön, und ich wünschte, Sie wären bei mir.

Paul

⟨In Deutsch:⟩ *Warum sind Sie nicht hier, liebe Frau Gala. Schönstes Wetter im schönster Ausflug.* [1]

22.
⟨Arosa, Juni 1928⟩

Mittwoch, 4 Uhr 30

Einen Brief für Dich. Schicke mir Deine Adresse. Wir haben einen großen Ausflug gemacht. Ich bin müde, gereizt. Ich hatte gehofft, der Schlaf würde mich beruhigen. Ich sehne mich schrecklich nach Dir, ich begehre Dich wahnsinnig, ich liebe

Dich über alles. Für mich bist Du alles, mein Denken, mein ganzes Fleisch.
Ich liebe Dich über alles.
Bis Freitag. Komme mich abholen.
Dein Paul

23.
⟨Luzern?, 25. August 1928?⟩

Samstag

Mein schönes kleines Mädchen, sage mir auf jeden Fall die Wahrheit. Wenn es etwas Ernstes ist, komme ich sofort zu Dir. Bei mehr als 38 Grad komme ich.
Mein Buch wird ohne Titel erscheinen. Auf dem Deckel wird nur mein Name stehen. So wird man sagen müssen: das Buch von Paul Eluard. [1]
Heute die erste Spritze; die zweite am Dienstag. Ich habe hier bei Burberrys einen blauen Anzug bestellt. Er wird am Freitag abend fertig sein. Am Dienstag gehe ich zur Anprobe. So werde ich ihn in Locarno schon tragen können – Dir zu Ehren. Heute nachmittag war ich mit Cécile zusammen ihre Geschenke einkaufen. Sie strahlte vor Freude. Sie hat gezahlt.
Ich bin müde. Heute abend werde ich nicht ausgehen. Da kann man nichts machen. Gestern nacht habe ich mir um 0 Uhr 20 den Mond durch das Teleskop angesehen. Um 10 Uhr war ich zu Hause. Céciles Zimmer und meines haben eine Verbindungstür. Ich werde arbeiten, viel arbeiten.
Arme kleine Galotschka, gib nur gut auf Dich acht. Ich liebe Dich über alles.
⟨ohne Unterschrift⟩

24.
Briefkopf: Terrasse Hôtel, Luzern.

⟨August 1928?⟩

Mein geliebtes kleines Mädchen,
ich bin sehr froh darüber, daß es Dir wieder etwas besser geht

und daß Du Dich im Garten aufhalten kannst. Hüte Dich vor Durchzug. Die hiesigen sind hochspezialisiert, sie kommen von allen Seiten.
Im Hotel gibt es eine Berühmtheit: einen Menschen mit einer Fuß-Hand. Aber leider läuft er nicht darauf. Monster dürfen nicht komisch sein.
Crevel hat heute vormittag seine Mindestdosis bekommen und liegt mit 38,5 im Bett. Ich glaube, er wird diese Behandlung nicht verkraften, was sehr schade wäre.
Ich war bei meinem Schneider. Wenn sich Dein Zustand nicht verschlimmert, werde ich am Donnerstag um 11 Uhr 30 fahren, denn dann kann ich vorher noch meinen Anzug anprobieren. Man wird ihn mir nachschicken. Aber wie schon gesagt, schreibe mir, wie es sich wirklich verhält. Wenn sich meine Anwesenheit als wirklich notwendig erweist, dann sollst Du wegen meiner im übrigen recht zweifelhaften Eleganz nicht darauf verzichten müssen. Ich gehe jetzt zu Crevel, der ein bißchen phantasiert. Und danach mache ich einen Spaziergang.
Jeden Tag: GEWITTER.
Ich liebe Dich sehr. Es gibt keinen Grund, daran zu zweifeln. Ich schaue mich nach niemandem um. Nichts, nichts. Ich denke nur an Dich. Ich sehe mir in den Geschäften Spielzeuge an, zu denen der gute Schweizer »Nichtigkeiten« sagt.

Dein Paul

Ich wollte eigentlich spazierengehen, aber Crevel hat 40 Grad Fieber, obwohl er vor einer Viertelstunde 3 Aspirintabletten genommen hat.

25.
Briefkopf: Café Haussmann ⟨Paris, Hôtel Radio⟩
12, Bd Haussmann, Paris.

⟨März? 1929⟩

Donnerstag

Mein schönes kleines Mädchen, das wird der einzige Brief sein, den ich Dir von hier aus schicke. Ich habe mehr gebummelt als erlaubt, deshalb weiß ich nicht, wann genau ich in Arosa sein werde. Ich muß auf jeden Fall am Mittwoch an der Sitzung des Verwaltungsrates [1] teilnehmen, denn Hannesse, der ehemalige Vorsitzende und einer der 3 Schlüssel für die Lösung, hat sich auf meine Bitte hin bereit erklärt, dabeizusein. Wie ich angenommen hatte, handelt es sich um einen vorsätzlichen Diebstahl. Beim ehemaligen Rechtsanwalt meiner Mutter, diesem alten Lump, war nichts in Erfahrung zu bringen. Ein alter Knacker. Ich werde mir einen anderen suchen. Heute vormittag habe ich mich mit Hannesse in Raincy getroffen. Während der Ratssitzung habe ich mich zurückgehalten und erklärt, daß ich keine Vollmacht erteilen werde. Habe auch Ratton getroffen. Nichts Neues. Muß noch zur Treuhandgesellschaft. Arbeite wie ein Pferd. Die Kälte ist ekelhaft. Schnee, Regen, Glatteis. Gestern war ich ganz krank davon. Allgemeiner Kräfteschwund, Atemnot. Ich könnte hier niemals mehr leben. Die Frauen in Paris – erbärmlich. Kein einziges menschliches Gesicht, keine einzige Verlockung. Aber die Karten haben nicht gelogen. [2] Im Zug habe ich die Bekanntschaft einer Berlinerin mit dem Gesicht einer Indianerin gemacht. Sie spricht Englisch und hat mir ihre Adresse gegeben. Wenn ich in Paris nichts finde, würde ich gern für 3 Tage nach Berlin fahren. Aber natürlich nur, wenn Du *nichts* dagegen einzuwenden hast und wenn Du selbst keine *Langeweile* (!!) hast, wenn Du nicht das Gefühl hast, im Stich gelassen zu sein usw.... usw.... Antworte mir postwendend an: Paul Eluard-Grindel, Hôtel Radio, Bd de Clichy, Paris. Per Eilpost. War in der Galerie und habe mir den Masson (Der Wald) und zwei große schöne Max Ernst zurückgeholt. Abgesehen von den unzähligen Keramiken, die sich bei Naville befinden, war das alles, was ich dort hatte. Habe sagenhafte Platten gekauft. Bouissounouse getroffen. Waren gestern abend im Kino: *Weiße Schatten* [3]. Auch heute abend mit ihr, gehen ins Concert Mayol. Keine Besserung, wie Du siehst!! Ich habe mir schöne Schuhe gekauft. Ich glaube, ich werde Dir doch kein Kleid kaufen, denn, meine kleine Schöne, ich habe etwas Besseres, aber *sehr viel* Teureres gefunden. Mein Zimmer ist davon ganz verzaubert. Ich hoffe, Du wirst dem Kleid nicht nachtrauern. Wenn Du trotzdem ein Kleid haben möchtest, dann werde

ich eben dieses Geschenk mit einem hübschen Gewinn weiterverkaufen und das Kleid kaufen. Du siehst, ich habe schon was Passendes gefunden. Es soll meine Überraschung für Dich sein, die schönste Sache bei weitem, die Du jemals besessen hast. Und riesengroß. Sie füllt fast meinen ganzen Koffer. Nach der Meinung von Kennern war es ein einmaliges Geschäft. Und ich bin darüber entzückt. Es paßt zu Deinen Lippen, zu Deinen Brüsten, zu Deinem Geschlecht, zu Deinen Armen und zu Deinen Locken. Ich muß gestehen, in Paris gibt es weniger gute oder zugängliche Frauen als in Arosa (sieht man einmal von den Huren ab – widerliche Hurerei!). Oh! Die Französinnen – wie gräßlich!!! Es lebe Arosa! Und draußen diese Hundekälte.
Ich habe schon alle meine schöne Gesichtsfarbe verloren.
Wenn ich Dir keinen weiteren Brief schreibe, dann nur wegen Deiner Bitte und wegen Deiner Sicherheit.
Ich liebe Dich und denke ständig an Dich. Sage Blum[4], daß ich seine Rahmen bestellt habe. Sie werden im Schnitt auf 50 frs kommen und sehr schön sein. In *»Variétés«*[5] befindet sich ein Bild von mir. Habe Sgard gesehen, und er rät ab von einem Verkauf, da die Preise sicher noch in die Höhe gehen. Morgen: Treuhandgesellschaft. Es nimmt kein Ende.
Ich liebe Dich über alles. Ich schwöre Dir, ich denke ununterbrochen an Dich, leidenschaftlich. Ich küsse Dich überall. Ich liebe Dich über alles.

Paul

26.

Briefkopf: Paris, Hôtel Radio.

⟨Montlignon, März 1929⟩

Montag, 1 Uhr 30

Meine liebe Schöne, ich habe mich über Deine beiden langen Briefe »auf Deinem schönen Papier« wirklich sehr gefreut. Den gestrigen Tag und den heutigen Vormittag habe ich in Montlignon in einer staubigen und trüben Stimmung verbracht, habe aber sehr lange geschlafen. Die Familie war zu Besuch: Albert, halb erschöpft, Clémence, René, der weniger angegriffen war als die anderen. Und meine Mutter, nervös. Ich habe mich aber ihr gegenüber anständig benommen! Cécile ist sehr hübsch und sehr lieb, sehr zärtlich zu mir. Die Abende davor waren recht aufregend, aber wenn Du nicht da bist, fehlen mir eben meine bunten Gläser, meine Smaragd- und Feuergläser, meine Lieblingsgläser, und so ist mir von alledem nur ein Gefühl der Enttäuschung, eine *tödliche* Seelennot geblieben. Schönheit kann mir nicht reichen, sie hat mir nie gereicht. Ohne die Liebe ist alles verloren, verloren, verloren, widerwärtig, voller Tücke und voller faden und widerwärtigen Giftes. Es gibt nicht das Leben, es gibt nur die Liebe. Ich möchte nach Berlin fahren und diese Frau sehen, mit der ich kaum reden kann. [1] Vielleicht wird sie mir ein neues Leben einhauchen und die Kraft geben, sie als etwas anderes zu sehen als eine leblose Puppe nur oder als eine Skulptur. Ich will es wagen, um zu wissen, woran ich bin, um nie wieder auf Abwege zu geraten und um zu wissen, ob meine Gefühle letztlich nur durch Dich leben, durch Deine Liebe, durch Deine Liebschaften gar, durch Deine Freuden, Deine Nöte. Meine kleine Gala, ich liebe Dich unsäglich. Ich glaube nicht an das Leben, ich glaube nur an Dich. Diese meine Welt, die sich mit dem Tod verbindet, kann nur durch Dich weiterbestehen. Nur zwischen Deinen Armen vermag ich zu sein. Zwischen Deinen Augen, zwischen Deinen Brüsten, zwischen Deinen Beinen kann ich sein, da werde ich niemals erlöschen. Das übrige ist ein großes Elend, das nur noch davon träumt zusammenzubrechen, das von mir das Schlimmste befürchten muß. Ich bin schrecklich traurig und beschämt. Heute abend werde ich nicht zum Stelldichein mit der Schönheit gehen, mit dem Liebreiz, der Jugend, mit Schweden! Die Liebe wohnt in Arosa. Und ich werde nach Berlin fahren, weil Du an Romanzen glaubst. Ich will nicht lügen. In meiner Fähigkeit zu lieben, habe ich so oft für Frauen Gefühle gezeigt, die von Dir so weit entfernt waren, doch fällt mir das immer schwerer. Werde ich dem Leben noch etwas abgewinnen können, und sei es noch so wenig? Ich fahre nach Berlin, um es zu erfahren. Es spricht alles dafür. Wenn es aber nicht anders ist als hier!!! Allein die Traurigkeit und das Geheimnisvolle reizen mich noch. Sollte ich enttäuscht werden, dann werde ich Dir wichtige Dinge zu sagen

haben und von DIR verlangen. Wie auch immer: Solltest Du gegen meine Reise nach Berlin etwas einzuwenden haben, dann schicke mir einen Eilbrief oder (besser noch) ein Telegramm. Ich werde am Donnerstag fahren, der beste Zug geht um 12 Uhr mittags. Habe keine Angst, zuviel zu verlangen. Ich habe ohnehin selbst große Bedenken gegen diese Reise. Ich hoffe und fürchte mich zugleich. Vor allem habe ich Angst, geistig alt zu erscheinen, nicht mehr begeisterungsfähig zu sein. Ich habe mit meinem Leben Raubbau getrieben. Und ich liebe Dich zu sehr (ich sage das mit Inbrunst, mit Überzeugung, von Traum zu Traum, im Hinblick auf Dich, denn ich habe die Welten gewechselt, ich lebe jetzt in der Deinen. Schau Dich an im Spiegel, sieh Deine Augen, die ich liebe, Deine Brüste, die ich liebe, Dein Geschlecht, das ich liebe, Deine schönen Hände, und hör, wie Du sprichst, begreife, Du einzige Freundin, was Du sagst, und warum ich nur Deine Sprache verstehe, warum ich Dir Deine Freiheit lasse, und warum ich allein aus ihr heraus meine Lust gewinne, warum ich Dich kühn und stark mir wünsche und einzig durch Deinen Willen bestimmt, durch Deinen Willen, der zu dem meinen wird und der – wie der meine – auf wunderbare Weise aus unserer großen Liebe hervorgegangen ist.)
Voller Melancholie warte ich auf Bouissounouse, um mit ihr Besorgungen zu machen. Am Mittwoch werde ich wieder zur Gesellschaft gehen und eine Entscheidung treffen: entweder ihr trauen oder Widerstand leisten. Morgen treffe ich mich mit einem Anwalt. Obwohl die Sache recht schlecht steht, bin ich einigermaßen sicher, daß sich eine Lösung finden wird. Die Hauptsache ist, den Verlust so gering wie möglich zu halten und dann vielleicht wieder an das Geld heranzukommen. An Gewinn ist wohl nicht zu denken. Sei aber unbesorgt, ich werde mein Bestes tun. Ich schreibe Dir am Mittwoch abend. Ich setze besonders auf die Anwesenheit des ehemaligen Präsidenten Hannesse. Jeden persönlichen Vorwurf werde ich zurückweisen. In der Person der künftigen Verleiher habe ich zwei ehrliche Verbündete, ich werde sie unterstützen und sehr energisch und unverblümt vor den Machenschaften von zwei oder drei Schurken warnen. Mach Dir wegen Deines Geschenks keine Sorgen. Es ist bezaubernd schön, genau das richtige für Dich. Du hast

wahrscheinlich schon erraten, was es ist, aber ich möchte Dich trotzdem ein bißchen im Zweifel lassen.
Das Leben hier ist schrecklich ermüdend. Aber heute bin ich einigermaßen ausgeruht. Dennoch, es lebe Arosa! Auf dem See von Enghien wird noch immer Schlittschuh gelaufen. Aber es hat angefangen zu regnen. So ist es!
Morgen gehe ich mein Visum abholen. Meine Fahrkarte kaufe ich erst im letzten Augenblick, wenn bis dahin von Dir kein Einspruch gekommen ist. Ich bin Dir sehr dankbar, daß Du mir diese Freiheit läßt und mir den lieben Rat gibst, doch nach Berlin zu fahren. Aber ich bin mir selbst im Zweifel. Sollte die Versuchung des Geheimnisvollen (und auch der Gefahr einer Enttäuschung) größer sein als der Wunsch, ein paar Tage mit Dir in Arosa zu verbringen? Ich weiß es noch nicht. Werde ich, vermag ich noch, ein Abenteuer zu erleben, das diese Mühe lohnt? Eben ist Janine gekommen.
Ich liebe Dich über alles und küsse Dich überall.

Paul

27.

Briefkopf: Hotel am Zoo, Berlin.

⟨Mitte März 1929⟩

Dienstag vormittag

Mein schönes kleines Mädchen,
es ist schon eine Not, so beschaffen zu sein: Ich bin andauernd krank. In der letzten Nacht habe ich die schrecklichsten Stunden meines Lebens verbracht. Es liegt sicher auch am Hotel, wo ich ein 10 mal 10 Meter großes und 10 Meter hohes Zimmer bewohne. Die ganze Nacht hindurch haben mich unzählige Leute belagert und in Angst versetzt. Und das Schlimmste war, ich träumte, daß ich nicht träume. Ich wurde rasend wie eine wilde Katze und habe eine Menge gräßlicher Dinge getan. Dann habe ich Tabletten geschluckt, und mir wurde abwechselnd heiß und kalt. Was für eine Nacht! Dabei hatte ich mich um neun Uhr hingelegt. Ich bin völlig zerschlagen. Ich habe Dir ein Päckchen geschickt mit zwei Paar Strümpfen und 2 Päckchen Zigaretten,

weiß aber nicht, ob sie schmecken. Von Kniga[1] wirst Du für 40 Mark russische Bücher zugeschickt bekommen.
Bei Gurlitt habe ich einen langen Gegenstand aus Neu-Guinea erstanden, wie den, den ich an Ratton (5000) für Salles[2] verkauft habe, und einen Knochen aus Neu-Guinea (sehr schönes Stück). Beides für 3900 frs, nachdem ich um 1000 frs heruntergehandelt hatte. Den Knochen wird man an Ratton für mindestens 3000 verkaufen können.
Es ist herrliches Wetter draußen. Ich habe Mops[3] gesehen und bin um halb fünf mit ihr verabredet. Sie fährt übermorgen nach Lausanne.
Ich werde heute abend nicht ausgehen. Ich bin müde, und außerdem ist nichts Interessantes los.
O schwere Not! Schreibe mir bitte. Wenn es mir nicht bald besser geht, fahre ich direkt nach Montlignon zurück, um mich behandeln zu lassen. Wegen meines Kopfes muß ich sowieso einen Arzt aufsuchen. Das kann so nicht weitergehen.
Die Berliner sind allesamt schöne und freundliche Menschen.
Ich liebe Dich, weißt Du. Wahnsinnig. Es gibt nur Dich.
Ich küsse Dich überall.

Paul

28.
⟨Berlin, den 23. März 1929⟩

Freitag

Mein liebes kleines Mädchen, meine Schöne,
es geht mir schon viel besser. Ich glaube, es war der Höhenunterschied, der mir so zu schaffen machte.
Ich werde wahrscheinlich am Montag mit Mops und zwei Freunden im Auto nach München fahren. Es sind ein junger Mann und eine junge dunkelhaarige Frau, mit der Du bei Deinem Besuch hier ausgegangen warst: Frau Apfel[1], sie ist mit einem Anwalt verheiratet. Wir werden in der Nähe von München im Haus des jungen Mannes wohnen. Es wird nichts kosten und ganz nett sein. Wir wollen uns die Schlösser Ludwigs II. ansehen. Der junge Mann hat einen geschlossenen und sehr bequemen Wagen.

Auf diese Weise kann ich dann direkt nach Paris weiterreisen, wo ich am 5. oder 6. sein werde. Nun, ich werde Dir von dort aus schreiben.
Um 2 Uhr werde ich mit Flechtheim[2] und Grosz zu Mittag essen. Letzteren werde ich um ein Porträt (Zeichnung)[3] bitten. Heute abend gehe ich zu Berger und zu Nierendorf, der sehr schöne Sachen aus Bali da hat und gar nicht teuer. Ich werde sehen.
Morgen: zu Nell Walden.[4]
Es fällt mir sehr schwer, an irgend etwas Geschmack zu finden, aber ich gebe mir Mühe; und Du fehlst mir sehr, Du, die einzige Schöne und die einzig Intelligente. Ich will trotzdem nicht völlig verzagt sein, aber mein einziger, mein größter Traum, das ist Deine Liebe, das ist mit Dir zusammensein, nackt und gefühlvoll.
Ich liebe Dich über alles, mein kleines, teures Kind.

Dein Paul für immer.

29.
Briefkopf: Hotel am Zoo.
Fernsprecher: Bl Bismarck 7000–7015.
Telegr.-Adresse: Zoohotel Berlin.

⟨Berlin, Ende März 1929⟩

Mein schönes kleines Mädchen,
schnell ein paar Zeilen, um Dir mitzuteilen, daß ich mit einem Freund von Janine ein großartiges Geschäft gemacht habe: 3 peruanische Silbermasken für 100 Mark. Eine davon ist rot und grün, sehr groß und von außerordentlicher Schönheit, wie ich sie noch nie zuvor gesehen habe.
Meine Mutter ist krank. Sie hat Dir sicher geschrieben. Ich fahre am Dienstag, es sei denn, Mops ist nicht mehr krank.
Ich liebe nur Dich.

Paul

30.
⟨Berlin, den 26. März 1929⟩

Montag

Mein schönes kleines Mädchen,
ja, ich habe die Gepäckscheine erhalten,
und ich bekomme soeben Deinen Brief mit den Photos, die sehr schön sind. Ich bin froh, daß ich all die von Dir gewünschten Bücher auch gefunden habe. Grosz hat mein Porträt umsonst gemacht. Es ist häßlich genug für das französische Publikum. Außerdem hat er mir ein merkwürdiges Buch von ihm geschenkt, das verboten ist: *Ecce homo* [1]. Morgen fahren wir nach Bayern, aufs Land. [2] Da werde ich etwas Erholung finden. Und von dort aus fahre ich dann mit Mops und einer Freundin von ihr direkt nach Paris. Janine reist heute abend ab. Sie war die ganze Zeit sehr beschäftigt.
Der Gedanke, daß Sie ohne mich leben, bringt mich allmählich aus der Fassung. Fern von Ihnen bin ich wohl nur zu platonischen Gefühlen fähig. Das ist sehr entmutigend. Hinzu kommt die Müdigkeit. Doch geht es mir jetzt schon viel besser als zu Beginn. Ich habe sehr vorteilhafte Käufe gemacht. Alle Leute waren sehr nett zu mir. Und ich habe sehr interessante Sachen erlebt. Ich freue mich auf die Autofahrt nach Bayern mit Mops, ihrer Freundin, einem sehr einfachen jungen Mann (der in sie verliebt ist) und einem kleinen, »sehr kleinen« Päderasten, der 17 Jahre alt ist und der (Diplomkoch) gut für uns kochen wird. Es wird sicher schön. Leider ist Mops (zu) sehr in ihre Freundin, Frau Apfel, verliebt, eine charmante Person, die Du auch kennst.
Ich muß wegen des Visums noch zum österreichischen Konsulat, und dann muß ich mich um mein Gepäck kümmern (keine leichte Sache bei alledem, was ich gekauft habe). Apropos kaufen, ich werde Ihnen eine balinesische Figur per Post zuschicken (deklarierter Wert: 80 Mark). Ich adressiere es an das Parksanatorium. Wenn Sie es haben, schicken Sie es bitte weiter an meine Mutter (deklarierter Wert: 5000 französische Francs). Es ist sehr zerbrechlich. Gehen Sie bitte damit äußerst vorsichtig um. Es ist ein sehr, sehr schönes Stück. Sehen Sie sich auf dem Gesicht die roten Spuren an. Ich habe für 12000 frs Objekte gekauft. Aber

allein schon die Silbermaske (20 cm breit) ließe sich für 6 bis 7000 weiterverkaufen. Diese balinesische Figur ist *sehr* schön. Außerdem habe ich den Knochen, einen großen Fetisch, ein *sehr wichtiges* Aquarell von Klee, eine Zeichnung von Klee, sehr schöne Bücher, zwei weitere Silbermasken, mein Porträt von Grosz. Und meine Kosten, die Reise von Arosa nach Paris mit einbegriffen, belaufen sich auf 4000 frs. Ich meine, das ist so ganz gut. Bitten Sie das Parksanatorium darum, daß man Ihnen alle Briefe und Päckchen nach Locarno nachschicken läßt. Meine Schrift ist sehr klein. Öffne weit Deine schönen Dämmeraugen. Ich liebe Dich über alles. Die auf grünem Papier gedruckten Exemplare meines Buches werden so groß sein wie die neu gesetzten[3]. Das verdanke ich Janine[4]. Paß gut auf Dich auf. Laß Dir die Zeit nicht zu lang werden. Gleich nach meiner Ankunft in 2 bis 3 Tagen werde ich Dir meine Adresse per Telegramm mitteilen. Auf Wiedersehen, mein schönes Wesen, Du einzige, die mich zu erregen vermag und die ich von ganzem Herzen liebe.
Ich küsse Dich überall.
Paul

31.
⟨Berlin, den 26. März 1929⟩

Montag abend

Mein schöner kleiner Schatz, ich habe heute abend noch einen Brief von Dir bekommen. Das muntert mich wieder auf, denn ich hatte mich hier schon mit den schrecklichsten Zweifeln an mir selbst herumgeplagt. Du weißt, die Müdigkeit! Und all die Leute, die ich verstehe. Da ich so sehr an Dich gewöhnt bin, vermag ich kaum Interesse für etwas aufzubringen. Nur Du zählst! Du bist wirklich die Herrscherin über meinen Körper. Und über meinen Geist.
Ich bin froh, daß wir schon morgen sehr früh ins bayerische Land aufbrechen. Wenn alles klappt, werden wir am Mittwoch abend dort ankommen. Schreibe mir bitte an die Adresse, die ich Dir gebe. Von dort aus werde ich am 5. April nach Paris fahren. Mit Mops und ihrer Freundin.

Nein, die Dame aus dem Zug habe ich nicht wiedergesehen. Hatte nicht den Mut dazu.
Habe mir heute die Sammlung von Nell Walden angesehen. Man wird mir ein paar Angebote nach Paris schicken. Die Tussi von Nell Walden war krank.
Weißt Du, die Maske, von der ich annahm, sie sei aus Silber, ist möglicherweise aus Gold. Sie ist prachtvoll. Ich gehe jetzt gleich schlafen, da ich früh aufstehen will. Ich bin ganz schön, sehr müde. Habe Kreuzschmerzen. Aber ohne Grund, weißt Du. Leider!!!!!!!!!
Ich habe heute die balinesische Figur an Dich abgeschickt. Schicke sie genauso gut verpackt an meine Mutter weiter (deklarierter Wert: 5000 französische frs). Bei der Ausfuhr aus Deutschland hätte ich 26 % zahlen müssen.
Janine ist heute abend abgereist. Sie schickt Dir mein Buch, sobald es fertig ist.
Also, bis zum 5. April schreibst Du mir nach Bayern.
Oh! Mein Porträt von Grosz! Was für eine Miniatur! Du wirst es sehen.
Ich liebe Dich. Ich möchte Dich auf mir haben, um zu wissen, ob ich existiere.
Ich wünsche mir, daß Du ganz nackt Deine Beine um mich schlingst, mich auf die Brust küßt und mich masturbierst. (So, jetzt existiere ich wieder. Zum erstenmal hier.) Ich liebe nur Dich. Wahnsinnig.
Ganz der Deine.
Paul

Paul Eluard-Grindel, bei Herrn Schlomann
Ohlstadt bei Murnau (Bayern), Deutschland

32.
Postkarte: Blick auf München.
Poststempel: München, 27. März ⟨19⟩29.
An: Madame Gala Grindel.
Parksanatorium, Arosa, (Schweiz).

Stets ist es die Erinnerung an die Momente höchster Einfachheit und frei von jeder Pracht, die uns die Unzerstörbarkeit der Liebe beweist.

Paul

33.
München ⟨letzte Märztage 1929⟩

Donnerstag

Mein schönes, über alles geliebtes Mädchen, wir reisen nach Ohlstadt, wo ich hoffentlich Post von Dir finden werde. Glaube mir, ich denke ständig an Dich. Allein dieser Gedanke an Dich vermag mich zu erregen. Und ich träume von Dir. Du bist immerzu da, Du furchtbare und sanfte Königin im Reich der Liebe. In meiner Phantasie existierst Du auf vielfältige Weise.
Du kannst Dich glücklich schätzen, daß Dich das Zusammensein mit anderen so erregt. Es kommt eben jeder mal dran. Ich aber brauche Dich, nackt bis zum Gürtel – von oben bis unten, von unten bis oben.
Die anderen, ach, die anderen! Dabei fehlt es keineswegs an Verlockungen. Aber in unsere Welt kommen sie nicht hinein. Sie sind nicht frei genug, sie wollen, daß man zu ihnen Worte der Liebe spricht, und sie selbst sind dazu nicht imstande.
Ich liebe Dich über alles.
⟨ohne Unterschrift⟩

34.
⟨Ohlstadt, um den 30. März 1929⟩

Samstag

Ich kann nicht, ich mag mich nicht mit dem abfinden, was Du kürzlich in Arosa zu mir gesagt hast: daß Du keine Erinnerun-

gen hast, daß Du keine haben möchtest. Mein ganzes Leben liegt in meiner Liebe zu Dir, mein ganzes Leben liegt in *unserem* Leben. Oder ich bringe mich um. Für uns gibt es keinen Anfang. Für uns ist alles gegenwärtig, *muß* alles gegenwärtig sein, und im Augenblick befinde ich mich ebenso bei Dir in Clavadel, in Versailles, in Bray, in Eaubonne oder in Arosa[1], wie ich hier bin, *mit Dir, der Abwesenden,* mit meiner großen Sehnsucht nach Dir: Wenn ich mir eine Vergangenheit, eine Gegenwart und eine Zukunft schaffen muß, dann kann ich mich gleich töten. Ich möchte so etwas ebensowenig wie die Einmischung in das Leben oder in die intime Beziehung anderer.
Du, ich kann nur noch zu Dir ernsthaft reden, weil ich Dich liebe, weil ich nur Dich liebe. Du darfst mir wegen unserer Verstimmungen nicht böse sein. In Wirklichkeit möchte ich Dich mit Sonne und Liebe schmücken und wünsche nur Dein ganzes Glück. Ich wollte Dir diese Freiheit geben, die niemand sonst Dir gegeben hätte. Ich schenke Dir jede erdenkliche Freude, den vollen Genuß Deiner selbst, ich habe aber furchtbar Angst, daß Du mich – und sei es nur einen Augenblick lang – aus dem Sinn verlierst. Du solltest stolz darauf sein, daß andere mich auch dann nicht aus der Fassung bringen können, wenn ich große Lust auf sie habe. Allein mir Dir wird mein Begehren zum Rausch, mit Dir erst ist meine Liebe von Liebe durchdrungen. Aber meine Liebe muß sich in Deiner vollkommenen Liebe entfalten. Sonst bringe ich mich um. Verzeih mir, daß ich Dir das alles sage, aber das ergab sich für mich aus Deiner, wenn auch nur vorübergehenden Gleichgültigkeit. Wir führen hier ein recht geruhsames Leben, stehen um die Mittagsstunde auf, machen uns etwas zu essen, lassen das Grammophon laufen und flirten miteinander. Vier Jungs und zwei Mädchen: Mops und ihre Freundin Apfel. Sie werden mit mir nach Paris fahren. Geschlechtsunterschiede spielen hier beim Flirten kaum eine Rolle. Auf mich hat das eine entschieden abkühlende Wirkung. Mops und *La Pomme* sind sehr nett, sehr kameradschaftlich, aber das ist auch alles. *La Pomme* ist reizend, aber etwas zu leichtlebig. Und temperamentlos. Alle sind sie äußerst nett zu mir und mögen mich sehr. Aber trotzdem gibt es da nichts, mein geliebtes Kind, mein ein und alles, was Dich beunruhigen dürfte. Die

anderen sind mir egal. Ich träume davon, Du wärest hier. Wir sind hier richtig auf dem Land, Du könntest fast immerzu nackt herumlaufen und mich lieben. Werde ich Dich niemals so haben können, wie die anderen Dich haben!?! Ich bin unglücklich, unglücklich. Meine Liebe ist für mich zu groß.
Meine Kleine, ich habe Deinen Brief vom 28. bekommen. Diesen hier schicke ich per Eilpost, denn Du schreibst, daß Du am Dienstag abreisen wirst, und wegen der Feiertage möchte ich, daß Du ihn noch vor Deiner Abreise bekommst.
Dein Brief hat mir ausgesprochen gutgetan. Ich bin beruhigt, der Tag ist heller. Schicke die Balineserin in die Rue Ordener. Ich habe Janine gebeten, Dir *L'amour la poésie* zu schicken. Meinen Schnupfen habe ich überstanden. Hier ist es ähnlich wie in Imst[2], und das Wetter ist herrlich. Ich liebe Dich über alles.

Paul

Oh! wie gern möchte ich jetzt bei Dir sein – hier – und auch in Locarno und in Paris, im Hôtel Radio. Wie schön könnten wir Liebe machen! Ich möchte nur mit Dir Liebe machen. Mit den anderen ist es nur Zeitvertreib, reiner Dilettantismus.[3]

35.
⟨Ohlstadt, um den 1. April 1929⟩

Montag

Meine schöne, kleine Geliebte, ich habe soeben Ihren langen Einschreibebrief sowie die recht einfältige Vollmacht der Gesellschaft bekommen (aber ich werde am 10. April in Paris sein[1] und bin entschlossen, mich zur Wehr zu setzen. Im Hinblick auf meine Verteidigung habe ich sehr klare Vorstellungen. Ich werde ihnen mein Kommen noch bestätigen). Über Ihren Brief habe ich mich riesig gefreut. Auch bin ich gedanklich immer bei Ihnen. Alles andere ist nur Zeitvertreib. Sie allein sind für mich auf dieser Welt kein Zeitvertreib. Sie sind meine große Wirklichkeit, meine Ewigkeit. Wenn ich etwas eindeutig an Sie denke, bin ich jedesmal sehr verwirrt.
Bouissounouse hat mir die Binde und den Werbetext zu meinem Buch geschickt. Ich werde es umgehend an Dich weiter-

schicken. Für Dich, für Dich allein habe ich dieses Buch geschrieben. Kein einziger Gedanke, kein Vers, der losgelöst von Dir geschrieben wurde. Du bist alle Bilder, alle meine Freuden, alle meine Traurigkeit.[2] Das Buch ist schon unterwegs. Du wirst es dieser Tage bekommen. Es ist nach Arosa adressiert. Es wird im Buchhandel schon verkauft.
Crevel wird bei Manoukine (dem Arzt, den Demikeli in Saint-Cloud erwähnte) eine Kur machen.
Gestern und heute hatten wir einen mächtigen Föhn, der alle Leute außer Gefecht gesetzt hat. Wir stehen um die Mittagszeit auf, essen ununterbrochen, erholen uns wirklich. Mir geht es sehr gut. Die Erkältung bin ich völlig los. Ich werde mit Mops und Madame Apfel am Samstag von hier aufbrechen. Die Nacht werden wir in München verbringen, dann reisen wir am Sonntag morgen in 3. Klasse weiter und sind am selben Abend in Paris. 3. Klasse deshalb, weil es nur 40 Mark kostet, und mit den 2 Mahlzeiten wird uns zu dritt die Zeit schnell vergehen. Ich werde wahrscheinlich im Hôtel Terrasse wohnen, aber sobald ich angekommen bin, telegraphiere ich Dir meine genaue Adresse. Diesen Brief schicke ich Dir nach Locarno. Ich freue mich darüber, daß Du dort Ruhe und Wärme finden wirst. Unser Weggang aus Arosa wird dort eine spürbare Lücke hinterlassen. Man umschwärmt mich hier auf eine fast schon lästige Weise. Mops ist wirklich sehr reizend, lieb und einfach, und ihre Freunde ebenfalls. Schicke ihr doch eine Karte (an dieselbe Adresse wie ich).
Ich liebe Dich über alles, wirklich und in jeder Hinsicht, mit den anderen wird es nie etwas Ernstes sein.
Du hast einen hübschen kleinen Jungen, und Du hast nichts bezahlt. Ich küsse Dich lange überall, überall, und dringe in Dich ein.
Ich liebe Dich.
Paul

36.
Postkarte: Ansicht von Straßburg.
Poststempel: Straßburg, 3. April 1929.
Empfänger: Madame Gala Grindel, Park-Hotel, Locarno (Schweiz).

4 Uhr

Bin ohne Schwierigkeiten durch Straßburg gekommen. Die Maske ist wirklich sehr schön. Ich werde heute abend um 11 in Paris sein. Ich vergesse Sie keinen einzigen Augenblick.

Paul

37.
Telegramm
Poststempel: Locarno, 5. April ⟨19⟩29.
Absender: Paul. Hôtel Radio, Boulevard de Clichy.
An: Gala Grindel, Park-Hotel, Locarno (Schweiz).

Nur mit Ihnen fühle ich mich wohl. Paul

38.
Postkarte: Werbung für das Restaurant »Le Radio«.

⟨Paris, um den 10. April 1929⟩

Mein kleines Mädchen, ich gehe zu Max. Ich freue mich über Deine Briefe. Heute abend schreibe ich Dir länger. Ich bin müde. Fahre Du nach Arosa, aber ich wünsche mir, daß Du so bald wie möglich nach Marseille nachkommst.[1] Mich dürstet nach Ihnen. Wortwörtlich. Ich werde hier am 18. abreisen. Du solltest zu mir kommen, anstatt wehzuklagen. Sonst bringe ich mich um.

Von den anderen habe ich die Nase voll.

Ich liebe Dich über alles.

Dein Paul

39.
Umschlag: Eilbrief.
Poststempel: 10. April 1929.
Empfänger: Madame Gala Eluard Grindel, Park-Hotel, Locarno (Schweiz).
Absender: ⟨Paul Eluard⟩, Hôtel Radio, Boulevard de Clichy 64, Paris.
Ankunftsstempel: Locarno, 11. April 1929.
Briefkopf: Hôtel Radio.

Dienstag abend

Ich habe heute Max in Meudon besucht. Es ist wirklich ein in jeder Hinsicht idealer Ort. Er hat sich sehr gut eingerichtet. Ich habe ihm, für Bousquet, ein sehr schönes Bild abgekauft, 2000, des weiteren einen sehr schönen Kopf aus Neuguinea, den Flechtheim ihm gegeben hatte, sowie ein sehr schönes kleines Gemälde.
Ich bin jetzt *sehr* müde. Ich möchte Paris schleunigst verlassen und bald wieder mir Dir zusammensein. Am Wochenende fahre ich wahrscheinlich mit Aragon und Breton nach Brüssel. Morgen gehe ich bei der Gesellschaft vorbei. Übermorgen bin ich die ganze Zeit beim Pressedienst.[1] Ich bin abgespannt, erschöpft. Ich huste. Ich möchte sobald wie möglich von hier fort.
Mittwoch vormittag. Ich habe soeben Deinen Brief bekommen, aus dem ich erfahre, daß Du am Sonntag nach Arosa fährst. Das ist schade, denn die Luft in Locarno ist Dir sicher besser bekommen. Aber Du konntest natürlich dort allein nicht bleiben. Was Arosa anbelangt, ich habe es meiner Mutter mit Deiner Gesundheit erklärt. Wirst Du lange dort bleiben? Ich möchte Dir nicht brieflich meine Wünsche und die Gründe erläutern, warum ich Dich wiedersehen möchte. Das ist zu kompliziert. In Anbetracht meiner Müdigkeit, der Kosten und der Schwierigkeiten, die sich daraus ergeben, wäre es jedenfalls wünschenswert, daß ich nicht allzu lange in Paris bleibe.
1.) Ich habe noch einiges zu erledigen, habe aber Angst, wieder krank zu werden (ich huste, spucke, bin sehr mager).
2.) La Pomme ist sehr schön und sehr nett, aber zu anormal. Mops reist heute ab, denn sie ist auf sie sehr eifersüchtig. Sie hat

sie sehr geliebt und hat vage mitgekriegt, daß La Pomme mich liebt (sie glaubt, daß ich sie gar nicht liebe).
Nur wird die Sache recht problematisch, weil La Pomme mich liebt, von Scheidung träumt, in Frankreich bleiben möchte und, wenn es sein müßte, sogar auf den Strich gehen würde, es aber nicht tun wird und sehr unglücklich sein wird, wenn es noch lange so weitergeht. Sie kann nicht Liebe machen, ohne zu weinen, weil sie dann denkt, daß sie bald wieder abreisen muß. Sie magert zusehends ab, heult immerzu, usw.... Ich hasse so was.
Allein meine Abreise könnte dem ein Ende machen.
3.) Der wahre Grund: Ich liebe Dich und sehne mich nach Dir. In der ersten Nacht werde ich dreimal mit Dir Liebe machen. Und ich möchte, daß Du die ganze Nacht nackt bleibst. Ich werde mich streicheln und dabei an Dich denken.
Und überhaupt, ich habe genug davon, ich will nur Dich. Wenn ich Dich liebe, dann auch, um mit Dir Liebe zu machen, ganz toll. Und Dich in meinen Armen halten, Dich ablecken, Dich ganz fest drücken, Dich unendlich leicht und von oben bis unten naß machen, heiß, weich und hart. Meine Zunge steckt tief in Deinem Mund, in Deinem Geschlecht, und mein Glied schmückt Dich mit Sperma. Es ist auf Deinen Händen, auf dem Bauch, auf den Brüsten, auf Deinem irrsinnig lebendigen Gesicht, und dann streicheln wir uns wieder, küssen und durchbohren uns. Ich möchte Dich noch toller lieben als je zuvor.
Meine Gala, ich treibe es hier sehr oft, zu oft. Aber was würde ich nicht dafür geben, eine einzige Nacht mit Dir zu verbringen. Alles.
Nur
Ich fürchte, Du wirst sehr lange in Arosa bleiben wollen. Und was dann!!!!!!!!!
Ich werde spätestens am 18. in Marseille sein. Und Du wirst zu dem Zeitpunkt nicht dort sein können. Ach was! Ich werde so lange wie nötig auf Dich warten. Wie Du weißt, wollte ich mit Dir eine Reise nach Carcassonne machen.[2] Ich wünsche mir, daß auch Du wieder mit mir zusammensein möchtest. Du wirfst mir vor, ich hätte Dich aufgefordert, so lange in der Schweiz zu bleiben, wie Du es selber möchtest. Du hast mir aber geschrie-

ben, daß Du viel länger bleiben wolltest als vorgesehen, und hast mich gefragt, ob ich deswegen nicht böse bin. Aber nein, nicht im geringsten, bloß traurig, *sterbenstraurig*. Nun, genug davon!!!

Du glaubst fest daran, daß ich Dich liebe. Sei ohne *coulance*[3], wenn Du zu mir kommst. Sei jederzeit und immerzu schön und verwirrend. Gib auch auf Dich acht, strenge Dich nicht zu sehr an (ich meine damit: keine langen Ausflüge – und *nicht trinken*). Sage mir, ob der Mann von der roten Frau[4] noch da ist. Wenn ja, dann schreibe ihm ein paar Zeilen, aus Höflichkeit.

Antworte mir gut und lang.

Ganz der Deine,

Paul

Etes-vous fous ist erschienen.[5]

So lautet die Widmung:
für Paul und Gala Eluard
Wie ist doch auf dem Leben die Erde grausam
(Chanson von Fortugé)

Sehr gut, nicht wahr? Du bekommst es in Arosa.

40.

Briefkopf: Hôtel Radio, 64, Boulevard de Clichy, Paris.

⟨Paris, Mitte April 1929⟩

Mein schönes kleines Mädchen,

ich habe mich heute mit Crevel um den Pressedienst gekümmert.[1] Ich bin entsetzlich müde. Ich mag Deine Briefe. Sie richten mich wieder auf. Ich bin völlig erschlagen, am Ende. Heute abend gehe ich mit Max und Breton und den Damen in *Die schöne Helena*.

Der Pressedienst ist öde, öde und nochmals öde.

Bei der Gesellschaft gibt es noch nichts Endgültiges, aber einen kleinen Fortschritt: die Entscheidung, alles zum Verkauf zu bringen, wenn es in einem Monat keine Klärung gegeben hat. Die Klärung wird sich finden. Ich habe gesagt, daß ich keinen

Sou mehr zahlen werde. Dann werde ich auch meinen Anteil mit einem geringfügigen Verlust verkaufen können.
Ich weiß nicht, wann ich nach Marseille fahren werde. Wenn ich weiterhin so müde bin, werde ich schon in 5 bis 6 Tagen reisen. Sonst, um den 22. Richten Sie Ihre Abreise danach. Aber ich würde mich wahnsinnig freuen, wenn Sie noch vor dem 1. Mai dort eintreffen könnten. Wahnsinnig. Ich träume auch davon, Sie bei mir zu haben. Allein und verliebt, sehr verliebt. Sie sind die Einzige und die einzig Schöne, die einzig Kluge.
Ich küsse Sie überall.

Paul

41.
Postkarte: Hôtel Radio.

(Paris, April 1929)

Mein Kleines, ich verstehe nicht recht diese »Bitte, nach Arosa zurückzukommen«: Ich habe Deinen Brief, in dem Du das schreibst, nicht bekommen. Tu also, was Du für richtig hältst, aber denke daran, daß ich eines Tages genötigt sein kann, zum Parksanatorium zu fahren. Bleibe so lange in der Schweiz, wie es Dir gefällt. Ich bin sehr pessimistisch, verkrafte aber recht gut die dummen Liebschaften, denen ich mich hingebe. Bin aber sehr, sehr pessimistisch, sehr, fast zu sehr. Die Liebe zu anderen als zu Dir ermüdet mich, widert mich an.
Gala, Gala, Gala, Gala, Gala, Gala.

Paul

42.
⟨Paris, Mitte April 1929⟩

Samstag

Mein liebes kleines Kind, hier steht alles zum Besten. Ich schicke Dir heute die einfachen Exemplare (3), Dein Exemplar auf grünem Papier und das Exemplar für Blum. Bei der Bank habe ich alles erledigt. Ich war auch in Montlignon und fahre mor-

gen, am Sonntag, noch einmal hin. Danach, die Gesellschaft und mein Pressedienst mit Crevel. Das Buch ist jetzt in allen Buchhandlungen. Ich lasse mir einen schönen grauen Anzug machen.
Mit Madame Apfel ist jetzt alles sehr einfach, ruhig, unproblematisch. Onanie zu zweit usw.... Habe Crevel, Breton und Janine gesehen, treffe mich heute abend mit Max. Ich liebe Sie und denke andauernd an Sie. Ich sehne mich nach Ihnen und liebe nur Sie allein.
Ich küsse Sie leidenschaftlich überall.
Paul

43.
Meine Adresse: Terrass Hôtel, Rue de Maistre (Ecke Rue Caulaincourt), Paris 18.

Paris, Montag, den 15. 〈April〉 192〈9〉

Mein schönes kleines Mädchen, mein teures kleines Mädchen, bis zum 30. ist es wirklich etwas weit hin, und diese *coulance* scheint mir schlecht gewählt. Ich habe noch viel zu erledigen, hoffe aber, wie geplant am 20. fertig zu sein. Paris mißfällt mir sehr, ich bin häufig sehr müde und habe einen unsinnigen Wunsch, Dich wiederzusehen, Dich zu haben. Wir sollten nicht so lange voneinander getrennt sein. Ich habe nichts gegen Abenteuer, möchte aber nicht derart auf Dich verzichten müssen, auf die Vollkommenheit der Liebe, der Frau. La Pomme ist reizend, und sie ist in mich vernarrt, sie ist sehr hübsch und in Liebesdingen voller Phantasie, aber bliebe ich von Dir getrennt, ich würde sie am Ende hassen. Ich bin genau wie Du, und alles, was ich auf diesem Gebiet tun kann, geschieht immer nur zu Deinen Gunsten und verstärkt in mir den Wunsch danach, Dich zu haben. Du fehlst mir immerzu. In allem, was ich tue, bist Du gegenwärtig. Du bist auf bestimmte Weise in mir anwesend.
Ich werde nachher mit Ratton nach Eaubonne fahren. Er möchte die großen Stücke noch einmal sehen. Heute abend bin ich bei ihm zum Essen eingeladen. Wenn er nichts kauft, werde

ich Wertpapiere verkaufen und Dir sofort das Geld schicken. Du wirst es so für die Rechnung am 20. haben.
Gestern habe ich eine Autofahrt gemacht, mit Max und Marie Berthe, die sehr nett war, viel besser als früher. Sie möchten mit uns nach Martinique reisen. In diesem Sommer fahren sie in die Nähe von Arcachon und möchten, daß wir uns mit ihnen ein Haus mieten. Max hatte vor kurzem eine Affäre (eine Frau entführt), die einiges Aufsehen erregte. Das war zu erwarten.
Ich habe seine Bilder an Bousquet schicken lassen. Wir bereiten zur Zeit eine neue Ausgabe der *»Variétés«* von 132 Seiten vor, die sehr schön wird.[1] Sie wird den Luxus-Ausgaben der (herrlichen) erotischen Gedichte von Péret beigefügt. Ich bin hier sehr elegant, sehr schön. Alle Leute mögen mich sehr. Mops hat für eine Berliner Zeitung[2] von mir und von Crevel ein Porträt gemacht (zu einem Artikel von Klaus Mann, dem Sohn von Thomas). Die Presseinformationen sind noch nicht verschickt, ich habe aber schon Briefe bekommen. Soviel nur, damit Sie sich einen Begriff von dem machen können, der nur Sie wirklich liebt und begehrt, der Sie ganz nach seinem Geschmack findet, so schön weich und heiß und zart, der mit Ihnen fühlt, der aus Ihrem Denken nicht fortzudenken ist, ohne daß die Welt aufhörte zu sein.
Ich werde dieser Tage einen sehr guten Arzt für allgemeine Krankheiten aufsuchen. Heute fühle ich mich ausgezeichnet. Schreiben Sie mir bitte, ob es Ihnen möglich ist, vor dem 30. nach Marseille zu kommen, um Liebe zu machen. Wenn nicht, dann erwarte ich Sie am 30. Ich werde sehr tapfer sein müssen.
Mein Schatz, mein einziger Schatz.
Ich küsse Dich überall und lasse mich von Dir überall küssen.
Ich bin in Deinen Augen.

Paul

44.
Briefkopf: Hotel Belgravia (London), Grosvenor Gardens, Victoria, London S. W. I.

⟨Mitte April 1929⟩

Mittwoch vormittag

In aller Eile, mein schönes kleines Mädchen. Nach einigen Mühen treffe ich mich nachher mit Oldman[1], der sich auf dem Land aufhielt. Ich hoffe, bei ihm schöne Sachen zu finden, die ich dann an Pierre[2] sehr teuer weiterverkaufen könnte.
Ich fahre am Sonntag früh von Paris nach Marseille und komme abends an. Da Du schon abgereist sein wirst, solltest Du direkt zum Hotel Beauvau, Rue Beauvau 4, gehen. Wenn ich dort kein Zimmer bekommen kann, hinterlasse ich beim Empfang meine Adresse. Und vielleicht kannst Du auch nach Gaillard[3] fragen, der noch da sein müßte.
Ich bin gestern abend hier angekommen. Morgen reise ich wieder ab. Deine Türkise habe ich nicht vergessen, und auch nicht ganz allgemein die Geschenke für Dich.
Ich liebe Dich inniglich. Ich denke nur noch an den Montag, wenn Du eintreffen wirst. Wenn möglich, dann telegraphiere mir von Genf aus Deine Ankunftszeit. Sollte ich nicht am Bahnhof sein, dann fahre zum Hotel Beauvau, wo Du mich oder Gaillard antreffen oder meine Adresse beim Hotelbüro bekommen wirst.
Ich küsse Dich überall. Ich liebe Dich mit meinem ganzen Leben, *für immer auf dieselbe Weise.*
⟨ohne Unterschrift⟩

45.
Telegramm:
Poststempel: Arosa, 26. April 1929.
Von Paris.
An Grindel, Parksanatorium, Arosa, Schweiz.

Bin vermutlich am Sonntag Hotel Beauvau sonst erfrage meine Adresse beim Hotelbüro.
Vergehe fast vor Ungeduld
Paul

46.
⟨Marseille, Ende April/Anfang Mai 1929⟩

Donnerstag

Ich habe in der vergangenen Nacht in Genf kein Auge zugemacht. Ich war furchtbar aufgeregt, so wie noch nie. Ich bin dann um 5 Uhr aufgestanden, um den Zug um 6 Uhr 15 zu bekommen. Die Reise war sehr anstrengend. Es war gewittrig schwül, und der Zug war überfüllt. Beim Zoll ging alles wie geschmiert. Habe etwa zwei Stunden im Zug geschlafen. Außerdem vergesse ich fast, daß diese schlaflose Nacht ein Gedicht für Dich ergeben hat, eines, das ich besonders mag, weil es ein Beweis meiner Liebe ist. Es erhebt Dich zur »absoluten Königin«. Gaillard war da, und er hat mir sein Zimmer zur Verfügung gestellt, damit ich mich waschen konnte. Er ist sehr nett, aber sehr träge, sehr melancholisch. Heute abend gehen wir in ein Sonderkino. Es kostet 20 frs, soll aber sehr gut sein. Ich bin nicht zu müde, nur sehr nervös. Ich hoffe, daß Du Dein Päckchen heute früh bekommen hast und nicht allzu unzufrieden warst. In Deinem Laden gab es nur schöne Krawatten. Ich habe zwei gekauft, blaue. Und dazu in einem Strickladen einen kleinen ärmellosen Pullover in einem sehr schönen Uniblau, und sehr billig: 24 Schweizer Franken. Er paßt sehr gut zu meinem Anzug und zu den Krawatten. Habe auch einen blauen Hut gefunden. Ich habe wie verrückt danach gesucht. Keine Bücher gekauft. Auf dem Bahnhof von Zürich habe ich die Inderin aus Arosa getroffen, sie war mit einem ausgesprochen unsympathischen Kerl. Mich hat sie nicht gesehen. In Genf habe ich Dr. Serner gesehen, der mich ebenfalls nicht gesehen hat. Was für ein Lärm in Marseille. Was für Gerüche, und wieviele wippenden Brüste unter den Kleidern, und die vielen Luden! Das Gegenteil von der Schweiz. Leben, eine lebendige Stadt. Die schweizer Schweine werde ich nicht vergessen. Ich habe für Dich eine in jeder Hinsicht tolle Zahnpasta gefunden: Bi-Exyne als *Paste*. Wenn Du auch welche findest, dann kaufe sie. Sie macht die Zähne weiß wie Schnee.

Freitag vormittag

Ich werde erst in Montlignon Post von Dir bekommen. Aber ich rechne damit bei Deiner Ankunft am Montag früh.

Der obszöne Film ist großartig! Einfach umwerfend. Eine richtige Entdeckung. Das unfaßbare Leben riesiger und prächtiger Geschlechtsteile auf der Leinwand, hervorspritzendes Sperma. Und das Leben des liebeshungrigen Fleisches, all diese Verrenkungen. Es ist wunderbar. Und sehr gut gemacht, wahnsinnig erotisch. Du mußt Dir das unbedingt ansehen. Wenn Du in Marseille sein wirst, gehst Du mit Gaillard, der (wirklich) eine Verkörperung des Anstands ist und der schon mehrere sehr »bürgerliche«[1] Damen begleitet hat. Ich werde Dir jedenfalls meine Gefühle schildern. Ich war sehr artig, war mit niemandem zusammen. Und das reicht aus. Im Kino hatte ich eine Stunde lang eine mächtige Erektion. Es fehlte nicht viel und es wäre mir während der Vorführung gekommen. Wenn Du dabei gewesen wärest, hätte ich mich sicher nicht beherrschen können. Es ist eine sehr reine, untheatralische Kunst. Die Leute bewegen kaum die Lippen, jedenfalls nicht, um zu sprechen; es ist eine »stumme Kunst«, eine »wilde Kunst«, es ist die Leidenschaft gegen den Tod und die Dummheit. Man sollte das in allen Kinosälen und in den Schulen zeigen. Es würde dauerhafte Ehen stiften, die ersten, heiligen, mannigfaltigen Bindungen. Die Zeit der Poesie ist noch nicht gekommen, leider!
Mein kleines geliebtes Mädchen, nach alledem – und mit einem Schlafmittel – habe ich gut geschlafen, von 11 bis 8 Uhr. Ich bin nicht müde. Draußen ist es heiß, schwül.
Das Leben in Marseille ist viel teurer als früher. Das Zimmer in einem kleinen Hotel: 30 frs. Aber ich lebe trotzdem recht sparsam, und Du kannst Dich auf Deine Geschenke freuen. Mach Dir keine Sorgen. Denke an all das, was ich Dir versprochen habe. Ich hoffe, Du hast ein gutes Zimmer, schön still. Mein schönes kleines Mädchen.
Ich bin sicher, daß Du an meiner Liebe zu Dir nicht zweifelst. Es gibt auch keinen Grund, daran zu zweifeln. Glaube fest daran.
SIE GILT ALLEIN DIR!
Ich küsse Dich überall.

Paul

47.
⟨Marseille, Mai 1929⟩

Mein schönes kleines Mädchen, ich habe mich sehr gefreut, von Dir einen Brief zu bekommen. Damit hatte ich nicht gerechnet. Ich hoffe auch, daß Du meinen letzten, sehr langen Brief erhalten hast. Du solltest Dir die Post nachschicken lassen.
Hier gibt es nichts Neues. Mir geht es gut. Ich übe mich ein bißchen im städtischen Leben. Meine Gedichte habe ich zum Abschreiben weggebracht. Ich möchte mir einen leichten Mantel kaufen. Marseille ist eine ungemein belebte Stadt.
Eine (ungewollte) schmeichelhafte Bemerkung von Baron [1] an Gaillard: »Eluard? Ja, natürlich! Aber schließlich hat es auch Apollinaire gegeben.« Heilige Einfalt! Max Ernst hat sich zurückgehalten.
Nun, ich habe mir die Haare ordentlich schneiden lassen. Ich möchte Dich bei mir haben. Es wäre so viel besser. Ich liebe Dich über alles, meine Taube. Ich küsse Dich überall.
Du hast recht getan, das Hotel zu wechseln. Ich glaube vor allem, daß der Strand besser ist. Und es werden nicht mehr dieselben Leute sein. Das Wetter hier ist schön.
⟨ohne Unterschrift⟩

48.
Hotel Alexandra, Nizza ⟨Juni 1929⟩

Montag vormittag

Seltsam, diese Aufbrüche und Aufenthalte in Nizza. Das Hotel Alexandra befindet sich gegenüber vom Hotel Beaulieu und vom Hotel de Hollande, in dem ich vor meiner Reise vor 5 Jahren abgestiegen war, [1] und wo ich geweint habe ... Schrecklich geweint habe ... vor 5 Jahren.
Strahlendes Wetter, Palmen, das Fenster steht offen. Ein schönes Zimmer. (Ich erwarte den Arzt wegen meines Knies, das mir noch immer zu schaffen macht.) Heute früh hatte ich dasselbe Gefühl wie vor 5 Jahren –, aber die Gefühle bei der Abreise wurden durch meine Rückkehr gedämpft.

Das Hotel Alexandra ist ausgezeichnet und gar nicht teuer: 50 frs Pension für ein großes Doppelbettzimmer mit Blick auf die Gärten. An den Wänden eine sehr schöne Tapete und an der Decke eine schöne Verzierung.
Als ich gestern abend ankam, habe ich mich gleich hingelegt, erschöpft von der Reise und der Hitze im Zug. Ich werde mich reichlich und gut erholen, glaube ich. Auf das Wetter hier war ich gar nicht gefaßt. Strahlend. Ich denke an Sie ... wie an das schicksalhafte Licht bei meiner Geburt.
Ich liebe Dich. Ich küsse Dich überall.

Paul

Sehr herzliche Grüße an Gaillard:
Der Arzt meinte, die Sache mit meinem Knie sei nichts Ernstes, ich solle aber zum Spazierengehen eine Binde tragen, und morgen wird er mich mit den Brenneisen behandeln.

49.
⟨Hotel Alexandra, Nizza, Juni 1929⟩

Dienstag vormittag

Meine liebe, sehr liebe, gestern abend war das Leben schier unerträglich, und deshalb habe ich mich betrunken. Und danach war es dann noch schlimmer, entsetzlich schlimmer.
Heute früh geht es mir wieder etwas besser. Bin gar nicht krank. Ich habe viel geträumt. Obszöne, schmutzige, traurige Alpträume. Aber das Wetter ist sehr schön.
Nach dem Mittagessen gehe ich zur Behandlung mit den Brenneisen. Später, in einiger Zeit, wird man das Knie röntgen müssen. Vorsichtshalber, weil ich da einen kleinen Bruch habe ⟨*sic*⟩.
Aber die Hauptsache ist, daß ich mit dem gebundenen Knie noch laufen kann.
Nizza ist eine schöne Stadt – das Klima, das Meer, das Grün. Aber provinziell.
Das Hotel ist ausgezeichnet. Vorzügliche Weine!!!
Danke für den Brief von Keller[1], der wohl eine Weltreise vorhat ... 9 Seiten.

So. Und keine Aussicht auf ein Abenteuer hier. Da ziehe ich mein Zimmer vor, das sehr gemütlich ist.
Herzliche Grüße an Gaillard. Sei sehr lieb umarmt.
Paul

50.
⟨Nizza, Juni 1929⟩

Samstag

Im Grunde ist es gut so, daß Du diesen Brief nicht bekommen hast. Er war unglücklich im weitesten Sinn des Wortes.
Aber heute abend habe ich das Gefühl zu leben, und ich bin froh, sehr froh, meine Gala, Du *Einzige,* daß Du keinen Kummer mehr hast. Ich atme wieder auf. Wenn ich sehr unglücklich bin, und in der Nacht zum Mittwoch war ich sehr, sehr unglücklich, dann möchte ich Dich nicht mehr sehen.
Aber wenn ich wie heute drei Verabredungen habe, wenn bei all dem Erfolg und den neuen Büchern das Leben wieder seinen Lauf nimmt, dann *will ich nicht ungerecht sein* mit Dir und dem Gedanken an Dich, da verdrängt Deine Existenz dieses Leben, und ich träume davon, bei Dir und nicht mit der WELT zu sein.
Das Gedicht, das ich Dir nicht schicke, weil es Dir diesen Brief verderben würde, dieses lange Gedicht wird Dir erklären, wie unglücklich ich gewesen bin.
Und es hatte sich ja alles gegen mich verschworen. Ich möchte Dir jetzt darüber nichts sagen, denn *es ist vorüber, völlig abgewendet*, aber ich hatte die grauenhaftesten Dinge zu befürchten, schlimmer als der Tod. Die Liebe war nicht mehr *da*.
Und es sah aus wie eine Sühne. Das ist eine entsetzliche, demoralisierende christliche Vorstellung, die man kaum ertragen kann. Und Du hattest mir etwas ungeschickt geschrieben (mein Denken war nicht mehr frei).
Meine Liebe, das ist nun alles vorbei, vorbei, vorbei. Ich liebe Dich, ich liebe Dich, Du bist wahr und schön. DIE LIEBE STEHT ÜBER ALLEM. MIT GALA. MEINER GALA, die nur mir gehört in einer Welt, die nur die meine ist.
Bestelle Gaillard, daß ich ihn mag. Hast du den Brief mit den Schlüsseln bekommen?

Sonntag

Meine Geliebte,
ich freue mich, daß Du zu mir herkommen möchtest. Das galt es zu schreiben. SEHR GLÜCKLICH. (Heute zweimal onaniert und mir dabei vorgestellt, Du würdest hier sein.)
So warm, wie es jetzt hier ist, könnte ich Dich stundenlang NACKT anbeten. Wir würden das Haus nur verlassen, um in das wunderbare Sonderkino ⟨*sic*⟩ zu gehen. Komme aber rechtzeitig vor *coulance*. Komme zum Beispiel am Dienstag, mit demselben Zug wie ich.[1] Schicke mir ein Telegramm.
Wir werden von der Liebe leben, allein von der Liebe. Morgen früh schicke ich Dir ein Telegramm und überweise Dir, wenn möglich (da Freitag ist) telegr. 1000 frs.
Anbei das erwähnte Gedicht[2] und eine Zeichnung[3], die Dir Spaß machen wird. Du kannst sie Gaillard zeigen, so etwas interessiert ihn.[4] Ich bin ganz benommen vor Lust und Verlangen nach Dir:
NACKT
offen die Augen,
der Mund, das Geschlecht.
Habe Telegramm von Gaillard bekommen. Er möchte Dir die Zeichnungen, Photos und das Manuskript geben – für mich. Begreife dies, und gib ihm zu verstehen, ich wünsche mir, daß wir es wie vereinbart gelegentlich zu zweit mit Dir machen.

Ich muß plötzlich an etwas recht Beunruhigendes denken. Hoffentlich habe ich meinen Brief nicht nach Montlignon adressiert und das Gegenteil von dem getan, was richtig war, Deine Adresse auf den Brief geschrieben, der hineingehörte. Das wäre äußerst unangenehm, denn dieser Brief war *ungeheuer* intim.
Vor allem deshalb hatte ich ihn per Eilpost geschickt. Und mir war so leer im Kopf und so dumm.
Eigentlich kann ich es Dir ja sagen, denn jetzt ist sicher, daß da nichts ist, doch der Arzt fürchtete, es handle sich um eine Bazillenarthritis (Tuberkulose) des Knies, und das, ohne zu wissen, daß ich lungenkrank gewesen bin.
Die Behandlung mit dem Brenneisen hat mir sehr gutgetan,

denn jetzt kann ich mit einer Binde um das Knie so gehen wie vorher.
⟨ohne Unterschrift⟩

Seiner Krone beraubt ein Kerker[5]
Hoch oben am Himmel
Ein entflammtes Fenster
Wo der Blitz seine Brüste zeigt
Eine Nacht ganz grün
Niemand der lächelt in dieser Einsamkeit
Hier schläft das Feuer im Stehen
Quer durch mich hin.

Aber dies Unheil ist nutzlos
Ich kann lächeln
Absurder Kopf
Sein Tod will die Begierden nicht dämpfen
Absolut freier Kopf
Wahrt stets seinen Blick und sein Lächeln.

Wenn ich heute lebe
Wenn ich nicht allein bin
Wenn jemand ans Fenster kommt
Und wenn ich dieses Fenster bin
Wenn jemand kommt
Sehen mich nicht diese neuen Augen
Wissen nicht was ich denke
Weigern sich meine Komplizen zu sein.

Und trennen anstatt zu lieben.

51.
Telegramm:
Aufgegeben: in Paris.
An ⟨Madame⟩ Grindel. Méd. Hôtel. Cannes.
Poststempel: 17. *Juni ⟨1929⟩.*

Alles gut bis auf Sehnsucht nach Ihnen. Küsse: Paul

52.
Briefkopf: Terrass Hôtel, Rue de Maistre 12/14, Paris.

⟨Juni 1929⟩

Meine Gala, Gala, Gala, Du mußt mir verzeihen. Ich habe, wirklich ohne es zu wollen, Dir unrecht getan, indem ich Dir nicht schrieb. Das kam dadurch, weil Du mir gesagt hast, ich möchte Dir an das Regina schreiben, als Du aber nicht dort warst, und weil ich mich wegen des Eilbriefs darauf versteift habe, Dir dorthin zu schreiben, aus Angst, man könnte meinen Brief stehlen.

Aber jetzt bin ich dafür bestraft worden, bin sehr traurig und ratlos. Ich wußte, daß ich mich in bezug auf G.[1] nicht getäuscht habe. Ich bedauere nur, daß ich seinetwegen so viel durchmachen mußte.

Versuche, einen Brief zurückzubekommen, den ich ihm für Dich aus Holland geschrieben habe. Sage ihm, er möchte mir schreiben. An ein Zusammensein ist jetzt kaum mehr zu denken. P.[2] hat noch einen ganzen Monat Zeit. Ich kann sie nicht allein lassen. Wir fahren zusammen in die Bretagne. Du in die Schweiz zu B.[3] Aber, weißt Du, mein Schönes, das kommt mir alles absurd vor, gelinde gesagt absurd, diese zwei getrennten Reisen, während ich Dich doch so liebe, auf Dich stolz bin, Dir und allein Dir, Gala, so nah und brüderlich verbunden bin. Und dennoch, warum sollten wir sobald wieder zusammenkommen. Cannes war wundervoll, aber Marseille und Carcassonne waren für mich eine Qual. Ich könnte Dir so etwas nicht zumuten. G.s Verhalten war *für mich* abscheulich. Nun gut! Aber diese Reise mit P. durch Belgien und Holland war nicht unangenehm, doch ist uns Dein Geist überallhin gefolgt, weil Du die Wahrheit bist. Ich hätte diese Reise mit meiner Gala, meiner ewigen Gala machen können, mit jener, die ich schrecklich liebe und mit der ich auch einen schrecklichen Kampf führe. Aber das Leben, das schreckliche Leben ... In Brüssel habe ich Baccarat gespielt und 12 000 belgische frs (8000 französische frs) gewonnen. In Holland habe ich ein in der Welt einmaliges Fetisch gekauft, Neuguinea (2,50 m) 20 000 frs. Ein Prachtstück. Eines Tages werde

ich es für 200 000 weiterverkaufen, ganz sicher. Und dann noch ein sehr flaches »Uli«, alt, sehr schön, sowie einen Modigliani und zwei prächtige Fetische. Ich habe hier außerdem 3 Chirico, zwei Miró und verschiedene andere Sachen gekauft. Meine Mutter hat einen frühen, sehr schönen Chirico gekauft (15 000), eine Gelegenheit.
Aber die Sache ist sicher. Dann auch noch Bücher über Blake. Und vielleicht einen Goethe: 1200 frs, ein Unikat. Ich war bei Keller. Er hatte einen sehr schönen kleinen Rousseau als Reproduktion auf dem Deckel des Buches von Basler über Rousseau (Librairie de France[4]). (Du kannst es Dir vielleicht ansehen, frage in den Buchhandlungen nach diesem Buch). Er wollte 6000 dafür haben. Doch er hat kein Geld genommen, sondern mir angeboten, daß ich ihm später ein Neger-Objekt dafür gebe. Ich bin sehr zufrieden. Aber ich liebe Dich wahnsinnig, und die einzige Freude, die ich dabei habe, ist die Hoffnung, daß Du ihn sehen und mögen wirst. Ich suche eine schöne Wohnung. Wir würden alle unsere Sachen dort haben und von da aus Reisen unternehmen. Aber auch wieder zueinanderfinden, sehr innig Liebe machen. Die beiden am stärksten miteinander verbundenen Menschen der Erde würden sich da treffen und alle anderen dabei ausschließen.
Ich werde Wertpapiere verkaufen müssen, um zu Geld zu kommen. Ich schicke es Dir ganz bestimmt am Mittwoch. Telegraphisch, wenn es eilt. Du wirst also nach Arosa fahren. Wie dumm ist das doch alles. Dumm, weil kein Ende abzusehen ist. Schicke mir bitte öfter ein Telegramm. Anbei ein Telegramm[5] an Dich zurück, da ich es nicht richtig verstanden habe.
Ich küsse Dich überall, leidenschaftlich lange.
Ganz allein der Deine, für immer.

Paul

53.
⟨Paris, Juli 1929⟩

Dienstag

Mein geliebtes kleines Mädchen, zu allererst möchte ich Dir nur das eine sagen: Wie sehr wünsche ich mir, Dich nackt zu sehen,

zu halten, zu umarmen, zu lieben. Aber wir sind getrennt, und es gibt keine große Hoffnung mehr, daß ich Dich noch halten könnte.
Siehst Du, im Augenblick habe ich Pomme bei mir, sie ist frei. Wenn ich sie fortgehen lasse, um zu Dir zu fahren, wie lange würde ich Dich dann halten können? Bald darauf wäre ich wieder allein, hätte noch mehr Zeit, mich zu langweilen und schrecklich verlassen zu fühlen. Du hast B. oder andere, die es noch geben wird, aber ich möchte nicht in der Einsamkeit verbittern. Die schöne, angenehme und ergebene Pomme ist für mich die Rettung.
Und dennoch kann sie diese schreckliche Trauer über unsere Trennung nicht auslöschen. Vor dem, was ist, habe ich keine Angst, aber das, was sein könnte, wird mein Ende bedeuten. Ich würde es nicht ertragen, allein gelassen zu sein. Ich weiß jetzt, daß nichts Dich aufhalten kann, daß Du unerbittlich bist. – Aber Dein Mitleid brauche ich nicht. Ich bin ja selbst sehr unbeständig. Doch daneben stehen und »zuschauen«, das kann ich nicht mehr, und auch der Gedanke, daß ich für Dich nicht alles bin, daß der Rest der Welt für Dich nicht allein durch mich existiert, der ist mir unerträglich.
Du bist der einzige Mensch, den ich je geliebt habe. Meine ganze Liebe, mein Glaube gilt allein Deinem Bild.
Fahre nach Arosa, wenn Du es so möchtest.[1] Wenn Du wirklich wieder mit mir zusammensein willst, dann werde ich La Pomme fortschicken, aber dann mußt Du auch ganz und gar für mich da sein und nur so weit von mir weggehen, daß ich Dich auch wieder zurückholen kann und ich nicht völlig verlassen bin. La Pomme wird es nicht begreifen, daß ich sie plötzlich fortschikke. Sie hat noch Zeit. Und später würde es nicht mehr so einfach sein, sie zurückzuholen.
Begreife, was ich Dir damit sagen will. Außerdem muß ich noch 2 bis 3 Tage hierbleiben. Ich hatte die Absicht, danach irgendwohin zu fahren. Soll ich mit Dir verreisen? Vielleicht wäre es das Beste, du fährst jetzt nach Arosa. Aber für wie lange? Im Augenblick bin ich nicht allein. Vielleicht solltest Du einfach die Zeit nutzen.
Ich werde Dir morgen abend (Mittwoch) 3000 frs schicken. Ich

stehe also zu Deiner Verfügung. Denke über alles nach, und schicke mir ein langes, klares Telegramm.
Ich liebe Dich über alles. Ich küsse Dich überall. Ich liebe nur Dich.

Paul

Dienstag, Mitternacht

Ich habe meinen Brief noch einmal geöffnet. Heute abend war ich mit Cécile und meiner Mutter im Zirkus (in einem großen deutschen Zirkus). Dann bin ich ins Hotel zurückgekehrt. Ich habe den ganzen Abend nur an Dich gedacht. Ständig schwebte mir Dein Geist vor Augen.
Du solltest jetzt nach Arosa fahren. Besser jetzt als später. Zum Monatsende werde ich eine neue Wohnung haben[2]. Und wir werden wieder zusammensein. Meine Gala, Gala, meine Geliebte, meine Einzige. Eines muß ich Dir aber sagen: noch nie zuvor ist mir mein Schicksal so tragisch erschienen wie heute. Noch niemals waren meine Gedanken so ruhelos, so hoffnungslos. Die Gestalt der Liebe – DU – hatte alle anderen Gestalten des Lebens verdeckt. Fahre Du nach Arosa. Das ist das beste und das einfachste. Das Leben ohne Dich wird solange dauern, wie es eben dauert.
Oder befiehl, und was es auch sein mag, ich werde Deinen Willen akzeptieren – aber ohne Hoffnung. Ich liebe Dich – in jeder Hinsicht –, ich liebe nur Dich. Du kannst dessen sicher sein. Und wie Du Dich auch entscheiden wirst, ich werde keinen Gedanken und kein Wort des Vorwurfs an Dich richten. Wir haben das, was Du tun wirst, so gewollt – in jeder Hinsicht. Ich liebe Dich über alles. Du bist meine kleine, meine schöne, meine feine, sinnliche und geniale GALA.

54.
⟨Paris, Juli 1929⟩

Meine schöne, meine immerwährende Gala,
ich warte auf Antwort wegen einer gar nicht teuren Wohnung auf der Butte Montmartre, sehr hell und groß und mit Blick auf

ganz Paris. Wenn ich sie bekomme (es wird nicht leicht sein), schicke ich Dir sofort ein Telegramm. Dann bringe ich alle unsere Sachen in einem Zimmer unter und treffe mich mit Dir, wo Du willst. Du wirst ein schönes Zimmer bekommen. Wohin wollen wir fahren? In welches Land, das warm genug ist? Aber nicht zu warm.
Hier ist das Wetter auch recht kühl. Und ermüdend. Ich habe viele Sachen gekauft und brauche eine Menge Geld für die Wohnung (Miete und Einrichtung). Deshalb werde ich vorerst etwas haushalten müssen.
Wenn alles klappt, werden wir in einem neuen Haus auf der Sonnenseite einer ruhigen, nicht staubigen Straße wohnen.
Anbei ein Brief, den ich schon lange in der Tasche herumtrage.
Ich liebe Dich wahnsinnig. Ich hoffe, daß wir spätestens um den 20. zusammensein werden. Oder früher noch, wenn Du es wünschst. Ich muß allerdings einiges für die Wohnung tun, und das ist nicht so einfach. Wenn Du den 20. nicht für möglich hältst, dann sage mir Bescheid. Ich werde Dir deswegen nicht böse sein, aber ich werde aufs Land ziehen müssen, und da behalte ich La P.[1] bei mir, um nicht allein zu sein.
Überlege auch Du, wohin wir mit Cécile fahren könnten. Breton ist in der Bretagne. Goemans[2] ist mit Spaniern unterwegs, die in Cadaqués (Spanien)[3] einen sagenhaften Film gedreht haben. Wir werden einen sehr billigen Ort finden müssen. Crevel will in die Schweiz reisen: nach Leysins oder Arosa. Er ist operiert worden. Es geht ihm besser, er ist aber noch schwach.
Ich liebe Dich über alles. Du fehlst mir schrecklich.
Ich werde Dir oft schreiben. Ich war mir bisher Deiner Adresse nicht ganz sicher.
Ich schicke Dir 2 Bücher und ein sehr amüsantes Album in 2 Exemplaren: eines davon für wen Du willst.
⟨ohne Unterschrift⟩

Mein schönes kleines Mädchen, ich freue mich außerordentlich, daß es Dir besser geht. Wenn wir uns am 1. August wiedersehen, mußt Du stark, ruhig und verliebt sein. Ich warte noch immer auf die Antwort des Wohnungsverwalters. Paris wird mir zur Qual. Heute ist es besonders heiß. Ich verlasse jedenfalls

die Stadt während der 3 Festtage zum 14. Juli. Du kannst mir aber trotzdem an das Terrass Hôtel schreiben. Ich hoffe, daß B. wieder gesund wird. Paß Du gut auf Dich auf. Ich habe immer Angst, daß Du krank wirst.
Ich werde Dir wenig, aber jeden Tag schreiben. Meine Adresse werde ich jedesmal genau angeben.
Vielleicht könnten wir erst einmal nach Evian fahren. Sehr gesund für den Magen. Und an den Genfer See. Was meinst Du dazu? Und anschließend vielleicht nach Spanien. Oder ans Meer.
Ich zähle schon die Tage. Wenn Du vorher bei mir sein möchtest, dann schreibe es mir oder schicke mir ein Telegramm.
Ich liebe nur Dich allein.

Paul

55.
⟨Paris, Juli 1929⟩

Meine Schöne, meine Einzige, meine Allerliebste, ich warte ungeduldig auf Deine Antwort auf meinen Brief. Ich möchte auch wissen, ob Dir meine Bücher Spaß machen und wann Du herkommen kannst. La P. will bis zum 10. August etwa bei mir bleiben. Wenn du es aber wünschst, wird sie früher weggehen. Ich lebe nur noch in der Vorstellung, daß jeder Tag, das Licht und die Liebe mich auf jeden Fall Dir näher bringen.
Ich fahre zu Dir, wann und wohin immer Du es wünschst. Ich habe in letzter Zeit ein paar recht glänzende Geschäfte gemacht, die mir bei dem hohen Mietpreis und den Einrichtungskosten für unsere Wohnung sehr zustatten kommen werden. Ich warte voller Ungeduld auf die Antwort des Verwalters.
Bei der Gesellschaft wurde die Trennung beschlossen, geregelt. Ich bleibe bei den 4 Seriösesten und Reichsten. Und ich hoffe, daß es jetzt keine Verluste mehr geben wird. Wenn ich bereit bin zu warten, erziele ich sogar Gewinne. Mit den Zinsen zusammen macht es: 246 000 frs.
Nach und nach überzeuge ich meine Mutter davon, daß sie

wichtige Bilder kauft, die im Wert steigen werden. Sie hat damit schon begonnen.
Wie schon gesagt, Keller war sehr nett. Wir sehen uns recht oft.
Bis bald, mein schönes kleines Wesen.
Ich küsse Dich leidenschaftlich überall.
Für immer Dein
Paul

56.
⟨Paris, später im Zug nach Brüssel, etwa Mitte Juli 1929⟩

Samstag

Ich glaube, daß ich die Wohnung am Mittwoch bekommen werde. Ich schicke Dir dann sofort ein Telegramm. Sie hat 5 große Zimmer: Salon, Eßzimmer, beide durch einen breiten Durchgang ohne Tür miteinander verbunden, sowie ein schönes, rundes Zimmer für Dich, 1 schönes Zimmer für Cécile und ein sehr großes Dienstmädchenzimmer, wo man vielleicht die Schränke und allen Kram unterbringen könnte, eine große Diele, ein Badezimmer, eine Küche, eine Treppe und einen Dienstboteneingang, überall große Fenster. Im ersten Stock, auf der Sonnenseite, hat man Blick auf ganz Paris und auf eine sehr ruhige Straße. Gegenüber befindet sich ein Schulhof. Es ist wirklich eine sehr schöne Wohnung.
9 Uhr abends. Ich sitze im Zug nach Brüssel. Paris war während der Feiertage nicht zu ertragen. Am Dienstag werde ich wieder im Terrass Hôtel sein und dort hoffentlich Post von Dir vorfinden.
Ich denke unentwegt an Dich. Es wäre so schön, diese Reise mit Dir zu machen.
Und die Liebe. Ich liebe wirklich, wirklich nur Dich.
Paul

57.
Terrass Hôtel, Paris.

Donnerstag ⟨Juli 1929⟩

Mein schönes kleines Mädchen,
anbei Briefe für Dich. Versuche zu vermeiden, daß man Dir nach Eaubonne schreibt. Ich bin recht müde aus Belgien zurückgekehrt. Und ich habe 6000 frs verloren. Von jetzt ab spiele ich nicht mehr. Es ist nicht sehr schlimm, denn ich habe immerhin ein Plus von 10 000 insgesamt, aber ich glaube, das Glück hat sich gewendet. Doch davon abgesehen habe ich sehr günstige Objekte verkauft und hoffe, durch Crevel für 4000 eine Handschrift verkaufen zu können. Das geht.
Und ich habe die Wohnung, wie ich glaube. Den Mietvertrag soll ich morgen vormittag unterschreiben. Sobald das geschehen ist, schicke ich Dir ein Telegramm und überweise Dir Geld, denn ich weiß noch nicht die genaue Summe, die zu zahlen ist, und werde es erstmal dafür behalten. Du wirst auf jeden Fall das Geld (3000 frs) in 5 bis 6 Tagen bekommen. Außerdem schuldet man mir Geld. Alle Leute sagen, daß ich gut aussehe. Crevel ist gestern abend nach Leysins abgereist. Er wird Dir schreiben. Wenn ich zu Dir nach Evian komme, können wir ihn ja dort besuchen.
Zur Wohnung: Sobald alles geklärt ist, werde ich die nötigen Arbeiten in Auftrag geben, damit sie während der Ferien ausgeführt werden und wir Ende September schon darin wohnen können. Es wird sehr schön.
Die Hitze hier ist unerträglich. Und ich habe viel zu tun.
Ich werde Dir viele neue Sachen zeigen können. Wir sind keineswegs ruiniert. Bei der Gesellschaft wird es jedenfalls keine Verluste geben.
Ich hätte zu gern das Haus verkauft. Das ist aber schwieriger, als ich angenommen habe.
Habe einen Brief von Gaillard bekommen, er beklagt sich, daß diese Sache ihm sehr wehgetan hat.
Ich habe eine prächtige Goethe-Gesamtausgabe. Ich lasse Dir die *»Variété«*-Nummer mit meinem Artikel über Péret zuschicken.[1]

Und sei ganz unbesorgt, ich liebe Dich wahnsinnig. Ich sehne mich nach unserem Wiedersehen. Nur danach.

Paul

58.

⟨Terrass Hôtel, Paris, Juli 1929⟩

Montag, 6 Uhr früh

Wie geht es Dir, mein schönes kleines Mädchen? Du schläfst noch. Dein Körper ist in Schlaf gebettet. Ich möchte Dich streicheln, Dich halten, mit Dir Liebe machen. Möchtest Du, daß wir uns am kommenden Montag oder Dienstag in Evian treffen? Die Preisverleihung in Céciles Schule ist an diesem Sonntag. Wir würden gleich danach fahren. Vielleicht könntest Du vor uns da sein und Deine Adresse hierher telegraphieren (Terrass Hôtel). Nimm ein gutes Hotel, aber nicht zu teuer. Es sollte für uns drei 150 frs nicht übersteigen. Ich glaube, daß man so etwas finden kann. Oder – was einfacher ist – Du nimmst irgendein Hotel, in dem wir dann nicht bleiben werden. Vielleicht fahren wir nach Thonon-les-Bains (1000 m), sicherlich auch nach Leysins. Wir werden sehen. Nun, mach was Du für richtig hältst. Ich bitte Dich nur, mich wahnsinnig zu lieben, von nun an nur noch an mich zu denken.

Meine Mutter hat Dir nach Cannes einen Brief geschrieben, der zurückgeschickt wurde. Ich habe ihr gesagt, daß Du irgendwo in der Umgebung von Marseille bist, daß Du umziehst und daß ich Deine Adresse nicht habe.

Schreibe ihr, *sobald* Du in Evian bist.

Die Geschäfte gehen sehr gut. Heute vormittag werde ich mich um die Einrichtung der Wohnung kümmern. Und ich hoffe, daß ich am kommenden Donnerstag eine Menge von dem präkolumbianischen und afrikanischen Krimskrams verkaufen kann. Auf Wiedersehen, meine Gala. Ich liebe Dich über alles, und nur Dich. Ich küsse Dich innig überall.

Paul

59.
⟨Paris, Juli 1929⟩

Mittwoch, 8 Uhr früh

Gala, meine Geliebte,
das wird mein letzter Brief nach Arosa sein. Ich werde aller Wahrscheinlichkeit nach am Montag oder Dienstag mit Cécile in Evian sein. Das Beste wäre, wenn Du jetzt sofort abreist und mir per Telegramm den Namen des Hotels mitteilst, in dem ich Dich dann finden werde. Das Telegramm müßte ich bis *spätestens* Montag früh hier im Terrass Hôtel, Rue de Maistre 12, haben.
Früher wäre aber besser.
Ich kann es kaum erwarten, Dich wiederzusehen. Du bist von allen Körpern der begehrenswerteste, von allen Augen die mit dem tiefsten Blick, von allen Schößen der heißeste, von allen Leidenschaften die unbändigste, von allen Frauen die schönste, die kühnste, die freieste.
Gestern abend habe ich mir mit dem Dekorateur Moreux[1] die Wohnung angesehen. Es ist wirklich eine angenehme Wohnung. Dein Zimmer ist ein wenig rund, und von Deinem Fenster aus überschaut man ganz Paris. Dumm ist nur, daß man darin einen großen Schrank wird aufstellen müssen. Ohne wäre es hübscher.
Es fehlen uns schrecklich viele Möbel. Die aus Eaubonne können wir da unmöglich hinstellen.
Also, die gesamte Einrichtung wird uns ein paar Fetische und einen großen Chirico kosten. Das ist die Sache schon wert. So werden wir mehr Freude daran haben. Ich habe eine Unmenge Sachen gekauft! Und gute. Es gibt viel zu tun. Ich hoffe, es gelingt mir morgen, einer alten Amerikanerin, die keine Ahnung hat, einen Haufen Kram anzudrehen, den ich heute noch aus Eaubonne und aus Montlignon holen werde, um ihn in die Truhe zu tun. Es wird gut so.
Du solltest Dich um den Fetisch kümmern. Ist er schön? Hast Du ihn gesehen? Versuche, das Photo zu bekommen. Schreibe, wo Du in Evian wohnst. Vielen Dank für das Kinderbuch. Sehr schöne Bilder. Zur Zeit mag ich Bücher sehr.
Brauchst Du irgend etwas? Ja, die Wohnung hat Zentralhei-

zung, ein installiertes Badezimmer, eine Toilette für das Dienstmädchen oder für die Gäste usw.... Sehr große Fenster, einen Schulhof vis-à-vis, die Glocke des Sacre-Cœur und kein einziges Auto auf der Straße. Es ist ein völlig neues Haus. Und ich lasse alles aufs Beste herrichten. Du wirst sehen. Wir werden ein Telephon haben, und ein schönes Grammophon.
Das einfachste wäre vielleicht, wir fahren erst nach Leysin. Dort werden wir uns leichter finden. Ich glaube, so ist es besser. Nun, entscheide Dich sobald wie möglich und telegraphiere mir umgehend Deine Adresse. Du kannst es wirklich entscheiden. Mir ist es vollkommen egal. Und da wir sowieso dorthin fahren, wäre es vielleicht das beste. Du suchst einen Ort: eine Pension, nicht zu teuer, nicht zu schlecht. Sehr sauber: wegen Cécile. In Arosa wird man Dich schon informieren. Und Du könntest wegen des Zimmers von dort aus anrufen und früher losfahren. Oder Du rufst im Grand-Hôtel Crevel an. Aber mach Du mal, so, wie Du es für richtig hältst.
Ich liebe Dich über alles, weißt Du. Mir ist ganz flau bei dem Gedanken, daß ich Dich wiedersehen und zurückbekommen werde. Ich küsse Dich überall, überall.
⟨ohne Unterschrift⟩

60.
⟨Paris, Anfang September 1929⟩

Also, mein kleines Mädchen, ich habe viel zu tun, und hier ist es heiß wie in der Wüste Sahara. Ich habe schöne Möbel gekauft, alles in allem für 11 000 frs. Bei Moreux bestelle ich nur noch die Anrichte, die Bücherschränke und Deine Frisierkommode[1]. Glaube mir, es wird ganz hübsch. Du sollst es aber erst sehen, wenn alles eingerichtet ist. Etwa Anfang Oktober. Wir werden ein sehr gutes Bett haben, das beste, das man kriegen kann, mit einer herrlichen Matratze, wie man sie in amerikanischen Krankenhäusern findet.
Mir geht es gut, ich liebe Dich.
Zum Arzt gehe ich am Mittwoch.
Schreibe mir öfter. Ich liebe Dich über alles.
Auf Wiedersehen, mein kleines Mädchen.
Paul

61.

Dienstag

Mein schönes kleines Mädchen, gestern habe ich die Goemans am Bahnhof abgeholt, und sie haben mir Deinen Brief und den von Cécile[1] gegeben. Ich weiß nicht so recht, was ich Cécile schicken soll. Sie müßte das große Paket, das ich ihr aus Toulouse geschickt habe, schon bekommen haben. Ich werde ihr morgen jedenfalls zwei Bücher schicken. Ich hoffe, daß sie bald wieder gesund ist. Um zwei treffe ich mich mit einem Maler wegen der Wohnung. Ich hoffe, daß bis Anfang Oktober alles fertig sein wird. Am Donnerstag gehe ich zu einem Arzt. Ich schreibe Dir gleich danach. Ich werde mich auch heute nachmittag mit Schönheitsmitteln beschäftigen. Hier ist es immer noch sehr heiß.

Sei unbesorgt. Ich liebe Dich wahnsinnig.

Ich küsse Dich überall.

Für immer Dein

Paul

62.

⟨Paris, September 1929⟩

Mein kleines Mädchen, die Hitze hier ist noch immer unerträglich, und man weiß kaum noch wohin mit sich.

Aber trotzdem, und trotz der höchst unangenehmen Herzbeschwerden geht es mir ganz gut. Neues gibt es nicht. Aber ich habe das Gefühl, daß ich nur noch in völliger Apathie leben kann. Bin unfähig zu denken, unfähig zu handeln.

Ich bin aber sehr froh zu hören, daß Du unseren gemeinsamen Aufenthalt in Cadaqués[1] in guter Erinnerung behalten hast.

Du kannst sicher sein, daß ich Dich liebe und immer lieben werde.

Habe soeben Deinen Brief bekommen. Bin sehr froh, daß Cécile ihre Zeitschriften hat. Ich führe hier ein recht entmutigendes Leben.

Ich liebe Dich. Schreibe bitte meiner Mutter nach Montlignon, daß es Cécile besser geht.

Paul

63.
⟨Paris, September 1929⟩

Mein allerliebstes kleines Mädchen,
ich habe Dir gestern 1000 Pesetas geschickt. Das ist das Höchstmögliche. Komme zurück, wann es Dir paßt. Die große Hitze ist seit heute endlich vorüber, und es wird sicher bald regnen.
Du könntest, wenn Du willst, am 22. oder 23. zurückkommen. Ich wollte uns das Hotel ersparen, aber wir werden wohl nicht drumherum kommen.
Gestern abend habe ich mich in Gedanken an Dich herrlich gestreichelt und mir vorgestellt, Du seiest verliebt und völlig ungezügelt, so, wie Du mich gelehrt hast, Dich zu sehen. Ich liebe Dich unendlich und habe schreckliche Lust nach Dir.
Ich habe Geld zurückbekommen (30 000), das als Registrierungskosten zuviel eingezahlt worden war, und ich habe einen Fetisch aus Kamerun gekauft. Habe auch das sehr schöne Bild von Dali (sage es ihm) Ratton wieder abgekauft, dasselbe, das ich ihm verkauft hatte (ein 12er oder 15er[1]).
Die Wohnung wird um den 5. Oktober bezugsbereit sein. Wie geht es der kleinen Cécile? Drück sie ganz lieb von mir. Ich bin nicht dazu gekommen, Dir das Rouge und die Gesichtsmilch schicken zu lassen. Es ist zu schwierig. Vielleicht kannst Du darauf verzichten.
Ich träume von Dir. Wenn Du wieder in Paris bist, sollst Du die Eleganteste sein. Ich werde dafür sorgen. Ich bin momentan kaum imstande, etwas zu schreiben. Aber ansonsten geht es mir gut, und ich schone mich. Mach Dir also keine Sorgen.
Habe Keller getroffen. Mit ihm werden wir Geschäfte machen können. Er schenkt mir das Barometer.
Schicke bitte eine sehr nette Karte an die Goemans.
Ich küsse Dich leidenschaftlich überall.
F. i. D.*
Paul

Keller ist hier und läßt Dich herzlich grüßen. Gala Gala Gala.
Tausend schöne Grüße an Dali und Buñuel. Gala.

* Für immer Dein

64.
⟨Paris, September 1929⟩

Gala, meine Schwester, meine Freundin, meine Geliebte, Deine Briefe gefallen mir sehr. Und außerdem liebe ich Dich und Du bist für mich das einzige und größte Geheimnis. Geheimnis Deines so schönen, so jungen Körpers, der sich sinnlich an mich schmiegt, immerzu dargeboten, Geheimnis Deiner Augen. Ich liebe Dich, ich liebe nur Dich. Du kannst dessen sicher, absolut sicher sein.
Ich möchte Dich bei mir haben. Aber ich möchte auch, daß Du nicht zu lange im Hotel wohnen mußt, was Dir Paris verleiden würde. Die Wohnung wird vor dem 4. oder 5. Oktober noch zu beziehen sein. Was wirst Du in Barcelona tun? Das wird Dich doch nur anstrengen. Mit welchen Leuten wirst Du Dich da treffen? Nun, mein geliebter Schatz, tu, was Du für richtig hältst. Ich will nur Deine Freude, ich will nur Deine Freiheit.
Aber ich weiß nicht, was ich sagen soll. Vor allem möchte ich Dich sehen und bei mir haben. Ja, komme zurück. Komme, komme, ich liebe nur Dich, ich begehre nur Dich, ich begreife nur Dich. Dich will ich haben. Komm, komm, komm, meine so Schöne, mein einziges Wesen, Gala, Galotschka.
Ich werde Dir noch etwas Geld schicken. Und schreibe mir bitte, wann Du wieder hier sein wirst. Ich werde Dich elegant und glücklich machen.
Umarme Cécile von mir.
Ich liebe Dich, ich küsse Dich leidenschaftlich überall.

Paul

Tu, was in Deiner Macht steht, um Bilder von Dali mitzubringen: *Das traurige Spiel*; mein Porträt[1] und die beiden anderen. Das wäre *sehr* nützlich. Breton ist hier, er wohnt im Terrass. Schreibe mir an das Terrass Hôtel, Rue de Maistre 12–14, Paris 18.

65.
Briefumschlag:
Poststempel: Paris, Rue Duperre 90, 11. Januar 1930.
Empfänger: Madame Grindel, Hôtel du Château, Carry-le-Rouet (Bouches-du-Rhône). [1]
Ankunftsstempel: Carry-le-Rouet, Bouches-du-Rhône, 13. Januar 1930.

Samstag

Meine geliebte kleine Gala,
habe Deine Karten, unter denen einige sehr schön sind, gut erhalten. Sie sind jedenfalls gut ausgewählt. (Schicke mir bitte keine Witzkarten aus Marseille.) Es regnet, es ist kalt, die Taxis streiken, und Du fehlst mir (eine große Melancholie, eine große, ergebungsvolle Leere). Keller ist mit einem Menschen hier gewesen, der für 30 000 frs Objekte ausgesucht hat (10 000 für den Caroline, der 3000 gekostet hat, 10 000 für das Totem, das 400 gekostet hat, sowie drei kleinere Gegenstände). Aber sie fahren bis Donnerstag weg und werden die Sachen erst nach ihrer Rückkehr abholen und bezahlen. Wenn das klargeht, wie ich annehme, dann fahre ich am Freitag von hier los und treffe Euch in Marseille. Ich werde bei Keller ein recht schönes Stück in Kommission geben.
Bis dahin werde ich versuchen, den Wagen meiner Mutter zu bekommen, um morgen nach Osten zu fahren und mit Breton, der zwei Objekte gekauft hat, nach Postkarten zu suchen. [2] Wir werden zusehen, daß wir am Mittwoch wieder zurück sind. Das wird mich etwas ablenken, denn Du fehlst mir, alles fehlt mir. Ich liebe Dich, nur Dich. Ich mache aus Dir den Gegenstand aller meiner Träume, der einfachsten wie auch der sonderbarsten. Char hat ein Hemd für Dich geschickt. Ich bringe es Dir mit. Er ist zur Zeit in Marseille: »Bei Jules Armani, Rue Paradis 378«. Schreibe ihm doch eine Postkarte.
Ich liebe Dich, küsse Dich leidenschaftlich überall, mit meinen Augen, meinen Händen, meinem Mund und meinem Glied.
F. i. D.
Paul

66.
Briefumschlag:
Poststempel: Paris, 16. Januar 1930.
Empfänger: Madame Grindel, Hôtel du Château, Carry-le-Rouet. (Bouches-du-Rhône).
Ankunftsstempel: Carry-le-Rouet, 17. Januar 1930.

Donnerstag, 1 Uhr

Meine funkelnde Gala,
Ich bin zurück. Ich erwarte um halb drei Kellers Besuch. Ich hoffe, daß alles klappt, damit ich dann auch zu Dir fahren kann. Ich bin schrecklich aufgeregt. Ich habe eine solche Lust auf Dich. Es ist fast zum verrückt werden. Ich vergehe bei dem Gedanken, Dich wiederzusehen, zu haben, zu küssen. Ich will, daß Deine Hand, Dein Mund, Dein Geschlecht mein Glied nicht mehr loslassen. Wir werden uns auf der Straße masturbieren und in den Kinos, am offenen Fenster. Heute früh habe ich mir mächtig einen runtergeholt und dabei an Dich gedacht. Und meine Phantasie ist unermüdlich. Ich sehe Dein Bild überall, in allem, auf allem. Ich bin zum Sterben in Dich verliebt. Dein Geschlecht bedeckt mein Gesicht, nimmt mein Glied in sich auf, es bedeckt mich mit Deiner ganzen Schönheit, Deinem Genie. An Dir ist alles schön: Deine Augen, Dein Mund, Deine Haare, Deine Brüste, Deine Härchen, Dein Hintern, Dein Geschlecht, Deine Beine, Dein Geschlecht, Deine Hände, die das, was sie kneten, nicht mehr loslassen, und dieser Zwischenraum zwischen Deinen Schenkeln, nahe bei Deinem Geschlecht, Deine Schultern. Ich bin ganz besoffen beim Gedanken an jeden einzelnen Teil Deines Körpers. Und alles, was Du tust, berauscht mich, erschreckt mich, quält mich, bezaubert mich, alles, was Du tust, ist vollkommen. Wenn dieses Geschäft zustande kommt, steige ich morgen in den Zug und werde am Samstag vormittag in Marseille sein. Ich werde zum Hotel Bristol fahren und hoffe, daß Du sofort zu mir kommen wirst. Char hält sich in Marseille auf. Ich hoffe, ihn zu sehen.
Ich warte auf Keller.
Es hat geklappt: 29 800

Sehr schön. Ich fahre morgen abend.
Grüße an Dali.
Ich liebe Dich über alles.
Paul

67.
⟨Hyères, um den 20. Januar 1930⟩*

Mittwoch abend

Dein Brief hat mir heute abend wohlgetan. Wenn es Dir nichts ausmacht, dann schreibe mir doch viel und öfter – und gut. Seit Deiner Abreise hat mich eine unsinnige Melancholie befallen. Ich bin noch ganz von Dir erfüllt. Ich rede kaum, ich denke immerzu an unser gemeinsames Leben, an unsere Liebe, an unsere Größe. Ich schlafe nicht gut: träume sehr oft von Dir, und wenn ich aufwache, bist Du jedesmal da, größer, feiner, lebendiger als je zuvor – aber so schrecklich unerreichbar.
Du mußt mir verzeihen, hörst Du. Mir ist etwas wirr im Kopf. Ich habe dieser Tage *»Jude the Obscure«*[1] gelesen. Das war wohl kaum das richtige bei meinem Zustand.
Ich stelle mir bildhaft vor, wie Deine grazile, so reine und so schöne Gestalt von Deinem Mantel umhüllt wird.
Heute habe ich drei Stunden lang versucht, Dich anzurufen. Da es mir nicht gelang, habe ich ein Taxi nach Carry nehmen wollen. Es war aber niemand dazu bereit, es sei zu weit weg. Oder sie haben einen horrenden Preis dafür verlangt. Und ich habe nur noch 4000 frs, mit denen ich haushalten muß.[2] Das Hotel hier kostet alles in allem 40 frs. Mit Noailles[3] habe ich mich getroffen. Pomme war bei mir, und er hat sie für morgen eingeladen. Ich bin darüber sehr betroffen. Aber Du weißt ja, von Hyères nach Carry ist es ein weiter Weg, und Du wirst eine viel schönere Reise durch Spanien machen.
Du sollst glücklich sein. Aber eines Tages, wenn ich heiter und wieder auf dem Posten bin, werde ich versuchen, daß Du es mit mir bist.
Savinio[4] findest Du in der Nummer 4 von *»Bifur«*[5].

* Dieser Brief war sehr durchnäßt, aber noch gut lesbar.

Das Wetter ist hier sehr schön, aber ich bin sehr traurig und werde übermorgen oder am Samstag nach Nizza reisen.
Schreibe an den Burschen von Char, der mir Deine Adresse nachschicken wird. *Mach auf jeden Fall von Telegrammen Gebrauch.* Wenn ich am Mittwoch abend oder am Samstag vormittag in Nizza angekommen bin, telegraphiere ich Dir meine Adresse.
Nichts Neues von Char, der gestern hier sein sollte. Ich möchte nicht abreisen, bevor ich ihn gesehen habe. Wo bleibt er bloß?
Ich liebe Dich über alles. In jeder Minute meines Lebens, Tag und Nacht habe ich Dein Bild vor Augen. Ich küsse Dich leidenschaftlich überall.

Paul

68.
Briefumschlag:
Poststempel: Paris 18, 30. Januar 1930.
Empfänger: Madame Grindel, Hôtel du Château, Carry-le-Rouet (Bouches-du-Rhône).

Donnerstag

Meine sanfte Geliebte,
ich bleibe in dieser Wohnung und ordne meine Karten, trödle. Das Wetter ist schön, ich habe aber keine Lust hinauszugehen. Eine mächtige Stille. Ich bin – im Postkartenstil – »gekrönt von Melancholie, Verfall und Verlassenheit«.
Wie wird das ⟨*sic*⟩ leben können? Nichts wird sich je wieder öffnen. Es geht mir gut. Die Karten waren sehr wirkungsvoll.
Ich hatte auf einen Brief von Dir gehofft. Wenn Du Dich im Süden wohlfühlst, dann bleibe da. Ich wünsche Dich glücklich und frei. Ich bin sehr ruhig, sehr treu, sehr ruhig. Wenn Du nicht schreiben magst, dann schicke ein Telegramm.
Die Anrichte wurde mit Metall überdeckt. Ich hoffe, Du hast heute die Karten bekommen. Und klebe Deine farbigen ein.
Morgen werde ich Deine Strickbluse abholen gehen.
Meine Einzige, meine so Schöne.

Paul

69.
Briefumschlag:
Poststempel: Paris 10, 3. Februar 1930.
Empfänger: Madame Grindel, Hôtel du Château, Carry-le-Rouet (Bouches-du-Rhône).
Ankunftstempel: Carry-le-Rouet, 4. Februar 1930.

Samstag

Mein kleiner Schatz, endlich einen Brief. Und sofort löse ich mich aus meiner Schwermut, aus meiner tiefen Einsamkeit. Heute bin ich im Bett geblieben, mutlos und mit einem ständigen »Brechreiz«. Nun, jetzt werde ich aufstehen, hinausgehen. Weißt Du, ich glaube Dir! Ich glaube Dir! Ich glaube Dir! Es ist nichts verloren. Dein Brief macht mich gesund. Du darfst mir nicht böse sein, weil ich mich in den vergangenen Tagen in den Abgrund fallen ließ, den Deine Abwesenheit geschaffen hatte. Es nimmt ja nur solche Ausmaße an, weil ich Dich liebe. Und wie sehr liebe ich Dich!
Und dazu diese sinnlosen und abscheulichen Migränen!
Aber Dein Brief, Dein Brief, Dein Brief... Gala.
Gala, wenn mir der Gedanke kommen sollte, daß zwischen uns alles vorüber ist, dann bin ich wirklich wie ein zum Tode Verurteilter, und zu welch einem Tode.
Mein kleines Mädchen, wann kommst Du zurück? Es geht mir jetzt wieder gut. Aber schreibe mir. Ich küsse Dich überall.
Paul

Zu Deiner Belustigung: Yvonne[1] ist jetzt mit Rott[2] zusammen, und Goemans ist verreist! Ich warte auf Char mit seinen Karten. Char wird mir erzählen, was für farbige Karten Du für Deine Sammlung gefunden hast.

70.
⟨Paris, erste Februartage 1930⟩

Montag. Es ist 7 Uhr 30. Odette ist noch nicht heruntergekommen, und ich bin durch wildes Klingeln geweckt worden. Es war Dein Eilbrief. Und mit einem Mal war alles klar und heiter.

Diesmal werde ich früh aufstehen. Seit meiner Rückkehr stand ich immer erst um vier Uhr nachmittags auf. Das hat mir gutgetan. Dann habe ich mit leerem Kopf meine Karten geordnet. Ich wünschte, Du wärest in meinem Bett heute früh – und immer.
Breton hat Briefe von jungen Unbekannten bekommen (ich auch), die sich über den »Leichnam« empörten.[1] Er hat das »Zweite Manifest« zu Ende geschrieben und will es heute dem Verleger übergeben.[2] Es ist einfach großartig, unwiderlegbar. Hinsichtlich Poes ist der Beweis erbracht.[3] Bataille wird mit einem herrlichen Satz von Marx über die »Zeh-Philosophen und die After-Philosophen« matt gesetzt.[4] Und als Vorwort haben wir den Bericht einer Tagung der bekanntesten französischen Psychiater (erschienen in den *»Annales médico-psychologiques«*), auf der sie strafrechtliche Schritte gegen den Verfasser von *Nadja* forderten. Professor Janet erklärte, daß *Verrückte* ihm triumphierend eine Passage gezeigt hatten, in der es bei Breton heißt, daß, wenn er eingesperrt würde, er in einem lichten Moment den Arzt umbringen würde. Undsoweiter ... vortrefflich. Sadoul (und Caupenne) hat sich mit seinem Brief in arge Schwulitäten gebracht. Gouraud verlangt eine öffentliche Entschuldigung auf dem Place de Saint-Cyr, Frankreich gegenüber und gegenüber der Fahne. Natürlich kommt das nicht in Frage. Und deshalb werden ihn die Militärbehörden wegen Morddrohung verklagen (darauf stehen bis zu fünf Jahre Gefängnis).[5]
Thirion hält sich im Ausland auf, denn ihm droht die Festnahme wegen Beteiligung an den Unruhen im Osten.[6] Die Galerie Goemans wird vorübergehend schließen, denn Goemans[7] ist in seiner Verzweiflung spurlos verschwunden. Und ich habe Angst, daß Rott Yvonne nicht wieder freigeben wird.
Wie Du siehst, geht es recht gut. Alles, was Beine hat, ist gegen uns. Und doch war unsere Position noch nie so klar, so fest, so erhaben. Die jungen Leute in den Schulen, in der Armee, in den Betrieben stehen auf unserer Seite. Täglich bekommen wir Beweise dafür.
Breton ist müde und entmutigt. (Suzanne[8] ist krank und überreizt.) Gestern abend ist es mir gelungen, ihn zum Luna-Park[9] mitzunehmen. So war er nämlich seit 2 Jahren nicht mehr ausge-

gangen. Wir sind eine Stunde lang mit den Autoskootern gefahren. Er war begeistert, gelöst. Verzeih bitte meine Schrift und meinen Stil: Ich habe nur einen ganz kleinen Bleistift. Man hat mir einen Tip gegeben, wo ich sehr schöne Farbpostkarten finden könnte. Ich warte, wir warten voller Ungeduld auf Dalis Karten. Sage ihm bitte, daß wir ihm dafür sehr danken. In *»Documents«* ist die Psychoanalyse von *Jeu Lugubre* mit Autor abgedruckt und mit einer Repro (!!) des Gemäldes.[10] Ich werde es Euch schicken. Dali müßte wirklich einen energischen und sehr klaren Artikel dazu schreiben.[11]
Ich bin schon ganz auf Deine Rückkehr eingestellt. Bevor Du Deine *coulance* hast. Ich möchte Dir vieles zeigen und vorlesen. Und kleine Geschenke machen! Nütze das schöne Wetter. Hier herrscht ewige Nacht. Komme aber, sobald Du es möchtest.
Ich werde in den nächsten Tagen ganz bestimmt zu Touraine[12] gehen. Char wird morgen hier eintreffen, »überladen« mit Postkarten.
Ich liebe – Dich allein. Ich habe unter allen Menchen nur zu Dir Vertrauen. Ich küsse Dich überall mit den Augen, dem Mund, den Händen und meinem Glied

Paul

Hören zuhören und verstehen[13]

Liebe Schatten des Bugs
Meer von Küssen vermummt
Der Mund aber findet es doch
Blicke gegen das Licht
Von den Augen aber verstoßen

Das ist alles bis jetzt.

71.
⟨Nizza, März 1930⟩

Freitag

Meine geliebte Gala, endlich habe ich Deine Adresse. Ich war in allergrößter Sorge. Ich habe vor Angst und Kummer geweint.

Meine Haare sind davon ergraut. Aber dieser Brief beruhigt mich ein bißchen. Wie konntest Du auf Post von mir warten, wenn Du mir Deine Adresse nicht gegeben hast? Wie auch immer, Du mußt vor allem dieses Exsudat ausheilen.[1] Du weißt doch, wohin das bei mir geführt hat.[2] Gibt auf Dich acht.
Ich hatte große Lust, Dich in Barcelona abzuholen![3] Ich versichere Dir, daß ich Dich liebe, daß ich all das will, was Du willst. Ich denke immerzu an Dich, jede Sekunde. Ich habe Gedichte geschrieben, unter anderem zwei für Dich, die ich Dir schicken werde.
Ich fahre nach Avignon, Hotel Régina. Wir reisen zu dritt[4] morgen früh und wollen uns mit Breton treffen, den Suzanne schnöde verlassen hat.
Ich werde diesen Brief sofort zur Post bringen und Dir auch ein Telegramm schicken.
Mir geht es recht gut. Char ist sehr nett zu mir. Schreibe ihm an dieselbe Adresse.[5] Er mag Dich sehr.
Freundliche Grüße an Dali. Ich liebe Dich über alles. Sei unbesorgt, *immer*.

Paul

Kaufe bitte farbige Glanzpostkarten von der Ausstellung.

72.
Briefkopf: Hôtel Régina.

Avignon ⟨April 1930⟩

Mittwoch

Ich schreibe Dir noch ein paar Zeilen nach Barcelona in der Hoffnung, daß Du noch nicht in Malaga[1] sein wirst, denn ich mache mir Sorgen, ob Du dieses fast tropische Klima dort vertragen wirst, und auch wegen des hinlänglich bekannten Mangels an Komfort und wegen der unzureichenden Möglichkeiten, sich dort richtig zu ernähren.
Sei bitte weder gekränkt noch böse wegen meines Telegramms von heute früh, auf dem ich Dir vorschlage, an die Riviera, in die Schweiz oder in den Schwarzwald zu reisen. Ich habe ja nur

Angst, daß sich Dein Zustand verschlechtern könnte oder noch lange so hinziehen wird. Ich würde, wenn Du es wolltest, mit Dir überall hinfahren. Aber Malaga ist so weit weg und so abgelegen.
Wenn Du aber darauf bestehst, nach Malaga zu fahren, werde ich Dich dort besuchen kommen, sobald ich Geld habe – und ich werde welches haben!! –, denn ich muß Dich wiedersehen, denn ich liebe Dich wahnsinnig, wirklich. Ich träume von Dir Tag und Nacht, von Deinen Augen, Deinem Körper, Deinem Geist, Deinem Geschlecht. Ich liebe Dich leidenschaftlich seit eh und je und für immer. Denke gut nach über diese Kur, die Du machen solltest. Ich mache mir große Sorgen. Aus Liebe zu mir überlege es Dir.
Ich küsse Dich und mach es Dir.

Paul

P. S. Ich habe bei der Gesellschaft gekündigt und glaube, daß ich keine Mühe haben werde, die Aktien zu verkaufen.
Keller[2] hat zwei Kunden für das Haus. Ich warte auf weitere Nachrichten.
Salvadors Zeichnung kann man für Bretons Buch nicht nehmen. Wozu eine derart obszöne Zeichnung?[3] Das ergibt keinen Sinn, wirklich! Sage es ihm. Breton ist äußerst verlegen. Er traut sich nicht, ihn um eine andere Zeichnung zu bitten.
Zögere nicht, mir zu telegraphieren, und schreibe mir jeden Tag ein paar Zeilen.
Es geht mir gut, aber ich werde grau.

73.
⟨Avignon, um den 10. April 1930⟩

Freitag früh

Meine schöne Gala,
ich habe Dein Telegramm bekommen und mich darüber sehr gefreut. Es tut mir richtig gut, wenn Du mir öfter schreibst, wenn Du mir von Deiner Liebe eine Vorstellung gibst. Wenn Du bloß wieder völlig gesund wirst!!!

Ich reise am Dienstag nach Paris zurück, mit Char, Breton und der Frau vom Moulin Rouge, die ihn begleitet.
Ich weiß nicht, ob La Pomme bleiben wird, denn sie fängt langsam an, mich zu ermüden. Ich möchte gern allein sein (mit meinen Gedanken der Treue zu Deinen Augen, zu Deinem Körper). Ich muß des Geldes wegen nach Paris zurück, und ich habe vieles zu erledigen. Ich werde versuchen, Sachen zu verkaufen. Am 15. ist die Miete fällig, dann auch der Tischler usw... Am 1. Mai ist es Pierre. Nun, Du kannst sicher sein, daß, wenn in dieser Hinsicht alles gutgeht, ich Dich in Malaga besuchen werde. Jedenfalls werde ich alles tun, um Dir Geld zu schicken.
Breton, Char und ich haben ein recht umfängliches Buch mit 30 sehr schönen Gedichten gemacht, von dem uns Chars Drucker 200 Exemplare [1] umsonst liefern wird. Ich schicke Dir Aragons Buch über die Collagen – ausgezeichnet! [2] Lies es gut – es lohnt die Mühe.
Ich begreife nicht den Sinn der Zeichnung von Dali für ein Buch von oder über Breton. Gib ihm *auf nette Art* zu verstehen, daß es so nicht geht. Etwas Erotisches ginge ja noch an! Aber Onanie wird ausgesprochen falsch gedeutet. Oft zu recht übrigens. [3]
Char wird Dir am Montag oder Dienstag sein wunderschönes Photoalbum schicken. [4] Ich liebe Dich wie immer, verzweifelt, leidenschaftlich. Du bist alles für mich, alles, alles. Ich küsse Dich wild überall.

Paul

Zu Deiner Belustigung schicke ich Dir die Fortsetzung des Gewäschs von Vasco. [5]

74.
Briefkopf: Régina Hôtel.

Avignon ⟨April 1930⟩

Meine geliebte Kleine,
schreibe mir nach Paris, denn ich fahre bald zurück.

Ich werde Dir ein Telegramm schicken, um zu erfahren, ob Du gut angekommen bist. Ich mache mir ein wenig Sorgen.
Ich liebe Dich so sehr, Du weißt ja.
F. i. D.
Paul

Grüße an Dali.

75.
⟨Paris, April 1930⟩

Meine schöne Gala, mein herrlicher Schatz aus Fleisch und Geist, ich führe ohne Dich ein recht trauriges Leben. Meine einzige Freude besteht darin, immer wieder Deine Aktphotos anzusehen, Deine köstlich zarten Brüste, Deinen Bauch, der bebt, und ich lecke ihn und esse ihn auf, Dein Geschlecht ist weit geöffnet über meinem ganzen Gesicht, dann dringt mein Glied tief in Dich ein, und ich halte Deinen Hintern, der sich wie der Frühling herrlich regt. Du hast die schönsten Augen der Welt, ich liebe Dich, Du nimmst mein Glied in die Hand, Deine Beine sind gespreizt, Dein Körper neigt sich sanft, und Du masturbierst mich wild, ich presse Deine Brüste, Dein Haar, und plötzlich ist mein Sperma auf Deiner Hand, und Du bist stark, und Du weißt um meine Macht über Dich, um Deine Macht über mich, über alles. Du bist noch immer das verwirrte Kind von Clavadel. Ich werde kämpfen, um Geld aufzutreiben, damit ich es Dir schicken kann, damit ich Dich besuchen und Dir Geschenke machen kann. Zur Zeit bin ich in einer schwierigen Lage, aber ich werde alles tun, um mich daraus zu befreien. Du wirst schon sehen. La Pomme ist vor ein paar Tagen nach Berlin abgereist. Ich war noch nicht bei meiner Mutter, aber ich werde ihr sagen, daß Du krank warst und daß man Dir Erholung angeraten hat und Du deshalb seit ein paar Tagen in Malaga bist, bei Leuten, die wir kennen. Du kannst ihr also in diesem Sinne schreiben. Und Du mußt mir glauben, ich will nur Dein

Glück, um jeden Preis, Du sollst strahlen und alles in vollen Zügen genießen. Ich liebe Dich über alles und küsse Dich überall.

Paul

Ich schicke Dir *»Variété« und ein Buch von Freud.*

76.
⟨Paris, April 1930⟩

Ein Lied aus Porzellan klatscht in die Hände[1]
Geht in Scherben bettelt und stirbt
In deiner Erinnerung ist es arm und nackt
Der Morgen der Wölfe und ihr Biß ist ein Tunnel
Dem du entschreitest in einem Kleid von Blut
Um über die Nacht zu erröten
Wieviel Lebende die es wiederzufinden
Lichter die es zu löschen gilt
Dann nenne ich dich Meine Sehkraft
Und vervielfältige dein Bild.

Samstag, um Mitternacht

Meine Einzige, ich danke Dir, daß Du jetzt öfter schreibst. Ich werde Dir aber nach Malaga schreiben. Ich habe Angst, daß meine Briefe verlorengehen. Sie sind an Dali adressiert. Wir hätten vereinbaren sollen, daß Du mir per Telegramm den Zeitpunkt Deiner Abreise mitteilst. Die Einzelheiten, die Du erwähnst, haben mich wieder beruhigt. Doch soll ich nach Malaga fahren? Dazu müßte ich vorher eine Schuld von 40 000 frs begleichen. Und selbst wenn ich das Haus verkaufen könnte, würde es eine Weile dauern. Das Schlimme ist, daß ich wahrscheinlich Deine Unterschrift brauchen werde. Vielleicht wird die Vollmacht, die ich von Dir habe, reichen. Nun, wir werden sehen. Im Augenblick habe ich fast kein Geld mehr, gerade noch 1200 frs. Ich klammere mich verzweifelt an den Gedanken, Dich wiederzusehen. Wie ich sehe, möchtest Du noch lange in Spanien bleiben. Seit einem Monat schon bin ich ohne Dich. Diese

Krankheit plagt mich sehr. Wozu unsere Wohnung, wozu all die Sorgen! Welche Unbesonnenheit von uns! Störe Dich bitte nicht an diesen Worten. Aber es gibt Momente, Momente nur, in denen mir alles entgleitet und in der kostbaren Zeit versickert, die ich mit Dir verbringen könnte.
Wenn Du mich nur noch ganz wenig liebst, mußt Du es mir sagen. Ich will und werde sowieso alles tun, damit Du glücklich bist. Mein geliebtes Kind, erblicke in alledem nur die Liebe, die ich für Dich empfinde. Ich werde jedenfalls die Kraft finden, um unser Leben zu sichern. Es läßt sich alles gut an, aber so träge, so langsam.
Danke für die prächtigen Karten – etwas anstößig für das Album!!!!!
Ich küsse Dich leidenschaftlich überall.
F. i. D.
Paul

77.
⟨Paris, April? 1930⟩

Meine schöne kleine Gala,
es wäre mir lieber, Du kämest, wenn Deine *coulance* vorüber ist – aber trotzdem sobald wie möglich. Ich bin zerrissen zwischen dem Wunsch, Dich zu sehen, Dich zu hören, Dich zu lesen, Dir Dinge zu zeigen und dem Gefühl, daß ich Dich richtig nur begrüßen kann, indem ich mit Dir schlafe. Ich glaube, es ist besser, dieses Gefühl nicht zu schwächen. Ich liebe Dich über alles. Mein Leben verläuft hier recht eintönig und ruhig. Den Abend verbringe ich mit Char (sehr nett). Breton kommt recht oft vorbei, denn er ist demoralisiert. Suzanne ist nach den Szenen mit ihm vor zwei Tagen zu Yvonne[1] gezogen. Ich denke, daß sie bald wieder in die Rue Fontaine zurückkehren wird. Aber da liegt einiges im argen.
Ich habe Dir vor einer Woche einen langen Brief geschrieben und dann noch ein Päckchen geschickt. Aber ich wollte Dir noch einmal schreiben, und das tue ich jetzt. Ich denke immerzu an Dich, sehe mir Deine Photos an. Ich bin Dir sehr treu.

Aber Du fehlst mir schrecklich.
Tuals Auktion[2] findet heute nachmittag und morgen statt. Ich werde nur wenig Sachen kaufen, nichts Teures. Wir haben drei Monate Zeit, um zu zahlen.
Zu Deiner Rückkehr werde ich ein paar kleine Geschenke vorbereiten.
Zur Zeit bekomme ich viele Rezensionen. Ich arbeite ein bißchen an zwei Gedichten.
Ich bereite mich ständig auf Deine Rückkehr vor. Du sollst mich sehr kostbar und sehr rein erleben.
Ich bin froh, daß Dir das schwarzweiße Ensemble gut gefällt. Die drei Teile wirken recht sinnlich. Ich stelle mir vor, wie Du Bluse und Kleid trägst und nichts darunter. Oder den Rock und den Pullover. Deine hautnahe Nacktheit unter diesen unkeuschen Kleidungsstücken. Und mein steifes, hartes Glied tastet nach Deinem Geschlecht oder nach Deinen Händen.
Ich liebe Dich, meine sanfte, harte, wollüstige und sehr kluge, sehr kühne Herrscherin.
Ich küsse Dich leidenschaftlich.
Paul

Grüße an Dali.
Ich bereite mit Aragon eine Hommage für Breton vor. Sie soll bei Kra erscheinen. Bitte Dali um seine Mitarbeit zu einem bestimmten Thema, beispielsweise über Breton und sein Verständnis der Malerei.[3]

78.
⟨Paris, April 1930⟩

Meine Kleine, meine innig Geliebte, immer mit mir Verbundene, ich hoffe, daß es Dir gut geht, daß es bei Dir schön warm ist. Hier ist das Wetter kalt und grau. Ich werde wohl kaum zu Dir fahren können, denn mir fehlt – ja, mir fehlt das Geld. Und ich kämpfe vergeblich darum, welches aufzutreiben. Sobald ich aber welches habe, schicke ich Dir etwas, aber ehrlich, ich lebe so recht und schlecht, in Schüben, in Krisen. Solltest Du jedoch

dringend was brauchen, dann schicke ein Telegramm, und ich verkaufe irgend etwas zu jedem Preis.[1] Wenn es aber nicht absolut notwendig ist, wäre es mir lieber, es erfährt niemand, daß ich Geldsorgen habe. Ich habe 7000 frs für die Miete gezahlt (Heizkosten usw.).
Finstere Zeiten. Desnos und die anderen machen weiter und ziehen mächtig gegen Breton, Char[2] und mich zu Felde. Wir antworten nicht darauf. Es ist unmöglich, zu gemein. Das könnte aber noch in eine Schlägerei ausarten. Breton ist am Ende. Seitdem Suzanne ihn verlassen hatte, war er mit einer Tänzerin vom Moulin Rouge zusammen, und die hat ihn gestern auch sitzengelassen. Es gibt nur Arschlöcher und Schweine auf der Welt, sonst nichts.
Meine Mutter war 2 Tage lang sehr krank: Leberkolik. Schreibe ihr bitte. Cécile ist groß, mager und schwermütig.
Ich habe Noailles wegen des Picassos geschrieben. Wegen des Verkaufs der Aktien werde ich noch zur Gesellschaft gehen. Habe ich Dir schon gesagt, daß ich gekündigt habe.
Usw.... Usw....
Aber das alles *ist nichts*, denn mir bleibt meine Liebe zu Dir, allumfassend, verzehrend. Abends schenke ich mir lange Augenblicke des Zusammenseins mit Dir, nur mit Dir schlafe ich ein. Ich will nicht, daß Du Sorgen hast, und Du wirst auch keine haben, *niemals*.
Majakowski hat sich das Leben genommen – Liebeskummer.[3] Das wird Ella[4] und Aragon das Leben komplizieren.
Nach den Feiertagen werde ich Dir Bücher schicken. Das eine von Char und unseres, wenn es erschienen ist, und ich hoffe, daß sie Dir gefallen werden. Beide sind sie nur für Dich gemacht. Chars Buch ist Gala und Paul Eluard gewidmet.
Besten Dank an Dali für seine wunderbaren Zeichnungen – alle Welt findet sie großartig.
Ich liebe Dich über alles.
Ich küsse Dich überall, dringe in Dich ein.
F. i. D.
Paul

79.
⟨Paris⟩ 27. ⟨April 1930⟩

Sonntag

Meine Gala – weil ich nicht leben könnte, wenn Du nicht mehr die meine wärst. Ich denke *ununterbrochen* an Dich; Du fehlst mir so sehr, daß ich ins Hotel umziehen würde, wenn ich nur Geld hätte. Du hast keine Ahnung, Du kannst Dir die Atmosphäre in dieser Wohnung kaum vorstellen.[1] Dabei habe ich sie nur für Dich gewollt, und Du hast so wenig darin gewohnt. Und der Winter. Und die Umgebung, der Wohnblock, um den wir gelaufen sind, all das, wovon ich geträumt habe: wohin ich mit Dir ausgehen würde, Deine Kleider, Deine Freude, Deinen Schlaf, Deine Träume und was ich alles falsch gemacht habe, was ich wiedergutmachen wollte.

Es ist alles so düster, so grauenvoll. Immer mehr mengen sich Todesgedanken mit denen der Liebe. Für mich bist Du wie verloren. Warum bist Du nur so fern? Seit siebzehn Jahren liebe ich Dich, und ich bin noch immer 17 Jahre alt.[2] Ich habe noch nichts geleistet, und meine Zukunft ist heute ebenso ungewiß wie mit 17. Der Begriff des Unglücks wurde heute mit der Liebe zu Dir geboren, und es gibt keine Rettung. Ich bin auch heute nicht imstande einzuschätzen, was ich tun müßte, um Dich zu halten, um Dich zu besitzen und damit Du mich voll und ganz liebst. Warum bist Du so fern? Ich war so schrecklich traurig darüber, daß ich Dich fünf Tage lang um ein Telegramm bitten mußte. Und als es gestern abend dann endlich eintraf, war ich wie verstört, denn es brachte mir gar nichts. Ich blieb allein in meiner ganzen Not, in meinem dummen Kummer.

Wenn Du wüßtest, wie sehr ich Dich sehen möchte, wie sehr ich Dich bei mir haben möchte. So wie vor einem Jahr in Cannes. Ich weiß ja, daß ich Dich nicht für mich behalten kann, daß wir beide von den Widrigkeiten des Ehelebens nichts wissen wollen, aber ich habe das Gefühl, daß Du schon seit Jahren nicht mehr bei mir warst. Und mir ist die Lust am Leben, am Spazierengehen, an der Sonne und an den Frauen verlorengegangen. Geblieben ist mir allein der bittere und schreckliche Geschmack der Liebe.

Du sollst aber nicht unglücklich sein. Siehst Du, ich mußte Dir das alles sagen. Ich habe Dir schon zwei pessimistische Briefe geschrieben, ohne sie jedoch an Dich abzuschicken. Ich darf aber nicht mehr länger schweigen, sonst bin ich unwiederbringlich verloren.

Cécile hat eine Skoliose (Verkrümmung der Wirbelsäule). Es ist nicht schlimm, doch muß es mit großer Sorgfalt behandelt werden. Neulich war ich mit ihr im Kino und war von ihrer Schwermut und Schwächlichkeit sehr betroffen. Ich habe deshalb darauf bestanden, daß sie sofort zum Arzt geht. Ich werde natürlich das Haus zu jedem möglichen Preis verkaufen oder eine Hypothek aufnehmen müssen. Denn sie muß in die Schweiz, um eine mehrmonatige Liegekur zu machen. Ich hatte gehofft, ich könnte Noailles den Picasso von Pierre verkaufen, aber ich will mit diesem Menschen nichts mehr zu tun haben. Die Galerie Goemans ist geschlossen. Bei Keller, Ratton und den anderen ist nichts zu machen. Objekte und Bilder sind zur Zeit nicht zu verkaufen, nicht einmal zu niedrigen Preisen.

Und das Schlimmste ist, daß ich nicht zu Dir fahren kann. Es wäre zu teuer. Ich habe den Tischler bezahlt. Pierre möchte seine 23 000 frs zurückhaben, ich bin aber nicht in der Lage, ihm auch nur einen Sou zu zahlen. Er bekommt Objekte von mir, oder ich gebe ihm den Picasso zurück. Ich verkaufe Bücher. Momentan ist das noch das vorteilhafteste. Vor allem unsere Bücher. Zum Beispiel Dein Exemplar von *»Au défaut du silence«* ist sehr viel wert.[3] Man hat Breton für sein Exemplar von *»Champs magnétiques«* auf Chinapapier, Nr. 1, von Legrain gebunden und mit Urkunden, 10 000 frs geboten. Und so weiter ... Meine Sammlung von *»Littérature«* kann ich für 5 oder 6000 verkaufen.[4] *Verstehe mich recht*, mein schönes kleines Mädchen – mein geliebtes Kind mit den immer wieder neuen Augen und Geschlecht –, was mir bei all diesen Geldgeschichten am meisten zu schaffen macht, ist die Tatsache, daß ich *nicht zu Dir nach Malaga fahren kann*. Wegen dieser Dinge hier festzusitzen, während meine Liebesnot so hohe Wogen schlägt. Und wir besitzen so vieles: Gesellschaft, Haus, Objekte, Gemälde u. a. m. ...

Könnte ich Dich in meine Arme schließen, ich würde wieder zu dem, der ich für Dich zuweilen gewesen bin. Ich liebe Dich über alles, es gibt nur Dich in alle Ewigkeit. Majakowski hat sich aus

Liebeskummer umgebracht, wegen einer Frau, die einen polnischen Diplomaten geheiratet hat. Im Brief, den er hinterließ, steht kein Wort über diese Frau, doch zu seiner Frau, der Schwester Ellas, sagte er: »Liebe mich, Lili«.[5] Ich habe geweint, als ich das las. Du weißt es.
Um unseren armen Freund Crevel, der nun in Paris ist, steht es schlimmer denn je. Man hat ihm aus der einen Seite furchtbar viel herausgeschnitten.[6] Schreibe ihm bitte in die Rue Becquerel. Seine genaue Adresse kenne ich leider nicht. Yvonne Georges[7] ist gestorben. Cahen, der Architekt, der sich meines Hauses angenommen hatte, ist tot. Noll ist ausgebootet.[8] Den werden wir nicht mehr zu sehen bekommen, denke ich. Die Frau, die mit Breton zusammenlebte, hat ihn mit der Begründung verlassen, sie sei eine Frau und kein Kind.
Ellas Gemütsverfassung hat sich verschlimmert, sie ist durch den Selbstmord Majakowskis völlig niedergeschlagen. Sie hat Char, der genau ihre Größe hat, ihren Smoking gegeben. Habt Ihr Chars Bücher bekommen? Wenn ja, dann bedankt Euch bei ihm und schreibt, das Päckchen wäre so lange unterwegs gewesen. Er wohnt noch immer bei mir, ist sehr nett, aber schrecklich düster. Ich gehe oft ins Kino, allein, wegen der Dunkelheit. Ich hoffe, daß ich Dir in den kommenden Tagen *»Ralentir travaux«* schicken kann. Das ist ein gutes Buch, aber recht traurig. Meine schöne kleine Gala, meine Geliebte, maia Dorogaia, meine Kleine, meine Liebe, ich verzehre mich nach Dir.

Paul

80.
⟨Paris⟩ 5. Mai ⟨1930⟩

Montag

Gala, meine Freundin, endlich habe ich Deine Antwort auf meinen langen offenen Brief von vor einer Woche erhalten. Den gestrigen Tag habe ich mit Cécile und meiner Mutter verbracht. Es ist so gut wie sicher, daß ich sie nach Montana in die Schweiz bringen werde und daß meine Mutter auch das bezahlen wird. Cécile sieht prächtig aus. Morgen wird sie einem Spezialisten vorgestellt. Ein vier- bis fünfmonatiger Aufenthalt in der

Schweiz wird ihr sicher guttun, und sie wird bei ihrer Rückkehr kräftiger sein, als vor dem Ausbruch ihrer Krankheit. Da brauchst Du Dir keine Sorgen zu machen. Bei rechtzeitiger Behandlung können Kinder davon völlig geheilt werden, nur wird Cécile vorerst nicht weiter zur Schule gehen können. Ich besitze noch ganze 300 frs, und diesmal bin ich mit meiner Kunst am Ende. Hilfe kann ich von niemandem mehr erwarten. Ich habe Pierre den Picasso zurückgegeben, und er wird mir die Objekte zurückgeben. Ich konnte nicht zahlen. Mir ist ein weiterer Steuerbescheid zugeschickt worden, er betrifft die Rue Becquerel: 960 frs. Was tun?
Ich werde diese Wohnung für Dich unmöglich halten können. Doch davon schreibst Du aber nichts. Warum sagst Du mir nicht ganz genau, wie Du darüber denkst. Lies noch mal meinen letzten Brief von vor einer Woche und antworte mir ausführlich. Der größte Teil meines Briefes behandelt unsere gemeinsame Lage. Du antwortest darauf nur mit völlig vagen und formelhaften Erklärungen: »Sei völlig unbesorgt ... Ganz die Deine« usw....
Erlaube mir, an der Schwere Deiner Krankheit zu zweifeln sowie an dem Grund, der Dich daran hindert, hierher zu kommen. Ich glaube einfach, Du möchtest lieber woanders wohnen als hier mit mir. Verstehe mich recht, mein kleines Mädchen, ich mache es Dir nicht zum Vorwurf, denn vor allem liegt mir daran, daß Du so lebst, wie es Dir gefällt und wie es Dich glücklich macht. Aber warum sollten wir uns gegenseitig etwas vormachen. Ich habe mich vor einer Woche dazu entschieden, Dir die ganze Wahrheit zu sagen, weil ich davon überzeugt bin, daß dies für mich die beste Art ist, ohne allzu großen Schaden davon freizukommen. Ehrlich gesagt, ich glaube nicht an Deinen heftigen Wunsch, mich zu sehen. Es war schon grundrichtig, mir zu sagen, daß Du nicht länger als zwei Wochen in die Schweiz reisen willst. Warum aber sagst Du mir nicht offen, daß Du nicht länger als zwei Wochen mit mir in dieser verfluchten Wohnung und genausowenig in Cannes oder anderswo bleiben möchtest. Ich glaube, daß dies absolut unmöglich wäre. Deine heutige Antwort auf meinen langen pessimistischen Brief ist wirklich unzureichend. Glaube mir, ich habe ein gewisses

Recht, so zu Dir zu reden, denn abgesehen von all den üblen Alltagssorgen ertrage ich auch noch die eines Domizils, das ich nicht hätte, wenn ich so frei wäre wie Du, eines Domizils, das ich mit Dir belebe und das ständig in mir den Wunsch nährt, zu sterben, vor ihm zu fliehen und das ich doch nicht verlasse, damit Dir die Sorgen, die ich habe, erspart bleiben. Bedenke auch, daß Du mir gegenüber schon zugegeben hast, daß Du andere als mich *wirklich liebst*. Du sollst wissen, daß ich mir keine Illusionen mache. Ich bitte Dich aber, aus Achtung und der Gerechtigkeit wegen, offen und mutig mit mir darüber zu reden.

Wieviel Zeit hast Du seit Anfang Oktober hier verbracht? Und jetzt versuchst Du, mich zu trösten, indem Du mir sagst, Du würdest in diesem Jahr ab und zu hierherkommen. Meine Gala, ich versichere Dir, daß es für mich unter solchen Umständen weniger unerfreulich wäre, ein einfaches Hotelzimmer zu bewohnen und nur noch die wenigen Bücher zu besitzen, die ich brauche (wenn überhaupt!). Den Rest sollst Du haben. Ich werde arbeiten. Jedenfalls werde ich mit wenig auskommen. Bedenke, daß die Rollen auch vertauscht sein könnten. Und wenn ich Dich sehen würde, würden wir uns nicht mehr und nicht weniger lieben als jetzt. Das Ganze wird sonst ein böses, ein sehr böses Ende nehmen, in der Mittelmäßigkeit und den Gemeinheiten des praktischen Lebens. Wünschst Du das? Denke auch daran, daß jetzt wiederum acht Tage vergehen werden, bevor ich auf diesen Brief eine Antwort bekomme – acht schlimme Tage. Es läßt sich für alles noch eine Lösung finden, wenn Du nur den Willen hast, unsere Lage wirklich zu begreifen und zu erkennen, was Du wirklich willst. Und laß Dich nicht zu hochherzigen Taten hinreißen – sie würden böse Folgen haben.
Der Deine, allein der Deine.

Paul

Schicke wenn nötig ein Telegramm, zögere nicht.
Ich habe Dir auch geschrieben, daß für mich bei Noailles absolut nichts mehr zu machen war. Ebensowenig bei den anderen. Ich habe alles versucht und bin kläglich gescheitert. Auch meine Mutter schuldet mir nichts mehr.

81.
⟨Paris, den 6. Mai 1930⟩

Dienstag, 6 Uhr abends

Wenn Du wüßtest, wie ich Dich liebe, wie es mir widerstrebt, Dir Kummer zu bereiten! Warum ist das nicht umgekehrt ebenso? Von Dir ist noch ein Brief gekommen. Ich werde darauf eingehen, darauf antworten, wenn wir uns wiedersehen, mündlich.
Mein Kleines, Du fehlst mir. Um nach Deinem Brief gestern abend wieder zur Ruhe zu kommen, habe ich zwei Luminal genommen und bis fünf Uhr nachmittags geschlafen. Mich erfüllt alles mit Schmerz: ein Lied vom Grammophon, Deine Kleider im Schrank, eine Liebeserklärung in einem Buch oder im Kino, alles hier, alles von Dir, die ich über alles liebe.
Sei Du aber gefaßt und stark. Denn Du wirst geliebt. Du kennst nicht meine Qual. Man muß treu sein. In mir ist alles rein – Deinetwegen.
Für Céciles Aufenthalt in der Schweiz – es ist übrigens *gar nicht* so schlimm, wenn sie wieder zu Kräften kommt (glaube mir, das *stimmt*) – ist alles arrangiert, und Du brauchst sie auch nicht zu begleiten, denn ich werde *mit meiner Mutter* fahren. Wenn Du wüßtest – aber Du weißt ja –, wie sehr ich Dein Glück wollte.
Char hat 5000 frs bekommen. So sind wir wenigstens die miserablen kleinen Alltagssorgen los.
Und ich, ich werde an Dir festhalten. Komme nicht nur meinetwegen zurück. Und gib auf Dich acht. Antworte aber trotzdem ausführlich und aufrichtig auf meinen gestrigen Brief. Mein Geliebtes, mein ein und alles, mein alles.
Ganz ich ⟨*sic*⟩
Paul

Vielleicht gelingt es mir, Aktien der Gesellschaft zu verkaufen. Ich kümmere mich darum.

82.
Briefumschlag: Monsieur Salvador Dali, Cadaqués, Spanien (Gerona).
Poststempel: Paris 8, 5. Juli 1930.
Absender: Eluard Grindel, Hôtel de la Poste, Cernay-la-Ville (Seine-et-Oise), Frankreich.
Ankunftsstempel: Cadaqués, 7. Juli 1930.

Samstag vormittag

Meine liebe kleine Gala, wie Du siehst, sitze ich in einem netten Café.[1] Ich komme gerade von der Bank, wo ich die Schecks in Höhe von 33 000 frs, die Lagrange mir heute vormittag für die restlichen Aktien gegeben hat, eingezahlt habe. Am nächsten Dienstag bekomme ich von ihm noch 68 000 frs aus den Kontokorrentkonten. Auch meine Mutter schuldet mir 10 800 frs. Das ist unser Vermögen. Davon gehen etwa 6000 frs für die Miete ab, 4000 frs für Ascher[2] und 1000 für die Frisierkommode an Mantelet. Zirka 1500 frs schulde ich noch dem Tischler, und 1000 gehen an Dali. Bleiben uns beiden noch 98 000 frs.
Ich hatte gehofft, ich würde ein Telegramm oder ein paar Zeilen von Dir in der Rue Becquerel vorfinden. Odette ist noch immer da, und ich weiß nicht, warum. Du darfst mich nicht ohne eine Nachricht von Dir lassen. Ich denke immerzu an Dich.
Hier ist Céciles Adresse. Schreibe ihr. Sie ist sehr zufrieden, sie photographiert:
Mademoiselle Cécile Grindel, Ker Envel
Avenue de la Concorde, La Baule (Loire-Inférieure)
Cernay-la-Ville ist ein wunderbares Städtchen, aber etwas weit weg von Paris. Ich mußte heute früh um 6.30 Uhr aufbrechen, um gegen 8.30 Uhr in Paris zu sein.
Ich habe Rott geschrieben und ihm erklärt, daß ich ihm nichts mehr schulde.
Ich hätte große Lust, zu den Salomoninseln oder nach Neuguinea zu reisen. Sage mir, was Du davon hältst. Ich muß zugeben, daß mich noch immer ein großer, trauriger Traum bewegt, der nur schwer mit meinem jetzigen Leben in Einklang zu bringen ist.
Ich hoffe, Du hast den an Dali adressierten Brief bekommen.

Hast Du Buñuels Tonfilm gesehen? Sage es mir. Alle Welt hat ihn gesehen, nur ich nicht, und Buñuel ist für drei Monate verreist.[3] Die Zeitschrift wird am Montag erscheinen. Nummer 1 wird nur aus ein paar dicken Exemplaren bestehen.[4] Schreibe bitte an Crevel; hier ist seine Anschrift:
La Moubra – Montana (Wallis), Schweiz.
Viele, viele liebe Küsse.
Paul

Eluard Grindel, Hôtel de la Poste
Cernay-la-Ville, Seine-et-Oise

83.
Briefkopf: Au Rendez-vous des Artistes. Hôtel de la Poste, Cernay-la-Ville.

Samstag ⟨12.? Juli 1930⟩

Meine liebe kleine Gala, ich freue mich über Deine Briefe und darüber, daß Du schon eingerichtet bist und Dich erholst. Hier ist es seit zwei Tagen richtig kalt. Und ich hätte große Lust, Dir einen Besuch zu machen.
Ich war am Dienstag und am Donnerstag in Paris, und das hat mir vollends gereicht. Am Dienstag habe ich die Aktienfrage endgültig geklärt. Meine Mutter schuldet mir 30 000 und nicht nur 10 000, wie ich irrtümlich angenommen hatte.
Am Donnerstag habe ich die Schachtel mit dem schwarzen Schädel[1] (nur die Schachtel) einem Freund von Keller[2] verkauft. 4000 frs. Nicht schlecht. Der Schädel ist 12 oder sogar 15 000 ⟨frs⟩ wert. Ich habe 3 Luxusausgaben bestellt: für Keller, Colle[3] und für diesen Freund. Damit sind es schon 10. Wir werden versuchen, weitere 5 zu machen.[4] Dali hat hoffentlich die Zeitschrift bekommen, ich hatte ihm davon 2 Exemplare im verschlossenen Umschlag geschickt.
Schreibe mir bitte, ob ich Dir Geld schicken soll. Auf jeden Fall wird Dali seine 1000 frs bekommen.

Sagt mir, was Ihr von der Zeitschrift haltet. Ich empfehle Euch vor allem den Artikel von Valentin: »On ne vous le fait pas dire.«[5] Er ist großartig. Lest nur alles.
Ich warte, beziehungsweise wir warten voller Ungeduld auf Dalis Artikel[6]. In der zweiten Nummer wird es eine ständige Chronik von Maurice Heine geben: »Chronique de Sade«[7], einen Artikel von Duchamp über das Schachspiel[8], einen großen Artikel von Valentin[9], einen Beitrag über den Humor vom Psychoanalytiker Frois-Wittmann[10] und wunderbare Gedichte von Péret über Foch und Clémenceau[11].
Char hält sich noch in Isle-sur-Sorgue auf. Aber er wird bald wieder hier sein. Du kannst ihm trotzdem schreiben.
Neuguinea? Gern. Ich habe daran gedacht, sehe aber auch die Schwierigkeiten.
Ich denke an Dich. Erkläre mir ausführlich, auf welche Weise Nush[12] und ich für ein paar Tage zu Euch kommen könnten. Vielleicht findet ihr in der Nähe von Cadaqués für uns ein Quartier.[13] Nun, wenn Du aber meinst, daß es sich nicht einrichten läßt, dann laß es mich wissen.
Ich umarme Dich ganz fest. Dein
Paul

Herzliche Grüße an Dali.

84.
Briefkopf: Hôtel Robinson, Agay, Var.

⟨um den 15.?Juli 1930⟩

Meine liebe kleine Gala,
ich hatte wegen meiner verschiedenen Umzüge – drei in einer Woche – sehr viel zu tun. Ich bin hier in einem sehr schönen Ort, mit Strand vor dem Hotel. Das Wetter ist schön aber windig. In Paris herrschte ein Hundewetter.
Valentin ist auch hier mit René Clair[1]. Ich warte noch auf Char. Lange werden wir hier nicht bleiben, denn es kostet 70 frs pro Tag. Das ist zu teuer. Ich weiß nicht, wohin ich dann fahren

werde. Rastlos und ohne Verstand treibe ich umher. Sobald es mir angebracht erscheint, werde ich mit Nush und wahrscheinlich mit Char nach Sitges[2] fahren. Schreibe mir nicht hierher, sondern in die Rue Becquerel. Bevor ich losfuhr, hatte ich in Paris bis zum letzten Augenblick Sachen zu erledigen. Ich glaube, daß es keine Unannehmlichkeiten geben wird. Odette ist abgereist.
Es freut mich, daß Dir die Zeitschrift gefallen hat. Übrigens, das Wappenzeichen auf der Titelseite stellt das Zusammentreffen von Saturn und Uranus dar.[3]
Die Vorstellung, die ich mir von Dir, von unserer Liebe mache, wird immer mystischer und verzweifelter. Ich liebe Dich auf das tiefste und das höchste Deiner selbst. Es gibt eine Verbundenheit, die unauflösbar ist.
Der alte Wolf, der dich geliebt und bekämpft hat, dieser alte Wolf lebt nur durch Dich, und durch Dich wird er auch sterben, der alte, unnütze und ungeschickte Narr. Dein Untergang ist zugleich Deine Wiedergeburt. Aber der alte Narr glaubt noch immer, es gäbe nichts zu verlieren. Und das ist schlecht. Meine Geliebte, Gala, Gala, Gala, die Schöne, die ewig Geliebte, Getragene.
Auf Wiedersehen. Ich küsse Dich überall.
Paul

Ja, ich werde es so einrichten, daß ich Dalis Bild bekomme. Richte ihm meine Grüße aus.

85.
Briefkopf: Hôtel Méditerranée, Cannes.

Freitag, den 1. August ⟨1930⟩

Meine Gala, ich habe Dein Telegramm, auf dem Du mir das 2. Gemälde von Dali empfiehlst, bekommen. Es geht alles klar, ich werde es so tun, wie Du es wünschst. Ich werde Keller schreiben.
Char ist vorgestern hier angekommen. Ich werde Dich mit ihm besuchen. Es tut mir furchtbar leid, daß ich meine Abreise

hinauszögern mußte. Ansonsten sehe ich blendend aus, und Du wirst staunen, wie ich mich kleide! Ich träume jede Nacht von Dir. Sage mir, ob auch für Dich unsere Liebe durch nichts zu ersetzen ist. Ich habe oft große Angst. Ich liebe Dich leidenschaftlich, wahnsinnig.
Ich bewohne hier das Zimmer, das wir beide im vergangenen Jahr hatten. Ich bin da anders als Du, für mich zählen unsere Erinnerungen. Ich sehe Dich vor mir, nackt in diesem Zimmer, und ich trauere um diese drei glücklichen Wochen, die ich hier mit Dir verbracht habe.
Morgen schicke ich Dir ein paar Zeitungen sowie die *»Revue de Psychanalyse«* mit zwei guten Artikeln, der eine über Napoleon und der andere über den Surrealismus.[1] Ich gehe hier baden und lerne schwimmen. Ich werde auch wieder arbeiten. Hat Dali nicht ein paar Ideen für diese zweite Nummer? Es müßte etwas Sensationelles sein, anders als in den üblichen Artikeln. Schreibe mir gut und viel.
Ich küsse Dich, Du weißt wie, sehr lieb, überall. Du bist meine Freundin und meine Liebe.
Für immer Dein
Paul

86.
Briefkopf: Hôtel Méditerranée, Cannes.

⟨3.? August 1930⟩

Sonntag

Einförmig vergeht die Zeit, ich erhole mich, gehe ab und zu spazieren und schlafe viel. Ich schicke Dir ein dickes Paket mit Zeitschriften: *»Revue de Psychanalyse«*, worin Du den Artikel von Frois-Wittmann und den Beitrag über Napoleon lesen solltest; *»La Nouvelle Revue Française«*, mit einem Text von Rigaut und einem Text von diesem kleinen Schwachkopf von Victor Crastre über Rigauts Selbstmord. Alle diese Publikationen und diese Auswahl haben nur ein Ziel: uns zu demütigen.[1] Diese Nummer der N. R. F. ist eine einzige Herausforderung.
Wenn Dali außer seinem Artikel für die zweite Nummer von

»Surréalisme a. s. d. l. t.« noch ein paar Anmerkungen zu verschiedenen Themen hat, sind sie uns willkommen.[2] Ich schicke Dir die Erzählungen von Duvernois, den ich sehr mag und der zunehmend als der große Schriftsteller anerkannt wird, der er auch ist (zum Beispiel durch Gide). Diese hier hat Char empfohlen. Zur Zeit lese ich *»Les sœurs Hortensia«* – ausgezeichnet![3]
Ich habe mir hier noch einmal »L'Opérateur« mit Buster Keaton angesehen. Ich hoffe, Du bekommst ihn eines Tages auch einmal zu sehen.
Habe auch einen Mack Sennet ⟨*sic*⟩ gesehen: *»Alice aux Galeries«* – ein bemerkenswerter komischer Film, der von vorn bis hinten surrealistisch ist.
Ich träume davon, gesund zu werden und Dich dann zu besuchen.
Das mit dem Bild von Dali geht in Ordnung. Ich werde an Keller schreiben.
Morgen werde ich Picabia[4] besuchen.
Sei lieb und schreibe mir so, wie Du in letzter Zeit geschrieben hast: oft und klar. Ich liebe Dich über alles, weißt Du! Ich lebe in Dir.
Ich küsse Dich überall.
Für immer Dein.
Paul

87.
⟨Cannes⟩ 7. August 1930

Mein kleines geliebtes Mädchen, wir fahren morgen nach Marseille, wo wir ein paar Tage bleiben werden. Dort werde ich auch einen Arzt aufsuchen. Es ist nichts Schlimmes, nur eine Reizung, das wird in ein paar Tagen abgeklungen sein, wie ich hoffe, zumindest bis zu meiner Ankunft in Cadaqués. Danach fahren wir nach Barcelona, von wo aus ich Dir schreiben werde und wohin Du mir einen Brief schicken wirst, in dem Du mir einen Ort nennst, der Cadaqués am nächsten liegt.
Könntest Du mir ein Telegramm schicken, an Grindel, postlagernd nach Marseille und mit dem Namen des Hotels, wo ich im

vergangenen Jahr mit Goemans gewohnt habe? Das war gut und billig. Tu es am besten gleich.
Du solltest wirklich gut auf Dich aufpassen und, wie ich meine, nicht baden gehen. Ich bezweifle, daß Dir die Mittelmeerluft gut bekommt.
Du wirst von mir und von Char jeweils ein *sehr* hübsches Geschenk bekommen; das eine wird für Dich sehr neu sein. Rate: Das erste ist rot, wird auf den Boden gestellt und pfeift; und das andere ist weich, blau, weiß und rot und man grüßt es.
Meine Mutter hat sich beklagt, daß Du ihr nicht schreibst. Allerdings hat sie es sehr diskret getan. Sie ist in Vichy, Hotel Rivoli. Ich hoffe, die Zeitschriften und das Buch sind bei Dir gut angekommen.
Punkto Geld ist alles in Ordnung. Sei unbesorgt.
Ich liebe Dich, wie Du Dir denken kannst, meine schöne, meine einstige und ewig junge Frau.
Deine Bildbeschreibungen gefallen mir sehr gut!! Das ist Gala in reinster Form. Ich schicke Dir eine sehr gute kleine Zeichnung. [1]
Ich küsse Dich überall.
F. i. D.
Paul

88.
Briefumschlag: Café de la Rambla.
Poststempel: zerrissen.
Absender: Grindel, Hôtel Royal, möbliert, 22 Calle Carmen Barce-⟨lona⟩.
Empfänger: Madame Grindel, Cadaqués (Gerona).

Barcelona, ⟨August 1930⟩

Samstag abend

Geliebte Gala, hier sind die Photos. Es gibt noch eines, das der Photograph außer acht gelassen hat, von dem ich aber noch einen Abzug machen lasse.
Wir haben (ich habe) Dir heute vormittag ein sehr schönes, kleines, aber leistungsstarkes Grammophon und 12 schöne

Schallplatten gekauft, die wir Dir in der nächsten Woche mitbringen werden.
Was das Geld betrifft, so kannst Du Dir welches nehmen. Ich gehe am Montag zum »Crédit Commercial« und frage nach. Auf jeden Fall werde ich welches bei mir haben und somit in der nächsten Woche Dir geben können.
Ich stehe noch ganz unter dem Zauber des gestrigen Tages. Du bist so schön, und das Meer und die Felsen stehen Dir ausgezeichnet. Herzliche Grüße an Dali von uns dreien.
Und Dich küsse ich wie immer.
Paul

89.
⟨Paris, 26. August 1930⟩

Meine kleine geliebte Gala, schnell ein paar Zeilen. Ich hatte viel zu tun. Ich war bei 4 Ärzten, bevor mich einer angenommen hat. Sie sind alle in Urlaub. Er meinte, es wäre nicht bakteriell, sondern nur eine einfache, harmlose Harnentzündung, also nichts Ansteckendes. Durch die Behandlung geht es jetzt schon besser.
Außerdem habe ich eine mächtige Zahnvereiterung, die mir schwer zu schaffen macht.
Ich habe für das Beiheft einen Text über Rigauts Selbstmord geschrieben. Und Anmerkungen.[1] –
Habe Dali bekommen. Die Fußnoten werden von Berlitz übersetzt. Man wird sie mir nachher bringen.
Ich schicke Dir die 2000 frs.
Char ist mit einer Andalusierin nach Frankreich zurückgekehrt.
Morgen schreibe ich Dir ausführlicher. Wann wirst Du wieder hierherkommen? Der 8. oder 10. September würde gut passen.
Ich liebe Dich wahnsinnig.
Paul

90.
⟨Paris⟩ Mittwoch, den 27. ⟨August 1930⟩

Mein liebes kleines Mädchen, ich habe mit meiner Mutter telephoniert. Sie fährt um den 5. September mit dem Auto für zwei Tage nach La Baulle. Sie würde uns mitnehmen. Und wir könnten nach ihrer Abreise einige Tage dort bleiben. Könntest Du also zu diesem Zeitpunkt hier sein? Ich bereite alles vor und werde Dich in der Rue Becquerel erwarten.
Ansonsten geht es mir jetzt besser. Das Wetter ist hier recht heiß.
Wir werden kein Beiheft machen, sondern eine zweite Nummer, und zwar sofort. Dalis Anmerkungen sind brillant. Man könnte vielleicht außer der Photoreproduktion eines Gemäldes von Dali auf einer anderen Seite 4 Zeichenblätter abbilden oder eine große, schöne, komplizierte und etwas, aber nicht zu erotische Zeichnung?[1] Es eilt aber sehr, sehr, sehr. Die Nummer soll am 15. September erscheinen. Ich werde Moro[2] den Artikel geben, damit er ihn übersetzt. Mit Breton schreibe ich einen langen Text über den Menschen, in vier Abschnitten: Empfängnis, Intrauterines Leben, Geburt, Leben und Tod.[3] Nicht übel, aber was für eine Arbeit!
Und dann diese Hitze! Schreibe mir, oder schicke mir doch ein Telegramm, um Dein Kommen am 5. zu bestätigen. Und schreibe Cécile, daß wir um den 8. bei ihr sein werden.
Ich liebe Dich, Du weißt wie. Und Du wirst sehen, wie ich arbeite. Ich küsse Dich überall.
Paul

Meinen Dank an Dali für seine sehr schönen Zeichnungen. Er möchte uns bald per Post ein Photo des Gemäldes schicken.

91.

Am Briefende: Eluard-Grindel, Hôtel Regina, Avignon (Vaucluse).

21. Okt⟨ober⟩ 1930, Dienstag vormittag

Gala, ich habe heute nacht bis drei Uhr früh an Dich gedacht. Dann bin ich eingeschlafen und habe von Dir geträumt.
Ich fühle mich sehr einsam, und immerzu suche ich nach Gründen, die mich wieder hoffen lassen. Wohin ist die Zeit, da ich nur Gründe suchte, die meine Verzweiflung schürten? Daß ich Nusch bei mir hatte, als wir die Entscheidung trafen, uns scheiden zu lassen, hat mich in diesem Moment daran gehindert, klar zu sehen, wie allein ich künftig sein werde.[1] Denn ich glaube nicht, daß ich jemals mit einem anderen Menschen leben könnte, weder mit Nusch noch mit einem anderen. Gala, ich liebe Dich schon viel zu lange, ich habe zu lange schon mit Dir zusammengelebt, zu lange habe ich – ganz gleich, wie Du darüber denken magst – ganz nach Deinen Wünschen, Deinen Träumen, *Deinem Wesen* gehandelt.
Ich hoffe, daß es mir gelingt, das Trugbild von Zärtlichkeit, Wünschen, Optimismus und unsterblicher Liebe zu erhalten, das Du so brauchst, und an das Du mich leider auch gewöhnt hast. Ich muß leise lachen bei dem Gedanken, daß ich alles, was ich liebe, zu mir (??) nehmen wollte. Das ist ein Lapsus, meine ewige Gala, das ist die Ausrede, die mich am Leben hält. Ich wollte wirklich sagen: Alles, was ich liebe, *bei Dir lassen,* sowohl den Fetisch von den Osterinseln als auch den schwarzen Schädel, und den *Abschied des Dichters*[2] und das Autograph von Lautréamont. Und ebenfalls die Postkarten, bräuchte ich nicht eben eine Zerstreuung, eine mechanische Beschäftigung (ich sehe Dich lachen!!). Und ich würde Dich besuchen kommen, Dich, meine einzige Liebe, umgeben von dem, was ich nur liebte, weil es Dich gibt.
Ich weiß nicht, ob ich hier bleiben werde. Hier ist es trostlos, und ich habe keine Postkarten.
Gestern nachmittag war Char bei mir.
Ich hätte Lust, für zwei Tage nach Marseille zu fahren. Du

kannst mir aber auf jeden Fall hierher schreiben, denn ich komme wieder zurück. Man wird die Post für mich aufheben. Öffne bitte die Briefe, die an mich in die Rue Becquerel geschickt werden, und verständige mich über die Dinge, die keinen Aufschub dulden.
Ich liebe Dich über alles. Ich küsse dich leidenschaftlich überall.
F. i. D.

Paul

Ich habe Cécile telegraphiert, daß Du sie am Donnerstag besuchen wirst.
Soeben ist Char gekommen. Er macht Dir tausend Reverenzen.

92.
Telegramm.
Abgeschickt in Marseille, am 25. Oktober 1930. An Madame Grindel, Rue Becquerel 7, Paris 18.

Deine prachtvollen Karten erhalten. Telegraphiere mir, sobald Du die meinen hast. Küsse. Schreibe nicht mehr. Ich komme bald zurück.
Liebe.

Paul

93.
Postkarte
⟨Lausanne, Januar 1931⟩

Dienstag, 6 Uhr

Meine schöne kleine Galotschka aller Zeiten, ich bin in Lausanne, am Ufer jenes Sees, »der die Schwäche meiner 16 Jahre umspülte«, kurz bevor ich Dich kennenlernte, bevor du mir erschienen bist. Ich bin ein alter Mann. Es geht mir schlecht. Ich habe nach Karten gesucht. Habe einige gefunden, aber nichts Besonderes.
Morgen früh fahre ich nach Montana (Wallis), Hôtel du Parc,

wohin du mir schreiben solltest. Char soll nicht über Basel fahren, wenn er nachkommen will.
Ich habe Nusch in Mulhouse besucht. Sehr nett. Ich glaube, daß ich niemals eine bessere Gefährtin finden kann. Siehst Du, ich habe solche Angst, allein zu sein. Ich bin so müde, so arm.
Das Wetter ist herrlich, überall liegt Schnee.
Wenn sich eine Möglichkeit ergibt, irgendeine Sache zu welchem Preis auch immer zu verkaufen, dann verkaufe, denn am 15. ist was fällig und ich habe Angst, krank zu werden. Ich krächze nur noch.
⟨ohne Unterschrift⟩

94.
⟨Montana, Januar 1931⟩

»Hätte ich dem zugestimmt, ich hätte diesen Schurken der Hochfinanz all das hier ausgeliefert, diese Länder, diese Flüsse, diese Ufer, diese Hügel, auf denen unsere Fahne weht, und das allein des Ruhmes wegen, damit man mich preise in den Häusern, die keine Steuerlast mehr erdrückt, und des Geldes wegen, von dem ein Teil für mich und zu meinem Vergnügen gewesen wäre. Ja, zu meinem Ruhme und zu meinem Vergnügen...! Schläfst Du...?«
»Ich schlafe nicht, aber nimm Deine Hand da weg, ich mag Dein Streicheln nicht, wenn ich nicht erregt bin.«
»Ich habe die Hand auf die Brust meines Landes gelegt, und mein Land hat mir so geantwortet wie Du. Es duldet keine Liebkosung, wenn es nicht erregt ist...«
(Binet-Valmer: *Prosper Bourguillard, impuissant, Président du Conseil)* [1]

Char ist heute vormittag angekommen, ein Bild des Elends, aber hoch erfreut über die Kälte und die Sonne.
Ich teile völlig Deine Meinung hinsichtlich der Antwort, die man auf diese Art unerträglicher Provokation geben sollte, wie eben jener letzte Artikel über Barbusse, den ich gelesen habe und der mich völlig entmutigt hat. Wer ist dieser Intérim?

Parain oder wer.[2] Vergiß nicht, mir das Neueste über »Age d'or« mitzuteilen, wenn es etwas geben sollte.[3] Und über alles weitere auch. Ich hoffe, bald wieder zurückzusein. Morgen gehe ich zu einem Arzt. Du fehlst mir.

Paul

Ich werde an Aragon schreiben.

95.

Postkarte: »Überquerung einer Gletscherspalte«.

⟨Montana, Januar 1931⟩

Eine hübsche Karte, die Char als erster gesehen hat. Recht beachtlich.
Um 5 Uhr zum Arzt. Ich schreibe Dir gleich danach.
F. i. D.

Paul

Auch verkehrt herum anzuschauen[1]. Da ist alles dran.

96.

Briefkopf: Montana sierre, Grand Hôtel du Parc, Chalet Saint-Louis.

⟨um den 10. Januar 1931⟩

Sonntag abend, 9 Uhr

Meine sehr geliebte, ich habe Deinen Eilbrief von gestern (aber mit nur 3 frs frankiert) erst heute abend bekommen. Hör zu, meine Kleine, alles, was Du tun wirst, wird recht sein. Ich habe Dir gerade in diesem Sinn ein Telegramm geschickt. Ich hoffe, Du hast irgend etwas verkaufen können, auch für Dich.
Ich liebe Dich, weißt Du. Ich komme auf jeden Fall am Freitag oder Samstag zurück, und ich bin *sehr* traurig, daß ich Dich vor Deiner Abreise nicht mehr sehen werde. *Wenn möglich, dann warte auf mich.* Ich bewohne allein mit Char das kleine Chalet,

das etwas oberhalb mit einem X gekennzeichnet ist,[1] und wir (ich) reden fast die ganze Zeit nur von Dir. Ich erzähle alles: die Zeit in Clavadel, der Krieg, Bray usw.... Aber pst! Du magst ja keine Erinnerungen. Wenn Du vor meiner Rückkehr abreisen solltest, dann laß von Dir ein Büschel Haare da, mit den Schlüsseln. Weißt Du, ich liebe Dich über alles. In der Rue Becquerel wird es für mich sehr traurig sein, wenn du nicht mehr da bist. Ich würde ja gern etwas früher zurückkommen, aber es wäre vielleicht schade drum. Der Aufenthalt hier ist ohnehin schon so kurz.
Als ich heute abend Deinen Brief erhielt, kamen mir fast die Tränen bei dem Gedanken, daß Du am Mittwoch fährst und ich erst am Freitag oder Samstag zurücksein werde. Du sollst Deine Abreise aber nicht verschieben, wenn Du sehr müde bist. Deine Gesundheit, Dein Glück haben für mich absoluten Vorrang. ZWEIFLE NIEMALS DARAN. Ich liebe Dich über alles.
Ich bin auf die schönen Postkarten sehr gespannt. Sei unbesorgt, ich werde sie gerecht verteilen, wie Du weißt. Es sind etwa 150 recht unterschiedliche Karten, davon aber zwanzig sehr schöne, ältere. Die ich Dir geschickt habe, waren unter den Karten aus jüngster Zeit die schönsten, die ich finden konnte. Ich hoffe, daß Dir die Katze, die Ballons, der Spalt u. a. gut gefallen haben. Ich muß mich jetzt etwas beeilen, denn diesen Brief möchte ich noch rechtzeitig abschicken. Ich liebe Dich sehr, mein so junges Mädchen. Alles, was Du tun wirst, wird gut sein, sehr gut. Ich nehme alles, was Du willst, wie Du weißt. Solltest Du etwas verkaufen, dann kannst Du ja das Geld auf mein Konto beim »Crédit Commercial«, Nr. 722653 (Grindel) einzahlen. Ich hoffe, daß es noch besteht. Es müßten 50 frs darauf sein. Wenn das nicht gehen sollte, dann leg es in der Wohnung irgendwo hin.
Laß mir auch den Schlüssel von der Rue Fontaine da, sowie die Schrankschlüssel von der Rue Becquerel, damit ich an meine Sachen rankomme, und ebenso den Schlüssel zur Vitrine. Räume nicht auf, darum kümmere ich mich schon.
Aber das Schönste, das Allerschönste wäre, wenn ich Dich noch antreffen würde, und sei es eine Stunde nur vor Deiner Abreise. Du weißt, ich könnte Freitag früh da sein... Also, gib mir Bescheid.

Ich liebe Dich über alles, küsse Deine Augen, Hände, Brüste, Geschlecht.
Für immer Dein
Paul

Grüße an Dali. Grüße von Char an Dich und Dali.
Wenn es Dich interessiert: In den *»Nouvelles littéraires«* steht ein Artikel über die *Unbefleckte Empfängnis.* [2]
Für die Perlmuttmaske hatte ich 5000 gezahlt. Verkaufe sie zum selben Preis. Die Maske mit den grünen Augen für mindestens 4000. Das Totem auf dem Schrank: 5000 frs. Das größere: mindestens 7500. Wenn es nicht geht, dann solltest Du lieber etwas anderes verkaufen.

97.
*Postkarte: Humoristisches Motiv: »A vous le bonheur«.**

⟨Paris, Januar 1931⟩

Mittwoch

Mein liebes Kind, meine geliebte Gala,
ich bin nun wieder in Paris und habe, wie Du, Sehnsucht nach Dir. Die Papiere, nach denen Du fragst, habe ich in der Rue Becquerel nicht gefunden. Odette hatte alles eingesammelt und Dir zugeschickt. Ich habe das Geld für eine Versicherung ausgezahlt bekommen: 3300 frs. Aber ich muß für Dich 258 frs Strom bezahlen. Darum werde ich für Dich 1500 frs bei der Bank einzahlen. Und ich behalte die 100 frs, die von einem anderen Betrag übriggeblieben sind. Ich würde ja solche geringen Beträge gar nicht in Anspruch nehmen, aber ich bin momentan sehr, sehr knapp bei Kasse.
Ich werde Portier[1] anrufen, denn ich glaube, unsere Objekte sind verkauft worden.
Anbei 3 hübsche Karten. Durch Madame Hugo[2] und durch

* »Das Glück ist Dein.«

Deinen Brief an Char weiß ich, wie es Dir geht. Ich liebe Dich wahnsinnig, für alle Zeit.
F. i. D.
Paul

1000 Grüße an Dali.
In den *»Cahiers d'Art«* wurde unsere Voranzeige für »La Femme visible« abgedruckt.[3]

98.
⟨Paris, 27. Januar 1931⟩

Dienstag, Mitternacht

Meine sehr geliebte Gala,
endlich einen Brief von Dir. Seit einer Woche hatte ich keine Nachricht mehr, da war ich etwas besorgt.
Es haben sich hier schwerwiegende Dinge ereignet. Zum einen hat Noailles das Negativ und die 3 Kopien des Films zurückverlangt, um sie zu vernichten.[1] Das kommt natürlich nicht in Frage. Zu wichtig. Wir werden darauf achtgeben, sei unbesorgt. Vor allem eins: Haltet Euch aus der Sache raus. *Habt Vertrauen.*
Ich habe mich mit Pomme gestritten. Sie ist daraufhin gegangen. Lebe wohl!
Es sind auch noch andere Sachen passiert, die ich Euch aber brieflich nicht erklären kann, zu kompliziert.
Meine Gesundheit ist noch immer labil.
Die Sache mit Aragon scheint in Ordnung zu kommen. Er hat nachgegeben, zumal er einsah, in welcher Gefahr er sich befand.[2]
Schreibe mir oft und datiere bitte Deine Briefe.
Mit dem Geld sieht es immer übler aus. Wenn Du wüßtest, wie gern ich Dir diesen Gefallen tun würde. Ich werde sehen, was sich machen läßt, und hoffe, daß die Sache in zwei Tagen erledigt ist, es muß sein.
Fast einhundert Postkarten habe ich inzwischen zusammen, ich bringe sie Dir mit, sobald die Geldfrage geklärt ist. Die beiliegenden sind meiner Meinung nach die schönsten. Schreibe mir,

wie Du sie findest. Aber unter den anderen sind auch noch ein paar ganz nette.
Ich befürchte, daß es unklug von Dir war, mir Karten zu schikken. Das geht eigentlich nicht. Aber das ist jetzt einerlei!
Ich hoffe, bald nach Cadaqués kommen zu können. Wenn ich 2 bis 3000 frs auftreiben kann, mach' ich mich auf die Reise. Das mit dem Ofen geht klar. Ich liebe Dich, ich denke an Dich. »La femme visible« hat schauderhafte Kritiken bekommen. Aber die guten Leute finden das Buch großartig.
Warum hat Dali in seinen Widmungen nicht die Namen der Leute angeführt? So wie es jetzt ist, wird man gar nicht oder schlecht über sie reden.
Ich liebe Dich, ich denke wahnsinnig viel an Dich.

Paul

99.
⟨Paris, den 29. Januar 1931⟩

Meine kleine Gala,
ich werde heute 2000 frs von meiner Mutter auf der Bank einzahlen.
Wir konnten bei Sadoul die 200 schönsten Karten seiner Sammlung eintauschen, aber er war nur an einer Sache wirklich interessiert: einem Bild von Dali. Ich habe es ihm versprochen. Dali wird es malen, und wir, Breton und ich, werden ihm jeder ein Geschenk im Wert von 1000 frs machen. Verzeiht mir, aber ohne diese 200 Karten existiert seine Sammlung nicht mehr. Im übrigen ist er ein sehr netter Mensch und zutiefst unglücklich. Außer den 3 Monaten, von denen Ihr ja wißt[1], ist er Tb-krank und wird in die Schweiz fahren. Jetzt hat er auch noch gemerkt, daß er seit 6 Monaten die Lues hat.
Habe ich nun richtig gehandelt? Ich habe es vor allem für Dich getan, weil Du noch keine Nancy-Karten hattest.[2] Ansonsten, verzeiht mir. Ich schicke Euch die schönsten Karten der Sammlung, die Gala gewonnen hat, und eine andere, die sie sich wünschte. Es sind noch viele schöne darunter. Breton und ich

haben aber noch eine Menge anderer gefunden. Damit habe ich zirka 300 Postkarten für Dich, meine schöne Gala.
Ich bringe sie Dir mit, sobald ich etwas Geld habe, und das wird sein, weil ich *Dich sehen* will (mein einziger Wunsch).
Wegen der Handschrift und auch sonst war bei Gaffé[3] nichts zu erreichen. Ich bin über den Verbleib der Karten, die Du mir geschickt hast, ein wenig besorgt.
Ich liebe Dich. Allein Dich. Ich küsse Dich überall.
Paul

100.
⟨Paris⟩ den 2. Februar ⟨1931⟩ vormittags

Meine Gala, den Vorwurf, ich würde Dich nicht lieben und mich um Dich nicht kümmern, kann ich zur Zeit wirklich nicht brauchen.
Ich habe Dir nicht geschrieben, bevor ich nicht sicher war, daß Du wieder in Cadaqués sein würdest. Du bist am 16. gefahren. Deine Karte aus Barcelona habe ich am 21. bekommen, und darauf hast Du mir nicht mitgeteilt, daß Du nach Cadaqués weiterfährst. Und dann, nichts bis zum 26. Da kam Dein erster Brief. Ein Einschreibebrief (an Dali adressiert) mit 3 sehr schönen Karten ist an Dich am 27. früh abgegangen. Einen weiteren Brief (ebenfalls an Dali adressiert) mit 2 herrlichen Postkarten habe ich als Einschreiben am 29. abgeschickt. Ich habe die Belege dafür. Was willst Du? Bleibe eben in ordentlichen Ländern. Es ist doch jedesmal dasselbe. Und schicke mir bitte Telegramme. Und noch einmal: Schreibe auch das Datum auf Deine Briefe.
Ich kämpfe wie ein Verzweifelter darum, etwas Geld aufzutreiben. Ich habe für Dich 2000 frs auf die Bank gebracht. Von 1000 frs, die heute eingegangen sind, werde ich 800 einzahlen. 200 frs behalte ich für mich, um weitere Schritte in diese Richtung zu unternehmen und um Dir später ein Telegramm schicken zu können. Wenn Du keines bekommst, dann hatte ich eben kein Geld, um es abzuschicken.

Nein, mein kleines Mädchen, ich liebe Dich über alles, das glaube mir, ganz fest. Wenn Du wüßtest, wie gern ich nach Cadaqués fahren würde, wie sehr ich Geld für Dich auftreiben möchte, viel Geld. Es läßt sich einfach nichts verkaufen. Außerdem möchte ich Dir so gern die Postkarten bringen. Die Karten, die Du geschickt hast, sind herrlich. Aber schicke keine mehr. Hebe sie auf. Warte auf meinen Besuch. Ich werde die nötigen Schritte wegen der ehelichen Genehmigung unternehmen. Das hättest Du aber während Deines Aufenthalts in Paris machen sollen. Es wäre einfacher und sicherer gewesen. Wie Du Dir doch das Leben schwer machst! Ich werde Dich immer lieben, das versichere ich Dir. Ich küsse Dich überall.

Paul

Wenn Du mir einen Einschreibebrief schickst wie den, der heute früh ankam, schreibe Grindel darauf. Du weißt doch, daß es mit »Paul Eluard« nicht ankommt. Da ist noch ein Brief von Dir ⟨*sic*⟩,[1] wenn Du das Blatt wendest.

Schreibe doch öfter an Cécile, sie langweilt sich.

So, meine Einzige, meine Alleinige, Du hast meinen ersten Brief bekommen, und hier ist der zweite. Danke für die grünen und die roten Karten, sie sind wunderschön und ganz nach meinem Geschmack. Aber Breton muß auch welche bekommen - oder soll ich mit ihm teilen?

Das Jugendstilobjekt, dem Du so nachtrauerst, war eigentlich gar nicht so schön.[2] Ich habe es mir noch einmal angesehen und nicht genommen.

Char ist weg.

Für »La Femme visible« habe ich keine Zeitungsausschnitte. Ich werde Euch mündlich berichten. Es gibt aber nichts besonders Interessantes. Man sollte noch eine Weile warten. Ich gehe gleich los, aber da Du beruhigt bist, werde ich Dir kein Telegramm schicken. Ich spare damit die 200 frs, denn ganz ohne Geld könnte ich mir kein Neues besorgen. In der vergangenen Woche bin ich zu Fuß gegangen und habe nicht mehr geraucht. Ich werde wahrscheinlich bald neue Karten und Photos bekommen, alle sehr schlüpfrig und schweinisch und aus der Zeit vor 30, 35 Jahren. Ich habe sie von einem Onkel von Luciennes[3]

Mann. Sie sind in einem schlimmen Zustand! Er hatte damit sein Zimmer tapeziert.
Gestern war ich in Montlignon und habe Cécile besucht. Sie ist sehr lieb. Ich habe ihr ein schönes Buch geschenkt. Habe Luciennes Tochter Mireille (18 Jahre) getroffen. Sie und noch ein paar junge Leute aus Lyon bewundern Breton und mich sehr.
Tausend Grüße und Dankeschön an Dali.
Die Karte, die ich Dir hier schicke, habe ich aus meiner Sammlung entnommen, um sie Dir zu schenken.
ACH! KÖNNTE ICH DOCH NUR NACH CADAQUES FAHREN!

101.
⟨Paris, Februar 1931⟩

Dienstag

Meine über alles geliebte Schöne,
anbei findest Du die eheliche Genehmigung. Hoffentlich ist es das richtige.
Zur Zeit habe ich wirklich kein Glück. Heute früh sind sie gekommen und haben den Strom abgestellt, angeblich weil irgendeine Genehmigung fehlt, die ich mir jetzt besorgen muß. Ich bin in schrecklicher Geldnot. Gestern habe ich mit Ratton gesprochen. Er hat vorgeschlagen, einen Verkauf meiner Objekte und der von Breton Anfang Mai zu organisieren.[1] Er würde mir, wenn ich es wünsche, 10 000 frs vorstrecken. Ich hoffe es zumindest. Das Risiko muß ich einfach eingehen. Bellier würde sein Auktionator sein. Zur selben Zeit findet auch die Koloniale Ausstellung statt, und er meint, daß es für die Sache förderlich wäre.[2]
Was tun?
Die Situation wird immer schwieriger. Nichts geht mehr. Ein Verkauf würde momentan nicht viel bringen. Man muß bedenken, daß neben einigen leicht verkäuflichen Objekten, die wir besitzen, die meisten anderen nicht einmal zum Freundschaftspreis zu verkaufen wären. Und: Werden die Preise wieder steigen? Und es könnte sehr wohl ein Risiko sein, gerade jetzt nicht zu verkaufen.

Also, sage Du, was ich tun soll. Ich werde auf Dich hören.
Meine Stimmung ist auf dem Nullpunkt. Ich wäre so gern zu Dir nach Cadaqués gekommen. Dabei lebe ich sehr sparsam. Ich fahre mit dem Bus. Zum Leben gebe ich pro Tag 30 frs aus.
Aber die Schulden, die ich noch habe, bringen mich auf den Hund. Und kein Mensch will irgendwas kaufen – nicht einmal umsonst nehmen.
Mein Liebling, wie auch immer, laß Dich nicht entmutigen, denn ich kämpfe, um aus dem Schlamassel herauszukommen und glaube schon, daß ich es schaffen werde.
Wir werden ein paar Einbußen hinnehmen müssen, aber vor allem gilt es, über die Runden zu kommen.
Die erwähnten 800 frs habe ich noch nicht auf Dein Bankkonto eingezahlt. Ich denke, daß ich es morgen tun werde.
Insgesamt habe ich 2000 frs eingezahlt.
Ich liebe Dich über alles. Du bist mein einziges Licht, das einzige Ziel in meinem Leben.
Für immer Dein
Paul

102.
⟨Paris, Februar 1931⟩

Mittwoch

Mein über alles geliebtes Kind,
ich schreibe Dir nur ganz kurz. Morgen schreibe ich Dir noch mal, denn heute abend soll ich mich mit Gaffé treffen, um ihm den Picasso zu verkaufen. Für den Verkauf unserer Objekte, der auch mit den Sachen von Breton im Juni stattfinden soll, habe ich 10 000 frs Vorschuß bekommen (davon zahle ich morgen 5000 auf Dein Konto ein – oder sogar 8500, wenn der Picasso schon verkauft ist). Ratton, Keller und Carré sind Gutachter – Bellier ist der Versteigerer. Wir werden am 15. April 5000 frs bekommen (2500 für Dich). Ich habe zwei Tage gebraucht, um die Gegenstände wegzubringen.
Morgen werde ich wissen, ob ich zu Dir fahren kann. Ich fürchte, man wird mir den Paß nur für die Schweiz bewilligen.[1]
Ich schicke Dir ein Telegramm.

Ich mache mir Euretwegen Sorgen. Warum kommt Ihr nicht hierher?
Bis morgen, ich schreibe dann wieder.
Valentine Hugo [5], die mich fahren wird, hat ihre Papiere für sich und für den Wagen.
Glaube fest an mich. Ich liebe nur Dich.
Ihr solltet mir den genauen Zeitpunkt Eurer Rückkehr nach Frankreich mitteilen, sobald wie möglich.
Ich küsse Dich überall.

Paul

103.
〈Paris, Februar 1931〉

Freitag

Schnell ein paar Zeilen und eine Karte. Ich habe soeben die 1000 frs auf Dein Konto überwiesen.
Ich habe noch immer keinen Strom. Und es schneit. Cadaqués. Gala. Gala. Meine Heißgeliebte. Mein Verhältnis zum Geld hat sich ein bißchen normalisiert.
Ich habe ein Gedicht geschrieben, daß ich Dir morgen schicken werde. Ich liebe Dich über alles. Für mich bist Du Leben und Nichtleben bis in alle Ewigkeit.

Paul

Die Sache mit Aragon geht in Ordnung. Schicke ihm und Ella eine Karte in die Rue Campagne-Première 5, Paris (15). Er ist alt und völlig verzweifelt.

104.
Briefkopf Grand Café de la Bourse. Place de la Bourse.

〈Paris, Februar 1931〉

Samstag

Meine Gala, meine einzige, es geht nicht besser. Da ich gestern allzu mutlos war, bin ich »ausgerückt«. Ich habe in der Rue Becquerel übernachtet. Dort bin ich Deinem Geist begegnet,

dem Geist unseres Lebens, unseres ganzen, so schweren Lebens, das so voller Tränen und Liebkosungen war, so ganz von Dir erfüllt. Du solltest einen roten Mantel haben und schwarze Strümpfe, rote Handschuhe, eine rote Maske[1], und Deine Haare umwehen den zurückgeworfenen Kopf und unter dem Mantel bist Du nackt, und in mir ist alles abgestorben, was nicht Du ist, was nicht mein wirkliches Leben und nicht die Liebe ist, die ich für Deine schlichten und sanften Augen, für Deine guten und schönen Hände empfinde, für Deine Brüste, die für mich noch erregender sind als die Haare Deines Geschlechts, als Dein Geschlecht, das ich über alles liebe.
Mein schöner Kopf, mein ganz kleiner Kopf, kleiner Schädel, der meine Hand füllt, Gala, meine göttliche Gala, mein Leben und mein Tod, ich werde nicht mehr in die Rue Fontaine zurückkehren, allzusehr gleicht Dir der Tag, und die Nacht hat Deinen Geruch, ich liebe Dich, ich liebe Dich, mein Kind, ich selbst, Gala.
⟨ohne Unterschrift⟩

105.
⟨Paris, Februar 1931⟩

Mittwoch

Meine kleine Gala, meine Wiese, mein Gras, ich bin wieder in der Rue Fontaine, habe Dich aber nicht verlassen. Ich werde Dich nie mehr verlassen. Außer Dir gibt es keine Frau mehr.
Meinen Dank an Dali für seine Kalligraphie[1].
Denke an mich.
Schreibe mir nicht in kleinen Kuverts. Diese Briefe brauchen länger.
Der Verkauf bei Portier hat 4000 frs gebracht. Ich hoffe, Dir Anfang nächster Woche 2000 überweisen zu können. Das ist sogar sicher.
Ich schicke Dir ein Gedicht, das ich wirklich für Dich geschrieben habe.[2] Du weißt es durch meinen letzten Brief.
Ich liebe Dich über alles. Ich küsse Dich überall.
F. i. D.
Paul

Frau mit der ich lebte
Frau mit der ich lebe
Frau mit der ich leben werde
Immer dieselbe
Du brauchst einen roten Mantel
Rote Handschuhe eine rote Maske
Und Strümpfe in Schwarz
Gründe Beweise
Um dich ganz nackt zu sehn
Reine Nacktheit o Schmuck allen Schmucks

Brüste wie schlägt mir das Herz.

106.
⟨Paris, Februar 1931⟩

Danke, mein heißgeliebtes Kind, für diese Karten, danke vor allem der Frau, die ich so sehr liebe. Ich freue mich riesig über Deine Briefe. Heute Nacht habe ich geträumt, daß Nusch die Reise nach Haiti, die Du in Deinem Brief vorschlägst, nicht mitmachen wollte.
Warum schickst Du mir – zumal es so heiß ist – keine Photos von Dir, nackt. Ich brauche sie dringend. Ich kann es kaum erwarten, Dich wiederzusehen, denn ich bin nicht zu alt. Vor Deiner Schönheit, vor Deinem nackten Geist bin ich so jung wie der Frühling. Diese Galligraphie[1] möchte ich sehen. Ich habe 2000 frs auf Dalis Konto überwiesen: vom Erlös bei Portier. Bellier wird die Zeichnungen nicht verkaufen. Er möchte, daß wir sie zurücknehmen.
Schreibe bitte an Char, Hôtel des 3 Moulins. Er ist sehr deprimiert.
Ich möchte, daß Du mir völlig unbekleidet schreibst und daß Deine Briefe Deinen Körper überall berühren.
Ich würde alles tun, was Du von mir verlangen würdest. Mit Wollust.
Brüderliche Grüße an Dali.
⟨ohne Unterschrift⟩

107.
⟨Paris, Februar 1931⟩

Montag

Ich habe zweimal bei meiner Mutter geschlafen. In der vergangenen Nacht kam ein breiter Streifen Mondlicht ins Zimmer, und ich habe Dich gesehen, wie Du Dich völlig nackt und mit gespreizten Beinen zwei Männern hingegeben hast, mit dem Mund und mit dem Geschlecht. Und Du warst braun und sehr schön. Und noch jetzt, wenn ich daran denke, empfinde ich Dich als die Verkörperung der Liebe, als die schärfste Verkörperung des Verlangens und der erotischen Lust. Meine ganze Phantasie ist von Dir erfüllt. Und da ich heute nachmittag allein bin, stelle ich mir vor, was Du alles von Dir geben kannst, die Verwegenheit Deines Körpers im Dienste des Rausches Deines Geistes. Und ich masturbiere mich ganz langsam.

Warum hast Du von diesen Nacktfotos von Dir keine Abzüge gemacht? Ich hätte auch gern welche, auf denen Du Liebe machst. Und ich werde mit Dir Liebe machen, vor Nusch, und sie wird sich dabei nur streicheln – oder was Du möchtest.

Du bist für mich eine wunderbare Quelle der Phantasie und der Freiheit. Ich liebe Dich über alles.

Ich habe vor, am Wochenende in den Süden zu fahren.[1] Das muß sein, denn ich habe nachts Asthmaanfälle gehabt – bis zu zwei Stunden lang. Ich war bei Philippon in Montlignon, er hat mir Medikamente gegeben.

ICH RAUCHE NICHT MEHR. Das ist kein Vergnügen.

Ich habe meinen Paß für die Schweiz und für England bekommen. Ich liebkose unablässig Dein Geschlecht mit meinem Glied.

Paul

108.
Umschlag:
Poststempel: Lunel, Hérault, 27. Februar 1931.
Empfänger: Madame Grindel, Port Lligat, Cadaqués, Spanien, (Gerona)
Ankunftsstempel: Cadaqués (Gerona), 1. März 1931.

Ich habe ganz vergessen, Dich zu bitten, daß Du mir per Telegramm Bescheid sagst, ob Du deine *coulance* hast oder nicht. Wenn nicht, wird es wunderbar, wenn doch, dann ist eben nichts zu machen, denn Du weißt, wie ich Dich liebe und mich trotzdem auf das Wiedersehen mit Dir riesig freuen werde. Vielleicht geht es dabei nur um ein oder zwei Tage. Schicke mir jedenfalls ein Telegramm. Es ist nicht wichtig, aber mir ist es lieber, ich weiß es vorher, als wenn ich herumrätseln muß.
⟨ohne Unterschrift⟩

109.
⟨Lunel⟩ 28. Februar 1931

Meine über alles geliebte Gala,
ich habe Deinen gestrigen Brief eben bekommen. Wir werden es so tun, wie Du es wünschst. Ich freue mich wahnsinnig, Dich wiederzusehen. Wir könnten auch Crevel und Char[1] besuchen. Endlich Avignon für uns beide, für Deine schönen Augen.
Heute nachmittag werde ich wissen, ob »mein Land« mich in seinen Grenzen gefangenhält oder nicht.
Ich denke nur an Dich. Ich ordne Deine Karten. Insgesamt sind sie recht hübsch.
Ich bin verrückt nach Deinem Geschlecht, nach Deinen Augen, Deinen Brüsten, Deinen Händen, Deinen Füßen, Deinem Mund und nach Deinen Gedanken, nach meiner ganzen Gala.
Da ich frei bin, bleibe ich treu.
Paul

Wird Dali mitkommen? Bestelle ihm Grüße von mir. Es wäre sehr schön, aber der Wagen hat leider nur 3 Sitzplätze. Seht zu, wie Ihr das macht.

110.
Briefkopf: Mas de Fourques, Lunel (Hérault)

⟨Anfang März 1931⟩

Freitag

Glaubst Du, daß die Wirklichkeit der Gefühle das Gegenteil ist von denen ⟨*sic*⟩ der Träume? Wenn ja, dann liebst Du mich unsäglich. Ich denke immerzu an Dich, ich bin handlungsunfähig, die Gedanken an Dich verdrehen mir den Kopf.

Wir werden uns nicht vor Mittwoch sehen. Morgen erfahre ich, was mit meinem Paß los ist. Es ist traurig und demütigend zu wissen, daß ich fortan ein Gefangener Frankreichs sein soll. Eine richtige Gemeinheit! Ansonsten mußt Du kommen. Ich würde Dir die Reise bezahlen, zum Beispiel bis nach Perpignan. [1] Aber »die Reise bezahlen« ist das falsche Wort, denn Valentine würde Dich abholen. Den Aufenthalt jedoch. Ich träume davon – wahnsinnig.

Ich habe 3 Gedichte geschrieben, und ich will noch mehr davon schreiben, um Dir zu gefallen. Ich liebe Dich, ich werde immer das tun, was Du willst. Ich liege Dir zu Füßen und bete Dich an. Mit Deinem Geschlecht, Deinen Brüsten, Deinen Augen, Deinen Händen werde ich tun, was Du verlangst. Du bist das sensible, sinnliche Medium, das alle Schönheit zum Strahlen bringt, durch das die Welt, die ganze Welt zum Zauber wird und durch das erst aller Zauber sich entfalten kann. Ich liebe Dich über alles, Du meine Sonne. Du bist für immer die meine. GALA.

⟨ohne Unterschrift⟩

111.
Umschlag:
Poststempel: Douarnenez, Finistère, 17. Juli 1931.
Absender: Eluard Grindel, Hôtel Saint-Roman, Locronan (Finistère).
Empfänger: Madame Grindel, Rue Becquerel 7, Paris 18.

Montag

Mein geliebtes kleines Mädchen,
habe heute vormittag Deinen zweiten Brief bekommen. *Du mußt mir oft schreiben.* Bei gutem Wetter fahren wir morgen zur Insel *Sein* [1], und wenn es weiter so regnet, an einen anderen Ort. Ich freue mich, daß Dali meine Bilder zum Einrahmen weggebracht hat. Bestelle ihm dafür meinen besten Dank. Und sage ihm bitte, er möchte den Glaser anweisen, die Bilder bei der Concierge in der Rue Becquerel abzugeben und ihr für die Bezahlung Geld dalassen. Denn da ich vor Euch in Paris sein werde, kann ich sie dort abholen.
Ich schicke Dir das Gedicht, das in meinem Buch ganz hinten stehen wird: *La vérité immédiate* [2]. Schreibe mir, ob Du es so gut findest? Dali auch? Mir geht es sehr gut.
Natürlich wäre mir lieber, Du würdest nach Frankreich fahren und nicht nach Spanien, denn so könnte ich Dich sicher besuchen. Oder Du fährst nach Spanien und kommst in einem Monat oder in 5 Wochen wieder nach Frankreich zurück. Wie auch immer, gib gut auf Dich acht und denke niemals, daß ich nicht ganz Dir gehöre wie damals, als Du mir erschienen bist, und auch nicht, daß ich je aufhören würde, Tag und Nacht von Dir zu träumen wie von dem Höchsten, das ich auf Erden habe. Du, die Einzige, Dich küsse ich überall.

⟨Locronan⟩ 17. Juli ⟨1931⟩ [3]

Mein kleiner Schatz, wir befinden uns in einem sehr kleinen alten Landstrich, 6 Kilometer vom Meer entfernt (es ist die Heimat von Tanguy). Uns geht es hier fabelhaft, wir essen ganz toll (für 35 frs pro Tag). Warum bist Du nicht bei uns? Ich träume von Dir Tag und Nacht. Das schlechte Wetter hat uns davon abgehalten, zur Insel *Sein* zu fahren. Es ist noch recht kalt. Ich muß ständig daran denken, daß Du in ein sehr fernes Land

reisen wirst, das für mich unerreichbar ist, und zwar für lange Zeit. Diese Abreise war zu überstürzt. Ich habe Dich viel zu wenig gesehen. Ich habe ein wenig Sehnsucht nach meiner so schönen Gala, die ich so gut kenne. Ich mache mir Sorgen wegen Deiner Gesundheit. Bist Du beim Arzt gewesen? Was hat er gesagt? Du mußt mir öfter schreiben. Ich muß wissen, ob das Leid, das man Dir angetan hat, schon wieder vorbei ist.[4] Paß gut auf Dich auf und laß Dich nirgends nieder, wo Du Dich nicht vollkommen wohl fühlen würdest.
Ich bin ein sehr trauriger Mann. Ich habe fast 20 Jahre lang und trotz Kurzschlußhandlungen mit Dir ein sehr sicheres Leben geführt. Das war mein ganzes Leben. Jetzt ist das Leben für mich sinnlos geworden. Es ist das Leben eines Besiegten.
Sei aber nicht traurig. Ich bin weiser geworden. Die Traurigkeit ist ein Sack voller Blei. Ich weiß nicht mehr.
Die Spannkraft Deiner Züge, die Kraft Deiner Augen – all das hält mich aufrecht.
Ich möchte nicht, daß dies verlorengeht.
Wir werden uns sicherlich im September oder Oktober wiedersehen. Die Hauptsache ist, daß Du gut auf Dich acht gibst.
Es gibt so vieles, das uns immer verbinden wird. Ich lebe allein für Dich und dafür, daß Du nicht unglücklich bist.
Sage Cécile, daß ich sie sehr mag, weil sie Deine Wimpern und Deine Augen hat, weil sie ein Mädchen, Dein Mädchen ist.
Wenn sich das Wetter bessert, fahren wir noch auf die Insel *Sein*.
Schreibe mir hierher.
Ich versichere Dir, daß ich Dich liebe wie am ersten Tag und daß mein Leben Dir gehört. Meine Gala.
Schicke mir bitte alle meine Post.
⟨ohne Unterschrift⟩

Kritik der Dichtung

Es bleibt dabei ich hasse die Herrschaft der Bürger
Die Herrschaft der Büttel und der Pfaffen
Und mehr noch hasse ich den der sie nicht haßt
Aus ganzer Kraft
Wie ich

Dem unterlebenskleinen Menschen speie ich ins Gesicht
Solange ihm meine anderen Gedichte schöner dünken als diese
Kritik der Dichtung.

112.
Umschlag:
Poststempel: Quimper, Finistère, 18. Juli 1931.
Empfänger: Madame Grindel, Rue Becquerel 7, Paris 18.

Samstag

Mein geliebtes kleines Mädchen, danke für Deinen Brief. Bezüglich des Passes bin ich einverstanden. Aber es ist schon ärgerlich und traurig, denn dadurch, daß Du dich in Spanien aufhältst ... Meine Liebe ... Das Wetter draußen ist grauenhaft. Wir fahren am Samstag zur Insel *Sein,* es sei denn, das Wetter bleibt so schlecht. Dann fahren wir ins Landesinnere oder nach Süden. Ich beeile mich, damit mein Brief noch abgeht.
Du sollst nicht traurig sein. Aber begreife, daß ich mich gegen Cadaqués und die fremden Länder wehre, weil sie uns trennen. Sicher, diese Länder bieten Vorteile, vor allem für Dich, die ja Frankreich nicht mag, aber sollte ich auch in der Zukunft ohne Paß bleiben, was wird dann aus unserer Beziehung?
Ich liebe Dich, schreibe mir spätestens ab Montag nicht mehr an die hiesige Anschrift.
Teile mir rechtzeitig und per Telegramm Deine nächste Adresse mit.
Ich denke immerzu an Dich.
Du gehst mir keinen Augenblick aus dem Sinn, ich werde niemals ohne Dich sein. Ich küsse Dich überall.

Paul

Ach! Könnte ich Dich vor Deiner Abreise noch sehen! Grüße an Dali.

113.
Umschlag:
Poststempel: Audierne, Finistère, 24. Juli 1931.
Empfänger: Madame Grindel, Hôtel du Portugal, Vernet-les-Bains (Pyrénées-Orientales).
Ankunftsstempel: Vernet-les-Bains, 25. Juli 1931.

Freitag, 8 Uhr früh

Mein allerliebstes Kind, meine teure Gala, das Schiff hier fährt nur freitags und dienstags. Es verläßt die Küste und kommt jeweils am Samstag und Dienstag abend zurück. Deshalb müßten Deine Briefe am Freitag abend und am Dienstag abend in Audierne eintreffen.
Paul Eluard-Grindel
Hôtel Marzin
Ile de Sein (Finistère) via Audierne
Ich beeile mich, damit dieser Brief noch mit dem Schiff mitgeht. Mir geht es sehr gut. Das Wetter ist herrlich. Ich bin ganz ungeduldig zu erfahren, wie es in Vernet ist.
Von uns allen Grüße an Dich und an Dali. Ich liebe Dich über alles.
F. i. D.
Paul

114.
Postkarte: Insel Sein. »Le rocher du petit cochon«. Hafeneinfahrt.
Poststempel: (Finistère), 6. ⟨August⟩ 1931.
Empfänger: Madame Grindel, Hôtel du Portugal, Vernet-les-Bains (Pyrénées-Orientales).

Montag

Du schreibst mir, daß Du um den 20. herum nach Cadaqués fahren wirst; und ich werde morgen mit Valentine von hier abreisen und übermorgen in Paris sein. Das Wetter ist übrigens miserabel. Ich werde Dich in ein paar Tagen besuchen, schicke Dir aber vorher ein Telegramm. Ich hoffe, daß Du Dich an die Höhenlage gewöhnt hast und wieder zu Kräften kommst.

Sadoul und Breton, die ebenfalls hier sind, bestellen Dir wie auch Dali und Crevel tausend Grüße.
Ich bin f. i. D.
Paul

Du hast mir noch nicht geschrieben, wie Du *»Critique de la poésie«* findest.

115.
⟨Paris, um den 20. August 1931⟩

Samstag

Meine schöne Gala, ich bin gestern gut, aber doch recht müde nach Hause gekommen. Über Deinen lieben Brief habe ich mich sehr gefreut. Wie konntest Du aber noch 500 frs finden?!!! Auch ich bin sehr froh über unser Zusammensein, über diese so guten Tage, die durch Deine Schönheit, Deine Intelligenz, Deine Anmut so wundervoll waren. [1]
Char ist heute vormittag hier angekommen. Er ist nicht nach Vernet gefahren, weil sein Geld dazu nicht reichte. Er ist immer noch sehr nett, reizend.
Ich habe heute nacht schreckliche Träume gehabt. Ich wurde wach und habe auch Nusch geweckt, indem ich laut Deinen Namen rief. Tränenüberströmt. Ich habe die ganze Nacht geträumt, ich würde Wahnsinn simulieren und könnte nie wieder schlafen.
Dann wurde es nach einigen Stunden endlich hell.
Bist Du nicht in Cadaqués? Ich schicke diesen Brief auf gut Glück dorthin.
Dalis Gedicht hat gestern abend Aragon sehr gut gefallen. Ich selbst habe es laut vorgelesen, und das war nicht wenig amüsant.
Ich werde Deine Postkarte einrahmen lassen.
Char läßt Dir tausend Grüße bestellen.
Ich bin f. i. D. und küsse dich ohne Ende.
Paul

116.
⟨Paris, Ende August/Anfang September 1931⟩

Meine schöne Gala, es freut mich, daß Du in Cadaqués wieder besser schläfst. Ich warte voller Ungeduld auf Dalis Fragen für die Umfrage[1]. Ich schreibe in Eile. Könnte denn Crevel Viot[2] daran erinnern, daß er uns das Geld zurückzahlen möchte. Ich habe gerade noch 1000 frs bis Mitte September. Er soll ihm auch klarmachen, daß ich deswegen in Paris festsitze – und daß ich wirklich nicht imstande bin, ihn selbst darum zu bitten.
Seit meiner Rückkehr herrscht hier ein Dezemberwetter. Wir mußten Feuer machen, und es regnet so sehr, daß man nicht hinaus kann. Chars Buch kommt am Ende der Woche unter dem Titel *L'action de la justice est éteinte*[3] heraus. Aragons Gedichte werden unter dem Titel *Persécuté persécuteur* erscheinen.[4] Lies das bitte Crevel und Dali vor. Es wäre besser, Breton würde Viot um einen Beitrag über ein bestimmtes Thema bitten.[5] Hier ist Bretons Adresse: Hôtel du Levant, Castellane (Basses-Alpes). Crevel möchte ihm schreiben und Viots Adresse mitteilen. Sage Crevel auch, daß sein Brief mir gutgetan hat. Ich schicke Dir Abschriften von Gedichten, unter anderem von einem Gedicht, das Du noch nicht kennst.[6] Nicht besonders gut. Was meinst Du?
Ich bin still, ich gehe nicht außer Haus. Es ist halb fünf, und ich bin noch im Schlafanzug.
Magst Du diese beiden Karten? Eine hübsche Frau. Wie geht es der Denkmaschine. Sag ihm – wie auch Crevel –, daß ich ihn von ganzem Herzen mag. Auf Wiedersehen, meine schöne geliebte Frau, für i. D.

Paul

Schickt eine Karte an Unik[7]: Hôtel des Marronniers, 10 Boulevard Joffre, Reims (Haute-Marne).

117.
Postkarte.
Poststempel: Reims, 30. August 1931.
Empfänger: Monsieur Salvador Dali, Port Lligat, Cadaqués (Gerona).

»Schönheitspflege«[1]
Grüße an Euch drei[2]
Paul

Und es grüßt Euch auch
P. Unik

118.
⟨Paris, Anfang September 1931⟩

Mittwoch

Meine schöne Gala, ich warte voller Spannung auf die Photos und die angekündigten Fragen. Hat Crevel mit Viot gesprochen, hat er Viot klargemacht, daß ich fast völlig ohne Geld bin und keine Möglichkeiten habe, mir welches zu besorgen?
Am Sonntag war ich in Reims bei Unik, der recht nett ist und ganz interessante Sachen macht. Schreibt ihm doch. Gestern und vorgestern lag ich mit einer schweren Erkältung im Bett. Heute geht es wieder besser. Ich arbeite viel. Bald schicke ich Dir ein paar neue Gedichte.[1] Anbei findest Du eine Meldung, die Dich sicher freuen wird. Ich bin davon entzückt. Ein idiotischer Tod.[2]
Ich glaube nicht, daß Breton den angekündigten Brief von Dali bekommen hat. Wir müssen ihm für die dritte Nummer unsere Unterstützung geben. Er kann sie gut brauchen.[3]
Ich bereite den Hauptkatalog für Corti vor. Kann ich ein neues Buch von Dali[4] ankündigen? Wenn ja, dann telegraphiere mir den Titel, oder schicke ihn per Eilpost. Paris ist eine triste Stadt. Aber mich hat das Arbeitsfieber gepackt. Ich habe 1285 frs Versicherungsbeiträge eingezahlt (Eaubonne, Rue Becquerel und Rue Fontaine). Davon schuldest Du mir etwa 500 frs. Verzeih mir, aber nach dieser Rechnung bleiben mir nur noch 100 frs – und 1000 frs Schulden. Wenn Du mir auf irgendeine Weise Geld zukommen lassen könntest, wäre ich Dir sehr dankbar.

Verzeih mir diesen Brief. Ich warte auf Deinen langen, eingeschriebenen Brief. Glaube an meine ewige Liebe.
Dein Paul

Schreibe mir jedesmal, wie Du meine Karten findest. Danke für »T'en as un œil«*. Ich schreibe auf alle besonders erotischen Seiten meiner Alben.[5]

119.
⟨Paris, Anfang September 1931⟩

Schnell ein paar Zeilen, meine kleine Gala. Sage Crevel bitte, er möchte an Madame Cuevas[1] und an das alte Fräulein schreiben, damit sie weder über den Botschafter noch bei einer anderen offiziellen Stelle wegen meines Passes irgendwelche Schritte unternehmen. Genaugenommen wäre das ungebührlich, und man könnte mir das irgendwann einmal mit Recht zum Vorwurf machen. *Es ist sehr wichtig.* So wie sich die spanische Regierung derzeit benimmt, kann ich einen Schritt dieser Art nicht akzeptieren.[2] Ich bitte Crevel darum klarzustellen, daß ich von diesen Leuten nichts haben will, daß ich es ablehne.
Habe Fragebogen von Dali bekommen, schicke ihn an Breton weiter. Aragon findet ihn sehr gut, bis auf die letzte Frage über den Vampir.[3]
Morgen schreibe ich Dir einen längeren Brief.
F. i. D.
Paul

120.
Paris, den 11. September 1931

Meine geliebte kleine Gala, ich mache mir Sorgen, keine Post von Dir. Was ist los? Ich arbeite wie ein »Neger« auf der antiko-

* »Hast du aber ein großes Auge«

lonialistischen Ausstellung im Pavillon der Sowjets.[1] Eine gute Sache, die für uns sehr nützlich sein wird.
Ich glaube nicht, daß man die Antworten riskieren sollte, die uns Dalis Fragen einbringen würden. Das wäre äußerst unpolitisch. Noch ist die Zeit dafür nicht reif. Nun, wir werden darüber reden, wenn Ihr hier seid, das heißt also bald, hoffe ich.
Schreibe mir bitte. Du weißt doch, daß ich weit weg von Dir nur leben kann, wenn Du mir oft schreibst.
Grüße an Crevel und Dali.
Ich denke ständig an Dich.
Ich liebe Dich wahnsinnig.

Paul

121.
Postkarte: Die Tomate – Wurfgeschoß des Demonstranten.

⟨Paris, September 1931⟩

Meine schöne kleine Gala,
das Wetter hier ist herrlich. Hoffentlich hält es sich so lange, bis Du wieder hier bist.
Ich wollte Dir Gedichte schicken, hatte aber Angst, dieser Brief könnte Dich nicht mehr erreichen. Ich gebe sie Dir, wenn Du hier bist. Ich arbeite immer noch auf der Ausstellung.[1] Am Donnerstag und am Sonntag habe ich dort Bereitschaftsdienst. Sei unbesorgt. Wenn Du herkommst, wirst Du feststellen können, daß ich Dir gegenüber kein bißchen verändert bin. Immer noch so liebend, meine große Gala.
Breton hat uns die zwei ersten Kapitel seines Buches vorgelesen. Ein wichtiges Buch, und ich meine, daß es uns endgültig auf den Weg des dialektischen Materialismus bringen wird.
Ich liebe Dich, bin immer Dein.
F. i. D.

Paul

122.
⟨Paris, November 1931⟩

Mein kleines geliebtes Kind, ich freue mich, daß Du mir schreibst. Das macht das schlechte Wetter etwas erträglicher. Du weißt ja, daß ich immerzu an Dich denke, an unser Leben, das nicht zu Ende ist, das nur mit uns beiden enden wird. Ich schicke Dir das Gedicht, das in meinem Buch an erster Stelle stehen wird.[1] Ich schreibe viel. Die Gedichte schicke ich Dir, wenn sie fertig sind.
Dalis Text oder vielmehr das, was ich für ein Textfragment halte, ist mir, wie auch Breton, recht unverständlich. Ich vermute, Thirion hat daran mitgearbeitet. Sage es ihm aber nicht. Der Satz über die Tagträume und die miteinander verwobenen Traum- und Wirklichkeitsrelikte weicht entschieden von Bretons Idee ab und erschwert die noch viel wichtigere Arbeit, die er vorhatte.
Wenn Dali nichts dagegen einzuwenden hat, wäre es angeraten, daß Breton und ich den Text insgesamt überarbeiten. In seiner jetzigen Fassung kann man dieses Fragment nicht veröffentlichen, denn es ist dunkel und vor allem schlecht formuliert. Ich werde Thirion noch heute per Telegramm bitten, mich anzurufen, und er wird Dir dann unsere Einwände mitteilen. Ich nehme an, daß Thirion in diesen Text 2 oder drei abweichende Gedanken eingebracht hat, die ihn unmöglich machen. Ich glaube aber, daß Dali mit uns einer Meinung sein wird, wenn er unsere Einwände gehört hat. Das beste wäre also, wenn wir selbst hier dieses Vorwort überarbeiten würden.[2]
Mein geliebtes Kind, das Wetter ist abscheulich. Aber Du bist immer bei mir. Ich denke an Dich den ganzen Tag und einen guten Teil der Nacht, mit offenen Augen all das erinnernd, was wir miteinander erlebt haben.
Gib gut auf Dich acht. Ich liebe Dich über alles.
F. i. D.
Paul

Was ist mit dir warum die rosa-weißen Haare[3]
Die Stirn die Augen die zerrissen noch zerreißen
Das große Mißverständnis solcher Radiumhochzeit
Die Einsamkeit die mich verfolgt mit Bitterkeit.

123.
⟨Paris, Ende November/Anfang Dezember 1931⟩

Mein armes kleines, geliebtes Kind, einerseits betrübt es mich und andererseits freut es mich, daß dieser Arzt nun den Grund für Dein Unwohlsein gefunden hat. Da die anderen Ärzte, die Dich untersuchten, dieses Fibrom nicht entdecken konnten, kann es nicht sehr groß sein und wird sich mühelos entfernen lassen. Die Operation soll weder blutig noch gefährlich sein. Du brauchst eine gute Klinik, denn dort bist Du in jeder Hinsicht besser aufgehoben als zu Hause. Wir werden auch einen guten Spezialisten finden müssen.[1] Ich bin sicher, daß sich Dein Befinden danach völlig normalisieren wird. Im übrigen werde ich natürlich die Hälfte der Kosten tragen. Es muß aber unter den allerbesten Bedingungen geschehen, so daß jedes Risiko und auch die meist damit verbundenen Unannehmlichkeiten ausgeschlossen bleiben. Und wir sollten uns jetzt schon freuen, daß Du künftig nicht mehr unter diesem ewigen Unwohlsein leiden wirst.
Ich liebe Dich, meine geliebte Gala, mein Dorogoj, mein teures kleines Mädchen. Zweifle niemals daran. Nichts von alledem, was es zwischen uns gegeben hat, wird jemals vergehen. Ich wünsche Dein Glück, und Du sollst wissen, daß ich zu jeder Zeit für Dich alles hergeben würde. Ich führe ein sehr pessimistisches Leben, aber unsere Liebe gibt mir dazu die Kraft. So, wie dieser Satz geändert wurde, ist er viel besser. Ich schicke Dir den Text[2] zurück. Wir werden noch einmal darüber reden, wenn ich wieder da bin, was trotz schönem Wetter recht bald sein wird, denn mein Geld geht zur Neige. Außerdem meine ich, daß man den Text auch noch auf den Druckfahnen durchsehen kann. Um Dich heute ein wenig aufzumuntern, schicke ich Dir ein paar

kleine, unbedeutende Gedichte, die aber alle in denselben Farben gehalten sind (schwarz und rot, phosphoreszierend).[3]
Ich habe auch längere ⟨Gedichte⟩ geschrieben, die ich Dir noch schicken oder mitbringen werde.
Bestelle Dali beste Grüße von mir und von Breton.
Ich küsse Dich überall. F. i .D.
Paul

124.
⟨Paris, um den 30. Januar 1932⟩

Samstag

Meine schöne kleine Gala, wichtig ist zur Zeit nur meine Müdigkeit, meine schwache Gesundheit. Ich werde morgen mit Cécile in Montlignon übernachten. Vielleicht bringe ich meine Mutter dazu, ihr Versprechen zu halten, und kann auf ihre Kosten verreisen. Buñuel, Tanguy, Max Ernst, Giacometti waren gestern abend zur 1. Tagung der Revolutionären Künstler[1]. Es waren 100 Leute anwesend, und sie haben einen recht guten Anklang gefunden. Aber wir werden dennoch die Suppe eine Weile noch auslöffeln müssen, die Aragon uns eingebrockt hat.[2]
Meinen Paß habe ich noch nicht zurückverlangt. Das werde ich in der nächsten Woche tun.
Ich bin völlig abgebrannt. Aber das ist noch die geringste meiner Sorgen. Leider!
Ich schicke Euch einen sehr interessanten Artikel von Maurice Heine.[3]
Schreibe mir bitte in Ruhe, klar und ausführlich.
Ich denke immerzu an Dich.
Ich küsse Dich leidenschaftlich überall.
F. i. D.
Paul

125.
Umschlag:
Poststempel: Paris 9, 2. Februar 1932.
Empfänger: Madame Grindel, bei Monsieur Salvador Dali, Port Lligat, Cadaqués (Gerona).
Ankunftsstempel: Cadaqués, 3. Februar 1932.

Donnerstag

Mein sehr schöner Körper, mein sehr schöner Name, meine ewige Liebe, ich war die letzten Tage etwas müde und habe deshalb gestern nicht geschrieben.
In der »*Humanité*« sind Schmähungen gegen uns erschienen,[1] da werden wir heute abend zusammenkommen und beraten, wie wir darauf antworten sollen und vor allem können.
Meine Mutter, die ich jetzt öfter sehe, denkt nicht mehr daran, mich irgendwohin zu verschicken. Sie hat kein Geld. Übrigens, ich werde dieser Tage meinen Paß für Spanien neu beantragen. Es wäre einfacher, wenn ich ihn wiederhätte.
Schreibe mir bitte ausführlich und in Ruhe. Grüße an Dali.
Ich werde Euch morgen schreiben, wie es um die Sache Aragon im einzelnen steht.
Ich küsse Dich leidenschaftlich, dringe in Dich ein, masturbiere mich und denke dabei an Dich.

Paul

126.
⟨Paris, den 2. Februar 1932⟩

Donnerstag abend

Mein schönes kleines Mädchen,
seit Deiner Abreise lebe ich hier in einer großen Unordnung. Ich langweile mich, und ich beneide Dich. Am Samstag werde ich mich mit meiner Mutter treffen und ihr zu verstehen geben, daß ich gern irgendwohin fahren möchte, denn ich bin deprimiert und müde. Aragon und die drei anderen sind für morgen vor ihre Partei geladen. Ich befürchte, man wird sie auffordern, sich vom Surrealismus loszusagen!!![1] Buñuel ist in Paris.

Um den Surrealismus steht es sehr schlecht. Morgen abend werde ich Euch mehr darüber schreiben. Wir haben 2000 Schreiben für Aragon verschickt. Bis jetzt haben wir erst 25 Unterschriften bekommen.[2] Wundert Euch nicht darüber, daß ich so wenig schreibe. Ich bin immer weniger dazu in der Lage.
Wann werden wir aus dem Schlamassel wieder herauskommen, in den uns Aragon hineingeritten hat? Wieviele würden wir dann schlimmstenfalls noch sein? Und was können wir dann noch tun?
Ich liebe Dich wirklich. Genieße die frische Luft, öffne weit Deine großen, schönen Augen.
⟨ohne Unterschrift⟩

127.
⟨Paris, den 3. Februar 1932⟩

Meine schöne und geliebte kleine Gala,
Du solltest meinetwegen nicht so traurig sein. Wenn ich Dir schreibe, daß ich Dich so liebe, wie Du mich liebst, meine ich damit: »Ich hoffe, Du liebst mich so, wie ich Dich liebe.« Ich habe auch allen Grund zu verzweifeln. Denke mal nach. Ich habe nicht mehr die materiellen Möglichkeiten, zu Dir zu fahren, und auch nicht die, mich zu erholen oder auf dem Gebiet zu arbeiten, das mir etwas natürlicher erscheint als jedes andere.
Gestern abend hat eine Versammlung stattgefunden, doch ohne Ergebnisse. Wir warten ab, ob Aragon und die anderen aus der Partei geworfen werden. Ich glaube nicht, daß sie noch eine Chance haben davonzukommen.
Es sind bisher 130 Unterschriften in der Sache Aragon zusammengekommen sowie ein Artikel von Vautel[1]. Und wir erwarten noch einige mehr, aber nicht von sehr bekannten Leuten.
In der N.R.F. steht ein längerer Artikel von Renéville (ich schicke ihn Euch), in dem sehr viel von Dali und anderen die Rede ist.[2] Breton hat sehr ausführlich und gut darauf geantwortet. Wir hoffen, daß es gedruckt wird.[3]
Ich arbeite lustlos an mittelmäßigen Dingen, die aber unerläßlich sind.

In »Echanges« steht ein zwanzigseitiger Artikel mit einer positiven Stellungnahme über *»Capitale de la douleur«* und sehr heftigen Angriffen gegen *»L'amour la poésie«* und gegen den Surrealismus. Ich werde darauf antworten und um Abdruck bitten.[4]
Ich bin müde. Meine Mutter kneift noch immer; bevor sie mich in ein Sanatorium schickt, sagt sie, müsse sie erst das nötige Geld beschaffen.
Nun gut!
Bestelle Dali meine besten Grüße.
Und Du, Zweiflerin, bedenke, daß Dein Leben, Deine Gesundheit und Dein Glück die einzigen Gründe sind, die mich am Leben erhalten.
Ohne Dich auf dieser Erde, ohne all das, was uns stets verbunden hat, würde es für mich nichts mehr geben.
F. i. D.
Paul

Habt Ihr die Papiere über Aragon bekommen?

128.
⟨Paris, den 6. Februar 1932⟩
Montag

Meine schöne kleine Gala,
ich danke Dir für Deinen Brief und für die Zeitungsausschnitte. Von heute an werde ich Dir jeden Tag schreiben, denn Du bist alles, was mich mit dem Leben verbindet, aber leider aus so großer Ferne!
Ich habe jetzt etwas weniger Arbeit, aber auch kein Geld mehr. Alte Schulden sind wieder aufgetaucht, und schon bin ich wieder ohne einen Heller. Meine Mutter ist immer noch unschlüssig, sie sagt zwar, daß sie mich gern irgendwohin schicken würde, daß sie aber erst das Geld dafür finden müsse usw....
Nun gut!
Wir haben inzwischen 150 Antworten in der Sache Aragon, aber die berühmtesten Leute sind Giraudoux, Reverdy, Paul Fort, Jules Romains usw ... Picasso möchte mit seinem Anwalt sprechen, bevor er unterschreibt. Er fürchtet sich vor dem Aus-

schluß. Nicht schlecht, was? Wenn er nicht unterschreibt, werden wir ihn bloßstellen, aufs heftigste angreifen.[1]
Am vergangenen Freitag sind unsere 4 Freunde von der KP vorgeladen worden, und dort hat man sie aufgefordert, sich schriftlich zur Bekämpfung und Bloßstellung des Surrealismus zu bekennen. Das haben sie abgelehnt, und man hat ihnen gesagt, man würde sie ebenso kleinkriegen wie den Surrealismus. Es droht ihnen der Ausschluß, und ich nehme an, daß morgen oder spätestens am Freitag in der *»Humanité«* die schönsten Attacken stehen werden. Sie behaupten, der Surrealismus würde sie daran hindern, die Vereinigung der Schriftsteller und Künstler zu schaffen. Ist doch ein Ding, nicht wahr?[2]
Dali müßte mir *schnellstens* Fotos und Texte für eine neue Nummer der serbischen Zeitschrift[3] zusenden.
Char ist in Perpignan und hofft, daß er zu Euch fahren kann. Hier ist seine Adresse: Hôtel du Lion d'or, Perpignan, Pyrénées-Orientales. Schreibt ihm doch gleich. Er ist wirklich sehr nett, und seine Selbstlosigkeit steht seiner Zuneigung zu uns in nichts nach. Ich mag ihn sehr, weil er Dich ebenso mag, meine schöne Unglücklich-Gückliche. Ich befreunde mich nur mit Menschen, die Dich gern haben.
Ich habe jetzt eine sehr wichtige Bitte. Wenn Du mich wirklich über unsere Trennung hinwegtrösten und mir helfen willst, dann schreibe mir in ruhigerem Ton, indem Du Dir mehr Zeit nimmst, es zu tun – ab und zu –, so wie ich es heute und auch früher schon getan habe.
Ich habe in einem Film eine nackte arabische Tänzerin gesehen, die Dir ähnlich sah. Und plötzlich hatte ich solche Sehnsucht nach Dir. Ich mag, ich liebe über alles Deine Augen, Deinen Mund, Deine Brüste, Deinen Hintern, Deine Beine, Dein Geschlecht, ihre Farbe.
Deinen Geist. Ich bin derselbe wie damals, als ich Dich kennenlernte, nur mutloser und viel, viel trauriger.
Ich liebe Dich, meine Gala.
F. i. D.

Paul

129.
⟨Paris, um den 10. Februar 1932⟩

Samstag

Meine geliebte kleine Gala,
ich habe mich über die schönen Photos, die Du mir geschickt hast, riesig gefreut. Vielen Dank auch für die 200 frs in Deinem Brief, der heute früh angekommen ist.
Breton schreibt allein ein Manifest, um den Leuten zu antworten, die – von der Linken *(Huma)* bis zu Gide – behaupten, wir hätten Angst um Aragon. [1]
Das hier kann die Lage klären.
Daß Char zur Zeit hier ist, hilft mir sehr. Er ist ein Engel.
Ich werde Euch noch einen Artikel über *»Ris donc Paillasse«* schicken, den ein Clown geschrieben hat. [2] Sensationell. Ich liebe Dich noch immer, beflissen und gewissenhaft. Ich küsse Dich überall. F. i. D.

Paul

Sie ist nicht da. [3]

Die Frau mit der Schürze späht nach dem Regen auf den Scheiben
Ganz offen treiben alle Wolken ihr listiges Spiel
Ein kleines Mädchen federleicht
Spielt wie gebleichte Wäsche
Auf einem rissigen Sofa
Die Stille ist voller Reue.

Ich folgte den Mauern einer sehr langen Straße
Steine Pflaster Laub
Erde Schnee Sand
Schatten Sonne Wasser
Sichtbares Leben

Ohne doch zu vergessen daß sie da war
Einen großen Garten spazierenzuführen
Einen schimmernden Maulbeerbaum zu schnäbeln
Der Schnee ihres Lachens entkeimte den Schmutz
Sie hatte den Gang einer Jungfrau.

130.
⟨Paris, Ende Februar/Anfang März 1932⟩

Meine Schöne, meine Einzige,
ich werde Dienstag früh wahrscheinlich mit Nusch nach Grimaud fahren. Meine Mutter will uns mit dem Auto dorthin begleiten. Das schafft allerdings nicht die Geldsorgen und auch nicht die unbezahlten Schulden aus der Welt. Ich rechne ein bißchen mit Deiner Hilfe, falls Du Sachen verkaufen kannst. Verzeih mir.
Ich telegraphiere Dir meine Adresse, sobald ich angekommen bin.
Ich schicke Dir Bretons Büchlein. Ich glaube, der Bruch mit Aragon ist unvermeidlich.[1] Ich habe ihn seit zwei Wochen nicht mehr gesehen. Sadoul und Buñuel halten zu ihm, und es besteht die Gefahr, daß wir sie ebenfalls verlieren. Unik und Alexandre stehen dazwischen.[2] Wieviele von uns werden übrigbleiben? Es wird eine Ausgabe auf gewöhnlichem, festerem Papier und mit Deckeleinband in den Verkauf kommen. Aber ich finde dieses leichte, undurchsichtige und so biegsame Bibelpapier wirklich sehr schön.[3] Wir werden 400 davon verschicken.
Sobald Ihr meine Adresse habt, müßt Ihr mir schreiben, was Ihr von dieser Broschüre haltet.
Es ist Zeit aufzubrechen. Mir geht es denkbar schlecht. Ich denke ständig an Dich.
Ich liebe Dich.
F. i. D.
Paul

131.
⟨Paris, Ende Februar/Anfang März 1932⟩

Montag vormittag

Ich schreibe Dir rasch ein paar Zeilen, während ich hier im Bahnhof von Orsay auf Char warte.
Am Samstag abend habe ich mir mit Cécile die französische Fassung der *Dreigroschen-Oper* angesehen, und sie hat ihr gut gefallen. Mir übrigens auch.

Ich bin froh, daß Char zurückkommt. Vielleicht kann er mir ein bißchen helfen.
Habe heute früh Deinen gut geschriebenen Brief erhalten. Ich lese ihn immer wieder. Schreibe mir oft in dieser Art.
Ich werde Euch *»Locus Solus«* und *»Impression d'Afrique«* [1] schikken, Ihr habt sie sicher noch nicht. Ich werde sehen, daß ich für Euch *»Le Baladin du Monde occidental«* [2] auftreiben kann. Eure Lektüre kommt mir sehr seriös vor. Aragon geht langsam seinem Ende entgegen.
Wenn er ausgeschlossen wird, wird er alles fallen lassen – uns einbegriffen (hat er gesagt). Wenn nicht, wird er dasselbe tun. Nun, also! Das Ende wird schon kommen.
Tut so, als hätte ich Euch von alledem nichts erzählt. Aber der Surrealismus muß sich weiter normal entwickeln.
Grüße an Dali.
Ich liebe Dich über alles. F. i. D.
Paul

Keine neuen Gedichte.

132.
⟨Paris, Anfang März 1932⟩

Meine Mutter wird uns morgen früh fahren. Ich schicke Dir unsere Adresse gleich nach unserer Ankunft. Am Vorabend unserer Abreise fühle ich mich sehr niedergeschlagen, denn ich besitze keinen einzigen Heller mehr. Ich könnte mir nicht einmal ein Rezept verschreiben lassen. – Nichts. Ich habe noch zwei Francs. Es ist idiotisch und ärgerlich. Ich hoffe aber, daß ich mich in den zwei Wochen zumindest erholen werde. Breton ebenfalls.
Der Bruch mit Ar⟨ragon⟩, Buñ⟨uel⟩, Unik, Sadoul und Alexandre scheint nun perfekt zu sein. Sadoul hat als einziger den Mut gehabt, Breton seinen Bruch brieflich mitzuteilen. [1]
Char ist auch völlig auf den Hund gekommen, es ist grauenhaft. Da er nicht mehr im Hotel bleiben konnte, hat er meinem Drängen nachgegeben und übernachtet jetzt vorübergehend in

der Rue Becquerel. Er hätte sonst auf der Straße gelegen. Mein ganz Kleines, ich hoffe doch, daß es Dir nichts ausmacht. Während Deiner Abwesenheit stört er ja niemanden, und ich habe ihm eingetrichtert, wie er sich zu verhalten hat. Tu mir diesen großen Gefallen und akzeptiere das, ohne böse zu sein.
Ich bin traurig, traurig – sehr unglücklich. Ich habe zu große Sehnsucht nach Dir, zu groß ...
Nusch gegenüber bin ich ungerecht, denn sie ist sehr lieb. Ich kapsle mich in meiner Einsamkeit ab. Ich mache keine Liebe mehr, nie. Es würde für mich nur mit Dir schön sein. Aber sei unbesorgt. Ich habe trotzdem noch recht viel Mut.
Bis bald, in ein paar Tagen.
Ich küsse lange Dein Geschlecht.
F. i. D.
⟨ohne Unterschrift⟩

133.
Briefkopf: Hôtel Beausoleil, Grimaud (Var).

⟨15. März 1932⟩

Montag

Meine schöne kleine Gala,
die Hitze, die hier herrscht, läßt mich hoffen, daß es in Cadaqués nicht minder warm sein wird. Meine Mutter ist heute vormittag wieder abgereist. Ich habe mich schon gut erholt und huste fast nicht mehr. Ich habe mich gewogen (74 kg). Und Du? Du solltest richtig ausspannen.
Ich nehme an, man hat Euch über Aragons Verhalten berichtet. Er hat in der *»Humanité«* eine Stellungnahme veröffentlicht, in der er Bretons Broschüre in Bausch und Bogen verurteilt und sich gegen das Aufsehen und den Lärm wendet, den es in dieser Angelegenheit um seine Person gegeben hat. Und er fügt hinzu, daß jeder Kommunist sie ⟨Bretons Schrift⟩ als konterrevolutionär abzulehnen habe.[1] Endlich zeigt dieser Lump sein wahres Gesicht. Sadoul tut es ihm gleich. Ich weiß nicht, ob Buñuel ihnen folgen wird, aber es ist zu befürchten. Unik ist zwar gegen *Misère de la poésie,* hat uns aber erklärt, daß er sie niemals

verurteilen würde. Leider zwingt uns Aragons Benehmen zur Unversöhnlichkeit.
Unterwegs konnte ich die »*Humanité*« kaufen. Ich habe sofort an Crevel, Char und Péret ein Telegramm geschickt, damit sie ein Manifest aufsetzen, in dem wir uns mit Breton solidarisieren und die Unredlichkeit von Aragon anprangern. Sie arbeiten schon daran.[2] Und dieser Dreckskerl, was hat er uns doch vorgeheult und gedroht, er würde sich das Leben nehmen usw ... Dieser feine Pinkel, dieser Parteigänger der »Moskauer Mummelgreisin«[3], dieser Konterrevolutionär mit der Schirmmütze verdient keinerlei Mitleid. Dali soll an Crevel ein Telegramm schicken und unsere entschlossene Haltung betonen. Der Surrealismus wird verstärkt daraus hervorgehen. Es bleiben: Breton, Dali, Ernst, Crevel, Char, Tanguy, Tzara, Thirion, Péret und ich. Giacometti ist nicht ganz sicher.[4] Am meisten bedauere ich den Verlust von Unik, denn ich mochte seine Gedichte, seine Ehrlichkeit, seine Begeisterungsfähigkeit und seinen kritischen Verstand. Ich werde die Beziehung zu ihm aufrechterhalten. Dali sollte ihm schreiben (Rue des Petits-Hôtels 25, Paris 10) und ihn fragen, welche Stellung er bezieht. Er ist ein Bewunderer Dalis, und eine solche Geste würde ihn freuen.
Breton ist vermutlich am Freitag oder Samstag aus Paris abgereist. Du und Dali, Ihr könntet doch Péret eine Postkarte schikken (er schreibt nach wie vor so herrliche Gedichte). Seine Adresse: Benjamin Péret, Hôtel Livingstone, Rue Livingstone, Paris 13.
Ich berausche mich an der Ruhe hier. Aber diese Sonne, das Meer und dieses Hotel, in dem ich erst vor einem Jahr mit Dir gewohnt habe, bringen mir schmerzhaft in Erinnerung, daß ich nicht in Cadaqués sein kann. Solltest Du noch lange dort bleiben, werde ich irgend etwas für wenig Geld verkaufen und Dich für einige Zeit besuchen kommen. Oder Du kommst nach Paris zurück, was noch besser wäre.
Bis Ende des Monats muß ich 2000 frs Schulden zurückzahlen. Ich weiß nicht, wo ich das Geld hernehmen soll. Könntest Du nicht ein größeres Stück, zum Beispiel an Noailles, verkaufen? Denn es steht noch eine Ratenzahlung von 1300 frs aus und eine

Menge kleinerer Schulden habe ich außerdem. Das hier bezahlt mir meine Mutter (40 frs sind nicht zu teuer).
Bitte, schreibe mir einen langen Brief. Was macht Dali? Ich mache mich ganz langsam an die Arbeit. Ich bin entschieden aus der Übung gekommen.
Wie Du weißt, liebe ich Dich immer noch und nach wie vor so stark.

Paul

1 000 000 Grüße an S. D. Es hat ihm niemand verboten, mir zu schreiben.

134.
Briefkopf: Hôtel Beausoleil, Grimaud (Var).

⟨März 1932⟩

Meine über alles geliebte kleine Gala,
rasch ein paar Zeilen. Anbei findest Du ein Briefchen für Breton.[1] Ich habe Deinen langen Brief bekommen. Habe etwas Geduld mit Char. Ich habe ihm die Leviten gelesen, und er hat mir versprochen, daß er jetzt streng auf Ordnung achten wird. Er bedeutet mir wirklich sehr viel. Er ist ein guter Kamerad. Vor meiner Abreise hat er das bißchen Geld, das er besaß, mit mir geteilt. Und außerdem hat er Dich gern. Und ich mag ihn mit derselben Zuneigung, die er für Dich hat.
Morgen schreibe ich Dir etwas mehr. F. i. D.

Paul

135.
⟨Grimaud, um den 20. März 1932⟩

Meine geliebte kleine Gala,
ich bedauere sehr, daß Ihr Cadaqués in der Schönwetterzeit und zu einem Zeitpunkt verlassen wollt, wo das Leben wieder leichter wird.

Deine Briefe sind zur Zeit ein wahrer Genuß. Alles, was Du darin sagst, findet in mir einen großen Widerhall.
Das Wetter ist schön.
Schicke mir bitte zwei Tage vor Deiner Abreise ein Telegramm, damit ich Dir einen langen Brief nach Paris schreiben kann.
Ich liebe Dich für alle Zeit, Paul.

Wenn meine Mutter ihr Haus verkauft, werde ich ihr das unsere für 150000 anbieten.[1] Ich rechne fest damit. Wann sind die 1300 frs Hypothekenzinsen fällig?
In meinem nächsten Brief schicke ich Dir einen längeren surrealistischen Text, den ich sehr mag.
Ich merke plötzlich, daß Du vielleicht glauben könntest, ich möchte nicht, daß Du kommst. *Und dabei ist es genau umgekehrt.*
Ich mache mir nur Sorgen wegen der Ausgaben und befürchte, Du würdest unnötigerweise Deine Fahrt nach Paris vorverlegen. Ich selbst werde bis Monatsende hierbleiben, denn ich glaube, daß meine Mutter bis dahin zahlen wird. Zu Nusch war sie korrekt, aber sie redet sie mit Madame an; sie hält sie auf Distanz.
Mir geht es wieder besser. Ich hatte wiederholt Asthma- und Herzanfälle.
Philippon meinte, das wäre nicht gefährlich und ich würde dadurch keineswegs wieder Tb-krank werden. Ich nehme übrigens zu und wiege jetzt 74 kg. MEINE GALA – NACKT – SCHÖN.
Ich wollte Dali einen Brief schreiben. Sage ihm, daß ich es an einem der nächsten Tage tun werde. Ich würde ja gern dieses Vorwort schreiben, aber ich glaube nicht, daß ich es auch kann. Wenn nicht, dann könnte ich vielleicht ein recht langes Gedicht über ihn verfassen.[2] Also, wenn es schiefgeht, darf er mir deswegen nicht allzu böse sein. Ich bin immer weniger imstande zu schreiben. Ich schicke Dir zwei Gedichte, die in Grimaud entstanden sind.[3]
Ich hoffe, daß Ihr eine Weile Euer Vergnügen daran haben werdet.
Vor allem hoffe ich, daß Dali rechtzeitig an Crevel schreibt und mit Nachdruck darauf hinweist, wie schonungslos unser Trak-

tat gegen Aragon sein muß. Ich fürchte nur, daß die rhetorischen Rücksichten das ganze zu sehr abschwächen werden.[4]
Dein Junge.
Paul

136.
⟨*An Dali:*⟩ *Hôtel Beausoleil, Grimaud (Var).*

⟨März 1932⟩

Dienstag

Mein sehr lieber Dali,
Ihnen schreibe ich nicht öfter, weil das, was ich Ihnen mitteilen möchte, in meinen Briefen an Gala steht. Sie zeigt Ihnen all das, was darin für Sie von Interesse sein kann.
Auf das Ultimatum, das ich an Unik (den ich übrigens zu retten hoffe) wegen seiner Beziehungen zu Aragon gerichtet habe, hat dieser mir geantwortet, indem er Aragon völlig verurteilte: »Und Du, wie sind Deine Beziehungen zu Dali...«; und er zitierte einige Passagen aus Ihrem langen Brief an Buñuel, den ich übrigens gut finde. Ich habe ihm als Antwort einen langen, kategorischen Brief geschrieben und stelle darin fest: Sollte Buñuel sich von *»L'âge d'or«*[1] lossagen, werde ich hervorheben, daß er es war, der »Schlafende, Pferd und Löwe«[2] in meinen Augen so eigenwillig zerstört hat. Ich habe ihn auch gebeten, meinen Brief Buñuel zu zeigen, zumal dieser von Ihrer Haltung (!!) angeblich sehr »betroffen« ist. Alles, was ich über die »Vereinigung Revolutionärer Schriftsteller« weiß, bestärkt mich in der Ansicht, daß diese im allgemeinen Gelächter untergehen wird.
Unser Traktat müßte inzwischen erschienen sein. Ich hoffe, daß es im Ton scharf genug ist. Ich habe schon Gala gesagt, wie wenig ich mich imstande fühle, einen Einleitungstext für Ihre Ausstellung zu schreiben. Geben Sie mir jedenfalls zwei Wochen, um es zu versuchen.
Ich bedauere sehr, daß Sie Cadaqués gerade in der Zeit verlassen wollen, wo das Wetter schöner wird. Und Paris ist so teuer!
Ich rechne heute mit Valentines und Bretons Besuch.
Unsere fünfte Nummer muß eine Sensation werden[3]. Ich habe

einen kleinen surrealistischen Text geschrieben: *Beaux Arts,* der Ihnen gefallen dürfte; es ist eine Betrachtung über das Mosaik. [4] Mein Brief wird Sie hoffentlich noch in Cadaqués erreichen.
Ganz herzlich Ihr
Paul

Ich stelle eine Lyrik-Anthologie zusammen. Hätten Sie nicht ein oder zwei recht kurze Gedichte?
Ich kann jedem Autor allerhöchstens 80 bis 100 Verszeilen zur Verfügung stellen. [5]

137.
⟨Grimaud, um den 23. März 1932⟩

Montag

Meine Gala dorogaja,
ich habe in den vergangenen zwei Tagen viel gearbeitet. Ich habe ein Manifest gegen Aragon geschrieben, mit dem Titel: *»Certificat«,* das ich allein unterschreiben werde. Es wird morgen in Saint-Tropez von einem kleinen Betrieb gedruckt. [1] Ich hoffe, daß es Euch gefallen wird. Darin ist auch von Dali die Rede. [2] Das *»Paillasse«*-Manifest befriedigt mich überhaupt nicht. Es ist kraftlos und voller Fehler. [3] Dieses hier dagegen ist schärfer im Ton und von einer berechnenden Heftigkeit, von der sich Aragon kaum erholen wird. Es ist aus dem Gefühl heraus geschrieben, läßt die Politik außer acht, zeigt aber, wie ich glaube, sehr genau die Niedertracht und Tücke der Person. Es schließt mit einem Satz von Lautréamont: »Alles Wasser der Meere würde nicht genügen, um einen intellektuellen Blutflekken reinzuwaschen.« Ich habe wie Breton auf die Umfrage über die Wünsche geantwortet. [4] Wir haben den Fragebogen an Crevel weitergeschickt, damit auch er darauf antwortet, und ebenfalls an Char, Ernst und Tzara. Bretons Antwort ist großartig. Habe ich Dir schon gesagt, daß wir die von Dali sehr gut fanden. Die meine ist anders als die der beiden, aber ich denke, daß sie Dir gefallen wird. Ich schicke sie Dir in einem meiner nächsten Briefe. [5]
Ich setze meine ganze Hoffnung darauf, daß meine Mutter ihr

Haus verkaufen und das unsere kaufen wird. Ich werde an Delamour[6] schreiben, um zu erfahren, wann die Zahlung der Zinsen fällig ist. Wenn meine Mutter unser Haus übernehmen sollte, dann wäre es das beste, sie zahlt uns Raten, beispielsweise 3000 frs im Monat, damit wir das Geld nicht so schnell wieder ausgeben. Mit 1500 frs im Monat und mit Dalis Einnahmen könntest Du sicher eine Weile ganz gut leben. Ich auch. Du solltest in Geldangelegenheiten nicht so schnell verzweifeln. Ich glaube, daß wir beide immer eine Lösung finden werden. Arm sein, das ist doch nicht so schlimm, die Hauptsache, Du kannst annähernd so leben wie es Dir gefällt und bist jung, schön und gesund.
Und außerdem kannst Du fest an meine Liebe glauben. Du schreibst mir zauberhafte Briefe, in denen Du ganz meine Gala bist, mein kleines Mädchen für alle Zeit.
Ich küsse Dich leidenschaftlich überall. Ich werde Dich immer lieben. F. i. D.

Paul

ANTWORT[7]

1.2.3.4.5. Des Menschen größter Wunsch in der Gesellschaft, in der ich lebe, ist der Wunsch zu besitzen. Lasse ich einmal jene außer acht, die freiwillig in Armut leben, so bin ich solidarisch mit der Menschenklasse, die den individuellen Besitz abschaffen möchte, und ich meine, daß sie allein imstande ist, den höheren Wünschen, die ich hege, ihre volle Entfaltung zu ermöglichen. Der edelste aller Wünsche ist der, gegen alle Hindernisse zu kämpfen, die von der bürgerlichen Gesellschaft gegen die vitalen Bedürfnisse des Menschen errichtet worden sind, sowohl gegen die des Körpers wie auch gegen die seiner Phantasie, wobei diese beiden Bereiche stets eng miteinander verbunden sind und sich gegenseitig bedingen.
6. Die Leidenschaft stellt für mich eine solche Vielzahl von Wünschen dar, sowohl qualitative als auch quantitative, daß es mir oft recht schwer fällt, sie mit dem einfachen Begriff des Wunsches in Verbindung zu bringen. Der Wunsch, glücklich zu

sein, unglücklich zu sein, sich mit einem anderen Menschen voll zu identifizieren, seine eigene Persönlichkeit zu verlieren, zu überleben, zu sterben usw... all das, was sie umfaßt, hat zur Folge, daß ich sie zu sehr überbewerte und folglich keine klare Vorstellung von ihr haben kann.

7. Der Mensch wird es niemals schaffen, die Mauern gänzlich niederzureißen, die man in seiner Kindheit um ihn errichtet hat. Um sich frei entfalten zu können, müßte er als Kind von Kindern erzogen werden.

Paul

Hier also zu Eurer Unterhaltung die Kopie meiner Antworten auf die Umfrage von Ristitch. Ich denke, daß meine Bescheinigung heute abend fertig sein wird. Ich schicke sie Euch unverzüglich zu.

Ich arbeite zur Zeit am Vorwort für Eure Ausstellung. Es wird ein Gedicht, ein Vorwort-Gedicht.

Ich verbleibe, wie Ihr wißt, ganz der Eure.

Paul

138.

Postkarte: Grimaud, Parc de l'Hôtel Beausoleil: »Mexikanische Kandelaber«.

⟨Grimaud, März 1932⟩

Meine schöne, geliebte Gala, wie dankbar bin ich Dir für Deine guten, so liebevollen Briefe. Mach Dir wegen der materiellen Nöte keine Sorgen, es ist nichts Tragisches, es wird niemals etwas Tragisches geben. Ich bin sicher, daß sich alles wieder einrenken wird. Ich weiß nicht, ob Du mit Breton und Valentine herkommen wirst. Hier ist das Wetter jetzt genauso schlecht wie in Cadaqués. Die ganze Ebene unterhalb von Grimaud ist überschwemmt. Die Straße steht unter Wasser. Wenn es so weiterregnet, wird man mit dem Auto nicht mehr durchkommen. Du wirst sicherlich von hier aus nach Paris weiterreisen

wollen. Ich fände es besser, Du würdest nicht so bald wieder abreisen, sondern erst einmal das schöne Wetter nutzen, das sich ganz sicher einstellen wird, und Dich gründlich erholen. Du weißt doch, daß mein Wunsch, Dich zu sehen, nach einer Trennung immer sehr groß ist. Ich habe nur ein Photo hier bei mir, es ist das mit den beiden Pierrots von Clavadel.[1] Immer, wenn ich es anschaue, bin ich bis ins Innerste aufgewühlt und voller Rührung für unser gemeinsames Leben. Doch ich will Dein Glück, und Du bist glücklich und Du wirst es sein.
Ich liebe Dich für immer.
⟨ohne Unterschrift⟩

139.
Postkarte: Grimaud, Rue des Juifs-les-Arcades.

⟨Grimaud, Ende März 1932⟩

Donnerstag

Valentine und Breton haben mich beruhigt. Du hattest nämlich geschrieben: Wir fahren am zwanzigsten, ohne hinzuzufügen, in welchem Monat. Es wird wohl erst im nächsten Monat sein. Ich selbst weiß noch nicht, wann ich wieder in Paris sein werde. Ich habe noch Geld für 5 Tage, aber keins für die Rückfahrt. Ich glaube jedoch, meine Mutter möchte, daß ich noch eine Weile bleibe, und so wird sie mir das Geld schon schicken. Ich werde allerdings nicht länger als 8 bis 10 Tage hier bleiben. Sobald ich zurück bin, kümmere ich mich ernsthaft darum, Geld zu beschaffen. Wir werden einiges brauchen. Ich glaube, wir haben noch die Miete für den 15. April, Rue Becquerel, zu zahlen.
Verzeih mir, daß ich Dich mit solchen Fragen behellige. Aber habe auch Vertrauen. Glaube an meine Liebe, an meine wilde, verrückte Liebe und daran, daß ich Dich frei von Sorgen wünsche – ich liebe Dich, daran darfst Du niemals zweifeln.
F. i. D.
Paul

Wir sind bei den Noailles zum Essen eingeladen.

140.
⟨Grimaud, Ende März 1932⟩

Donnerstag

Mein kleines geliebtes Mädchen,
anbei findest Du das Vorwort-Gedicht für Dali und das Traktat gegen Aragon. Wenn das Gedicht Dali nicht gefällt, soll er es mir ruhig sagen.
Ich hätte sowieso gern Eure Meinung zu diesen beiden Sachen gelesen. Schreibt mir postwendend, denn ich werde wahrscheinlich am Dienstag schon verreisen. Wenn Ihr am Samstag schreibt, dann bekomme ich noch Euren Brief. Ansonsten telegraphiert bitte und schreibt mir nach Paris, so daß der Brief am Mittwoch oder Donnerstag dort ankommt. Ich beeile mich und mache die Sendungen fertig. Ihr werdet Traktate zu verschicken haben.
Ich küsse Dich leidenschaftlich überall.
F. i. D.
Paul

141.
⟨Grimaud, Ende März 1932⟩

Mittwoch

Meine über alles geliebte Gala, wir reisen morgen ab. Ich denke, daß wir am Abend schon in Paris sein werden. Wir reisen 3. Klasse, damit uns 300 frs für Paris bleiben. Aber wie auf den Karten versprochen, mache ich mich gleich daran, Geld aufzutreiben. Ich bin vor allem Deinetwegen beunruhigt.
Von Paris aus schicke ich Dir das Gedicht über Tanguy [1] und die drei anderen für Dich.
Anbei finden sich ein paar Bescheinigungen, die Ihr bitte nach Spanien schicken möchtet.
Dali soll sich wegen Buñuel, Unik, Alexandre, Sadoul und Giacometti keine Gedanken machen. Es kommt nicht in Frage, daß irgend jemand von uns mit denen in Verbindung bleibt. Das werden wir nicht dulden. Wir werden eine prächtige Nummer 5 machen. Mirós Brief ist nicht komisch. Er hat wohl Angst, daß wir sein »russisches« Ballett auspfeifen. [2]

Ich glaube, daß wir uns sehr freuen werden, Sie wiederzusehen, meine kleine Dorogaja; ich träume davon, Dich nackt zu sehen – und Deine Augen werden nackt sein und Dein Geschlecht wird offen sein.
Wir werden niemals wirklich auseinandergehen.
Ich liebe Dich über alles und für alle Zeit.
Paul

142.
Telegramm:
Poststempel: verwischt ⟨Ende März 1932⟩.
Von: Grimaud.
Nach: Cadaqués.

Fahren zurück nach Paris. Schreibt Rue Fontaine[1].
Herzlichst.
Paul

143.
⟨Paris, Anfang April 1932⟩

Meine kleine Einzige, seit meiner Rückkehr nach Paris hatte ich sehr viel zu tun. Außerdem bin ich ohne einen Sou zurückgekommen. Ich suche jeden Tag, von früh bis spät; ich habe Kopfschmerzen; draußen herrscht ein kaltes, ekelhaftes Schneewetter. Ich mußte dringend mit meinem Buch fertig werden und es dieser Tage meinem Verleger abliefern, der Tzara, Breton und mich um einen aktuellen Gedichtband gebeten hatte.[1] Obendrein habe ich einen Schnupfen.
Wegen all dieser Dinge habe ich Dir nicht geschrieben. Dieses Übermaß an Sorgen, Unannehmlichkeiten und Unwohlsein hatte zur Folge, daß ich mit einer guten Gewohnheit brach, die darin bestand, Dir fast jeden Tag einen Brief zu schreiben. Aber habe keine Angst, ich werde mich nicht ändern.
Gestern habe ich mit Char in der Rue Becquerel gearbeitet (die Wohnung ist überhaupt nicht schmutzig. Char macht jeden Tag

mit dem Staubsauger sauber und wischt auch Staub!) Ich mag die Rue Becquerel sehr. Ich spüre dort Deine Gegenwart. Und es ist ein schöner Ort, an dem man sich sehr wohl fühlt – ruhig, sauber, hell.
Ich habe Dalis Gedicht bekommen und ihm dazu in meinem Brief ein Wort geschrieben. Es ist sehr schön, aber ich glaube, daß ich für meine Anthologie Fragmente aus dem *Großen Masturbator* nehmen werde.[2] Ich warte, bis Dali hier sein wird, um mit ihm zusammen zu prüfen, inwieweit man es in Auszügen bringen kann.
Wegen der Mietzahlung werde ich mein Bestes tun, es wird aber sehr schwierig sein.
Endlich naht der Tag, da ich Ihnen, Verehrteste, in der Rue Becquerel meine Aufwartung machen werde. Sittsam, mit gesenktem Blick und schön gespreizten Beinen werden Sie sich rittlings auf mich setzen, während ich mich auf meinem Stuhl kaum rühren werde, und Sie werden mit Zartgefühl einem Schwanz Einlaß gewähren, der – für Sie – seine fünfzehn Zentimeter mißt und die Härte eines Adlerschnabels haben wird. Ich bin verrückt nach Deinem braunen Körper, bis in seine geheimsten Winkel. An Dir ist alles Liebreiz und Aufwallung.

Paul

144.
⟨Paris, um den 15. April 1932⟩

Vielleicht wirst Du schon fort sein, wenn dieser Brief in Cadaqués eintrifft. Um so besser, denn ich erwarte Dich ungeduldiger denn je.
Ich habe nur mit größter Mühe das Geld für die Miete aufbringen können, und ich hoffe, daß es uns gelingt, auch noch Deine zu bezahlen. Dann kommt alles wieder ins Lot – wie immer.
Ich habe dieser Tage viel gearbeitet, um mein Buch abzuschließen, denn es soll schon im Juni in den »*Cahiers libres*« mit einem dicken Band Gedichte von Breton und Tzara erscheinen. Die Ausgabe wird 12 frs kosten.

Ich habe auch zwei Gedichte geschrieben, die ich Dir vorlesen werde.
Auch dieses Buch wird ganz und gar von Dir erfüllt sein. Ich finde es besser als die anderen.
Bald werden wir wieder zusammensein, und da wir noch immer reichlich Lust aufeinander haben, werden wir sie auch voll auskosten.
Ich träume von Deinen Brüsten, von Deinen Augen, von Deinem wunderbaren Geschlecht.
F. i. D.
Paul

145.
⟨Paris, um den 10. Juli 1932⟩

Montag

Meine schöne kleine Gala,
seit vier Tagen bin ich wieder hier, aber erst heute hat mir Laporte[1] Deine beiden Postkarten gebracht, auf denen Du mir schreibst, daß Du Dich verletzt hast. Armes kleines Mädchen. Es tut mir furchtbar leid, daß Du Dir derart wehgetan hast. Nach diesem Sturz in Cadaqués war ich in größter Sorge, Du könntest Dich ernstlich verletzt haben! Mein armer kleiner Schatz. Wann werdet Ihr hier sein? Mein großes Poem ist fertig, und ich möchte es in 50 Exemplaren auf Japanpapier drucken lassen. Corti würde sie mir abkaufen.[2] Aber Dali müßte bereit sein, eine Zeichnung dafür zu machen, die auf den Strich genau klischiert werden könnte. Vor allem müßte man sie verkleinern können, das heißt, *die Striche dürfen nicht zu fein sein.*[3] Da im *letzten Abschnitt des Poems* von vielen Frauen die Rede ist (ich schicke es Dir[4]), fände ich es schön, wenn die Zeichnung mehrere nackte Frauen darstellen würde.
Ich habe Laporte getroffen. Er wird in den nächsten Tagen *Babaouo*[5] herausgeben und bräuchte sobald wie möglich die Photos für die Auslage. Ich habe das Kino-Adreßbuch vergessen. Aber dafür ist noch Zeit, wenn Ihr herkommt. Ich werde Karten mit folgendem Text drucken lassen: »Überreicht von Salvador Dali, in Paris nicht zugegen.« Ich werde mich dienst-

bar machen. Schicke bitte die Zeichnung per Einschreiben, in steifem Karton verpackt, an Grindel, Rue Fontaine 42, Paris. Die Zeichnung sollte nicht zu groß sein.
Habt Ihr die englische Zeitschrift bekommen? Wir werden daraus ein ins Französische übersetztes Buch machen.[6] Danach sollte es auch in Katalonien und in Deutschland erscheinen. Breton hat mit Valentine *endgültig* Schluß gemacht, und sie faßt sich in Geduld und hofft, daß sie eines Tages wieder freundschaftlich miteinander verkehren können. Das ganze wurde durch eine neue Liebschaft Bretons ausgelöst, die übrigens sehr bald in die Brüche ging. Aber das bleibt unbedingt unter uns. *Geheim!*
Ich nehme an, daß Cécile in den nächsten Tagen zurückkommen wird.
Corti möchte die Edition sehr bald machen!!! Er ist neidisch auf Laporte!!![7] Breton hat sich entschlossen, mit soviel Leuten wie möglich wieder zusammenzukommen. Er ist aber sehr geknickt. Schickt ihm doch ein paar Karten, aber ohne Valentine und diese ganze Geschichte zu erwähnen.
Ist das ein verworrener Brief! Es geht mir wieder besser, habe nur noch etwas Nierenschmerzen. Kommt bald wieder. Erinnere Dali an meine Zeichnung (mit recht kräftigen Strichen, mehrere Frauen und die Gradiva, die anderen nackt; das dürfte sich recht gut machen).
Ich streichle Deinen kleinen, so schönen und doch so lebendigen Kopf.
Schreibe mir.
F. i. D.
Paul

146.
⟨Paris, Juli 1932⟩

Meine arme kleine Galotschka, diese Sache mit der Verletzung und dem Serum ist wirklich sehr bedauerlich. Warum hast Du nicht verlangt, daß man Dich durch mehrere Injektionen betäubt. Das einzige Mittel ist Kalium- oder Natriumjodid, glaube

ich, aber ich werde mich erkundigen und schicke Dir dann ein Telegramm. Das ist das, was man mir gegeben hat, als ich von Luchon nach Montlignon kam. Und das hat auch geholfen. Ich begreife nicht, was Du über Valentine[1] im Zusammenhang mit der Zeitschrift sagen willst, usw.... Zwischen ihr und Breton ist es endgültig und restlos aus. Meine Position zwischen ihr und Breton ist recht heikel. Ich werde kündigen. Dieses eine Zimmer ist nicht zu ertragen.[2] Breton befindet sich in einer in jeder Hinsicht unangenehmen Situation: gefühlsmäßig wie auch materiell. Nusch ist auf Arbeitssuche. Vielleicht findet sie eine Anstellung als Mannequin. Da sowas recht gut bezahlt wird, befreit es sie wie auch mich von diesem peinlichen Gefühl der materiellen Abhängigkeit.
Richte Dali meinen Dank für seine Zeichnung aus, auf die ich sehr gespannt bin. Und sage ihm auch, daß ich ihn wirklich mag – sehr sogar.
⟨ohne Unterschrift⟩

147.
⟨Paris, Ende Juli 1932⟩

Meine geliebte Gala,
ich hätte Dir früher schreiben sollen, aber ich war doch zu sehr überrascht und enttäuscht von Dalis Zeichnung für mein Poem. Ich war zwar schon immer der Meinung, daß er nicht viel davon begreifen wird, aber das geht doch etwas sehr weit! Surrealisten, denen ich das Gedicht vorgelesen und die Zeichnung gezeigt habe, haben laut gelacht und protestiert. Wenn Dali beim Illustrieren seiner eigenen Gedichte laufend witzige Schwänze zeichnen würde, wäre ja nichts dagegen einzuwenden. Aber dem ist nicht so (siehe beispielsweise *L'Amour et la Mémoire*[1]). Zwischen meinem Gedicht und seiner Karikatur besteht keinerlei Zusammenhang: Reiher-Phallus-Kleiderhaken mit Strohhut. Da mag ich schon eher die Schlafende-Pferd-Löwe, die geopfert wurde.
Wenn ich für Dali ein Gedicht schreibe, bemühe ich mich,

seinen Gemälden gerecht zu werden. Die Namen der Frauen müßten bis auf Deinen durch andere ersetzt werden. Ich pfeife auf Matilde, Ellena, Dullita.[2]
Sage Dali, daß ich nicht böse bin, aber traurig. Ich weiß, daß er in Übereinstimmung mit seinen Grundsätzen daraus noch eine gewisse Befriedigung gewinnen oder zu gewinnen versuchen wird. Ich akzeptiere Dali so, wie er ist. Ich wünsche ihn mir kein bißchen anders, als er ist.
Sage ihm auch, daß ich mir erlaubt habe, eine unvollendete Zeichnung zu nehmen, die er mir einmal gegeben hatte und die ich sehr mag.
Ich hoffe, daß Du wieder völlig auf dem Posten bist. Dein letzter Brief ist mir sehr zu Herzen gegangen. Hier läuft absolut nichts mehr – weder die Gesundheit noch das Geld ... noch das Gemüt.
Ich neige immer mehr dazu zu glauben, daß es so nicht mehr lange weitergehen kann. Ich fühle mich durch alles verletzt und niedergedrückt.
Du sollst jedenfalls wissen, daß Du mir unendlich teuer bist.
F. i. D.
Paul

148.
Postkarte: Die Mona Lisa als Glücksbringerin (Collage).

⟨Paris, Ende Juli 1932⟩

Meine kleine, kostbare Gala,
ich schenke Dir 3 von meinen Postkarten-Alben. Ich habe sie schon in die Rue Gauguet[1] gebracht. Crevel wird Dir mit einer kleinen Schachtel eine Freude machen. Am Donnerstag fahre ich nach Castellane, von wo aus ich Dir am Samstag ein Telegramm mit meiner Anschrift schicken werde.
Ich werde Dir die Luxus-Ausgabe von *Babaouo* schicken.
Ich habe erneut meinen Paß für Spanien beantragt. Am Dienstag werde ich erfahren, ob ich im September fahren kann.

Die englische Ausgabe wird um den 17. August erscheinen.
Ich denke an Dich mehr denn je. Du bist die einzige Zuflucht in meinem ganzen Leben.
Ich küsse Dich überall.
Paul

149.
⟨Paris, erste Augusttage 1932⟩

Montag

Meine heißgeliebte kleine Gala,
ich habe mich über Deinen Brief sehr gefreut. Heute noch werde ich Postkarten in Deine Wohnung bringen, damit Du sie bei Deiner Rückkehr dort gleich findest.
Es war ein großer Fehler von Dali, an Laporte[1] kein Exemplar von *Babaouo* zu schicken.
Ich werde es tun.
Ich habe Savinio vor seiner Abreise ein Exemplar gegeben. Er ist noch immer ein grenzenloser Bewunderer von Dali. Er wird Artikel schreiben. Ansonsten soll es vor Ende September niemand anders bekommen.
Nichts Neues. Ich träume von Dir jede Nacht. Unser Leben geht weiter.
Ich liebe Dich.
Paul

Hier ist die Adresse von Cécile Grindel: The Orchard, Tring Avenue, Ealing Common, London W. 5, England.

150.
Postkarte: 1900.

⟨Paris, erste Augusttage 1932⟩

Mein schönes kleines Mädchen,
ich hoffe, daß es Dir gut geht, und daß Du Dich nicht langweilst. Wenn Du mir gleich nach Erhalt dieser Karte ein paar

Zeilen schreibst, habe ich sie noch vor Donnerstag, also vor meiner Abreise.[1]
Sobald ich an Ort und Stelle sein werde, schicke ich Dir meine Adresse.
Denke an mich, der an Dich denkt.
Paul

151.
Postkarte: 1900, von R. Kirchner illustriert.

⟨Paris, 4. August 1932⟩

Mittwoch

Meine heißgeliebte Gala,
ich fahre morgen früh. Im September werde ich Dich besuchen kommen. Hier meine Adresse
Eluard–Grindel
Hôtel du Levant
Castellane, Basses-Alpes
Ich liebe Dich und küsse Dich überall.
Ich schreibe Dir länger, wenn ich da bin.
⟨ohne Unterschrift⟩

152.
⟨Castellane, Anfang August 1932⟩

Dienstag

Mein schönes, geliebtes kleines Mädchen,
ich habe vergessen, Dir zu sagen, daß ich am Abend vor der Abreise in der Rue Gauguet gewesen bin. Die Diele war völlig ausgeräumt, und zwei Arbeiter waren mit Deckenarbeiten beschäftigt. Ich hoffe, Du warst darüber informiert. Mir schien aber, daß man beim Räumen mit den Sachen recht behutsam umgegangen ist.
Wenn ich im September nach Cadaqués fahre, in der Hoffnung, Dich dort anzutreffen, komme ich natürlich allein. Ich glaube, daß ich in Eurer Nähe besser und mehr arbeiten könnte als anderswo. Und ich hätte Dich – auf jeden Fall – überall.

Ich liebe Dich über alles, meine Gala, ich masturbiere mich und stelle mir vor, Du bist nackt oder machst Liebe.
Du Schöne, sei unbesorgt, ich liebe Dich wie eh und je. Du bist mein ganzes Leben. Ich liebe Dich. Schreibe mir oft, auch wenn es nur wenig ist, aber oft. Ich küsse Dich überall.
F. i. D.
Paul

153.
⟨Castellane, August 1932⟩

Meine Frau, meine sehr schöne,
ich habe Dein Kompliment hinsichtlich meiner Fähigkeit, die Leute einzuschätzen, nicht richtig verstanden. Leider! Jedenfalls langweile ich mich hier nicht weniger als anderswo. Ich bin nicht einmal mehr in der Lage, ein Buch zur Hand zu nehmen, um abends einzuschlafen. Da gibt es aber nichts zu bereuen. Von Geburt an trage ich in mir diese Traurigkeit. Meine Liebe zu Dir bringt keine Rettung, denn es gibt nichts zu retten, aber sie ist der einzige ruhige, sichere und nicht vergängliche Pol. Mein erster und mein letzter Gedanke gelten immer Dir. Daneben ist alles andere so seltsam, so vergeblich. Das andere ist Lüge, eine mehr oder weniger notwendige Lüge. Es hat für mich nur eine dialektische Bedeutung (Ha! ha! ha!), in Verbindung mit Deiner Existenz. Ohne Dich würde ich nur an den Tod glauben.
Ich hoffe *beharrlich,* daß ich Dich – wenn ich endlich meinen Paß zurückbekommen habe – im September besuchen kann.
Aber das Geld! Obwohl ich für meinen Aufenthalt hier nichts bezahlen mußte, waren die Ausgaben für die Reise recht hoch.
Versucht, für mich eine Unterkunft zu finden.
In Castellane ist es heiß, und ich bekomme schon Farbe.
Ich mache mir Sorgen wegen Deiner Sonnenstiche.
Schreibe mir oft. Beste Grüße an Dali und Crecre[1], die beide Engel sind. F. i. D.
Paul

Küsse von Nusch, Valentine und André.

154.
Briefumschlag: Grand Hôtel du Levant, Castellane (B.-A.).
Poststempel: Castellane, Basses-Alpes, 18. August 1932.
Empfänger: Madame Grindel, Port Lligat, Cadaqués, Spanien (Gerona).

Ich habe heute nacht ununterbrochen von Dir geträumt. Ich erinnerte mich plötzlich wieder an eine Wohnung, die ich für 200 frs im Jahr vermietete. Ich hatte absolut nichts mehr zum Leben. Es war die ehemalige Wohnung von Gonon [1], in der Rue de Lions. Ich dachte mir, daß Gonon sie doch wieder hergeben könnte. Ich hatte sie ihm unverbindlich zur Verfügung gestellt. Und wir waren da. Es sah alles sehr armselig aus, die Decke war niedrig, aber es war sehr sauber und recht gemütlich. Du saßest in einem großen Sessel in der Nähe des Kaminfeuers. Ich war ganz nahe bei Dir und schluchzte. Du warst zurückgekommen. Wir wollten wieder zusammenleben, immer. Der Traum unserer Jugend sollte sich wiederholen. Wir hatten viele Bücher, Gemälde, vor allem Graphiken. Und ich ging auch einkaufen, Getränke und Lebensmittel. In den Läden suchte ich nach den Sachen, die Du besonders magst: kleine Fische, Obst.
Dann schrieb ich an Nusch einen Brief. Sie war aber anwesend und fragte mich, an wen ich denn schreibe. Und ich antwortete: »An die kleine Gala.« Heute vormittag bin ich ganz versunken in unser Leben, tief versunken, und überzeugt, daß ich einen Fehler gemacht habe, daß ich nicht aufgepaßt und Dich deshalb verloren habe. Und ich sitze da und warte auf das Wunder, das uns wieder zusammenführen wird, denn wir waren zusammen, wir gehören zusammen, weil wir immer zusammensein werden.
Meine kleine Gala, Du sollst jedenfalls nicht am Leben verzweifeln. Ich würde alles tun, damit Du glücklich bist, denn meine Liebe zu Dir ist dieselbe geblieben. Ich werde mit Dir all das Gute teilen, das mir widerfahren wird. Du kannst sicher sein, daß ich keine Sekunde lang angenommen habe, daß wir voneinander getrennt sind.
Du bist immer noch meine Frau, in alle Ewigkeit.
Zu Deiner Information: In »Gringoire« steht ein Artikel von

Marcel Prévost, der in weiten Passagen von mir handelt und in dem er aus *»Nuits partagées«* zitiert und meint, begriffen zu haben, daß es darin um einen Mann und eine Frau geht, die sich noch immer lieben und nach einer Trennung wiederbegegnen, usw.[2]
⟨ohne Unterschrift⟩

155.
⟨Castellane, Ende August/Anfang September 1932⟩

Im Dorfe Galla sind Feste keine Seltenheit.[1]
Ich, wir werden ⟨in⟩ zwei bis drei Tagen von hier abreisen. Also schreibe mir nicht mehr hierher. In 4 bis 5 Tagen werden wir in der Nähe von Avignon sein. Dann fahre ich für einige Tage zu Laporte (in der Nähe von Toulouse). Und danach geht es nach Cadaqués!!! Ich werde zwischen dem 8. und dem 13. dort eintreffen.
Meine Gala! Ich werde Dir regelmäßig schreiben.
F. i. D.
Paul

156.
Eluard Grindel bei Monsieur Laporte.
Briefkopf: Château de la Chapelle – Lauzières, Saint-Paul-d'Espis (T. & G.).

⟨September 1932⟩

Dienstag

Meine schöne Gala,
seit meiner Ankunft hier habe ich sehr starke Kopfschmerzen (4 Tabletten Aspirin am Tag, aber es hilft nicht).
Ich hätte Dir vor zwei Tagen schon schreiben sollen, damit Du, bevor Du nach Barcelona fährst, von mir eine Nachricht hast.
Das Wetter ist wechselhaft, Regen, Sonnenschein, und ich leide nicht wenig darunter.

Also, ich bin überhaupt nicht in Form. Es ist nichts Schlimmes, aber eben recht unangenehm.
Die Laporte sind nette Leute. Ich weiß nur nicht, wie lange ich hierbleiben werde.
Ich schreibe Dir morgen oder übermorgen einen längeren Brief.
F. i. D.
Paul

157.
⟨Passy*, 23. Januar 1933⟩

Montag

Meine schöne, geliebte kleine Gala,
Endlich Sonne und Schnee – und wieder einmal im Sanatorium. Ich muß zwei Wochen lang das Zimmer hüten. Damit fängt man hier immer an. Ich weiß nicht, ob Crevel darüber froh sein wird.[1] Nun, ich bin zwar ein bißchen unter der Fuchtel meiner Mutter, aber ich ruhe mich wenigstens aus. Das Essen ist ausgezeichnet, und für mich und Nusch kostet es nur 100 frs.
Die Ankunft im Schnee hat mich an damals in Arosa erinnert, und ich war den ganzen Tag außergewöhnlich nervös.
Sobald ich zu etwas mehr Ruhe gekommen bin – in zwei Wochen etwa – schreibe ich Dir einen langen Kommentar zu *Comme 2 gouttes d'eau*.[2] Wie hat es Dir gefallen?
Sage Dali, er möchte meinen schönen leeren Rahmen nicht vergessen.
Die ausschließlich französischen Insassen dieses Sanatoriums sind grauenhaft. Es sind auch jüngere Leute darunter, wie Seminaristen und zwei Pfarrer, ein paar betuchte junge Mädchen, und deren Gespräche – ich höre sie – die kenne ich gut.

* ⟨Passy⟩: Der kranke Eluard reiste am Freitag, dem 20. Januar 1933 mit Nusch und seiner Mutter nach Passy; davon zeugt ein Brief, den Eluard am 20. Januar 1933 an seine Tochter schrieb: »... Wir fahren heute abend ... Ich war richtig krank und von dieser Grippe ganz mitgenommen, deshalb werde ich wohl zwei Monate dort bleiben, um mich zu erholen ...« *(Auswahl von Briefen an seine Tochter,* in »Europe«, 1953–1962, S. 122).

Glückliches Arosa aus Zuckerguß und mit den wunderbaren kranken Mädchen. Damit ist alles gesagt!!
Ich bin noch etwas schwach, huste aber nicht und werde also recht bald genesen. Ich habe auch ein brandneues Gedicht zu schreiben über das, was die Dichtkunst nicht entehrt.[3]
Schreibe mir etwas Nettes. Wenn Dali mal nichts zu tun hat, könnte er mir ja ganz kleine, sehr obszöne Zeichnungen schikken, damit ich mich von der Krankenschwester erholen kann und von zwei bis drei Patienten, die unermüdlich über den blauen Himmel der allgemeinen Scheiße – in Passy – fliegen. Ich liebe Dich, denke auch Du an mich, an uns.
Teile mir so früh wie möglich mit, wann Du abreisen wirst. Ich möchte Dich nämlich darum bitten, vor Deiner Abreise bei Corti etwas zu erledigen.
Ich liebe Dich für immer, immer,
Paul

Schicke mir Totas[4] Adresse – ich möchte ihr danken.

158.
Postkarte: Passy: Grand Hôtel du Mont Blanc.

⟨Passy, Ende Januar 1933⟩

Freitag

Meine schöne Dorogaja,
ich freue mich sehr über Deinen Brief. Ich wurde noch einmal untersucht und geröntgt – nur alte und vernarbte Stellen, viele, aber verheilt. Von heute an darf ich jeden Tag eine Stunde spazierengehen. Crevel wird in 2 bis 3 Tagen hier sein. Sage aber *niemandem, niemandem* etwas davon, es kann sich nämlich als recht schlimm erweisen. Sei so zu ihm, als hättest Du nichts von mir gehört: Er hat Bazillen, 4 pro Feld. Er ist verzweifelt. Denn mit dieser Operation wird es für ihn sehr kritisch. Also, nochmals, verhalte Dich so, als hätte ich Dir nichts gesagt. Vielleicht wird er Dir schreiben. Du bekommst Dein Gedicht mit seiner spanischen Entstehungsgeschichte.
Ich möchte Dich bitten, zu Corti zu gehen – falls Du bei ihm

Sachen kaufen willst, ohne zu bezahlen – und für mich folgende Zeitschriften zu besorgen: *»Nouvelle Equipe«*, *»Esprit«* Nr. 3 und *»Le Phare de Neuilly«* [1], die Du mir dann als Drucksache schicken kannst. Sag ihm aber nicht, daß sie für mich bestimmt sind, denn ich habe bei ihm schon Bücher bestellt und befürchte, es wird ihm zuviel, da ich nämlich nie bezahle.
Sage Dali meinen besten Dank für seine Geschenkabsichten. Das tröstet mich ein wenig über die Leute hier hinweg, die jeder Beschreibung spotten. Ich küsse Dich überall. F. i. D.
⟨ohne Unterschrift⟩

159.
⟨Passy, 29. Januar 1933⟩

Sonntag

Meine Dorogaja, Galotschka, mein Leben,
ich habe mich über Deinen letzten Brief sehr gefreut.* Wenn Du mir immer so schreibst, werde ich ein bißchen vergessen, daß ich Dich ein paar Monate lang nicht sehen werde. Was für ein kompliziertes und absurdes Leben! Was für ein ungutes Einvernehmen zwischen uns beiden. Heute nacht habe ich im Traum um die Hand einer Frau angehalten, die Dir ähnlich sah und die hier war. Wenn ich sage, daß sie Dir ähnlich sah, dann ist das unbestreitbar. Von weitem war die Ähnlichkeit phantastisch, aber sie hatte nicht den wunderbaren Ausdruck, den Du hast, und sie war älter, so daß sie aus der Nähe betrachtet oder wenn sie redete, wie Deine Karikatur aussah. Dennoch waren es Deine Lippen, Dein Haar, Deine Augen (aber ohne deren Glanz), Deine Nase (aber ohne deren so liebliche, drollige Spitze), derselbe Gesichtsschnitt (eine Spur breiter) und die Form Deines Körpers (doch nicht so zierlich). Wie Du siehst, in allem *Dein Zerrbild.* Aber ein recht erstaunliches Zerrbild und für mich ein sehr verwirrendes. Vor allem auch, weil sie mit zwei Männern zusammen ist; es sind ein kleiner, unbedeutender Alter und ein

* Klebe keine 1,50-frs-Marken auf Deine Briefe. Die Haute-Savoie liegt in Frankreich, kleines Mädchen.

junger Mann, der wie Beer aussieht (in Arosa), doch etwas schöner, markanter. In meinem Traum lehnte es Deine Doppelgängerin ab, mich zu heiraten. Wir standen in der Nähe eines Metroeingangs, und es war Abend. Ich sah ihn zum erstenmal. Dann ging ich in mein dunkles Zimmer, näherte mich meinem Bett, und mir schien, als lägen zwei Menschen darin. Ich hatte mich wohl im Zimmer geirrt, da wurde ich plötzlich angesprochen. Im Bett lag die falsche Gala, nackt und allein. Ich habe sie gestreichelt, sie war unsagbar sanft, weich, mollig warm, äußerst erregend. Ich ging zum Fenster, um die Vorhänge zuzuziehen; es war noch immer dunkel. Auf der anderen Seite der Straße erhob sich ein sehr modernes, großes, kahles Haus: 10 Stockwerke, 100 Fenster. An jedem Fenster saß eine Arbeiterin und nähte ein weißes Kleid auf einer Nähmaschine. Sie waren alle in Weiß gekleidet und machten exakt dieselben Handgriffe. Ich war ein weiteres Mal mit Deiner Doppelgängerin verabredet und sehr in sie verliebt, doch ohne irgendeinen Bezug zu Dir herzustellen, ohne ein einziges Mal an Dich zu denken. Es war ein Rendezvous in einem sehr vulgären Ballsaal. Mir kam der Gedanke, daß dies eine falsche Hochzeit war, eine Hochzeit ohne Braut, und daß ich die Frau, die sehr armselig am Nebentisch saß, zum Trinken verführen könnte. An meinem Tisch saßen politische Persönlichkeiten, unter anderem Léon Blum, Herriot etc....

Mit einem Mal bin ich als Edelmann der Renaissance gekleidet. Ich trage ein Kostüm und ein königsblaues Barrett, das mir weit über die Augen reicht. Es wird gekämpft. Edelleute lassen ihre Schwerter durch die Luft sausen (es sind keine Schwerter, sondern Krummsäbel, in dieser Form etwa: ). Als ich aus dem Zimmer gehen will, kommt einer von ihnen auf mich zugestürzt, doch ein Windstoß schlägt die Tür zu. In dem Maße, wie die Klinge seines Säbels in das Holz eindringt, sehe ich ihn sterben, als tötete ihn der Hieb, den er gegen die Tür führte.

Wieder ein Essen. Es ist eine Wiederholung einer Erzählung von Poe (Professor Teer und Dr. Feder), aber mit einer Mehrzahl geistig normaler Menschen, die davon überzeugt sind, daß der Verrückte vernünftig und der Gesunde völlig verrückt ist. Um sie davon zu überzeugen, daß sie sich irren, zumal der angeblich

Verrückte sich gerade übel benommen hat, fordere ich den sogenannten Doktor dazu auf, seinem Patienten den Kopf abzuschlagen. Plötzlich hat der Kranke die Gesichtszüge von Laporte. Der falsche Doktor ist hocherfreut, ergreift ein großes Messer, geht auf Laporte zu, aber da haben die Gäste ihren Irrtum begriffen und überwältigen ihn mit Servietten, die sie aneinandergeknotet haben. Und ich erwache.
Crevel wird am Mittwoch hier eintreffen. [1] Ich denke, daß meine Aufsicht für ihn zumindest während der gemeinsamen Zeit hier nicht von Nachteil sein dürfte. Er muß sich wirklich einige Zeit strikt an die Kur halten. Wir werden auch versuchen, ihn zu beruhigen, aber die Sache ist äußerst unangenehm. Hoffentlich, es hat ihn auf der ohnehin beschädigten Seite erwischt. Dann hat er gute Aussichten, wieder gesund zu werden.
Ich bin sehr froh über die Entscheidungen im Zusammenhang mit »*Maldoror*«. Aber braucht Dali nicht einen Vertrag? Denn 40 Platten werden viel Geld und viel Zeit kosten. Sollen es Radierungen werden oder Lithographien? [2]
Habe heute die ersten von Corti versprochenen 400 frs für »*Gouttes d'eau*« bekommen. Ich war auf das angenehmste überrascht. So, meine Schöne, meine große Gala für alle Zeit, ich denke an Dich. Sobald ich etwas zur Ruhe gekommen bin, werde ich hoffentlich wieder gut arbeiten können, vor allem für Dich.
Ich warte voller Ungeduld auf Dalis Zeichnungen. Danke für all die versprochenen Sachen: Zeichnungen, Gemälde, Buch. Ich fühle mich geehrt und bin sehr gerührt. Viele Grüße von Nusch. Ich küsse Dich überall. F. i. D.

Paul

160.
Briefkopf: Grand Hôtel du Mont-Blanc, Passy (Haute-Savoie).

8. Februar ⟨19⟩33

Meine geliebte kleine Gala,
in Gedanken bin ich alle Augenblicke bei Dir. Fast jede Nacht träume ich von Dir. Ich habe ein langes und recht komisches Gedicht geschrieben (70 Verse), in dem zwei oder drei Stellen meiner Meinung nach durch Dalis Malerei[1] angeregt wurden. Sage ihm das.
Ich freue mich vor allem darüber, daß Du im April hier sein wirst. Heute nacht konnte ich nicht schlafen, weil mich der Gedanke beschäftigte, daß die Wohnung in der Rue Gauguet vielleicht auf den Namen Dali eingetragen ist. Und wie ist es mit dem Haus in Cadaqués? Das will ich auf keinen Fall (erlaube mir, so zu reden. Ich habe ein Recht darauf, denn es geht um Dein Wohl – und ich wollte und will Dein Wohl über alles; Du weißt es). Denke daran, mein kleines Mädchen: Wenn Dali sterben würde,[2] besäßest Du gar nichts mehr. Sein Vater könnte Dir alles wegnehmen, all das, was sich bei seinem Sohn befindet – und strenggenommen würden dann *alle* DEINE Bilder (also auch die *meinen*) ihm gehören. Diesen Gedanken finde ich einfach unerträglich. Und wenn er erfahren würde, daß Du irgend etwas weggenommen hast, könnte er Dich sogar wegen Diebstahls belangen lassen. Das ist das Risiko, wenn man nicht verheiratet ist. Deshalb müßt Ihr heiraten[3], oder Dali berät sich mit Fourrier (Rue Laugier 78) und setzt mit ihm eine Bestätigung auf, aus der klar hervorgeht, was Dir und was mir gehört, bei ihm in Paris wie auch in Cadaqués. Es wäre sonst ungeheuerlich. Es heißt, daß der Vater den Sohn enterbt hat[4], aber der Sohn kann weder den Vater noch die Schwester enterben. Das ist eine sehr ernste Sache. Es wäre jedenfalls nicht gerecht, wenn die Hälfte aller unserer Bilder, die ja mir gehört, in den Besitz des Vaters von Dali gelangen würde. Das gleiche gilt für Deine Hälfte. In dieser Sache dürfen wir uns keine Nachlässigkeit erlauben. Der einfachste Weg wäre, Ihr heiratet und geht eine Gütergemeinschaft ein. Wenn nicht, dann müßte Dali in einem

Brief auf Stempelpapier anerkennen, daß die Hälfte des Besitzes, der sich bei ihm befindet – mit Ausnahme seiner Bilder – Dir gehört. Verzeih mir, daß ich mir solche Gedanken mache, aber es ist dringend notwendig, diese Dinge jetzt zu regeln. Denke daran, daß Du nicht einmal Deine Kleider mitnehmen dürftest. Es wäre sehr schön, wenn Du mir die Zeitschriften schicken könntest, um die ich Dich gebeten hatte, vor allem die *»Nouvelle Equipe«* und *»Esprit«* Nr. 3, wenn Du zu Corti gehst, um die Bücher abzuholen. Kaufe auch drei oder vier Exemplare von *Gouttes d'eau* auf grünem Papier, denn sie werden bald vergriffen sein, und ich habe keine mehr.
Noch einmal: heiratet. Und sei mir wegen dieser Ratschläge nicht böse. Du weißt, daß ich Dich liebe, und vor allen Dingen wünsche ich, daß mein ganz kleines Mädchen, meine kleine Russin aus Clavadel und von überallher und für alle Zeit nicht unglücklich ist. Und solange ich lebe, wird sie es auch nicht sein, Himmelherrgott!
Dalis Zeichnungen sind herrlich. Wenn Du davon auch winzigkleine hast, dann stecke sie in einen Briefumschlag. Tausend Dank. Ich werde mein Gedicht abschreiben, um es Dir zu schikken. Nenne mir das genaue Datum Deiner Abreise, damit ich Dir, wenn nötig, noch nach Cadaqués schreiben kann. Crevel geht es gut. Wir sind mit der Zeitschrift (5–6)[5] zufrieden. Wir arbeiten daran. Diese neuen Ausgaben müssen hyper-surrealistisch werden. Ich bin hier wieder ein bißchen zu Kräften gekommen, fühle aber sehr stark, daß ich nicht sobald in Paris sein werde – oder gar nicht. Bestelle Dali, daß ich für ihn viel Achtung, Bewunderung und Zuneigung empfinde.
Und Dich, meine kleine *Louloucke,* mein geliebtes kleines Kind, Dich küsse ich leidenschaftlich überall. F. i. D.
⟨ohne Unterschrift⟩

161.
⟨Passy, 10. Februar 1933⟩

Meine Galotschka Dorogaja,
habe Dein Briefchen wegen der Versicherung bekommen. Kümmere Dich nicht darum. Ich werde sie bezahlen und dann kündigen.
Vor zwei Tagen habe ich Dir einen langen und ernsten Brief geschrieben. Du solltest ihn beherzigen.
Ich träume jede Nacht von Dir.
Der *Titel* meines Gedichts (das ich Dir noch schicken werde) lautet wie folgt:
»Wenn das Licht aus ist und wenn ich zufällig weder das kleine grüne Pferd noch das rote Männchen, jene zwei vertrautesten unter meinen hypnotischen Kreaturen, herbeigerufen habe, dann bediene ich mich unweigerlich meiner anderen Figuren, um meine Erinnerungen und meine Sehnsüchte so weit wie möglich zu komplizieren, zu erleuchten oder zu verwirren.«[1]
Dieser etwas lange Titel macht das Gedicht aber viel interessanter.
Auf jeden Fall liebe ich Dich für alle Zeit.
Paul

Die Sache mit Kochno ist sehr gut, wenn es sich um eine ausschließlich surrealistische Aufführung handelt.[2] Sage mir Bescheid.
Ich hoffe, es geht Dir wieder besser. Wann wirst Du fahren? Datiere bitte Deine Briefe.

162.
Postkarte: Blumenmotiv aus zusammengeklebten Stoffteilen.

⟨Passy, Februar 1933⟩

Noch eine Karte für Deine Sammlung, meine Dorogaja.
Heute hat uns ein jüdischer, Tb-kranker Gentleman nach Chamonix mitgenommen.

Ich werde Cécile eine kuriose kleine Pralinenschachtel schicken und eine Postkarte wie diese hier.[1]
Ich bin mit meinem großen Gedicht einigermaßen zufrieden. Gestern habe ich zum erstenmal versucht, eine Camel zu rauchen. Ich war auf der Stelle krank davon: Schweißausbruch, Übelkeit, Herzflattern. Ich muß völlig vergiftet sein. Schreibe mir bitte. Und teile mir rechtzeitig mit, wann Du abreisen wirst. Wolken hier, kein Schnee.
Du bist meine kleine Gala. Mit Crevel rede ich ständig von Dir.
F. i. D.

Paul

163.
⟨Passy, um den 10. Februar 1933⟩

Hier ist also das Gedicht.
Mit derselben Post schicke ich Dir ein Buch, das mir beim Lesen viel Spaß gemacht hat, sowie eine Zeitschrift mit schönen Photos.
Ich werde Dir schreiben.
Ich will noch ein anderes skurriles Gedicht schreiben. Crecre hat keine Bazillen mehr und ist darüber sehr froh.
Bestelle Dali, daß ich ihn sehr mag. Schickt mir kleine Zeichnungen in Euren Briefen.
Ich liebe Dich voll und ganz.
Ich wünsche Dir vor ALLEM Ruhe und Glück.

Paul

Ist das Licht gelöscht und ich wähle, zufällig, nicht das kleine grüne Pferd und den kleinen roten Mann, die mir vertraut sind alle beide und brutaler denn meine hypnotischen Geschöpfe, greife ich unvermeidlich auf meine andere Bildwelt zurück, um so meine letzten Jugendillusionen und sentimentalen Erwartungen ins Undurchschaubare, Grelle, Wirre zu steigern und mit meinem Traum verschmelzen zu lassen.[1]

Was ließ sie zurück von ihr
Von einem Morgen in einem Feld

Von einem ihrer Morgen im Feld
Von einem ihrer Holunder-Morgen
Was bleibt

Das was ich will

Eine Panzerung
Die ich erwählt hatte in den Trümmern
Des am feinsten gemaserten Frühlichts
Eine Panzerung wie ein Wäldchen wie ein Stern
Wie der Glanz einer Perle
Der Atem des Lichts

Eine Panzerung unter einem Baum
Einem schönen Baum
Seine Zweige sind Bäche
Unter den Blättern
Trinken sie Sonne an deinem Quell
Während die Fische singen
Von den verdrießlichen Tagen
Durch diesen alltäglichen Baum
Bin ich Herr über meine vier Launen
Dann eine Frau mit roten Rosen am Hals
Rote Rosen die man öffnet wie Muscheln
Die man wie Eier bricht
Die man wie Alkohol brennt

Immer unter dem Baum
Wie ein Magnet unwiderstehlich
Verzweifelnd
Die Flamme gehetzt von dem Saft

Bald zerbrechlich bald voller Kraft
Meine Wohltäterin von Talent
Und ihr Taumel
Und ihre Liebe zu meinen Füßen
Und die Nachen ihrer Augen aus denen ich niemals
herausfallen kann
Meine Wohltäterin lächelnd

Strahlend und schön ist in der Panzerung
Mit Glas beschwert
Oder Eisen
Sie träumt
Von wem träumt sie
Von mir
Wer träumt in den Tüchern ihrer Augen
Ich.

Ihre Hände sind voller Leben
Wahre Jäterin-Hände
Degengewirkt
Gebrochen vom vielen Melden der Morgenstunde die von Arbeit so bitter ist
Hände um liebevoll einen Strauß roter Rosen ohne Dornen zu halten

Und dieser Büffelgalopp
Meine vier Launen
Diese Frau in der Sonne
Dieser schallende Wald
Diese aufgeheiterte Stirn
Diese Erscheinung in ihrem mit Trümmern bestickten Kleid
Mit tausend Trümmern auf Staubwogen
Mit tausend stummen Vögeln in der Nacht eines Baums

Schön wär's an andere Feste zu denken
Selbst die Paraden entblößt entstellt blutrünstig von Maskengrimassen strahlen trotz allem sträfliche Heiterkeit aus
Und welcher Passant bliebe nicht gegen alle Spielregeln stehn auf der Kreuzung mit höflichem Lächeln um mit einem Blitz seiner Hand den ungehobelten Leib des Frühlings zu grüßen.

Ein Wäschekorb wird im Nu ruhig und sanft
Sein Blütenzweig neigt sich über seine gebrochenen Knie
Kein Farbfleck hat Gewalt über ihn
Und durch den Schlitz einer Spitze
Verschwand er
Auf einem Fleischweg

Trinken
Eine große Schale schwarzen Schlafs
Bis auf den letzten Tropfen.

Paul Eluard
Passy (Haute-Savoie)
10. Februar 1933

164.
Umschlag: Grand Hôtel du Mont-Blanc, Passy (Haute-Savoie).
Poststempel: Passy, 21. Februar 1933.
Empfänger: Madame Grindel, bei Monsieur Salvador Dali, Cadaqués (Gerona), Spanien.

Dienstag vormittag

Mein kleiner Dorogoj,
ich sehne mich nach einer Nachricht von Dir. Ich habe Dir nach Cadaqués ein Buch und ein Gedicht geschickt. Das Buch kann ich Dir sehr empfehlen. Die Abenteuer und die Mentalität des Braven Schwejk werden Dir gut gefallen. Die Lektüre wird Dir Spaß machen. Der erste Band, den ich gelesen habe, ist ein Meisterwerk. Wenn diese Art von Literatur immer diesen hohen Wert hätte, wäre sie sehr erträglich. Der Autor war ein Hundedieb, der in jungen Jahren nach dem Kriege auf der Landstraße verhungert ist. Seine Bücher hat er während des Krieges geschrieben, was von einem sehr hohen Maß an Mut und Klugheit zeugt. [1]
Habe von Breton einen Brief bekommen, der uns etwas beunruhigt. Ich wäre froh, wenn Dali mir im einzelnen sagen könnte, wie er über die Situation denkt, in der wir uns gerade befinden. Ich habe mich dafür eingesetzt, daß Breton *nominell* die Leitung der Zeitschrift der A. E. A. R. [2] übernimmt. Ich glaube, daß wir damit alle unsere »politischen« Ambitionen befriedigen würden und außerdem unsere surrealistischen Aktivitäten enorm ankurbeln könnten. Mir ist gleichzeitig versichert worden, daß die Nummern 5 und 6 unserer Zeitschrift erscheinen werden. Durch den letzten Brief Bretons muß ich nun an dieser Publikation zweifeln. Breton schreibt, daß er keine Lust hat, sich mit

der Nervensäge Laporte zu treffen, daß er entmutigt ist usw.... Außerdem habe ihm Schira ⟨*sic*⟩ [3], den ich nicht kenne, die Leitung einer »luxuriösen« Zeitschrift angeboten, und zwar mit Bataille und Masson als Mitarbeiter. [4] Breton hat um Bedenkzeit gebeten. Ich meine, daß eine Mitarbeit mit diesen Halunken, mit unseren schlimmsten Feinden (es ist gerade erst wieder in *»La critique sociale«* ein heftiger Artikel Batailles gegen unsere letzten Bücher erschienen, wobei seine Angriffe vor allem Crevel und mir galten) für die Gruppe, die wir bilden, [5] tödlich wäre. Es wäre weit weniger gefährlich, mit *»Europe«* oder mit der N. R. F. zusammenzuarbeiten, denn eine solche Zusammenarbeit hätte einen rein werbemäßigen Charakter, mit den Vorteilen und Risiken, die damit verbunden sind. Ich war auch einigermaßen mißtrauisch hinsichtlich des surrealistischen Balletts des Weißrussen Kochno.
Wenn wir tatsächlich immer mehr Zugeständnisse machen müssen, dann sollten wir uns vor jeder Willkür hüten und absolut alle machen. Geben wir jedem von uns seine Freiheit zurück, das heißt seine Freiheit, sich zu irren (und dann ist Schluß mit den gemeinsamen Aktionen der Surrealisten). Wir haben alle keinen sehr ausgeprägten politischen Sinn. Gegenüber den Bourgeois werden wir noch weniger taktieren können als gegenüber den anderen. Dali ist zweifelsohne mit Breton zusammen einer der wichtigsten Pfeiler, auf denen unsere Solidarität beruht, und ich wünschte, daß er einmal sehr gründlich darüber nachdenkt, auf welche Weise wir die meisten Chancen haben, das zu *bleiben,* was wir sind, und das zu erhalten, was wir erreicht haben, und all das zu sichern, was wir noch vorhaben.
Verschiedene Anzeichen deuten darauf, daß unser Wirken und unsere Situation bei der A. E. A. R. nicht ewig so glänzend sein wird, wie sie heute ist, aber das ist nicht wichtig. Wir werden alles getan haben, was wir *tun mußten,* wir werden unsere Redlichkeit, unseren guten Willen bewiesen haben, und das entgegen allen Unterstellungen, die man ständig gegen uns vorbringt. Ich weiß, daß Dali diese Aufgabe, die *Notwendigkeit* anders sieht als ich. Doch sind die meisten unter uns von dieser Notwendigkeit überzeugt. Und weil sie für die meisten von uns noch nicht klar umrissen ist, ist es um so wichtiger, daß wir

niemanden im unklaren lassen, unzufrieden auf der Stelle tretend.
Es ist Briefträgerzeit. Schreibt mir. Ich mag Dali sehr und will hoffen, daß er weder daran zweifelt noch an meinem leidenschaftlichen Interesse für all das, was er tut. Ohne ihn, wie auch ohne Breton, würde der Surrealismus sterben.
Und sage ihm bitte, welche Mühe es mich kostet, einen solchen Brief zu schreiben.
Ich habe jeden Abend starke Kopfschmerzen. Auch Nierenschmerzen. Schreibe mir. Sage mir, wie Du darüber denkst, und auch, wie Du das Gedicht findest und den Schwejk.
Ich küsse Dich leidenschaftlich.
F. i. D.
Es gibt hier einen Radioapparat, und am Samstag hörte ich die Meldung, daß »Monsieur André Gide, der eine Reise in die U.d.S.S.R. antritt, dort vom französischen Schriftsteller Louis Aragon empfangen und begleitet wird«. *Wortwörtlich!!!*
Ein zauberhaftes Pärchen!
⟨ohne Unterschrift⟩

165.
⟨Passy, Ende Februar 1933⟩

Sonntag abend

Meine schöne kleine Gala,
endlich ein Brief. Ich war schon in Sorge, Du hättest mein Gedicht und das Buch nicht bekommen. Das zweite Gedicht (60 Verse) ist fertig,[1] aber leider fehlt eine Kleinigkeit am Ende. Sobald diese Kleinigkeit eingesetzt sein wird, schicke ich es Dir zu.
Dali braucht sich keine Sorgen zu machen, ich werde Euch nichts schicken, was schon anderen Leuten gehört hat.
Ich werde Euch Zeitschriften schicken, die ich von Tota[2] habe (die allein sie gelesen hat); sie ist vorgestern hier angekommen. Crevel ist froh. Nusch wird am Mittwoch abreisen, ich um den 10. März herum. Ich denke, wir werden bis zum 15. April in Montlignon wohnen, denn der Gedanke an einen Aufenthalt in der Rue Fontaine erschreckt mich. Schreibe mir weiterhin hier-

her, bis ich Dir sage, daß Du es seinlassen sollst. Ich hoffe, daß Dali auf meinen letzten Brief antworten wird.
Crevels Roman nimmt auf erstaunliche Weise Gestalt an.[3] Auf meinen Rat hin hat er die Arbeit daran wieder aufgenommen und das mit vorzüglichem Ergebnis. Dieses Buch, dessen erste Fassung mich nicht sonderlich begeisterte, das ich sogar ein bißchen simpel und nutzlos fand, ist jetzt wunderbar. Auf fast jeder Seite erkennt man die Gründe, die Crevel bewogen haben, es zu schreiben.
Meine kleine feine Dorogaja, wenn Du mir eine große Freude machen willst, wenn Du mich in meiner Not trösten willst, dann gewöhne Dir eine gute Sache an: Antworte mir jedesmal postwendend und indem Du Satz für Satz auf den Inhalt meiner Briefe eingehst. Du wirst sehen, daß es viel einfacher ist, als das bloße Improvisieren. Und es ergibt auf jeden Fall einen kurzen, aber echten Dialog.
Ich träume fast jede Nacht von Dir – und auch am Tage. Ich liebe Dich. Ich werde versuchen, Dir so viele Dinge wie möglich zu schicken. Ich küsse Deine Brüste, Deine Augen, Deinen Mund, die Hände, das Geschlecht.
F. i. D.
Paul

Wenn Dali irgendwelche klitzekleinen Zeichnungen herumliegen läßt, dann schicke sie mir in einem Deiner Briefe. Ich finde sie lustig und sammle sie.
Habe den Brief nochmal geöffnet. Ich bin damit fertig, hier ist es. Ich freue mich sehr, daß diese Gedichte Euch gefallen. Eure Meinung ist für mich von allergrößter Bedeutung. Alles, was Ihr denkt, berührt mich.

Die poetische Objektivität existiert nur in der Aufeinanderfolge und in der Verkettung aller subjektiven Elemente, deren der Dichter bis auf weiteres nicht Herr ist, sondern Sklave.[4]

Krieg der Führer und der Irrgänger
Wider die Angst
Wider die Räte

Fern von dem Zartgefühl der Ufer
Fliehen die Gesundheit der Meere
Hoffnung der ersten Schritte
Fliehen die unmenschlichen Farben
Der Stürme mit den schlaffen Gebärden
Den großen leeren Körpern
Das Labyrinth der Sterne
Die Milch–Wein–Fleisch–Ozeane
Die Pelz–Wogen Ruhe–Wogen
Den Sand in seinem Bett
Fliehen die Schiffe und ihr Geschäft.

Gebrochener Morgen in schlummernden Armen
Roter Widerschein der nicht zurückkehren wird
Mit spitzen Brüsten liebreichen Händen
Unter Peitschenhieben Selbstangebot
Umgewälzter Schaum
Verkürzt den Spruch der schon auf die Lippen steigt
Der zu Herzen geht
Der zurückstürzt mit urtümlichem Lachen
Einem Lachen das blind macht.

Zwischen den nackten Bäumen die verzweifelt rudern
Dem Frühling zu
In Erwartung einer Liebkosung ein Leib mit dem Blitz
Das Schnitterlächeln stolzer Häupter erhobener Blicke
Der Duft des Klangs
Die Explosionen der Zeit Früchte immer reif für die Erinnerung
Selbst wenn wir fern sind einer dem andern
Eint uns doch alles

Sprichst du im Namen des Echos
In dem des Spiegels
Dem des Zimmers dem der Stadt
Dem jedes Mannes jeder Frau
Dem der Einsamkeit
Immer sprichst du in deinem Namen

Und das ist auch meiner
Wir haben geteilt
Doch deinen Teil hast du mir vermacht
Und meinen vermach ich dir.

Und deine Regenhände auf gierigen Augen
Nährendes Blühen
Zeichneten Lichtungen in denen sich ein Paar küßte
Schönwetterlocken fauler Frühlinge
Eine Runde leuchtender Mütter
Aufgeschürzt und deutlich
Nadel-Spitzen der Sandbüschel
Gewitter die alle Nerven der Stille bloßlegen
Diamanten-Vögel zwischen den Zähnen des Bettes
Und einer großen unschuldigen Schrift ich liebe.

So viele Träume in der Luft
So viele Fenster in Knospen
So viele Frauen im Grünen
So viele kindliche Schätze
Und die Gerechtigkeit schwanger
Mit den zartesten Wundern
Den reinsten Gründen

Und dennoch
Machen die Glücklichen in dieser Welt einen Dreschflegellärm

Gelächter sich dran zu erhängen
Tränen den Tod anzurempeln
Die Augen der Mund wie Runzeln
Überall Tugendflecken
Überall Schatten im Mittag.

Paul

166.
An Dali:

⟨Passy, Ende Februar/Anfang März⟩

ein paar Zeilen nur, mein kleiner Daris[1], bevor ich Dir eine längere Antwort auf Deinen Brief schreibe. Doch damit werde ich noch warten, bis ich wieder in Paris bin, denn ich möchte über unsere Situation besser informiert sein. Du weißt, wie sehr ich für die Fortführung verstärkter surrealistischer Aktionen eintrete. Wir sollten aber darüber hinaus alle politischen Bestrebungen der Mehrheit unter uns berücksichtigen. Läßt man ihnen freien Lauf, werden sie außerdem dem surrealistischen Experiment zum Vorteil gereichen und die freie Entfaltung des experimentellen Surrealismus ermöglichen.
Ich bin einstweilen für eine solche Trennung der Aufgaben des Surrealismus.
Anbei findest Du etwas, das Dir bestimmt gefallen wird.
Ich schicke Dir ein paar Zeitschriften. Und auch den Schluß des zweiten Gedichts.
Sage Gala, sie möchte mir schreiben, und daß ich sie liebe.
Herzlichst,
Dein Paul

Zu setzen an den Schluß des zweiten Gedichts.

Zorn Honig der welkt[2]
Der Flammenbogen reckt sich empor
Schluß man eilt nicht mehr den Bildern von gestern zu
schändlicher Hilfe
Die Wald-Vollkommenheit die zarte Krippe der Sonne
Die auf der Zunge zergehenden Medaillen der Liebe
Die Gesichter die Wunsch-Brösel sind
Die Kinder von morgen der Schlaf an diesem Abend
Und die verspielten Schwüre und die lachhaften Worte
Alles trägt schwarze Wunden

Sogar die Frau die mir fehlt.
Paul

167.
Umschlag: Grand Hôtel du Mont-Blanc, Passy (Haute-Savoie).
Poststempel: Passy, Haute-Savoie, 6. März 1933.
Empfänger: Madame Grindel, Port Lligat, Cadaqués (Gerona), Spanien.
Ankunftsstempel: Cadaqués (Gerona), 9. März 1933.

Meine kleine Lerche, meine gute Mandel, mein Dorogoj, maja Krassiwa [1] Galotschka, danke für Deine Briefe. Alles, was Du da sagst, denke ich ebenfalls, morgens, wenn ich aufwache, abends, wenn ich einschlafe, und Minute für Minute klingt in mir Dein Name: Gala – was so viel heißt wie: ich liebe Gala. Seit zwanzig Jahren liebe ich Dich schon, wir sind wirklich unzertrennlich. Wenn Du eines Tages einsam und traurig sein solltest, dann mußt Du zu mir zurückkehren. Denn trotz der verzweifelten Wendung, die es in meinem Leben gegeben hat, möchte ich nicht, daß Du eines Tages verlassen dastehst. Ich gehöre für immer Dir. Wenn wir einmal altern sollten, dann nicht getrennt voneinander. Ich bin ein verdammter pessimistischer Dummkopf, aber ich lebe für Dich. Wenn ich eines Tages auf das Leben verzichten sollte, dann nur Deinetwegen oder vielmehr wegen meiner verzweifelten Liebe zu Dir, die mich töten würde. Meine einzige Größe, das ist Dein Glück, das ist Dein Leben, das sind die Pflanzen, die Du anbaust, Deine Augen, Deine Eleganz, »Deine« Liebschaften. Meine ewige Gala, wenn ich böse zu Dir war, dann immer nur, weil ich unzufrieden war, unzufrieden und unersättlich. Das Glück in der Liebe, welch ein Hohn!
Das, was Du über meine Gedichte sagst, erfüllt mich mit königlichem Stolz. Du weißt ja, daß es das einzige Lob ist, das für mich zählt. Für Dich werde ich mich gleich wieder an die Arbeit machen.
Ich weiß nicht, ob Du Schwejk mögen wirst. Für alle Fälle schicke ich Dir den ersten Band sowie einen Gangsterroman, der einem recht gut die Zeit vertreibt. Du hast sicher den Schluß des 2. Gedichts bekommen, der einen recht guten Abschluß bildet, wie ich finde.
Dein großer Brief hat mir wieder ungeahnten Mut gegeben. Du sollst nicht meinetwegen auf diese 500 frs verzichten müssen.

Ich werde um den 11. fahren. Wenn Du sie doch schicken kannst, dann als Verrechnungsscheck an Eugene Grindel nach Montlignon. Ich werde ohne einen Sou sein, aber ich gewöhne mich langsam daran, ohne auszukommen. Du sollst meinetwegen auf nichts verzichten. Mir wäre es lieber, ich könnte Dir helfen. Ich hoffe doch, daß ich eines Tages wieder genügend Geld haben werde, um es mit Dir zu teilen. Du sollst weiter darauf vertrauen.
Ich müßte ohnehin verreisen, denn meine Gesundheit ist alles andere als glänzend. Ich habe starke Nieren- und Kopfschmerzen, muß eine Diät einhalten und Wasser trinken. Ich müßte mich von einem Facharzt untersuchen lassen. Ich habe abgenommen. Die hiesigen Ärzte taugen gerade mal für die Lungen und lassen sich kaum dazu herab, anderes zu behandeln.
Nusch ist am vergangenen Mittwoch abgereist, und Tota[2] gestern. Crevel wird mit mir reisen. Es geht ihm besser, und er will zurück, um sein Buch drucken zu lassen. Er wird aber öfter nach Montlignon kommen. Du hast noch genug Zeit, um mir hierher einen kleinen Brief zu schreiben, sobald Du den meinen bekommen hast. Und später dann an folgende Adresse: Montlignon, Rue des Ecoles 22 (Seine-et-Oise).
Bestelle Dali, daß wir auf seine Umfrage bestimmt antworten werden. Erst morgen wird man mir die Nieren, den Magen und die Därme röntgen. Ich schreibe Dir, sobald ich das Ergebnis kenne.
Ich schicke Cécile öfter ein paar Kleinigkeiten. Im April wird sie ihre Ferien mit mir verbringen. Sie hat uns furchtbar gern und das aus tiefstem Herzen. Sie vereint uns in einer hohen, innigen Achtung.
Mein kleines Kind, sei brav und vergnügt. Solange ich Dich liebe – und ich werde Dich immer lieben –, hast Du nichts zu befürchten. Du bist mein ganzes Leben. Leidenschaftliche Küsse überall.

Paul

Tausend Grüße an den kleinen Daris.

168.
Briefkopf: Grand Hôtel du Mont-Blanc, Passy (Haute-Savoie).

8. März 1933

Heute nacht befand ich mich in einer Gruppe von Soldaten, die mit aufgepflanzten Bajonetten weibliche Gefangene in einer Art Festung bewachten. Da entdeckte ich Dich unter den Frauen. Du warst sehr ärmlich gekleidet und trugst unter Deiner Kleidung ein Paket. Ich gab Dir durch Zeichen zu verstehen, daß du Dein Bündel wegwerfen und heraustreten sollst, und mit meinem Gewehr unterm Arm versuchte ich dann, mit Dir zu fliehen. Das Tor der Festung war geschlossen. Wir mußten zurück. Da dachte ich an die große Tür, wo sich die Offiziere aufhielten. Ich begleitete Dich zurück zur Frauengruppe. Ich sagte zu einer Aufseherin, daß ich Dich zum Kommandanten bringen soll. Die Aufseherin gab mir eine Nachricht für ihn mit. Zitternd, aber unbeirrt, ging ich an den Wachhabenden und Offizieren vorbei. Als wir durch das Tor gekommen waren, fingst Du an zu rennen. Und ich blieb an diesem öden Ort allein zurück. Als ich Dich so laufen sah, war ich sehr gerührt und mußte weinen. Du aber warst gerettet.
Die Festung hatte sich in ein Gymnasium verwandelt, sah aber recht trostlos aus, wie ein Gefängnis. Einer meiner Gefährten, ein sehr kräftiger Mann, wollte gerade fortgehen. Ich flehte ihn auf Knien an, mich doch mitzunehmen. Fast wollte er einwilligen, da klopfte ihm ein sehr eleganter Priester auf den Arm und sagte: »Lassen Sie das doch.« Und der andere ging. Ich blieb allein zurück.
Ich spürte, daß ich diese Gefangenschaft nicht ertragen würde. Die Langeweile war zu groß. Noch bevor der Tag vorüber war, würde ich völlig verrückt geworden sein. Ich entdeckte einen Durchgang, in dem es nur einen kleinen Laden gab mit ein paar Artikeln – Souvenirs, die, so kläglich sie auch waren, mir wundervoll erschienen – und Bücher wie dieses: *»Die drei Haltungen der Nacktheit«*. Der Stich auf dem Einband zeigte einen Mann, über den sich zwei nackte Frauen beugten. Und eine Art »Grammatik«, die von Saint-Pol-Roux kartoniert worden war: *»Unterwegs in Rußland mit meinem visionären Apparat«*. Ich kaufte es

einer Frau ab für fünf Francs statt für 3,50 frs, wie darauf stand. Ich schlug das Buch auf. Ich dachte, daß ich Russisch lernen könnte, und meine Gefangenschaft dadurch erträglicher würde. Auf der aufgeschlagenen Seite konnte man lesen: Das russische Wort für Gott wurde vom bretonischen Wort für Ochse hergeleitet. Ich begriff das nicht. Und die Langeweile kehrte wieder, verzehrender als zuvor, gleich einem gewaltigen körperlichen Schmerz, einer Verbrennung. Ich schnitt Grimassen vor Spiegeln, ich weinte, schäumte. Völlig erschrocken dachte ich: In wenigen Augenblicken werde ich dem Wahnsinn verfallen sein. Ich fing an zu springen, zu tanzen, und dann beruhigte ich mich ein wenig, indem ich mich auf allen vieren sehr langsam vorwärts bewegte und dabei den Körper hin und her wiegte...
Ich bin recht guter Dinge aufgewacht. Hatte keinerlei böse Erinnerung an diesen düsteren Traum. Gestern abend war ich sehr pessimistisch gestimmt. Ich liege seit gestern im Bett, denn ich bin erkältet. Mit diesem Husten möchte ich lieber nicht nach Paris zurückfahren. Den Husten habe ich mit den Sirupen gelindert, die mir Grellety-Bosviel gegeben hat. Du kannst sicher sein, daß ich auch zurückfahre, um mich von Fachärzten für Magen- und Nierenleiden untersuchen zu lassen. Die hiesigen Ärzte haben gesagt, daß der Zustand meiner Lunge bestens ist. Ich versichere Dir, daß ich mich viel in Montlignon aufhalten werde. Bald schicke ich Dir ein Gedicht.
Ich liebe Dich sehr. Du bist meine Gala für alle Zeit.
⟨ohne Unterschrift⟩

169.
Umschlag:
Poststempel: Passy, Haute-Savoie, 12. März 1933.
Empfänger: Madame Grindel, Port Lligat, Cadaqués (Gerona), Spanien.
Ankunftsstempel: Cadaqués, 15. März 1933.

Sonntag vormittag

Maja dorogaja Gala, ich werde, wir werden erst am Mittwoch von hier abreisen, denn ich habe eine Grippe bekommen. Ich habe zwei Tage im Bett verbracht und bin noch ein bißchen schwach. Vor allem morgens mein Kopf. Bestelle Dali, daß wir auf seine Umfrage antworten werden. Sage ihm auch, daß ich die zwei Verse, die ihm nicht gefielen, ersetzt habe:

»Zwischen den nackten Bäumen, die verzweifelt rudern.
Dem Frühling entgegen«

durch:
»Entlang der mit verfallenen Orchestern möblierten Mauern
Die ihre bleiernen Ohren dem Tag entgegenrecken,
Lauernd (...)«

Das paßt besser zum darauffolgenden Text: Der Klang, usw.... Ändere die Stelle im Manuskript.[1] Dalis Bemerkung war absolut zutreffend. Ich danke ihm zutiefst dafür, daß er mir sagt, was ihm gefällt und was ihm nicht gefällt. Man hat mir leider nicht allzu oft die Ehre erwiesen, mit so viel Aufmerksamkeit und Offenheit das, was ich schreibe, zu prüfen. Seine Kritik ist für mich die autorisierteste von allen. Ich werde ihm schreiben, was meine beiden poetischen Gegenstände sind.[2] Aber zuvor soll er wissen, daß er gegenwärtig für mich die lebendigste Poesie darstellt. Und ich kenne mich darin besser aus als die meisten.
Ich sage das *trotz* und *wegen* der Vorbehalte, die ich im Hinblick auf seine Poesie empfinde, wie auch in bezug auf die Liebe, das Leben. Der Gedanke an all das, was Dali tut, ist für mich ein Antrieb.
Am Donnerstag werde ich in Montlignon sein. Schreibe mir dorthin. Ich träume von Dir jede Nacht. In der vergangenen Nacht habe ich mich abgemüht, Dir ein sehr dunkel formuliertes Manifest von mir und Tanguy zu erläutern.[3]
Ich liebe Dich, ich küsse Dich unbändig überall. Du bist meine kleine Gala für alle Zeit.

Paul

170.
⟨Montlignon, 21. März 1933⟩

Dienstag

Meine geliebte Galotschka, tausend Dank für den Scheck, der mir größte Dienste leistet. Ich bleibe in Montlignon. Ich glaube, wir haben eine kleine 2-Zimmer-Wohnung gefunden, mit Badezimmer, Küche im 5. Stock (Fahrstuhl), mit voller Sonnenseite und einem kleinen Balkon, auf den man einen Liegestuhl stellen kann, und zwar in der Rue Legendre, unweit vom Place Clichy. Jedenfalls werde ich nicht vor dem 15. dort einziehen.[1] Da ich ständig abnehme, war ich bei einem Arzt. Er hat gesagt, ich hätte Diabetes (Zucker). Ich werde das Blut untersuchen lassen. Vielleicht ist es das, was mich so müde macht.
Wie Ihr auf der Rückseite sehen könnt, werde ich heute abend in wenig guter Gesellschaft auftreten.[2] Ich war eigentlich nicht dafür, und niemand ist so recht davon begeistert. Aber das, was da in Deutschland passiert, ist von allergrößtem Ernst! Dr. Apfel wurde gefoltert und hat sich das Leben genommen. Es wurden umgebracht: Brecht, Erwin Kisch, Ludwig Renn usw.... und all die anderen wurden pausenlos geschlagen und gefoltert.[3]
Und außerdem steht es sehr schlecht um die »A. E. A. R.«. Wir haben für die beiden Nummern von *»Surréalisme a. s. d. l. r.«*[4] einen Plan gemacht: 50 Autoren. Das ist gut. Dali soll jetzt schon überlegen, was er uns schicken wird. Wir werden zahlreiche Erfahrungsberichte abdrucken.[5] Dali kann 2 Seiten Illustration bekommen.[6] Mitten im Text werden wir Chiricos Gemälde, Erfahrungsmotiv, abbilden.[7]
Wir wollen auch eine schwedische Nummer vorbereiten.[8] Heute nachmittag werden wir, Breton, Crevel und ich, uns mit Schira ⟨*sic*⟩ treffen, der Bataille fallenläßt. Morgen arbeiten wir an den Vorbereitungen für die Surrealismus-Ausstellung (Katalog)[9] undsoweiter, undsofort... Wie Du siehst, hier wird nicht gefaulenzt. Und die vielen Briefe!!!!
Glaube aber nicht, daß ich Dich dabei nur eine Minute lang vergesse. Ich liebe Dich. Anbei findest Du das letzte Gedicht[10]. Vielleicht wird es Dir nicht ganz fertig vorkommen. Sag es mir. Ich werde ihm einen langen surrealistischen Text anfügen.
⟨ohne Unterschrift⟩

171.
⟨Montlignon, 23. März 1933⟩

Donnerstag

Geliebtes Kind,
ich war heute früh bei der Blutabnahme, um einen Zuckertest machen zu lassen. Der Arzt – ein guter Arzt – glaubt, ich habe Diabetes. Fast würde es mich freuen, wenn ich welche hätte, denn dann könnten die Ursachen für meine zermürbende Müdigkeit und für das häufige Unwohlsein beseitigt werden.
(Meine Schrift ist unmöglich.)
Ich warte auf Breton, um mit ihm zu Picasso zu gehen. Die Zeitschrift von Skira wäre nicht übel, wenn es Bataille nicht gäbe, der kürzlich über uns, und vor allem über Crevel, infame Artikel geschrieben hat. Würde er allerdings die Initiative zu einer öffentlichen Annäherung ergreifen, könnte man sich verständigen. Ich wünschte es.
Gestern abend habe ich neben Gide eine von mir und Crevel aufgesetzte Erklärung verlesen; ich habe erklärt, daß ich nicht als Mitglied der »A. E. A. R.« spreche, sondern im Namen aller Surrealisten auf der ganzen Welt. Es war eine sehr heftige Erklärung, in der ich an unser Wirken seit 1925 erinnert habe. Sie ist von den Anwesenden im Saal (2000 Personen) laut begrüßt worden, aber nicht vom Präsidium, wo mit einem Mal eine beeindruckend frostige Stille herrschte.[1] Malraux, der nach mir sprach, hat uns angegriffen. Aber ohne nennenswerten Erfolg. Nach ihm hat ein Deutscher (ein Freund von Aragon und Thirion) namens Kurella[2] erklärt, daß die Surrealisten, *unter denen er zahlreiche Freunde habe* (was großen Eindruck gemacht hat, da er nicht von den anderen Rednern sprach), sich irrten und daß die Einheitsfront der Intellektuellen wünschenswert, möglich sei usw....
Wie auch immer, ich glaube, daß wir uns nicht so bald wieder bei denen von der »A. E. A. R.« sehen lassen werden.[3] Das eine Mal hat vollkommen gereicht!!
Das Wetter ist herrlich. Montlignon ödet mich. Mich überkommt häufig eine starke Lust nach Unabhängigkeit. Dieser Tage war ich wiederholt drauf und dran davonzufliegen. Aber es wäre ein kläglicher Flug gewesen, denn meine Kräfte sind

sehr schwach. Ich bin sogar zweimal entflohen, wurde aber prompt wieder eingefangen. Meine Gala, mein ganzes Leben bin ich schwach gewesen, schwach. Ohne Dich vegetiere ich dahin, und ohne die Liebe, die ich für Dich hege, würde ich sterben. Meine kleine Gala, Gala, Gala ...

Noch etwas: Ich habe eine Wohnung gefunden, in der Rue Legendre, unweit von der Station Rome, in der Nähe vom Place Clichy. Zwei Zimmer, Küche, Bad und Balkon, auf dem man essen kann, 5. Stock (Fahrstuhl), Sonnenseite und Blick auf den Hof. Ich werde um den 15. des nächsten Monats einziehen. Schreibe mir weiterhin nach Montlignon.

Kraft und nochmals Kraft – und alles wird sich ändern! Ich habe in 6 Monaten 10 Kilo abgenommen – und nichts an der Lunge.

Da kommt Breton.

Sage dem kleinen Daris, daß ich ihn mag. Ich habe seine Umfrage vervielfältigt und verteilt. Ich werde darauf antworten. Lies ihm alle Abschnitte meines Briefes vor, die ihn interessieren könnten.

Crevels Buch ist in Druck gegangen.

Ich liebe Dich für alle Zeit heiß und innig.

Paul

172.

⟨Montlignon, um den 10. April 1933⟩

Meine heißgeliebte Kleine, Deine Briefe geben mir wieder Mut. Du bist ein Engel.

Ich werde für den guten Geschmack belohnt, den ich bewiesen habe, indem ich nie aufgehört habe, Dich zu lieben. Wenn Du wieder herkommst, werde ich oft bei Dir sein. Ich werde Tage und Tage bei Dir verbringen. Ich werde Gedichte schreiben. Ich werde mit Dir ins Kino gehen usw.

Du bist für mich die Luft zum Atmen, ein blühender Kirschzweig. Ich liebe Dich. Deine Gegenwart ist wohltuender für mich als alles andere auf der Welt.

Ich habe für den Umzug viel getan, bin aber noch nicht fertig.

Ich bin dabei, die *experimentellen Untersuchungen über die irrationa-*

le Erkenntnis für die Zeitschrift (2 Nummern) ins reine zu bringen, und werde auch einen Artikel darüber schreiben. Eine Mordsarbeit. Alle unsere Texte müssen bis zum 15. fertig sein. Heine wird uns eine tolle Sache liefern.[1] Mit Schira ⟨*sic*⟩ scheint nichts zu gehen. Wir waren guten Willens (haben mit Bataille gesprochen usw...), aber ihm liegt allein an der Mitarbeit von Breton, das heißt, an seinem Artikel über Picasso.[2]

Und ich bin der einzige, der sich um die materiellen Belange der Zeitschrift kümmert. Denn Laporte...!!![3]

Wie sehr haben mir doch Deine 500 frs geholfen! Bis heute.

Mit der »A. E. A. R.« ist jetzt so gut wie Schluß. Wir kümmern uns nicht mehr darum. Ich war bei Deinem Vermieter, um die 2 Bücherregale zu holen. Er macht sich bereits Sorgen wegen der nicht bezahlten Miete. Ich durfte sie aber mitnehmen. Er meinte, Du hättest gesagt, es würde jemand anders für Dich zahlen. Wer? Ich habe Laporte gefragt, der aber von nichts wußte.

Ich gehe jede Woche einmal zu Grellety-Bosviel. Sehr nett. Die neurovegetative Dystonie, die das Luftschlucken verursacht (eine Erkrankung des Sympathicus), wird mit Hilfe von Beruhigungsmitteln behandelt: Sedobrol, Bromid, Baldrian. Er sucht noch, wechselt die Medikamente: Pancrinol, Extrakte aus verschiedenen Drüsen usw.... Ich fühle mich immer müder. Vielleicht habe ich eine lethargische Enzephalitis. Mein Zittern wird immer schlimmer. Er hofft aber, die Ursache noch zu finden. Nun, es ist nicht weiter schlimm.

Cécile ist für eine Woche verreist. Sie ist sehr hübsch und hat uns lieb. Sie hat viel von Deinem Charakter, ist aber nicht so nervös wie Du.

Sonntag vormittag – Crevel und Tota werden bei uns mittagessen. Schreibt doch ein paar Zeilen an Crevel.

In seinem Vorwort zu Arnim – das sehr lang und für den Surrealismus von kapitaler Bedeutung ist – führt Breton Namen wie Rimbaud, Lautréamont, Cros, Nouveau, Jarry, Apollinaire und *Dali* an.[4] Ich bin darüber sehr froh.

Die beiden nächsten Nummern unserer Zeitschrift müssen unbedingt erscheinen. Wenn nötig, werde ich Noailles um Geld bitten. Denn Laporte...!!

Entschuldige mich bei Dali. Ich habe zu viel zu tun. Diese Umfrage und mein Artikel werden 10 Seiten der Zeitschrift beanspruchen. Du bist auch dabei.[5]
Sage ihm, daß ich ihn sehr mag.
Im letzten Augenblick erfahre ich, daß Terry[6] André einen Scheck geschickt hat.
Ich küsse Dich genüßlich überall. Ich liebe Dich für alle Zeit.
Paul

173.
Paris ⟨April 1933⟩

Mein lieber kleiner Darys,
Das mit dem *»Minotaure«* geht klar. Wir haben uns mehrmals mit Bataille getroffen, und er wird in der 1. Nummer publizieren und sich dabei recht positiv über den Surrealismus äußern. In der ersten Nummer wird es Artikel von Breton, Tzara und Euch geben. Ihr müßt Euren Artikel auf jeden Fall schicken: Vielleicht wäre ein Vorwort zum Angelus ganz angebracht.[1] Und auch eine oder zwei Illustrationen zu diesem Vorwort.
Für Skira ist es wichtig, daß Ihr Text in *keiner Weise* porNOgraPHIsch ⟨*sic*⟩ ist. Sehen Sie zu, wie Sie klarkommen. Es ist dringend. Und schicken Sie ihn an Breton.
Nur möchten wir deswegen nicht auf die besten Sachen verzichten müssen, die Sie für die Zeitschrift *»Le Surréalisme A.S.D.L.R.«* bereithalten. Wir werden zwei Nummern herausgeben. Wahrscheinlich werden wir den Bildteil kürzen (insgesamt 8 Seiten statt 12). Wir können Ihnen nur eine Seite zur Verfügung stellen. Aber – es ist *streng geheim,* sagen Sie niemandem etwas davon, nicht einmal Laporte; es werden 90 Seiten Text. Von Ihnen bräuchten wir einen etwa 4- oder höchstens 5-seitigen Text über *»L'Angelus«,* wenn es Ihnen recht ist, und Notizen für die Spalten.[2] Wir haben 50 Autoren. Und von Sade und von Lenin[3] unveröffentlichte Kostbarkeiten. Nichts Politisches.
Ich habe eine Mordsarbeit am Hals. Ich mache die Reinschrift

für die Spiele und schreibe einen Artikel. Und ich ziehe um. Sagen Sie der kleinen Gala, daß ich sie sehr liebe.
Die Nummern sollen am 15. Mai erscheinen. Die Revue von Skira am 5. Mai.
Herzlichst.
Paul

174.
⟨Montlignon, April 1933⟩

Dienstag

Meine schöne Gala, meine Dorogaja, ich werde heute wieder Grellety aufsuchen. Die Medikamente, die er mir gegeben hat, haben mir nicht gutgetan. Ich bin müder denn je. Hoffentlich findet er bald die Ursache für diese Müdigkeit. Ich muß allerdings erwähnen, daß wir, Tanguy, Gabriel[1] und ich, den ganzen Umzug von der Rue Fontaine gemacht haben. Das Einrichten in der Rue Legendre geht langsam voran, es wird aber gut. Schreibe mir jetzt: Paul Eluard-Grindel, Rue Legendre 54, Paris 17. Einmal am Tag bin ich dort. Ich habe enorm viel Arbeit: 1. Kommentare über die Umfragen für die Zeitschrift; 2. Presseschau[2]; 3. Die ersten zwei langen Gedichte für die Zeitschrift;[3] 4. Ein Artikel für den *»Minotaure«,* Skiras Zeitschrift, über Baudelaires Porträt von Matisse (3 und ½ Schreibmaschinenseiten).[4] Und obendrein die Finanzverhandlungen mit Laporte, die recht schwierig sind. Ansonsten gibt es eine große Neuigkeit: Bataille ist aus Skiras Zeitschrift rausgeflogen, was helfen wird, unsere Zusammenarbeit mit dieser Zeitschrift zu verstärken: Breton, Dali, Tzara, Crevel und ich. Unsere Politik war richtig. Habe ich Dir schon geschrieben, daß der Arzt meint, ich müsse im Hirn eine »Ähre« haben, die auf mein Schleimfieber im Alter von 12 Jahren und auf eine nicht zum Ausbruch gekommene Gehirnhautentzündung vor zwei Jahren zurückgeht. Ich habe scheinbar auch eine lethargische Gehirnentzündung gehabt. Diese Ähre besteht aus einem verkalkten Teil. Ich finde das recht amüsant. Und ich reagiere gesund auf diesen Gedanken: Nie zuvor bin ich mir so intelligent vorgekommen. Wir warten

voller Ungeduld auf Dalis Beiträge zum *»Minotaure«* und zu unserer Zeitschrift.
Heute nacht bist Du streng zu mir gewesen. Du hast mich durch unterirdische Gänge geführt, in denen es von wahnsinnigen Automaten und rasenden Stieren wimmelte. Ich bin aber davongekommen, habe dich wiedergefunden, und wir haben ein Restaurant entdeckt, in dem es nichtdurchgebratenes Fleisch gab.
Ich liebe Dich. Ich warte auf Dich, ich zähle die Tage. Cécile ist so wie wir. Und schön, schön.
Ich küsse fest Deine Brüste, Deinen Mund und Dein Geschlecht.
Paul

175.
⟨Montlignon, April 1933⟩

Meine Gala, mir geht es gar nicht gut. Das Leben bei meiner Mutter ist unerträglich. Diese Frau provoziert mich in einem fort. Es ist ein Elend, daß wir derart von ihr abhängen. Für mich ist das eine permanente Demütigung. Und überhaupt, hinsichtlich meiner Existenzmöglichkeiten mache ich mir keine Illusionen mehr. Die Zeiten werden immer finsterer. Verzeih mir, daß ich Dir so deprimierende Reden halte. Ich war aber klardenkend genug damals, um Dir diese Mittelmäßigkeit zu ersparen. Das hat mir aber den Mut, den ganzen Mut genommen, und alle Dinge haben ihre Farbigkeit verloren. Der dramatische Sinn fürs Leben, den ich einmal hatte, der zerfällt. Die Jugend verläßt mich, und schon ist da der Tod.
Nach den letzten Erkenntnissen habe ich keine Diabetes, aber nach Ansicht von Grellety-Bosviel, bei dem ich gestern war, Störungen des neurovegetativen Systems. In einer Woche muß ich wieder hin.
Werde ich die Kraft aufbringen zu fliehen. Nein, wahrscheinlich nicht. Ich habe Dich komponiert, ich habe das Glück komponiert, das ich für Dich schaffen wollte. Deine Briefe sind wundervoll. Sei noch ein bißchen sanft zu mir.
Zur Zeit lebe ich in dieser jämmerlichen, trügerischen Sicher-

heit: die neue Wohnung. Ein finsterer Spaß. Ich pass' da hinein wie ein Nagel in einen Reifen. Nun ja!
Schreib mir oft und viel.
Für immer Dein, Du meine einzige Wahrheit.
Paul

176.
⟨Paris⟩ Donnerstag, den 28.* April ⟨19⟩33

Meine schöne Gala, meine heißgeliebte, meine einzige, ich denke, Du kommst jeden Augenblick hierher zurück. Vielleicht wirst Du diesen Brief nicht mehr bekommen. Dann werde ich Dich sehen, mit Dir sprechen, in Deiner Nähe sein. Das Einrichten der Wohnung in der Rue Legendre ist eine mühsame Angelegenheit, da meine Mutter alles andere als großzügig ist. Sie hat mir einen Schrank und ein Grammophon gekauft. Ein spaßiger Zeitvertreib. Dabei ist mir gar nicht nach Spaß zumute. Ich jage verzweifelt meiner Jugend hinterher und hole sie doch nicht ein. Ich lebe mit Nusch in Montlignon, denn wo sollte ich sonst essen? Wenn Du nicht da bist, möchte ich nur noch allein sein. Nusch ist ganz lieb, umgänglich, aber der Gedanke, daß sie keinerlei Existenzmöglichkeiten hätte, wenn ich sie verließe, verblödet mich regelrecht. Und dabei, dabei wird unser Verhältnis immer freundschaftlicher, immer weniger verliebt. Es ist schon ein Widersinn, daß ich mit einer anderen zusammenleben wollte, obwohl ich mit Dir nicht zusammenleben konnte. Ein Widersinn, der mich jeder Freiheit beraubt, der mich alt macht, der mir die Nähe einer Frau und ganz allgemein den Umgang mit Frauen wie eine Notlösung, wie *die erbärmlichste* Notwendigkeit erscheinen läßt!
Mit der Überarbeitung der irrationalen Versuche habe ich viel Arbeit gehabt. Ich habe elf Seiten wie diese hier [1] geschrieben, die Breton und Crevel *sehr* gut gefallen haben. Zusätzlich werde ich die beiden ersten Gedichte zur Verfügung stellen. Die bei-

* Eluard hatte erst Mittwoch geschrieben, dann durchgestrichen und Donnerstag darüber geschrieben, und auf die 27 eine 28 gesetzt.

den Nummern werden 104 Seiten statt nur 72 stark sein (bei 55 Autoren). Wir hätten sogar Texte für 120 Seiten zusammen!!! Skira will seine Texte am Sonntag haben. Mein Artikel über das Baudelaire-Porträt von Matisse trägt den Titel: *»Baudelaires Spiegel«*. Ich mache mich gleich an die Arbeit.
Wir haben die Versuche von Dali durchgeführt. Sie sind aufregend. Wir wünschen seine Mitarbeit an *»Surréalisme A.S.D.L.R.«*. Es ist dringend, dringend. Niemand hatte genug Geld, um ihm ein Telegramm zu schicken, damit er sich beeilt. Sämtliche Texte befinden sich schon in der Druckerei. Das Buch von Creses wird dieser Tage erscheinen.
Die schwedische Nummer ist fertig. Sie muß kurz sein und wird ältere Texte beinhalten. Von Dali haben wir den Text über die Objekte genommen, der schon in der Zeitschrift erschienen ist und *»Abrégé d'une histoire critique du cinéma«*.[2] Wie man so hört, haben die Schweden keinerlei Ahnung.
Die Surrealismus-Ausstellung bei Colle wird erst am 20. Mai eröffnet. Zu diesem Zeitpunkt werden die beiden Nummern, der Achim von Arnim und die schwedische Sondernummer erscheinen. Das Buch von Crevel wird schon heraus sein.
Breton hat mir *im Vertrauen* von Dalis Ballett erzählt. Einfach wunderbar, aber auch so, daß einige Leute in Ohnmacht fallen würden. Keine Tänze, was die russischen Tänzer sicher nicht begeistern wird.
Schreibe mir bitte in die Rue Legendre 54. Ich gehe jeden Tag dort vorbei. Ich küsse Dich leidenschaftlich überall.

Paul

177.
⟨Paris, August 1933⟩

Donnerstag

Meine Gala, die erste,
ich habe vor 2 Tagen an Dali geschrieben. Zur Zeit habe ich sehr viel Arbeit. Ich habe einen deutschen Schlager von Marlene Dietrich (für eine Schallplatte)[1] ins Französische übertragen. Das ist belämmert, sicher, aber es wird bezahlt. Soundsoviel pro verkaufte Platte. Wegen der Aussprache soll ich diese Dame

Ende des Monats treffen. Sie kann mir von Nutzen sein, durch sie könnten Nusch und ich etwas Geld verdienen. Redet nicht darüber. Ich unterschreibe mit Folantin, dem Helden von *A Vau-l'eau* von Huysmans, einem äußerst pessimistischen Herrn, der Schweinereien dem Natürlichen vorzieht.
Habe ein Gedicht geschrieben für das Buch von Man Ray (Kapitel nackte Frauen), in dem auch ein Photo von Breton und eins von mir sein wird.[2]
Nachher bringen wir Skira den Text zur Umfrage (den Breton endlich fertig hat!!).[3] Die 32 Seiten Lyrik sind etwas problematischer. Wir sind nicht gewillt, zu Historikern der Dichtkunst zu werden. Das überlassen wir lieber den anderen. Eine Anthologie wäre fast besser.[4]
Die Not ist unverändert. Den Plan einer Reise nach Belgien werde ich wohl fallenlassen. Meine Mutter wird zu einem richtigen Scheusal. Wenn sie mich hier den ganzen Sommer ohne einen Sou hocken läßt, werden wir ihr Cécile wieder wegnehmen. Was Besseres verdient sie nicht.
Gesundheitlich geht es mir immer schlechter. Ich verbringe miserable Nächte. Richtige Erholung gibt es nicht. Und die Träume! Immerzu Erstickungsängste und schreckliche Lust zu weinen. Immer wieder DU!
Mein kleiner Liebling, ich bin dennoch glücklich darüber, daß Du von Paris befreit bist. Und daß Eure Lage nicht allzu heikel ist.
Wenn Dali an Skira schreibt, soll er darauf bestehen, daß eine größtmögliche Anzahl Postkarten abgebildet wird.[5] Und er soll gegen diese Idee protestieren, wonach wir uns über tote Dichter äußern sollten. Besser wäre wirklich die Veröffentlichung von Gedichten, toter wie lebender Lyriker.
Ich liebe Dich, wie Du weißt.
Für immer
Paul

178.
Rue Legendre 54 ⟨Paris⟩, ⟨um den 15. August 1933⟩

Meine geliebte Gala,
ich verreise heute nach Belgien und nach England. Mittags werde ich jemanden treffen, dem ich hoffentlich die beiden Bücher von Skira [1] verkaufen werde, deren Erlös er Breton und mir überläßt. Das wäre zu schön. Wenn nicht, dann versuche ich es bei Gaffé.
Ich bin in Eile. Schreibe mir nicht in der nächsten Zeit. Ich melde mich, wenn ich zurück bin.
Ich war krank.
Mach Dir wegen der Geschichte mit Cécile keine Gedanken. Es war eine Drohung, damit meine Mutter mir diese Reise und danach sicher auch etwas Ferien bezahlt. [2]
Ich schreibe Dir länger aus Belgien.
F. i. D.
Paul

179.
Briefkopf: Grand Hôtel des colonies, Brüssel ⟨*17. August 1933*⟩

Endlich geht der Aufenthalt hier zu Ende. Und nicht zu früh. Ich konnte hier für 4000 frs die *»Metamorphosen«* von Ovid mit Illustrationen von Picasso [1] verkaufen, die wir, Breton und ich, von Skira bekommen hatten. Leider bekommt jeder von uns erst einmal nur 1200 frs bar, den Rest in 4 Monaten. Das ist aber immerhin schon etwas. Ich fahre heute abend nach Ramsgate. [2] Mesens [3] fährt mit. Montag oder Dienstag werde ich in Paris zurück sein. Du kannst mir also hierher schreiben. Ich habe hier auf Kosten von Mesens, Nougé [4] und Magritte gelebt. Es ist kalt, ich huste, bin müde.
Ich frage mich, ob meine Mutter Nusch und mir etwas Geld geben wird, damit wir drei Wochen auf dem Land verbringen können. Ich habe es nötig. Ich habe stark abgenommen und bin so mutlos wie noch nie. Ich lass mich gehen. Bin unfähig zu

schreiben. Ich gebe die Hoffnung auf, jemals nach Cadaqués zu fahren.
Meine Gala, Deine Tochter wartet schon ungeduldig auf mich. Wir werden Dir schreiben.
Der Mensch, der mir die *»Metamorphosen«* von Ovid abgekauft hat, ist recht interessant. Er wird in der ersten Septemberhälfte nach Paris kommen und möchte einen Dali kaufen. Schade, daß ich den meinen nicht bekommen habe. Sage mir, was man da machen könnte. Natürlich ohne über Colle zu gehen.
Sage Dali, daß ich ihn mag.
Und Du, mein ganzes Leben, das ganze.
Paul

180.
⟨Paris, Anfang September 1933⟩

Samstag nachmittag

Meine heißgeliebte kleine Gala,

LANGSAM UND AUFMERKSAM LESEN
LESEN UND NOCHMALS LESEN

Hier also der ernste Brief. Ich bitte Dich, und ich bitte Dali, alles, was ich Euch jetzt sagen werde, auf das genaueste zu beachten. Unser Erfolg beim *»Minotaure« kann* von der Nummer 3 dieser Zeitschrift abhängen, und dafür gehen wir, Breton und ich, Tag für Tag dorthin.[1] Breton unternimmt in diesem Sinne verzweifelte Anstrengungen. Ihr wißt ja, wie man vor allem mit Tériade[2] um jede Einzelheit ringen muß. Ich bin fest entschlossen, dafür zu sorgen, daß alles, was Dali für die Nummer 3 vorbereitet hat, gewissenhaft und auf das genaueste verwirklicht wird. Nur, Dali arbeitet in der Ruhe – er arbeitet viel, zugegeben, aber in der Ruhe und an der frischen Luft – und für sich selbst. Das ist eine Tatsache, die ich anerkenne, aber ich bitte ihn auch zu sehen, daß wir dagegen keine einzige Minute für uns haben. Wir verbringen jeden Tag ausnahmslos zwei bis drei Stunden mit *»Minotaure«*, klären Detailfragen und haben dennoch das Gefühl, nicht voranzukommen, denn ständig prallen wir mit jemandem zusammen, immerzu kämpfen wir gegen Skiras Schußligkeit und gegen die verborgene, verdeckte Un-

lust von Tériade. Ihr könnt uns aber helfen. Ich werde Euch noch sagen, wie.
Folgendes haben wir positiv erreicht:
1. Diese Nummer wird 84 Seiten umfassen, ohne Umfrage, die 16 Seiten zählen wird.
2. Die Postkarten werden einen Bogen von 16 Seiten füllen (über 100 abgebildete Postkarten). Es wird auch ein *geheimer* Anhang von vier Seiten mit den »unmöglichen«[3] Karten gedruckt. Mehrere Abbildungen werden farbig sein. Der Umbruch ist fertig. Die Klischees bekommen wir Anfang nächster Woche.
3. Der Artikel Bretons über den Automatismus ist mit zahlreichen Reproduktionen versehen und 8 Seiten lang.[4]
4. Péret schreibt einen 5-Seiten-Artikel mit vielen Illustrationen über die Automaten.[5]
5. Von Tzara kommt ein illustrierter Artikel über Frauenhüte.[6]
6. Professor Piaget (ein Fachmann für kindliche Denkmuster) wurde gebeten, einen Artikel über den verbalen Automatismus beim Kind zu verfassen.[7]
7. Ein bekannter englischer Astrologe soll einen Artikel über »die außergewöhnliche Detailfülle auf den Zeichnungen von Medien und die Astrologie« schreiben.[8]
8. Ein Fachmann für Astrologie (ehemaliger Oberstleutnant) soll die Horoskope von Rimbaud und von Lautréamont stellen (ohne deren Namen zu nennen).[9]
9. Brassaï wird drei Seiten mit Graffitis und Flecken auf Wänden mit Begleittext veröffentlichen.[10]
10. 3 Seiten Radierungen von Dali.[11]
11. Dalis Artikel über den Jugendstil.[12]
12. Köpfe in Ekstase auf zwei Seiten, die eine von Brassaï.[13]
13. Frois-Wittmann soll einen Artikel über moderne Kunst und Psychoanalyse schreiben.[14]
Und hier das, was wir nicht vermeiden konnten, *was unvermeidlich ist.*

A/1. Ein Artikel von Tériade über Spontaneität, über den Mangel an Modellen für die Maler. Große Farbreproduktionen.[15]
A/2. Reproduktionen von Borès, Beaudin, Roux und Masson (schlimm).[16]

B. Ein dokumentarischer Artikel von Leiris über Roussel (nicht schlimm).[17]
C. Ein Artikel von Reverdy über das Verhältnis zwischen Poesie und Kunst (recht schlimm).[18]
D. Photographierte Bildhauerateliers (Laurens, Maillol, Brancusi, Giacometti).[19] Das ist nicht weiter schlimm, wenn es uns gelingt, die unwillkürlichen Skulpturen auch unterzubringen, und zwar vier auf einer Seite.[20] Ich bin wohl der einzige, der sich *so leidenschaftlich* für diese unwillkürlichen Skulpturen einsetzt. Unterstützt mich, äußert Euch dazu. Breton ist unentschlossen, er glaubt nicht, daß die Reproduktionen gut werden. Schade, daß die Photos so schlecht sind, denn ich weiß, wie schwierig es sein dürfte, sie noch einmal zu machen. Im allgemeinen muß man sagen, daß Brassaï sich nicht besonders begeistert zeigt, wenn es nicht um seine Photographie, um sein eigenes Werk geht. Könnte Dali denn nicht ein paar unwillkürliche Skulpturen in Barcelona anfertigen und sie photographieren lassen, entweder durch Man Ray oder durch einen anderen Photographen.[21] Es ist *dringend notwendig,* um gegen den Stumpfsinn der anderen Plastiken anzukommen. Man Ray wird wahrscheinlich nächste Woche in Cadaqués sein. Ihr müßtet ihn dafür gewinnen, indem Ihr ihm die Platten abkauft oder indem Ihr ihm sagt, er solle die Rechnung Skira vorlegen (dem es sowieso lieber ist, man schickt ihm die Rechnungen, da er zur Zeit nicht zahlungsfähig ist). Dasselbe gilt für den Jugendstil. Nächste Woche muß ich von einem einfachen Photographen alle Eure Ekstase-Köpfe photographieren lassen, wenn ich keinen vergesse, und zwar einzeln, damit sie alle dasselbe Format haben. Denn ich bin sicher, daß Brassaïs Photos nichts taugen. Das ist sehr unangenehm, denn ich brauche Karten für die Seiten mit den Postkarten. Brassaï (der meint, es sei die Mühe nicht wert) müßte noch einmal von meinem Jugendstil-Kopf ein Photo machen.[22] Dabei dürfte man kaum einen besseren finden.
Ich halte es für *unmöglich,* in dieser Nummer Gemälde von Dali oder von irgendeinem anderen Surrealisten unterzubringen.
Um uns zu helfen, bitte ich Euch also um folgendes (und laßt bitte keinen einzigen Punkt außer acht):
1. Kommt sobald wie möglich nach Paris, da Breton und ich

vermutlich um den 8. für zwei Wochen verreisen werden, und wenn wir zurückkommen, wird es zu spät sein, um an den Gemeinheiten, die zwangsläufig stattfinden werden, noch irgend etwas zu ändern oder um sie zu bekämpfen. Wir werden dazu nicht mehr in der Lage sein. Es ist natürlich sehr schade, daß ich fort muß, aber wenn ich nicht wegfahre, fürchte ich, im Herbst oder Winter krank zu sein.
Also, da Ihr mich darum gebeten habt, rate ich Euch, *spätestens* am 27. hier zu sein. Denn die Nummer geht am 1. Oktober insgesamt zur Druckerei. Und stellt Euch vor, welche Arbeit Breton und ich am Monatsende haben werden, sowohl mit den Ergebnissen der Umfrage (die es auszuwerten, zu ordnen und zu kommentieren gilt) als auch mit unseren Artikeln und mit dem von Péret, den wir wahrscheinlich von Grund auf neu schreiben müssen.
2. Wir bitten Dali eindringlich darum, daß er seinen Artikel und alle seine Texte so klar und so *gut* wie möglich schreibt, denn wenn er nicht da ist, wird es schwierig sein, im französischen Text zu ändern. Und nicht zu lang, bitte, aber reich illustriert.
3. Er möchte selbst die Photos von seinen unwillkürlichen Skulpturen an Skira schicken (sehr wichtig). Mindestens 4; 6 wären besser, da man die Auswahl hätte.
4. Er möchte uns sobald wie möglich seine (komplette) Dokumentation über den Jugendstil schicken. Wenn die Klischees erst mal gemacht sind, haben wir unsere Ruhe.
5. Versucht, als Beitrag von Duchamp (sehr wichtig) ein schönes Blatt zu bekommen, so etwas wie *»La mariée mise à nu«* (oder etwas anderes, Zeichnungen), ein Blatt, das man als Faksimile bringen könnte. Aber vor allem keinen Artikel über das Schachspiel.[23]
6. Antwortet sofort und so knapp wie möglich, aber gut auf die Fragen unserer Umfrage.[24]
7. Sendet an Foix[25] eine der beiden Nummern der schwedischen Ausgabe, die ich Euch schicken werde. Zeigt die andere Duchamp, das wird genügen.
8. Laßt den spanischen Berühmtheiten (Foix dürfte die Adressen haben) alle Unterlagen der Umfrage zukommen, die ⟨ich⟩ Euch in der nächsten Woche zuschicken werde.

Vielleicht vergesse ich einiges, aber achtet auf jeden Fall auf das, was ich nicht vergessen habe. Wir müssen das Beste daraus machen. Und das Beste wäre, wenn Dali soviel wie möglich schickt, Fertiges, das deshalb auch Interesse weckt. In der Nummer 4 sollen dann Gemälde von Dali als Farbreproduktionen und Collagen von Max Ernst gezeigt werden.
Seid gegrüßt.
Mein kleines heißgeliebtes Mädchen, ich werde wahrscheinlich nach Collioure fahren, und von dort aus werde ich Dich besuchen, Dich küssen, Dich nehmen, Du meine Schöne, meine Gala, die erste und die letzte.
⟨ohne Unterschrift⟩

181.
Poststempel: Paris, 17. September 1933.
Empfänger: Madame Grindel-Dali, Port Lligat, Cadaqués (Gerona), Spanien.
Ankunftsstempel: Cadaqués (Gerona), 19. September 1933.

Meine ewige Gala,
Nein, ich werde nicht nach Cadaqués kommen. Zur Zeit bin ich mit Cécile in Montlignon. Das ist die einzige Erholung, die ich schließlich haben werde.
Du bist der einzige Mensch auf der Welt, dessen Komplimente mir nahegehen (ich meine die hinsichtlich des Gedichtes über Man Ray)[1]. Durch etwas sonderbare Umstände bin ich dieser Tage in den Zustand zurückversetzt worden, den ich einmal vor einigen Jahren mit Dir erlebt habe – Träume, Leben, Sehnsucht. Deine Gärten. Auch ich, mein liebes Kind, liebe dich sehr stark. Daran darfst Du nicht zweifeln, Galotschka. Ich lebe im Exil – für immer. Du bist meine geistige Heimat. Du mußt mir glauben: Meine Treue zu Dir ist unverbrüchlich, auch wenn der Schein trügt. Ich würde sonst sterben. Hinter allem, was ich tue, stehst Du, hast immer Du gestanden.
Ich freue mich auf diese verfrühte Rückkehr. Wir werden viel zusammensein. Auch Cécile wird sich darüber sehr freuen.
Ich liebe dich, mein Dorogoj. Viele Küsse überall.
F. i. D.
Paul

Auf der Rückseite einige Informationen für Dali.

Man darf Brassaï nicht wirklich böse sein. Er ist doch ganz nett. Die Jugendstil-Photos sind mit Ausnahme des Kopfes einfach wunderbar. Vom Kopf will er ein zweites Photo machen. Die photographierten Köpfe (Postkarten) sind nicht zu gebrauchen.[2] Es wäre besser, Dali würde uns jene schicken, die ihm schon gelungen sind, und wir machen dann die Photos einzeln, damit die Gesichter etwa im gleichen Format und in denselben Tönungen kommen. Das ist für Brassaï, Breton und mich ein schweres Stück Arbeit. Dabei könnte aber ein sehr schönes Blatt zustande kommen. Das andere läuft jetzt recht gut. Wir arbeiten ohne Pause. Skira ist noch immer in der Schweiz.
Und was ist mit der Antwort von Dali und von Duchamp auf die Umfrage? Was ist mit Duchamps Beitrag? Es eilt sehr, sehr.
1000 Grüße an den kleinen Dali.

182.
⟨Montlignon, um den 20. September 1933⟩

Mein Dorogoj,
habe ich Dir schon gesagt, daß es in Tériades Artikel eine Farbreproduktion eines Gemäldes von Dali geben wird?[1] Da wir aber ein *kleines* Gemälde reproduzieren wollen und ein solches nicht hier haben, hoffen wir sehr auf das, was Dali mitbringen wird. Aber *es eilt sehr*. Solltest Du, wie ich hoffe, vor ihm hier sein, bringe alles mit, was in dieser Hinsicht nützlich sein könnte, auch Radierungen[2]. Wenn Du da bist, schicke mir einen Rohrpostbrief (Bretons Telephon ist abgestellt).
Beim *»Minotaure«* steht alles zum besten – bis aufs Geld, das fehlt. Skira meint aber, das würde schon in Ordnung gehen. Wir verfügen über Vierfünftel der Nummer, die um die Hälfte dikker sein wird als die erste.
Da Dali 6 mal in der Zeitschrift erscheint (Antwort auf die Umfrage – Artikel über den Jugendstil – Ekstase-Gesichter – unwillkürliche Skulpturen – Illustrationen zu Maldoror – Gemälde in Farbe), was zuviel ist, sollten die Kommentare zu den

Ekstase-Gesichtern und den *unwillkürlichen Skulpturen* einen unpersönlichen (redaktionellen) Ton erhalten und ohne Unterschrift bleiben – beziehungsweise Breton oder ich unterschreiben ...???[3]
Ich warte auf die Ekstase-Gesichter, um mich mit diesem Blatt zu beschäftigen.
Ich wohne in Montlignon mit Cécile. Aber ich fahre jeden Tag in die Redaktion von »*Minotaure*«.
Wir werden fast die gesamte Nummer belegen.[4]

Umfrage (12 Seiten klein)
Postkarten (16 " ")
Péret: Automaten 7 " "
Breton: Automatismen 10 " "
Tzara: Hüte 3 " "
Heine: Sade 1[5] " "
Lacan: – 2[6] " "
Giacometti: Skulpturen 3 " "
Brassaï: Wände 2 " "
Dali: Jugendstil 5 " "
: Lautréamont 3 " "
: Ekstase-Gesichter 1 " "
Brassaï: (sehr schöne) 1 " "
Man Ray: Bildtafel in Farbe 1 " "
Horoskope: Rimbaud, Lautréamont 2 " "
Piaget: Über die Kindheit 3 " "
Dali: Unwillkürliche Skulpturen 1 " "

73 Seiten

wobei der Rest sich wie folgt zusammensetzt: 16 Seiten über die Plastiken von Reverdy, 8 Seiten über Malerei, mit Miró, Dali, Picasso, Braque usw...., von Tériade, und 4 Seiten Dokumente über Raymond Roussel.
Ich erwarte dich. Ich träume von Dir. Wilde Küsse.
F. i. D.
Paul

183.
⟨Paris, Anfang Oktober 1933⟩

Am gestrigen Sonntag war ich in Montlignon. Ich habe lange mit Cécile zusammen, die jetzt wieder in ihrer Pension ist, alle Photos von Dir und von uns angeschaut. Ich weiß, daß die Vergangenheit für Dich nicht zählt. Für mich auch nicht, ausgenommen die unsere. Es ist eine schrecklich wunde Sache. Die Gegenwart wiegt so wenig. Glaube mir, ich versuche nicht, Dir einzureden, was Du nicht empfindest, Du sollst aber wissen, daß wenn Du aus meinem Leben verschwinden würdest, es mit diesem Leben, mit dem ganzen Leben aus wäre. Das ganze Leben war ich mit Dir verbunden. Nichts von dem, was ich tue, geschieht losgelöst von Dir. Du bist mein ganzes, ganzes Leben.
Ja, ich werde zu einem Arzt gehen. Mir geht es aber schon wieder besser.
Wie und warum ich lebe? Einzig und allein, weil ich von Deinem Dasein eine lebendige Vorstellung hatte, schon immer hatte. Im geheimen pulst mein ganzes Blut in diesem Gedanken, meine schöne kleine Gala. Ich bin sehr melancholisch. Die Winterzeit. Es wird eine Stunde früher dunkel.
Finde mich nicht allzu entsetzlich sentimental.
Ich liebe Dich.
Paul

184.
Paul Eluard-Grindel, bei Madame Fossat, Rue de Massigny 14, Nizza (Alpes-Maritimes).

⟨Erste Februartage 1934⟩

Meine schöne, geliebte Galotschka,
wir haben nun nach unzähligen Schwierigkeiten endlich ein Logis gefunden.[1] Wir zahlen 250 frs für das Zimmer, und die Mahlzeiten sind umsonst (5 frs). Und trotzdem, die lächerlichen Geldsummen, die meine Mutter mir gibt, werden wahrscheinlich nicht reichen, um hier solange zu bleiben, wie ich es eigent-

lich wollte. Du mußt Dir über alle Maße Mühe geben, um etwas zu verkaufen: *Gemälde oder Objekt* (den Vogel, zum Beispiel, der müßte sich doch gut verkaufen), zu jedwedem Preis natürlich. Gibt es nicht in Deinem Bekanntenkreis einen potentiellen Käufer für 1000 frs? Denn wenn ich 500 frs bekäme, könnte ich meinen Aufenthalt hier um mindestens zwei Wochen verlängern. Und das wäre schon was, denn das Wetter wird erst ab 15. Februar milder.

Solltest du nach Brüssel fahren, dann sprich mit Mesens über den Mallarmé-Matisse, den Vriamont[2] hatte reservieren lassen (3000).

Weißt Du, ich führe hier ein äußerst sparsames Leben, das – verglichen mit der üppigen Lebensweise von damals – meine Optik um einiges verändert. Doch, ich habe ein ruhiges Zimmer, Sonne, und ich ruhe mich aus und glaube, wieder arbeiten zu können wie noch nie zuvor, ungestüm, verbissen. Ich werde Dir nacheinander alles schicken, womit ich fertig bin.

Hat Salvador von Donoël und Stile ⟨*sic*⟩[3] eine Antwort bekommen?

Ist das große Gemälde gut aufgenommen worden?[4]

Schreibe mir so liebe Briefe, wie Du sie zu schreiben verstehst.

Ich werde für Euch nach Jugendstil-Gegenständen Ausschau halten, denn in Nizza muß es davon wimmeln, angesichts gewisser Caféhäuser und Konzertsäle.

Ich liebe dich. Leidenschaftliche Küsse überall. F. i. D.

Paul

185.

⟨Nizza, erste Februartage 1934⟩

Dienstag

Meine schöne kleine Dorogaja,

bevor ich Deinen Brief erhielt, hatten wir, Tzara und ich, jeweils einen an Breton geschickt, in dem wir unser Bedauern wegen der heftigen Angriffe gegen Dali zum Ausdruck brachten und auch schrieben, daß wir es für nicht möglich hielten, ohne ihn für den Surrealismus zu wirken. Ich war überrascht zu sehen, wie sehr Tzara zu Dali hält und ihn bewundert. Wir haben

Breton gebeten, unsere Briefe zu verlesen, falls eine Versammlung stattfinden sollte (und das bleibt unter uns: Du mußt mich über die Wirkung dieser Briefe genauestens unterrichten).[1] Ich will jedoch die fast unüberwindlichen Schwierigkeiten, die Dalis paranoisch-hitlerische Haltung hervorrufen wird – wenn sie andauern sollte –, keineswegs verschleiern.[2] Dali *muß unbedingt* ein anderes Thema für seine Phantastereien finden. Es liegt zu sehr in unserem Interesse, dem unseren wie dem seinen, daß wir nicht auseinandergehen. Und eine Huldigung Hitlers, selbst auf der Ebene, auf der Dali sie vornimmt, ist unannehmbar und würde zum Ruin des Surrealismus und zu unserer Trennung führen.[3] Würde Dali nicht solche Thesen vertreten, dann könnte ihm auch niemand ehrlichen Herzens seine Lenin-Karikaturen oder seine Familienverherrlichung[4] zum Vorwurf machen. Er soll doch von Hitler, der in höchstem Maße gefährlich ist, einfach ablassen, und nicht wenige unter uns werden alles, was er tut, unterstützen. Was den Haß, den Neid, das Unverständnis und die Dummheit angeht, von denen Du mir schreibst, glaube mir, daß ich sie auch ganz persönlich erlebe und darüber bestens Bescheid weiß. Aber es hat keinen Sinn, sie abschaffen zu wollen. Es hat sie immer schon gegeben, nur Ziel und Zweck sind andere geworden. Ich rege mich darüber nicht mehr auf. Es kommt allein darauf an, daß wir uns für ein gemeinsames Handeln einsetzen, denn ohne dieses würde jedes Handeln eines einzelnen vergeblich, sogar schädlich sein, weil es verbürgerlichen würde.

Gestern waren wir um sechs Uhr zu einer Kundgebung der Funktionäre von Nizza, von denen wir herzlich wenig erwartet hatten. Nun, Nizza ist gar nicht so übel. Über eine Stunde lang sind Tausende von Demonstranten durch die Hauptstraßen Nizzas gezogen und, die *Internationale* singend, den roten Fahnen gefolgt, die von Lehrern des Gymnasiums getragen wurden. Bis es zum Einsatz der berittenen Gendarmen kam. Was dann geschah, war großartig. Die Soldaten mußten sich mit ihren Gewehrkolben der Leute erwehren. Sie wurden überrannt. Eine verlorene rote Fahne wurde zurückerobert. Es gab ein gewaltiges Getümmel, und in dem schönen Nizza, das sich auf seinen Karneval vorbereitet, brach ein wahrer Sturm los. Es

wurden sämtliche gemauerten Geländer niedergerissen, Geschäfte aufgebrochen, Bänke umgestoßen, Straßenlaternen zerstört, Kioske und Säulen mitten auf die Straße geworfen. Einen Augenblick lang hatte ich um Tzara sehr Angst, der (ohne Paß) *sehr mutig,* sehr aufgeregt war, dann aber mit abgesprengten Demonstranten in einen Hausflur flüchtete, in den man einen ohnmächtigen, verletzten Polizisten gebracht hatte und wo alle Augenblick verhaftet wurde. Wir sind bis Mitternacht geblieben. Ich habe einen Schlag mit dem Gewehrkolben in die Rippen gekriegt, bin ein bißchen angeschlagen, habe aber keine großen Schmerzen.
Nusch sagte mir: Wenn Du willst, daß sie für Dali eine Weste strickt, dann mußt Du ihr nur die Wolle schicken (wobei Du im Laden fragst, wieviel man dafür braucht) sowie die Maße mit einer Zeichnung der genauen Form.
Also, mein kleiner Liebling, mach Dir keine Sorgen, reg Dich nicht auf. In Sachen Geld wäre es hervorragend, wenn Du 400 oder 500 frs durch irgend etwas auftreiben könntest, denn ich muß für 5 frs essen, und das ist vielleicht nicht sehr gut.
Ich liebe Dich wirklich, ich denke ständig an Dich.
Ich habe ein großes Gedicht begonnen, das Dir sicher gefallen wird.
Ich küsse Dich überall, leidenschaftlich.
F. i. D.
Paul

186.
Postkarte: 1900, »Les Etrennes du vieux Marcheur. 2«.
Bei Madame Fossat, Rue de Massigny 14, Nizza (Alpes-Maritimes).

⟨6. Februar 1934⟩

Mein Dorogoj,
morgen schreibe ich Dir einen langen Brief über das aktuelle Geschehen bei den Surrealisten. Ich wurde von Breton gründlich informiert. Ich glaube, daß diese Karte Dali recht gut gefal-

len wird. Ich habe noch andere. Ich habe sie ehrlich ausgelost. Diese hier, die schönste, hatte ich gewonnen, aber ich schenke sie Dir. F. i. D.

Paul

187.
⟨Nizza, Februar 1934⟩

Dienstag

Mein geliebtes kleines Mädchen,
schnell ein paar Zeilen, damit mein Brief Dich noch vor Deiner Abreise erreicht. Der, den ich gestern von Dir bekommen habe, hat mich gestreichelt und sanft aufgerichtet. Es ist wirklich schade, daß ich nicht mit Dir reden kann, wie auch mit Dali nicht. Wir würden uns besser verstehen. Dali weiß, wie sehr ich alles, was er tut, schätze. Wenn ich mich auch an seinen politischen Ansichten gelegentlich stoße, für seine *ganze* Malerei und seine Lyrik empfinde ich nur Bewunderung. Und fast alle seine Ideen erscheinen mir jedesmal schön, überraschend, neu, und ich setze mich für sie ein.
Seitdem ich hier bin, habe ich keine einzige Zeile geschrieben. Bin traurig, krank, unkonzentriert.
Du mußt aber gut auf Dich aufpassen und gesund bleiben. Und glücklich.
Ich kehre am 20. März nach Paris zurück, und wenn ich dann etwas Geld auftreiben kann, fahre ich für einige Tage nach Cadaqués.
Dein Angebot, mir 2000 frs zu schicken, berührt mich sehr. Aber, weißt Du, Du sollst nicht darauf verzichten müssen. Ich brauche so wenig zum Leben.
Tzara steht weiterhin zu Dali und hat die Absicht, gegen das zu protestieren, was sich moderne Kunst nennt. Char denkt nicht viel anders.
Nun, ich drücke Dich fest an mich. Und ich liebe Dich für alle Zeit.

Paul

Grüße an Dali.

188.
⟨Nizza, Februar 1934⟩

Meine kleine Gala,
ich muß gestehen, daß Dein Telegramm mich ein bißchen beruhigt und wieder froh gestimmt hat. Es stand darin ein herzliches Wort, das ich seit Deinem letzten Brief verzweifelt vermißt habe. Wozu streiten, mein kleines Mädchen. Ich bin alt, und solche Prüfungen lassen mich noch mehr an allem zweifeln. Ich bin einem recht glücklichen Leben ausgeliefert, das aber unendlich dauert. Einem Leben, das nicht das meine sein kann – nicht genau das meine. Ein Leben daneben. Du weißt jedenfalls, meine geliebte Gala, daß ich jetzt mehr denn je Angst habe, Dir zu mißfallen, Dich zu langweilen. In der Sache Dali habe ich versucht, so geschickt wie möglich zu handeln. Ich habe Dali in Schutz genommen und werde ihn in Schutz nehmen, wobei ich ihn vor den unvermeidlichen Folgen seines Eigensinns immer warnen werde. *Ich weiß sehr wohl, daß er kein Hitleranhänger ist,* aber was willst Du, ich habe noch einige Vorbehalte in bezug auf bestimmte Ideen, die Dali heute hervorbringt und die er, wie ich fest glaube, morgen vergessen hat. Ich werde diese Vorbehalte immer haben. Und Du kannst sicher sein, ich habe sie gegenüber jedermann. Ich habe nichts dagegen, daß man mich als einen »Humanitären« betrachtet. Aber ich weiß nicht, was Dich daran ärgern könnte. Aber lassen wir das Diskutieren. Du wirst abreisen, und sicher hätten meine Erklärungen, hätte ich sie mündlich vorgetragen, Deinen Zorn nicht erregt. In dieser Geschichte bin ich wahrscheinlich der einzig Bestrafte. Und müde bin ich, aller Dinge überdrüssig. Seit Deinem Brief spüre ich in mir eine vollkommene Traurigkeit und Müdigkeit. Das ist der Grund, warum ich Dir so schlecht schreibe. Ich habe keinen klaren Kopf. Schlecht. Eines Tages, mein Kleines, wird die Einsicht kommen, daß es in meinem ganzen Leben und hinter dem, was ich gedacht, gesagt und getan habe, immer nur Dich gegeben hat, Dich als die Verantwortliche, die wirklich Verantwortliche für alles. Mit Dir habe ich mich entwickelt. Beim nächsten Mal werde ich Dir besser schreiben. Leidenschaftliche Küsse überall. Für immer Dein.

Paul

189.
⟨Nizza, 7. Februar 1934⟩

Mittwoch

Meine schöne kleine Dorogaja,
ich bin über das, was sich am Montag abend zugetragen hat, nicht unterrichtet. Ich kenne aber die Beschlüsse, die gefaßt werden sollten, die Anträge, Dali auszuschließen.[1] Warum bekennt er sich noch immer – obwohl er weiß, daß für uns alle sein Standpunkt völlig unannehmbar ist – zu dieser verlorenen Sache? Ganz gleich welchen Standpunkt Dali auch bezieht, der Hitlerismus ist für mich die hassenswerteste Sache der Welt. Ich kann es keine Sekunde lang ertragen, daß jemand behauptet, der Internationalismus sei christlich. Dieser Widerspruch ist dummes Zeug. Was Dali auch darüber denken mag, der Faschismus, alle Formen des Faschismus treten für Vaterland, Familie und Religion ein. Die rassistischen Theorien sind nur erfunden worden, um diese niederen Absichten zu idealisieren. Der einzige Philosoph, der sie begründet hat, ist der klägliche Gobineau (ich empfehle Dir, die letzte Nummer der N. R. F.[2] zu lesen, die ihm gewidmet ist. Welch eine erbärmliche Schuftigkeit!).
Nun, da Dali aber darauf besteht und ich der Meinung bin, daß:
1. die Faschisten sich überaus freuen werden, einen Verteidiger wie Dali zu haben;
2. diese Hartnäckigkeit ein regelrechter Verrat ist (objektiv gibt sie Aragon recht, zum Beispiel) – habe ich gestern Breton meine Stimme geschickt und ihn gebeten, in der Zukunft nach seinem Belieben darüber zu verfügen.[3]
Eine solche Herausforderung im Hinblick auf das, was ich immer gedacht habe, kann ich nicht hinnehmen, ohne in Zorn zu geraten.
Meine schöne kleine Gala, Du ahnst wohl, daß ich nicht ohne große Trauer an diese Trennung denken muß, die vielleicht schon vollzogen ist, und ich habe Angst, daß sie unsere Kontakte, die an sich schon selten sind, nur noch komplizierter macht. Gestern bin ich aufgestanden und stundenlang mit Deinem Gespenst gewandelt. Du hast meine Jugend gemacht, Du hast mein Leben gemacht.
Ich liebe Dich. Für immer Dein
Paul

Und am Vorabend einer faschistischen Machtergreifung in Frankreich werde ich mich wohl kaum ändern.[4]

190.
⟨Nizza⟩, den 9. März ⟨1934⟩

Meine schöne kleine Gala,
ich habe Deinen Brief mit den Scheinchen bekommen, die mir von gutem Nutzen sein werden. Hab großen Dank dafür. Ich schreibe Dir rasch dieses Briefchen. Ich war in Sorge, habe Dir sogar ein Telegramm in die Rue Gauguet geschickt.
Habe einen traurigen Brief von Cécile bekommen. Jouc[1] ist tot.
Morgen schreibe ich Dir einen längeren Brief.
Anbei zwei Dokumente, die Euch Spaß machen werden.[2]
In der N.R.F. stand ein Artikel über den *»Minotaure«* (voll des Lobes für Dali; über ihn heißt es: »Die Entdeckung und der Entdecker des Surrealismus«).[3]
Grüße an Tchang und an Dali.
Und Dich liebe ich f. i.
Paul

Ich fahre am 20. Wenn Du mir sofort schreibst, dann noch nach Nizza, sonst nach Paris, Rue Legendre 54.
Vielleicht verkaufe ich den Rousseau[4]. Was soll er mindestens bringen?

191.
Nizza, den 13. März ⟨1934⟩

Meine schöne kleine Galotschka, ich hoffe, daß es Dir besser geht und daß Du vollständig eingerichtet bist. Wir fahren am 21. nach Paris zurück. Schreibe mir also nicht mehr hierher. Ich habe einen Abschnitt (⅕) von einem Lotterieschein vom 20. Wenn ich gewinne, wirst Du was erleben.
Ich habe seit einiger Zeit von unseren »guten« Freunden in Paris nichts mehr gehört. Ich finde allmählich, daß unsere abwartende

Haltung eine Schande ist, und ich habe vor, es ihnen zu sagen. Ich habe auch die entzückende (und überaus feste) Absicht, mich nicht mehr zu diesen sterilen und so kindischen Kaffeehausversammlungen verleiten zu lassen. Ich habe davon die Nase voll. Wenn es nicht zu ändern ist, werden wir eben sehen, was wird. Du findest mich bestimmt sehr düster, und ich schwöre Dir, ich bin nicht einmal mit Glacéhandschuhen anzufassen. Behalte das alles für Dich, bis ich in Paris herausgefunden habe, ob noch etwas zu tun ist. Ich habe hier sehr wenig gearbeitet (zwei recht lange Gedichte). Ich schicke sie Dir in zwei bis drei Tagen.
Zu vieles in dieser Gegend erinnert mich an unsere gemeinsamen Aufenthalte (das *Beausoleil* in Cannes, das »schöne« Hôtel Méditerranée in Nizza). Du bist und bleibst meine kleine Gala, die große, die starke, die wahre.
Ich küsse Dich überall.
Für immer Dein.
Paul

192.
⟨Nizza, den 16. März 1934⟩

Samstag

Meine schöne kleine Gala,
hier hast Du eines der beiden Gedichte.[1] Das andere schicke ich Dir in zwei Tagen. Dein letzter Brief, in dem Du mir Deinen Traum erzählst, hat mir eine süße Freude bereitet. Es war einer Deiner wahren Briefe. Die Worte von Galotschka sind alle kostbar. Ich liebe sie. Du bist mein Dorogoj für immer und ewig.
Meine Mutter wird heute abend mit dem Wagen hier sein. Wir fahren am Dienstag, um am Donnerstag in Paris zu sein.
Schreibe mir sofort nach Paris, ob (und womit) Dali an der Nummer 5 von *»Minotaure«*, an der ich mitwirken soll, auch mitarbeiten will. Sollte man ihn nicht darum bitten, werde ich meine Mitarbeit aufkündigen.[2]
Du kannst jedoch sicher sein (aber das bleibt wirklich unter uns), daß ich mit sehr energischen Absichten nach Paris zurückfahren werde.

Ich schreibe Dir wieder in zwei Tagen. Ich liebe Dich, liebkose und küsse Dich überall. F. i. D.

Paul

Schreibe mir auch in die Rue Legendre 54, wie Du das Gedicht findest (auch Dali).
Grüße an den kleinen Darys.

193.
⟨Paris, um den 27. oder 28. März 1934⟩

Mittwoch

Meine schöne kleine Dorogaja,
ich bin seit einer Woche in Paris. Wir sind überstürzt zurückgefahren, meine Mutter mitten in der Nacht mit dem Wagen und wir mit dem Zug, denn wir hatten von Valentine ein Telegramm bekommen, das uns zurückrief, weil Cécile in Fontainebleau an den Masern erkrankt war. Es geht ihr schon wieder besser, und sie ist jetzt in Montlignon, wo sie zur Genesung einen Monat bleiben wird. In ihrem Alter muß sie sehr vorsichtig sein. Aber alles in allem geht es ihr recht gut, und Du brauchst Dir keine Sorgen zu machen.
Ich bin natürlich hierher zurückgekommen, um Arbeit zu finden. Zum Leidwesen der anderen bin ich aber überhaupt nicht gewillt, mir ständig für sie ein Bein auszureißen. *»Minotaure«* bereitet derzeit eine Nummer 5 vor. Ich werde mich aber nur dann darum kümmern, wenn sie mich bezahlen. Ich habe es satt, mich ständig für Dinge abmühen zu sollen, auf die ich leichter verzichten könnte als auf das Essen. Wir warten auf Dalis Artikel. Wegen der Reproduktionen[1] könnt Ihr Euch auf mich verlassen. Das geht klar. Schickt mir aber Photos und Zeichnungen usw.... Auch für eine Sondernummer der belgischen Zeitschrift *»Documents 34«*[2], die jetzt von Mesens und Nougé geleitet wird und 56 Seiten Text sowie 8 Seiten Reproduktionen umfassen wird. Diese Nummer wird den Titel *»Le Surréalisme en 1934«* oder vielleicht sogar *»Le Surréalisme en 1935«* tragen. Sie brauchen alle Beiträge und Unterlagen spätestens bis zum 12. oder 13. April. Ich selbst werde ihnen das längste meiner

Gedichte zur Verfügung stellen.[3] Diese Nummer soll sehr *aktuell* sein.
Auch ich denke immerzu an Dich und warte voller Ungeduld auf Deine Rückkehr. Solltest Du schon früher reisen können, dann komme. Ich bin froh, daß Cécile Dich ebenso innig mag wie ich. Wir sprechen oft von Dir, von der kleinen Gala aller Zeiten.
Deine Komplimente hinsichtlich meiner Gedichte haben mich sehr gerührt. Deine Meinung ist für mich die wertvollste, vielleicht die einzige. Ich liebe Dich, küsse Dich überall, denke an Deinen zierlichen, braunen und warmen Körper.
F. i. D.
Paul

Ich werde Dir in 2 Tagen ein weiteres Gedicht schicken. Es fehlt nur noch der Titel.

194.
Postkarte: 1900.
Poststempel: Paris, 28. März 1934.
Empfänger: Madame Dali, Port Lligat, Cadaqués (Gerona), Spanien.

Mein Brief ist unterwegs. Habe eben den Besuch von Tchang bekommen.
Bei *»Minotaure«* geht alles klar, bis auf ein paar Kleinigkeiten, um die ich mich noch kümmern werde. Ich schreibe Dir noch, welche. Wir bräuchten ein sehr großes und sehr schönes Photo von einem der letzten Gemälde. Küsse.
Paul

Bin gut angekommen. Werde morgen schreiben.
Herzlichste Grüße an Euch beide.
Raymond Tchang.

195.
Briefkopf: Hôtel Alexandra, Nizza.

⟨Paris, Anfang April 1934⟩

Meine schöne, geliebte Gala,
nein, ich habe keines der Gemälde bei *»Minotaure«* stehen gelassen, sie sind in tadellosem Zustand. Du weißt doch, wie ernst und gewissenhaft ich bin!!! (Und wie froh vor allem, daß Du herkommst!!!!!!)
Und ich habe mehrere andere ausgesucht für eine große *»Minotaure«*-Ausstellung, die vor 4 Tagen beschlossen wurde und im Palais des Beaux-Arts in Brüssel stattfinden soll, mit sehr wichtigen Bildern von Picasso, Matisse, Derain, Braque u.a. ... sowie zahlreichen Dalis.[1] Die Versicherungssummen habe ich sehr hoch gesetzt, und ich habe den Beleg. Aus der Rue Gauguet habe ich »Der große Masturbator« genommen, *»Interieur métaphysique«* von Chirico[2], ein kleines Bild, dessen Titel von Dali ich nicht kenne (Du bist darauf, am Meer).[3]

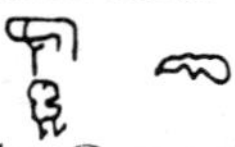

und eine große Zeichnung: *Kannibalismus der Gegenstände,* ein Mann, der seinen Schuh ißt, und einen Tanguy[4]. Breton wird seinen *»Guillaume Tell«* als Leihgabe zur Verfügung stellen. *»Minotaure«* wird erscheinen: sehr schön. Ich arbeite wie noch nie.
Ich dachte, daß ich die Verantwortung für die Bilder schon übernehmen konnte. Dali mußte unbedingt gut vertreten sein. Es ist auch nichts zu befürchten. Du weißt ja, ich muß immer alles machen.
Der Sekretär des Palais des Beaux-Arts war vier Tage lang hier. Wir haben alle Garantien. Die Vernissage wird am 12. Mai stattfinden. Die Bilder werden alle spätestens am 12. Juni zurück sein für die *riesige* Surrealisten-Ausstellung in Paris am 15.[5]
Leider fehlen mir Photos von Dali aus jüngster Zeit für die Sondernummer von *»Documents 34«*.[6] Ich fürchte, daß es bis zum 8. zu spät sein wird.
Die Anthologie wird in diesem Monat noch erscheinen.[7]
Ich liebe Dich. Ich bin überglücklich, Dich bald wiederzusehen.

Cécile auch. Sie ist auf dem Wege der Genesung und erwartet Dich wie ein Geschenk, wie das schönste Geschenk.
Meine Gala, ich liebe Dich für alle Zeit.
Komme.
Paul

196.
⟨Paris, um den 20. April 1934⟩

Montag abend

Meine schöne, geliebte Gala, daß ich Dir nicht schreiben kann, macht mich furchtbar traurig, ich bin immerzu nervös. Ich habe schrecklich viel zu tun, kümmere mich um tausenderlei, das ohne mich liegenbliebe.
Wegen des Photos von Meissonnier verliere ich enorm viel Zeit. Ich muß außerdem noch die Rechte bezahlen usw. usw. ...[1] Und morgen oder übermorgen muß ich in die Rue Gauguet, Photos machen lassen von den neuen Sachen von Dali, die in den Bildteil hineinkommen.[2] Meine Mutter läßt mich sehr im Stich. Mit ihrem Wagen ginge vieles leichter und schneller. Die Anthologie? Zu Lely habe ich die Beziehung abgebrochen. Ich werde jetzt mit Madame Bucher verhandeln. Ich denke, daß es da klappen wird.[3]
Da ist außerdem noch die Politik, eine Umfrage über unsere Aktionseinheit[4]. Morgen vormittag, zum Beispiel, habe ich um halb acht eine Verabredung in Courbevoie wegen der Fahnenkorrektur. Um 10 Uhr bin ich dann bei Madame Bucher und nachmittags beim *»Minotaure«,* der in 10 Tagen erscheint.[5] Und danach: Treffen mit Man Ray, wenn er Zeit hat, in der Rue Gauguet. Am Abend, politische Zusammenkunft. Und so geht es jeden Tag. Dabei lasse ich den Arzt und den Zahnarzt unerwähnt: viermal in der Woche.
Es ist mir dennoch gelungen, in der vergangenen Woche zwei Nachmittage mit Cécile zu verbringen. Ihr geht es jetzt sehr gut, und sie ist wieder in der Pension. Das letzte Jahr, hoffe ich für sie.
Dalis Artikel ist einfach wunderbar.[6] Auch nach Bretons An-

sicht. Aber hätten wir nur die Photos von seinen letzten beiden Bildern. Sehr schade. Aus vielerlei Gründen.
Habe ich Euch schon von der surrealistischen Sondernummer von *»Documents 34«* (80 Seiten) erzählt, in die auch Reproduktionen aufgenommen werden können? Wir bräuchten einen etwas kürzeren Artikel als den für *»Minotaure«*, mit 2 oder 3 aufsehenerregenden Drucken.[7] *Vor dem 25. April.* Ich verlasse mich ganz auf Dali.
Das neue Heft von *»Minotaure«* wird großartig. Abgesehen von Tériade[8] und seinen gräßlichen Malern, werden es nur Surrealisten sein. 1 Seite Max Ernst, 1 Seite Tanguy, eine Seite Dali. *»Les mannequins de la tour rose«* von Chirico in Farbe als Titelblatt. Und außerdem ein Picasso.[9]
Weil mir noch immer kein Titel für das beigefügte Gedicht eingefallen ist, habe ich mit dem Schreiben gewartet. Nun werde ich ihn eben nachreichen müssen.[10]
Die Hitze ist unerträglich.
Ich bin alt.
Ich liebe Dich für alle Zeit.
Paul

VERGISS MICH NICHT.

197.
Briefkopf: Barthelemy Vicens, import – export, Rue des Trois-Mages 18, Marseille.

⟨Paris⟩ 30. Juli 1934

Meine schöne kleine Gala,
ich bin über Deinen Brief sehr froh. Besser einen Sonnenstich in Cadaqués als in Paris. Ich war soeben mit meiner Mutter am Gare du Nord. Ich werde Cécile nach Folkestone begleiten, wo sie ihre Ferien verbringen wird. Und ich bleibe dort drei bis vier Tage. Wir fahren am 2. August. Ich werde versuchen zu arbeiten. Mein Buch macht Fortschritte. Ich hoffe, daß es nach meiner Rückkehr ein in sich abgeschlossener Text sein wird wie

»*L'amour la poesie*«. Ich werde bei der N.R.F. darauf drängen, daß man es in 2 Monaten herausbringt, sonst biete ich es anderen an.[1]
Ich habe drei Tage mit Cécile verbracht, und wir haben viel über Dich geredet, über meinen kleinen Gott, über das nervöse, reine und pathetische Mädchen, das Du stets für mich gewesen bist. Heute, nach so viel Kummer und Unglück, ist mein einziger Wunsch, daß Du glücklich bist, fern meinen Sorgen, meinen Zornesausbrüchen. Weißt Du, ich werde Dir nie wieder wehtun, niemals. Ich liebe Dich so sehr, erinnere Dich doch, glaube mir, es war zwar für Dich nicht immer eitel Sonnenschein, aber ich habe Dich immer furchtbar geliebt. Du hast mir alle meine Gedichte eingegeben. Du mußt meinen Wahn vergessen und nur noch daran denken: Jede Nacht träume ich von Dir.
Ich schicke Dir in den nächsten Tagen Gedichte.
Küsse überall. F. i. D.
Paul

198.
⟨Brüssel, August 1934⟩

Meine schöne kleine Gala,
obwohl ich Mesens[1] darum gebeten hatte, den Rousseau und den Chirico an meine Mutter zurückzuschicken, hat er sie an Dich gesandt.[2]
Ich habe Monsieur André geschrieben, er möchte sie beim Zoll freimachen und bis zu meiner Rückkehr bei sich aufbewahren – oder sie bis dahin in Aufbewahrung geben.
Ich sage ihm noch, daß Du meine Bitte bestätigen wirst. Könntest Du ihm sofort ein paar Zeilen schreiben? (Du brauchst ihm aber nicht zu sagen, um welche Gemälde es sich dabei handelt.) Tu es bitte sofort.
Ich möchte diese Angelegenheit so bald wie möglich erledigt haben.
Anbei ein Zeitungsausschnitt aus den »*Nouvelles littéraires*«, der Euch gefallen wird.[3]
Ich liebe Dich. F. i. D.
Paul

199.
Postkarte: Blumen.

⟨Brüssel, August 1934⟩

Dienstag

Meine Gala, ich fahre am Samstag. Schreibe mir nicht mehr hierher, sondern in die Rue Legendre 54. Monsieur Mesens hat die Gemälde bekommen. Ich habe die Rücktransportkosten überwiesen (136 frs!!!) O Schwerenot!! Aber jetzt ist alles geklärt.
Ich schreibe Dir in den nächsten Tagen einen längeren Brief.
F. i. D.
Paul

200.
Postkarte: Blumen.

⟨Brüssel, August 1934⟩

Meine Gala, ich fahre gleich. Wir sind am Montag abend in Paris. In Mulhouse machen wir Zwischenstation, um Nuschs Großmutter zu besuchen.
Schreibe mir in die Rue Legendre 54, von wo aus ich Dir antworten werde.
F. i. D.
Paul

201.
Briefkopf: Café Dupont.

Paris, Donnerstag ⟨um den 15. August⟩ 1934

Meine schöne, geliebte kleine Galotschka, ich bin vor einer Woche aus Brüssel zurückgekehrt. Cécile ist seit 4 Tagen wieder aus England zurück, und zur Zeit bleiben wir mit ihr in Montlignon – ihretwegen, aber auch wegen Geldmangel, obwohl ich

für den Klee, den ich von Dir hatte, 400 frs bekommen habe. Ich warte ungeduldig auf die Nachricht, ob unser kleiner grüner Picasso verkauft worden ist. Wenn ja, schicke ich Dir sofort die Hälfte des Geldes oder behalte es hier, bis Du wieder herkommst.
Ich durchlebe eine Phase der Melancholie, der Sehnsucht nach Dir, der Erinnerungen, die kein Ende nehmen und die ich nicht für mich behalten kann... Eines Tages werde ich mich aber in Deinen Schatten begeben müssen, meine schöne Sonnige. Arglistig zehre ich von Deinem Leben, sehe, wie Du erwachst, aufstehst, badest, sehe Dich reden, zweifeln, lachen oder aufbrausen. Ich sehe Dich klar und nackt oder müde, klein, elend, ergreifender noch.
Cécile wird ein sehr hübsches Mädchen. Sie sieht Dir immer ähnlicher. Anfang Oktober wird sie mit ihrer Großmutter in die Rue Ordener ziehen.[1]
Ich habe meinen Gedichtband bei Gallimard abgegeben und die Bedingung gestellt, daß er im November erscheint. Ich warte auf Antwort. Habe ich Dir schon den Titel genannt (sehr umstritten unter den Surrealisten – Breton und Char dagegen; Péret, Man Ray, die Frauen dafür):
LA ROSE PUBLIQUE[2]
Schreibe mir, wie Du und Dali darüber denken.
Unsere Mitarbeit bei *»Minotaure«* scheint nun sehr in Frage gestellt. Diese Leute haben Breton und mich *ausdrücklich* um unsere Mitarbeit an dieser Nummer gebeten, bei einem fast schon kompletten Inhalt, der sehr wissenschaftlich, langweilig und einigermaßen reaktionär ist. Allein schon die Reproduktionen älterer französischer Gemälde, auf denen – da diese Leute primitiv sind – ganz sicher heilige Jungfrauen und Gekreuzigte zu sehen sein werden, daß einem so richtig übel wird. Titel von Miró!!![3]
Versprechungen, wonach die nächste Doppelnummer so sein wird, wie wir es möchten... Und doch werden wir wahrscheinlich unsere Mitarbeit verweigern.[4] Und sei es nur, um zu sehen, wie sehr sie an uns interessiert sind. Wenn ja, dann werden wir Bedingungen stellen. Seid also unbesorgt.
Es wäre schön gewesen, wenn Dali mir *sofort* Photos von zwei

Gemälden und einen fertigen französischen Text geschickt hätte, denn es eilt sehr, es ist für eine Sonderausgabe einer tschechischen Zeitschrift bestimmt.[5] Aber stets unter dem Vorbehalt der Zensur.
Bestelle bitte Dali meine besten, sehr aufrichtigen Grüße.
Ich liebe Dich und küsse Dich überall.
F. i. D.
Paul

Ein spanischer Maler will für Breton und mich eine Reise zu den Kanarischen Inseln arrangieren (Kostenpunkt: 400 frs).[6] Eine Konferenz. Wir müßten aber auch eine Kopie vom *»Andalusischen Hund«* oder besser noch vom *»Goldenen Zeitalter«* mitnehmen.
Wie läßt sich das machen?
Antworte bitte schnell auf alles.

202.
⟨Montlignon, den 20. August 1934⟩

Montag

Gala, geliebtes, schönes kleines Mädchen,
die Tatsache, daß ich morgen heiraten werde, stürzt mich einfach so in eine abgrundtiefe Melancholie.[1] Dabei wird sich in meinem Leben nichts ändern, nur daß, wenn ich Nusch verlassen wollte, ich durch die Eheschließung mit ihr weniger Skrupel zu haben bräuchte, da es einfacher wäre, ihre materielle Lage zu sichern.
Aber ich träume jede Nacht von Dir, von Dir nackt im Gebirge, mit Crével und mir, von Dir in Saint-Brice usw.... Du verläßt mich kaum, aber du fehlst mir immer mehr.
Ich muß übrigens sagen, daß wir aus Geldmangel seit einigen Tagen in Montlignon sind und daß ich als Ausgleich zu dieser Familienidylle in meinen Erinnerungen und alten Wunschträumen Zuflucht suche.
Und überhaupt, Galotschka, eines Tages werde ich ohnehin zu Dir zurückkehren, um in Deiner Nähe zu leben, mit dem Ab-

stand, den Du wünschen wirst. Ich habe so vieles satt. Das Leben, die Frauen, die großen Reisen, die kleinen Spaziergänge – das alles hat für mich nur einen Sinn, wenn ich Dich sehen und hören kann. Ich brauche Deine Nacktheit, um den Anblick anderer zu wünschen usw.... Du bist es, die meine Welt so geformt hat.
Ich küsse Dich überall.
F. i. D.
Paul

Anbei ein Photo, das Du vielleicht in mein nächstes Buch tun kannst, am 1. November.[2]
Der kleine Picasso ist wohl verkauft worden. Wir werden aber erst am 15. September das Geld dafür bekommen.

203.
⟨Paris, August oder September 1934?⟩

Mittwoch

Dorogaja Galotschka,
ich hoffe, »Die lange Reise«[1] ist gut bei Dir angekommen.
Ich danke Dir sehr für Deine Karten.
Wir sollen heute nachmittag Antwort bekommen wegen einer Wohnung in der Rue d'Artois, zwischen Saint-Philippe-du-Roule und den Champs-Elysées (6000).[2] Sie ist sehr schön, aber werden wir sie bekommen ...?
Mir geht es gut. Ich hoffe, Du schonst Dich und genießt das Leben.
Ich habe noch immer die Absicht, am 14. September in London zu sein.
Beste Grüße von Nusch.
Umarme Dali für mich.
Ich umarme Dich ganz fest.
Paul

204.
Umschlag:
Poststempel: Davos Platz, 22. Februar 1935.
Empfänger: Senora Salvador Dali. Port Lligat, Cadaqués (Gerona), Espana.

Davos, Donnerstag

Dorogaja, ich hoffe, daß Du meine Karte aus Clavadel bekommen hast.[1] Der Ort ist gewachsen, aber was sich nicht verändert hat, das sind die Wege, die Aussicht, der Schnee. Mir kommt es vor, als sei sehr wenig Zeit vergangen. Ich bin wirklich für alle Zeit mit Dir verbunden.

Wie Nusch schreibt[2], geht es mir besser, und ich bin entschlossen, ein ruhiges Leben zu führen, das heißt ohne Kleinkram, ohne sinnlose Scherereien. In der vergangenen Woche war Skira hier. Er ist am Sonntag angekommen. Ich habe ihn am Freitag auf der Straße getroffen. So, wie die Dinge jetzt liegen, werde ich meine Mitarbeit beim »*Minotaure*« kündigen. Es gibt genug bedeutende Zeitschriften, die *besser zahlen* und an einer Zusammenarbeit interessiert sind. Außerdem bin ich entschlossen, diese Art von Betrügereien (siehe oben) bei niemandem mehr durchgehen zu lassen.[3]

Der Rousseau[4] ist jetzt wohl doch zurückgeschickt worden – an meine Mutter. Schlage Du vor, wem man ihn anbieten könnte. Und zu welchem Preis? Ich meine es sehr ernst. Die Beziehung zu meiner Mutter ist auf dem Tiefpunkt, und ich werde wohl nach meiner Rückkehr am Hungertuch nagen müssen.

Am 7. März reise ich hier ab. Du hast also noch genug Zeit, um mir in aller Ruhe zu schreiben. Dir geht es jetzt sicher viel besser, bist ausgeruht, hast Zeit. Übrigens, Zwemmer[5] hat mir »*Le Lever du Jour*«[6] noch nicht zurückgeschickt. Ich habe kein Glück mit meinen Dalis. Und da ich keine Empfangsbescheinigung besitze, könnte es Ärger geben mit Skira. Vielleicht schreibst Du ihm mal (A. Zwemmer, 78, Charing Cross Road, London W.C. 2) und bittest ihn inständig, daß er ihn an Madame Grindel, Rue Ordener, Paris XVIII. schickt. Deine Anfrage wird mehr Gewicht haben als die meine. Tu es bitte gleich, bevor es zwischen mir und Skira richtigen Ärger gibt. Denn dieser ist ein Halunke, und ich fürchte ihn.

Mein anderer Dali ist in Dänemark. Ich hoffe, daß ich ihn wiederbekomme.
Ich habe es abgelehnt, an der ersten der geplanten Konferenzen teilzunehmen und zu sagen: »Warum bin ich ein Surrealist«.[7] Ich könnte darauf nur auf eine negative, fast dadaistische Art antworten: »Ich bin ein Surrealist, weil ich kein ... bin« usw.... Das wäre idiotisch.
Geliebte kleine Gala, wenn Du wieder hier bist, werde ich leider mein gutes Aussehen, diese schöne Bräune verloren haben, die jedesmal mein Selbstvertrauen hob, wenn ich mir im Spiegel zuzwinkerte.
Schreibe öfter an Cécile. Das heitert sie auf und ist eine angenehme Abwechslung in ihrem Zusammenleben mit meiner Mutter.
Crecre[8] schickt Dir Küsse. Er ist traurig, denn man hat ihn um alle seine Bücher für eine Moskauer Bibliothek gebeten, und es fehlt ihm das Buch über Dali[9]. Weißt Du nicht, wo man eins davon noch auftreiben könnte?
Ich vergesse Dich keinen Augenblick, ich werde Dich niemals vergessen.
Ich küsse Deinen reinen und zarten Körper von oben bis unten.
F. i. D.
Paul

Tausend Grüße an den kleinen Darys.

205.
⟨Paris, März 1935⟩

Mittwoch, 10 Uhr nachmittags

Mein kleines Kind, meine Gala, seit meiner Rückkehr bin ich tatsächlich recht müde. Vor allem habe ich gemerkt, daß mir der kleinste Schluck Wein oder Alkohol schadet. Ich bin jedenfalls einigermaßen wiederhergestellt. Vor allem seelisch. Die Dinge erscheinen mir nicht mehr sosehr in dunklen Farben, ich spüre viel Gleichgültigkeit gegenüber den unnützen, kleinlichen Problemen. Und ich ziehe nunmehr ein neues Leben in Betracht, frei von Routine und Gewohnheiten, in die ich allzu lange verstrickt war.

Ich muß auch gestehen, daß das Wetter hier schön ist. Der Frühling hat schon immer einen sehr heilsamen Einfluß auf mich gehabt. Ich bin entschlossen, alles Muffige aus meinem täglichen »intellektuellen« Tun zu tilgen, zu tilgen, zu tilgen.
Wann wirst du wieder hier sein? Deine Gegenwart, Deine Ratschläge wären mir äußerst hilfreich. Ich denke an Dich stets voller Stolz. Wir haben gut, wir haben *tapfer* gelebt.
Das Wetter ist heute so strahlend wie meine Vorstellung von Dir, von unserer Liebe.
Und Du weißt, mit welcher Leidenschaft ich Dich geliebt habe und daß ich Dir kein schlechtes Leben geboten habe. Unsere Liebe hat uns geholfen, unser selbst bewußt zu werden, unsere Kindlichkeit, unsere Unschuld zu beherrschen, die denen der Verrückten glich.
Meine Liebe zu Dir ist stiller geworden. Ich habe die absolute Gewißheit, daß ich Dich nicht mehr quälen werde, daß Du glücklich sein wirst. Gala, meine schöne Gala, kleines Mädchen, ich werde in Ruhe sterben.
Du mußt mir gute Briefe schreiben. Der letzte hat mich überglücklich gemacht. Und die 200 frs haben mich sehr gerührt. Sie kamen übrigens wie gerufen.
Nusch ist über Deine Freundschaft zu ihr beglückt. Sie ist für mich, wie Dali für Dich, ein liebender, ergebener, vollkommener Mensch.

Ich werde Dir ein andermal über meine Beziehungen zu unseren Freunden sprechen, die komplizierter sind als die unseren, zu kompliziert. Ich werde sie vereinfachen, rücksichtslos, wenn es sein muß.[1]
Breton kommt dieser Tage aus dem Gers zurück. Ich bin gespannt, wie dieser gemeinsame Aufenthalt mit Ernst verlaufen ist. Ich habe noch nicht mit ihm gesprochen. Er wird nach Prag reisen, um dort am 28. seinen ersten Vortrag zu halten.[2]
Es ist auch die Rede von einer gemeinsamen Reise zu den Kanarischen Inseln, zu der ich eingeladen bin, aber ich fürchte, es werden zu viele Leute dorthin fahren und ich werde davon Abstand nehmen müssen, um meinen Frieden zu haben und meine Unabhängigkeit zu erhalten.[3]

Giacometti hat scheinbar wieder Blödsinn geredet.
Habe Skira noch nicht gesehen, er ist noch nicht zurück. Ich werde an seiner Zeitschrift weiter mitarbeiten, wenn er in der Zukunft seine Unarten mir gegenüber seinläßt. Das übrige, und so weiter, und so fort ...
Bestelle Dali, daß ich ihn sehr mag.
F. i. D.
Paul

Ich wollte Dir Gedichte schicken, aber ich schreibe Dir von einem Café aus. Du wirst bald gedruckte bekommen.[4]

206.
Briefkopf: Hotel Paris, Praha.

⟨Prag⟩, Montag, den 7. oder 8. ⟨*sic*⟩ April ⟨1935⟩

Meine schöne kleine Gala,
ich muß Dir über diese Reise alles erzählen. Ich wollte mich tatsächlich über unsere Situation in diesem Land informieren. Aber da ich kein Geld für die Reise hatte, hat mir Tota[1] 1000 frs gegeben und gemeint, ich solle sie Dir zurückgeben. Damit wären dann von dem, was sie Dir schuldet, 1000 frs zurückgezahlt. Oder ich gebe sie ihr zurück. Ich werde es so tun, wie es Dir am liebsten ist: Ich zahle sie im Mai entweder ihr oder Dir zurück. Bis dahin werde ich mein Geld haben.
Diese Reise ist eine Offenbarung. Es gibt hier ein paar sehr gute Leute: vor allem Nezval[2] und Teige[3] – zwei Maler: Styrsky[4] und Toyen[5] – eine sehr merkwürdige Frau – machen herrliche Bilder und Collagen – ein Bildhauer: Makovsky[6]. Obwohl sie nicht sehr zahlreich sind, ist ihre Ausstrahlung und ihr Einfluß so groß, daß man sie ständig bremst und entmutigt. Ihre Situation innerhalb der kommunistischen Partei ist außergewöhnlich. Teige leitet die einzige kommunistische Zeitschrift der Tschechoslowakei. In jeder Ausgabe stehen ein oder mehrere Beiträge über den Surrealismus. Sie waren zum Schriftstellerkongreß in Moskau und haben sich dort leidenschaftlich für den

Surrealismus eingesetzt. Sie sind wahre Poeten, voller Herz und Originalität.
Hier nun die Ergebnisse unserer Reise.
Breton hat in Prag drei Vorträge gehalten: der eine bei Manès (dem einladenden Kunstverein) über die »Position surréaliste de l'objet, position de l'objet surréaliste« mit Lichtbildern (700 Zuhörer);
einen politischen bei der *»Linken Front«*, einer antifaschistischen Gruppierung von Intellektuellen und Arbeitern. Ich habe ebenfalls das Wort ergriffen und danach Gedichte rezitiert (350 Personen);
einen Vortrag bei Philosophiestudenten: Abschnitte aus »Was ist der Surrealismus« (250 Personen – als Bergson nur 50 hatte).
Einen Vortrag in Brno – über das Objekt (500 Personen).[7]
In Brno hat er beim Rundfunk eine Drei-Minuten-Rede gehalten – in Prag 10 Minuten. Ich habe ein langes Gedicht von mir gesprochen. Es wurde auf Platte aufgenommen, und ich konnte es mir gleich danach anhören. Das war ein sonderbares Gefühl von Ehrlichkeit.
Breton hat über 400 Exemplare der Übersetzung von »Kommunizierende Gefäße« signiert. Es wurden 800 davon innerhalb von drei Monaten verkauft. *»Nadja«* wird dieser Tage erscheinen. *»Die öffentliche Rose«* wird im September herauskommen. Ich habe eine Anzahlung von 400 frs bekommen und dazu 200 Kronen bei der *»Linken Front«* und 200 beim Rundfunk. *»Capitale de la douleur«* soll übersetzt werden. Photos in den Zeitungen, lobende Artikel in den kommunistischen Zeitungen, Interviews – ich glaube, Prag wird für uns das Tor nach Moskau sein. Aber hier meinen sie, wir werden noch ein Jahr warten müssen. Wir führen hier ein herrliches Leben. Wir brauchen nichts auszugeben. Die Bewunderung und Zuneigung sind einfach umwerfend. Auf der Straße haben uns Arbeiter nach den Photos wiedererkannt. Im jüdischen Museum hat uns der Wächter, ein junger Student, für unser Kommen gedankt usw....
Eine merkwürdige Stadt, die Apollinaire treffend beschrieben hat. Verrückt.
Schöne Frauen, ebenso einladend...
Wir arbeiten an einem illustrierten *»Internationalen Bulletin des*

Surrealismus«, der in Zusammenarbeit mit den Tschechen in Prag herausgegeben wird. Wir wollen weiterhin ein solches auf den Kanaren und danach in England usw. publizieren.[8] Das ist eine sehr wichtige Sache.
Die Surrealisten waren hier ungemein aktiv. Nezval hat 50 Bücher geschrieben. Er ist einer der zwei größten tschechischen Schriftsteller. Es finden ständig Konferenzen, Theatervorstellungen statt, Publikationen in Zeitschriften. Wir sind hier viel berühmter als in Frankreich. Ich schicke Dir die Sondernummer einer recht blöden Zeitschrift über den Surrealismus (zum 1. April). In Paris zeige ich Euch dann eine Menge Reproduktionen von Dali und Artikel über ihn.
Schreibe mir bitte nach Paris. Ich fahre in 3 Tagen zurück. Wir haben hier über zwei Wochen verbracht. Breton fährt weiter nach Zürich, wo er auch einen Vortrag halten wird.
Ich habe Dich nicht eine Sekunde lang vergessen. Wenn Du eines Tages hierher kommst, wird man Dir sicher sagen, wie oft ich von Dir gesprochen habe.
Ich liebe Dich. F. i. D.
Paul

207.
⟨Paris⟩ 2. Mai 1935

Geliebte kleine Gala,
ich freue mich sehr, daß ich Dich am 15. wiedersehen werde. Sechs Monate, ohne Dich zu sehen, das ist viel zuviel. Du kannst sicher sein, daß ich Dir die 1000 frs zurückgeben werde, wenn Du erst mal hier bist. Denn ich werde ganz bestimmt entweder ein Bild oder mein Manuskript von *»La rose publique«* für 2000 verkaufen. Ich versichere es Dir. Du kannst Dich auf mich verlassen.
Breton und Péret sind vor vier Tagen nach den Kanarischen Inseln abgereist. Um mich ihnen anschließen zu können[1], fehlte mir nur ein bißchen Geld. Ich warte mit großer Geduld auf andere Zeiten, auf Geld, um zu essen. Ich bin sicher, daß es

kommen wird. Aber momentan sind wir dazu verurteilt, zu Hause zu sitzen.
Mit gleicher Post schicke ich Dir einige Exemplare des »*Bulletin international du surréalisme*«. Es sind noch mehr dabei, gebt sie nach Barcelona. Miravitlles, Cassanyes[2] und Foix haben es sicher schon bekommen.
Hebe bitte für mich die Ankündigungen für den Vortrag von Dali auf.[3]
Ich erwarte Euch mit großer Ungeduld!!! Cécile ebenfalls, weißt Du. Wir werden häufig zusammensein, schön fröhlich. Ich werde Dir viele Geschenke machen. Du wirst mir vieles zeigen müssen.
Bis bald, meine kleine Dorogaja.
Ich liebe Dich. Ich küsse Dich andächtig überall.
F. i. D.
Paul

Ich habe »*Minotaure*« ein Märchen gegeben, in dem *Appliquée* nachts zu *Amimère* wird.[4]

208.
Postkarte: »Rossetti – Dr. Johnson at the mitre«.
Poststempel: London, 6. Juni 1935.
Empfänger: Madame Dali, Rue Gauguet 7, Paris 14, Frankreich.

Zum erstenmal sind mir die Museen eine Zuflucht. Ich ziehe ihren Komfort, ihren Luxus der Straße vor. Das verwundert mich, sagte er. Aber Burne-Jones ist auch ganz gut, vor allem *The King Cophetua and the beggar maid* (König Cophetua und die kleine Bettlerin, wobei letztere vollkommen meinem erotischen Ideal entspricht).
Ich möchte mir das alles mit Dir zusammen ansehen. Hier bin ich unsichtbarer als anderswo. Schade, daß ich kein Maler bin, um Dein Porträt zu malen. Du würdest sehen, welche Rollen ich Dich spielen ließe.
⟨ohne Unterschrift⟩

209.
Postkarte: Madame Tussaud's Exhibition London, Madame Tussaud and her model of the sleeping beauty.
Poststempel: London, 8. Juni 1935.
Empfänger: Monsieur et Madame Dali, Rue Gauguet 7, Paris 14 (Frankreich).

Samstag

Ich fahre jetzt. Ich werde heute abend in Paris sein. Ich fürchte aber, daß ich mich hinlegen muß, sobald ich angekommen bin. Heute nacht hatte ich im Ohr starke Blutungen.
Nusch wird Euch anrufen. Ich möchte Euch sehen.
Ich umarme Euch.
Paul

210.
⟨Paris, Ende Juli/Anfang August 1935⟩

Meine Galotschka, meine Dorogaja,
Deine Hand bringt mir Glück.[1] Mir geht es schon wieder besser. Ich werde in der nächsten Woche ein paar Tage auf dem Lande verbringen. Barr[2] war hier: Er hat mir für 2000 frs Bilder abgekauft, wovon 700 frs Dir gehören. Ich kann, ich *möchte* sie also Ramlot geben oder Dir schicken. Denn außerdem hat man mir (die Zeitschrift von Madame Ocampo)[3] 1000 frs für ein Gedicht angeboten. Ich habe für 1400 frs *»La forêt«* und *»Les chapeaux«* (Collage) von Max Ernst verkauft, die bei Dir waren. Und Pierre Matisse[4] wird herkommen, um sich die frühen Chirico anzusehen. Außerdem wird es mit den surrealistischen Dokumenten (350 Dollar) wohl klappen usw.... Es ist phantastisch. Ich habe Cécile hinter dem Rücken ihrer Großmutter 100 frs für ihre Reise gegeben.
Und das Buch *»Facile«*[5] wird im Lichtdruck hergestellt. Usw.... Usw.... Die schöne Hand!!
Ramlot ist mit den Abzügen noch nicht ganz fertig, aber es kann sich nur noch um Tage handeln. Ich kümmere mich darum.
Schreibe mir also, ob ich das Geld Ramlot geben soll.

Das gemeinsame Manifest wird nicht in den »*Cahiers d'Art*« erscheinen. Zervos[6] wollte es kürzen. Wir werden es als Broschüre herausgeben.[7] Aber dann kostet es 600 frs. Wieviel soll ich für Euch einzahlen (50 frs ist das Mindeste)?
Ich werde Dir am besten in zwei Tagen noch einmal schreiben.
Ich liebe Dich für immer.
Breton hat für 4000 frs Sachen an Barr verkauft (2 Tanguy und kleine Dokumente).
⟨ohne Unterschrift⟩

211.
Paul Eluard-Grindel, Le Hiquet, Montfort-en-Chalosse (Landes), Frankreich.

⟨August 1935⟩

Geliebte Gala, schnell ein paar Zeilen, um Dir die Preise mitzuteilen, die ich von Pierre Matisse gefordert habe – damit es keine Mißverständnisse gibt.
Le duo 25 000
Portrait de l'artiste (bei Dir) 6000
Le départ du poète 10 000
Le torse aux Bananes[1] 9000
Le grand intérieur métaphysique (bei Dir) 10 000
Petit intérieur métaphysique avec les objets de pêche 4000.
Breton verlangt 15 000 für sein ganz großes Bild und 12 000 für *Cerveau de l'enfant*. Diese Preise sind von uns aus Nettopreise.

Wir fühlen uns bei Lise[2] sehr wohl, sie ist sehr nett. Wir bleiben hier bis Anfang September. Es wäre sehr lieb von Dir und Dali, mir gleich hierher ein paar Zeilen zu schreiben. Wie findet Ihr das Manifest?
(Ich wäre am liebsten bei Dir als sonst irgendwo, wir würden uns gut verstehen, weißt Du.)
Tausend Grüße an Dali. Ich küsse Dich überall. F. i. D.
Paul

Du müßtest mir für Barr genaueste Preise nennen für Deine Chirico-Zeichnung (den *Napoleon 3.*, Bleistift, im Innern) und für Dein Gemälde *Intérieur métaphysique* (sehr grün) – das sehr schön ist, wie Du weißt.

212.
⟨Paris, erste Septembertage 1935⟩

Samstag

Galotschka dorogaja,
ich bin seit zwei Tagen zurück und habe Deine Tochter adoptiert. Sie ist es aber, die uns unterhält. Im Süden habe ich sehr wertvolle Bilder eines naiven Malers gekauft, der nicht mehr lebt.[1]
Das eine davon möchte ich Euch schenken: *»Abendgebet«* nach Millet[2].
Dein letzter Brief hat mir gut gefallen.
Ich werde mich noch einmal mit Matisse treffen. Aber ich kann mich nicht sonderlich für den Gedanken erwärmen, daß wir uns für längere Zeit von den Chiricos trennen sollen. Wenn es zum Krieg kommt, werden wir sie nicht mehr wiedersehen. Und sie gehören zu den wenigen veräußerlichen Dingen.
Nun, ich werde mich am Dienstag mit ihm treffen.
»Cahiers d'Art«[3] ist fast fertig.
Ich vergesse Dich keinen Augenblick. Küsse überall. F. i. D.
Paul

213.
⟨Paris, September 1935⟩

Gala dorogaja, meine schöne Galotschka,
wann wirst Du hier sein? Ich hoffe, daß Du ernsthaft daran denkst. Ich muß Dich wiedersehen, auch wenn es, wie gewöhnlich, nur flüchtig ist. Wenn Du in Paris bist, wirst du es so halten, wie ich es dieser Tage tue: ruhig zu Hause bleiben, keine

Verabredungen haben, nichts tun. Das stimmt einen wieder optimistisch, so habe ich die letzten Tage verbracht, und so finde ich wieder Gefallen an mir selbst. Dann träume ich von Dir, mag wieder meine Bücher, meine Bilder, und versuche, Gedichte zu schreiben.
Du wirst mir sofort antworten: Wann kommst Du her? Wenn Du noch eine Weile in Cadaqués bleiben solltest, schicke ich Dir eine kleine russische Anthologie französischer Lyrik (sehr dürftig, wie ich das so einschätzen kann), in der auch ich stehe. Welch einen Weg haben wir zurückgelegt seit Clavadel, wo Du mir mit solchen Büchern in französischer Lyrik Unterricht gabst! Ha, ha, ha!!!
In Montfort, bei Lise, hatte Man Ray eine Ausgabe von »*Harpers Bazaar*« mit einer herrlichen Farbreproduktion eines Bildes von Dali (modische Anregungen) mitgebracht. Wir waren alle davon so begeistert, daß wir ihm ein Glückwunschtelegramm schicken wollten. Es scheiterte an unserer Faulheit, aber die Absicht war gut.
Die Nummer von »*Cahiers d'Art*« wird am 2. Oktober fertig sein. Mein Büchlein FACILE in zwei Wochen. Ist Euch ein Exemplar von »*Nuits partagées*« mit den beiden sehr gut reproduzierten Zeichnungen von Dali zugeschickt worden. Es ist schön. Und es ist ein wirklich schöner Text, einer der ernstesten und tiefgründigsten, die ich je über unser beider Leben geschrieben habe. Dalis Zeichnungen passen wunderbar zu diesem Text.[1]
Dali wäre ein Engel, wenn er mir geschwind drei kleine Zeichnungen mit schwarzer Tusche (die nach dem Strich klischiert werden), auf Bögen von 12 mal 18 Zentimeter etwa machen könnte. Man hat mich dringend und sehr freundlich darum gebeten, es ist für eine Edition *ausgewählter Texte von Paul Eluard* in Japan. Das Buch befindet sich schon im Druck, deshalb bräuchte ich sie sofort, *sofort*.
Und der Strich sollte nicht zu fein sein!!
In Montfort habe ich 3 Gedichte für die Zeitschrift »*Sur*« geschrieben, die mir dafür 1000 frs gezahlt hat. Ich schicke Dir alle drei.[2] Du weißt doch, wie sehr mich alles, was Du denkst, auch interessiert. Sag es mir. Und Dali?

Die schöne Cécile hat auch Sehnsucht nach Dir.
Ich liebe Dich. Küsse überall. F. i. D.
Paul

Tausend herzliche Grüße an den kleinen Darys.

214.
Postkarte: ⟨Gemälde⟩ Walther von der Vogelweide.
Poststempel: verwischt.
Empfänger: Madame Gala Dali, Rue de la Tombe-Issoire 101bis, Paris 14, Francia.

Madrid, den 6. Februar ⟨1936⟩

Dorogaja Galotschka,
am Sonntag fahren wir nach Cordoba, dann nach Sevilla und Valencia, schließlich wieder nach Paris, wo wir am 20. eintreffen werden.
Ich habe in Barcelona 4 Vorträge gehalten und hier zwei, von denen der eine durch Gomez de la Serna (Ramon)[1] sehr gut eingeführt wurde.
Wir haben soeben mit Tota telephoniert.
Heute werden wir mit Manuel Nunez de Arenas zu Mittag essen. Er war in Eaubonne vor 10 Jahren. Ich habe in Barcelona einen wunderschönen Jugendstil-Kopf gefunden.
Ich möchte Dich bald wiedersehen. Beste Grüße an Dali. Ich umarme Dich sehr, sehr ⟨*sic*⟩. F. i. D.
Paul

215.
⟨Paris⟩

31. März 1936

Geliebte kleine Galotschka,
nein, mit Cécile ist alles in Ordnung. Wir waren gestern zusammen; sie sagte, daß sie nur einen Brief von Dir bekommen hat.

Sie wird Dir schreiben. Ich sehe sie oft, sie mag Dich sehr. Ihr seid beide ganz in der Nähe meines Büros, auf meiner Linken, und wacht über mich. Ich bin zur Zeit gereizt und etwas durcheinander. Ich habe auch zuviel getrunken. Das Leben ermüdet mich. Ich werde nichts Neues dazulernen. Deine beiden letzten Briefe haben mir gutgetan. Ich möchte Dir eine Freude machen, Dich viel verwöhnen, Dich glücklich machen – zumindest zu Deinem Glück beitragen.
Wir bereiten gerade für *»Cahiers d'Art«* die Nummer über die Objekte vor. Wir haben alle Photos, bis auf die von Dali, um die sich Petitjean kümmert. Dali sollte schleunigst seinen Artikel schicken.[1] Der Geldmangel wird mich daran hindern, mein Objekt zu machen. Ich bin schon wieder knapp bei Kasse und muß Schulden machen. Keine Nachricht aus Amerika.
Picasso hat die Radierungen für mein Büchlein verpatzt und ist plötzlich für längere Zeit verreist – mit unbekanntem Ziel. Mit ihm ist die Hoffnung auf x-mal 500 frs entflohen. Er hat uns ein sehr schönes Aquarell geschenkt[2].
Von meinem Fuß abgesehen, der elektrisch behandelt werden müßte, geht es mir gut. Schreibe mir oft, ich werde immer antworten.
Grüße an Darys. Ich liebe Dich f. i.
Paul

Nein, es wird so bald keinen Krieg geben, sondern Ruhe und Wohlstand, wie Darys sie voraussagt.

216.
⟨Montlignon, April 1936⟩

Samstag

Schöne kleine Dorogaja,
Deinen Brief mit den 300 frs habe ich am Dienstag vormittag erhalten, und er kam wie gerufen, denn Cécile war hier für drei Tage, zumal ihre Großmutter in Montlignon war und wir mit ihr ausgehen wollten. Sie war von ihrem Aufenthalt hier sehr angetan. Deine Zuschrift hat mich sehr gerührt. Du bist eben die kleine Nette, die es immer gegeben hat. Achte nicht auf meine

wechselhaften Launen. Ich achte nie genug auf die Deinen. In meinem Leben nimmst Du einen beachtlichen Platz ein. Du bist die Wurzel meines Lebens. Ich werde meine Unruhe, Deine Siege, unsere Siege, unsere Niederlagen gegen nichts anderes eintauschen. Ich werde in dem Bewußtsein sterben, daß wir eins waren.
Ich habe *endgültig* mit Breton gebrochen, und zwar nach einem relativ ruhigen Gespräch im Café. Ich habe mich dazu entschlossen wegen seiner gräßlichen Art, in der Gegenwart anderer zu diskutieren. Es ist vorbei, ich werde mich an keinem Vorhaben mehr mit ihm zusammen beteiligen. Ich habe genug davon. Wegen Breton war vieles sehr oft nicht ernsthaft genug. Ich war nicht mehr gewillt, weder die Kindereien noch den mangelnden guten Willen und die Inkonsequenz noch länger zu ertragen. Ich wollte meine Kritik äußern dürfen, ohne daß Breton sich bei seiner Entgegnung auf eine Hammelherde stützt, auf Leute, denen alles völlig egal ist. Der Surrealismus sollte keine Schule sein, kein literarisches Bethaus, in dem Begeisterung und was weiß ich was für Aktionen auf Befehl zu erfolgen hatten.[1]
Zu guter Letzt werde ich an der Nummer über das Objekt von *»Cahiers d'Art«* nur dann mitarbeiten, wenn Breton es wegen meiner Lossagung ablehnt, ohne mich daran mitzuarbeiten. Denn ich möchte nicht, daß Zervos auf all den Klischees sitzenbleibt, die er hat anfertigen lassen. Ich werde für die Ausstellung in London[2] Bilder zur Verfügung stellen, denn Penrose[3] hat mir Geld geliehen, und ich habe mich dazu verpflichtet. *Das wird dann auch alles sein.* Ich weiß nicht, was Breton und die anderen in der Zukunft machen werden. Ich werde mich entschieden weigern, irgendeine Erklärung abzugeben. Sicher wird sich dadurch mein Leben ändern. Ich weiß aber nicht, in welcher Weise. *Unter uns gesagt,* ich habe schon das vage Gefühl, daß ich mich ein wenig ins Ungewisse begebe. Das ist gar nicht unangenehm. Nach 18 Jahren[4] war das alles zu einer Gewohnheit geworden, zu einer Ordnung. Sollen jetzt die anderen ein wohlgeregeltes Leben führen.
Wann werdet Ihr wieder hier sein. Zervos wird Dali um ein paar schöne Photos seiner Bilder bitten und in *»Cahiers d'Art«* einen schönen Artikel dazu schreiben. Die Zervos sind sehr nett, aber

schüchtern. Für die Londoner Ausstellung werde ich die 4 Dalis ausleihen, die ich habe, zwei ältere und 2 neue, wobei das Bild von den Kanaren nicht mir gehört[5]. Es werden 10 große Bilder von Ernst, 10 bedeutende Arbeiten von Miró, 8 sehr große Klees gezeigt u. a. m. ...[6] Könntet Ihr mir nicht sagen, von wo ich welche herbekommen kann: von Noailles? Und von wem noch? Vielleicht schreibt Ihr in diesem Sinne an die Verleiher. Auch ein wichtiges Bild neueren Datums zur Verfügung stellen ⟨*sic*⟩. Diese Ausstellung wird eine der bedeutendsten sein (200 große Arbeiten!). Wo ist das große Bild der Unabhängigen: der *»Lenin mit dem großen Hintern«*[7]? Und so weiter ... Die Bilder müssen alle am 6. Mai für den Versand bereit sein. Schreibt auch sofort an Caillet[8], damit er auf Eure Rechnung die Photos macht, die ich aussuchen werde. Wir brauchen dringend welche für den Katalog und für die englischen Zeitungen, die welche angefordert haben. Ich bitte Euch, dieses eine noch für mich zu tun, danach werde ich nichts mehr verlangen, was mit dem Gemeinschaftsvorhaben zu tun hat. Wer hat das Photo meines Porträts von Dali gemacht? Ich brauche es.
Ansonsten läßt sich sagen, daß Max Ernst und Man Ray sehr geneigt sind, meine Gefühle und meine Haltung zu teilen.
Da wir bis Dienstag in Montlignon sein werden, schicke ich Euch erst dann die Nummern der dänischen Zeitschrift *»Concrétion«*, in der Dali sehr gut vertreten ist und wo Du neue Gedichte von mir in Französisch lesen kannst.[9]
Cécile hat Dich sehr, sehr gern. Ich auch.
F. i. D.

Paul

217.

Postkarte: Der Eiffelturm.

⟨Paris, Mai? 1936⟩

Ich rufe Dich morgen an.

Paul

Das Standbild (auf der Rückseite) ist von Salvador Dali, dem offiziellen Künstler der Volksfront.

218.
Briefkopf: Editions »Cahier d'Art«, Rue du Gragon 14, Paris 6.

⟨Paris, den 15. Mai 1936⟩

Freitag

Geliebte kleine Gala, wie durch ein Wunder fühle ich mich heute körperlich sehr wohl, habe aber eine furchtbare Sehnsucht nach Dir. Eine unüberwindliche Schwermut.
Ich hätte Lust, meinen Kopf auf Deine Schulter zu legen, Dich zu sehen, bei Dir zu sein. Du hast Glück, daß Du niemals eine solche Sehnsucht nach Deiner Vergangenheit verspürst. Es ist entsetzlich.
Und ich bin so ruhig, ich habe so wenig Lust, mich gehen zu lassen, zu schreien. Verzeih, daß ich Dir das alles erzähle. Wir konnten anders nicht leben. Ich bin unvollkommen, auf kindliche Weise kompliziert, nervös usw.... Aber du darfst mich nicht vergessen, niemals, niemals. Das Leben bedeutet mir so wenig.
Genug davon, ich hätte Lust, das Geschriebene zu zerreißen und Dir nur das folgende zu schreiben:
Montag. Céciles Geburtstag. Sie hat viele Geschenke bekommen und war sehr zufrieden. Gestern war sie bei Man Ray, der ein Radio besitzt, und hat mich meine Gedichte sprechen hören. Sie war sehr aufgeregt und ergriffen. Sie ist sehr, sehr lieb und hat Dich furchtbar gern.
Die Bilder (150) sind auf dem Weg nach London. Keller ist in Amerika. Außer den Dalis, die bei mir waren, haben wir nur noch zwei weitere Bilder bekommen (*Das Klavier mit den Leninköpfen* und ein sehr leeres Bild mit weichen Uhren), die bei Colle[1] waren, sowie *»Der Traum«* von Marie-Laure[2]. Dali wird schlecht vertreten sein. Für Max Ernst sind es 21 Bilder, für Miró 12 große usw.... Dabei hatte ich Euch wiederholt gefragt, ob Ihr mir sagen könnt, wo sich das große Bild der Unabhängigen (der *Lenin mit dem großen Hintern*) befindet. Pen-

rose wird bei Edward James[3] nachfragen. Hat er aber welche, die er zu diesem Zweck leihen könnte? *Der Unsichtbare Mann*[4] wäre genau das richtige gewesen. Wenn Ihr mir aber schreibt, von wo ich noch große und schöne herbekommen könnte, würde ich alles daransetzen, damit sie noch rechtzeitig für den Katalog eintreffen. Und alle Maler – außer Dali – haben große Zeichnungen? Also, ich bitte Euch sehr, gebt Euch ein bißchen Mühe.
Von verschiedenen Seiten hörte ich recht absonderliche Dinge über die surrealistischen Aktivitäten!
Kommt bald wieder her!
Antwortet mir sofort. Denn danach will ich zu Char fahren, um mir 3 Wochen Erholung zu gönnen. Ich liebe Dich, küsse Dich überall.
F. i. D.
Paul

219.
Briefkopf: Central Hôtel, Le Mans.

⟨Um den 20. Mai 1936⟩

Sonntag

Bin seit gestern hier mit dem Direktor der Adler-Werke und einem deutschen Rennfahrer in einem märchenhaften Auto, das 155 in der Stunde fährt und manchmal 198 mit Leichtigkeit. Das macht Spaß.
Dalis Artikel ist unterwegs. Das prächtige Objekt von Gala wird eine gute Reproduktion bekommen.[1] Ich hoffe, daß Ihr bald hier sein werdet. Schreibt mir. Ich hoffe, daß es mir bis zu Eurer Rückkehr besser geht und daß die Fußoperation bis dahin erledigt ist. Ich werde wieder laufen wie ein Adler-Motor.
Bitte, schreibe mir. Und kommt bald zurück. Ich werde bis dahin etwas verkauft haben und hoffe, daß auch Gala Glück haben wird. Seit einiger Zeit ist es katastrophal, und ich bin auf Arbeitssuche.
Für immer Euer
Paul

Freundliche Grüße, Yvonne Zervos
Gruß. Nusch
Herzlichst, Man Ray
Mit den besten Gedanken, Christian Zervos
Paul von Guillaume[2]

220.
⟨Paris⟩ 23. Mai ⟨1936⟩

Geliebte kleine Gala,
Penrose wird es so regeln, wie Ihr es wünscht, er ist aber untröstlich. Um ihn ein bißchen zu entschädigen, bitte ich Dich, ihm gleich den Zeitpunkt mitzuteilen, wo Dali in London seinen Vortrag halten wird.[1] Für meinen Vortrag werde ich 10 Pfund Sterling bekommen, also 750 frs. Ich werde ihn am 24. Juni halten.[2] Ich bitte Dich also, ihm sofort zu schreiben. Er ist wirklich ein sehr sympathischer, großzügiger, netter Mensch.
Mein Fuß ist jetzt endgültig operiert worden. Ich hoffe, bald wieder herrlich gehen zu können. Einstweilen bin ich recht müde. Es ist kalt, ich huste. Vor einer Woche habe ich den ganzen Tag lang Blut gespuckt. Ich glaube, es kam daher, weil man ein sehr stark riechendes Mottenpulver in meinem Zimmer benutzt hatte (!!!! Ha! ha!).
Wann wirst Du hier sein? Wenn Du kommst, werde ich Dir eine schöne Überraschung bereiten. Ich habe von einem surrealistischen Manifest in Barcelona gehört. Versuche es mir zu besorgen. Wie ich hörte, soll die Objekte-Ausstellung sehr gut sein.[3]
F. i. D.
Paul

221.
Postkarte: Saint-Raphael (Var). Teilansicht des Hafens und des »Quartier des sables«.
Poststempel: Saint-Raphael, 17. Juli 1936.
Empfänger: Madame Dali, Rue de la Tombe-Issoire 101 bis, Paris 14.

Galotschka dorogaja,
wir haben hier ein wunderbares Wetter, und doch fühle ich mich etwas fremd. Ich hoffe, daß Du meinen Brief über Cécile in London bekommen hast.[1] Schreibe mir an folgende Adresse:
Eluard-Grindel
Hôtel des Algues
Saint Raphaël (Var)
Schicke Einschreiben nur auf den Namen Eugène Grindel.
Ich umarme Dich sehr, sehr ⟨*sic*⟩. F. i. D.
Paul

1000 Grüße an Dali.

222.
⟨Mougins, erste Septembertage 1936⟩

Montag

Geliebte kleine Gala,
schreibe mir bitte in die Rue Legendre 54, denn wir werden in der nächsten Woche von hier abreisen. Die Ferien dauern nun schon über sechs Wochen, und wir haben genug davon.[1] Deine 1000 frs haben mir gute Dienste geleistet.
Ich schicke Dir ein Gedicht und den zweiten Teil eines anderen, Picasso gewidmeten Gedichts; der erste Teil befindet sich in Paris, Du wirst ihn noch bekommen.[2] Sage mir, wie Du es findest. Die Ferien mögen Dir gut bekommen, und Du sollst Dich gut erholen. Ich meine, daß wir uns in Paris recht oft sehen sollten. Bestelle Dali tausend Grüße. Du hast mir noch nicht gesagt, wie Du Cécile fandest, ihr Aussehen, ihre abgeschnittenen Haare, ihre Erinnerungen.
Es ist, als hätte sie alle gute Laune von hier mit sich fortgenommen.

Ich liebe Dich. Ich denke an Dich.
Ich küsse Dich überall.
F. i. D.
Paul

223.
⟨Paris⟩ Dienstag, den 15. September ⟨1936⟩

Meine schöne kleine Gala,
es stimmt mich sehr traurig, daß Du kein schönes Wetter hast. Versuche trotzdem, diese Kur gut zu nutzen. Gönne Dir viel Ruhe, unternimm keine anstrengenden Spaziergänge. Und mach Dir wegen des Geschehenen keine Sorgen. Das hilft nichts. Ich selbst war auch sehr entmutigt.
Seit meiner Rückkehr geht es mir schlecht, die Nerven, der Kopf, die Haut. Ich werde heute nachmittag zu Mabille [1] gehen, in der Hoffnung, daß er mir Linderung verschafft.
Mein Gedichtband erscheint im nächsten Monat mit Illustrationen von Picasso (zu 10 frs). Sein Titel: »GRAND AIR«.[2]
Jacqueline hat sich von Breton getrennt. Diesmal ist es endgültig, glaube ich.[3] Sie hat in Algerien eine Arbeit gefunden. Breton bleibt allein mit dem Kind. Die Eltern von Breton kümmern sich nicht mehr um ihn.
Heute früh stand in den Zeitungen, daß Picasso zum Direktor des Prado ernannt worden ist. Stimmt das? Wenn ja, dann müßte er dorthin zurückkehren. Er hält sich noch immer in Mougins auf.[4]
Schreibe mir bitte. Gib auf Dich acht. Du mußt stark sein. Das ist nicht der richtige Augenblick, sich entmutigen zu lassen. Alles wird wieder gut. Ich küsse Dich überall.
F. i. D.
Paul

Grüße an Dali und an Peter Watson[5].

224.
⟨Paris, Ende September 1936⟩

Samstag

Meine schöne kleine Galotschka,
ich warte voller Ungeduld auf Dein Kommen.
Dali müßte mir für das Programmheft zur Vorstellung von *»Ubu«* in Paris *sofort* eine Zeichnung schicken, die in schwarzweiß reproduziert werden kann.[1] Das Programmheft soll in einer sehr luxuriösen Aufmachung herausgegeben werden. Ich arbeite auch daran. Es ist allerdings *sehr, sehr eilig.* Im Grunde müßte er sie mir postwendend zuschicken.
Außerdem fahre ich Mitte der nächsten Woche für ein paar Tage nach Belgien. Ich nehme an, Dali kennt Ubu.
Die beiden letzten Tage hatte ich Cécile bei mir. Ich habe ihr Deine neue Adresse in Cortina d'Ampezzo gegeben. Ich werde ihr schreiben.
Mein nächstes Buch *»Grand air«* wird am 20. Oktober herauskommen. Schreibe mir, wie Dir der Titel gefällt.
Es gibt so vieles, worüber ich mit dir reden möchte.
Freundschaftliche Grüße an Dali und an Peter Watson.
Und heute noch die Zeichnung, einverstanden?
Für immer Dein
Paul Eluard

225.
⟨Paris, 17. Dezember 1936⟩

Maja Dorogaja,
ich war mir Deiner Adresse nicht ganz sicher. Man Ray wird Dir diesen Brief geben. Ich hoffe, ich freue mich für Dich, daß Du Dich mit Amerika immer mehr vertraut machst.[1] Ich wünsche Euch dort viel Erfolg und daß Ihr für lange Zeit gegen materielle Sorgen gefeit seid.
Hier gibt es nichts Neues. Nur, daß heute vormittag das beigefügte Gedicht erscheint. Ich hatte es einem Bekannten zu lesen gegeben, und Aragon hatte ihn deswegen angesprochen.[2] Zum erstenmal wird damit ein Gedicht von mir in einer Auflage von

450 000 erscheinen. Ich ahne schon, was Breton dazu sagen wird.[3] Aber ich sehe nicht ein, warum ich – da ich meine Lyrik in nichts ändere – nicht eher mit der »*Humanité*«, die von Arbeitern gelesen wird, zusammenarbeiten sollte, als mit der »N. R. F.« oder einer anderen Zeitschrift, die ausschließlich im bürgerlichen Lager gelesen wird. Wie findest Du das Gedicht? Es würde mich freuen, wenn Du mir alles schickst, was mich interessieren könnte: Kataloge, Zeitungen, Zeitschriften usw....
Es dürfte Dich keine allzu große Mühe kosten, und mir tust Du damit einen Gefallen.
Es wäre auch schön, wenn Du mir schreibst, mir erzählst, was Du so tust, wie es Dir geht und, vor allem, ob Du mich liebst und daß Du mich nicht vergißt. Vor mir steht Dein Photo. Ich träume oft von Dir im Schlaf und immer, wenn ich wach bin.
Es geht mir gut, ich versuche, viel zu arbeiten. Cécile wird am 23. in den Wintersport fahren. Sie strahlt.
Küsse überall. F. i. D.
Paul

Und tausend Grüße an den kleinen Dali.

226.
⟨Paris⟩

6. Januar 1937

Meine kleine Galotschka,
unsere Briefe haben sich gekreuzt. Ich hoffe, Du hast den meinen bekommen. Da ich mir der Adresse nicht ganz sicher war, habe ich ihn an Man Ray geschickt.
Ich freue mich, daß die Dali-Ausstellung gut läuft.[1] Wenn es so weitergeht, wünsche ich Euch, daß Ihr die Preise merklich anheben könnt und damit für lange Zeit die materiellen Sorgen los werdet.
Ich denke, daß wir hier in 3 oder 4 Tagen die Fahrt nach Le Cannet antreten können, um zwei Wochen bei Char zu verbrin-

gen. Das soll Dich aber nicht davon abhalten, mir noch zu schreiben. Ich werde zur gleichen Zeit zurück sein, wie Deine Antwort hier eintrifft. Schreibe mir bitte.
Bei Madame Bucher[2] habe ich den prächtigen Katalog von Barr[3] gesehen. Ich habe ihn nicht bekommen. Wie auch immer, *versuche Du, für Cécile einen zu bekommen.* Die Reproduktion alter Dinge wird ihr sicher gefallen. Unsere Tochter ist begeistert von Chamonix zurückgekehrt. Diese Reise scheint sie auf gehörige Selbständigkeitsgedanken gebracht zu haben. Sie bringt ihre Großmutter so richtig auf Vordermann.
In letzter Zeit habe ich über 30 Gedichte geschrieben.[4] Mich hat eine regelrechte Arbeitswut gepackt. Denke bitte daran, alle möglichen Materialien, die mich über die Aktivitäten in Amerika ins Bild setzen könnten, für mich beiseite zu tun.
Man hat mir die Leitung einer spanisch-englisch-französischen Zeitschrift angeboten. Mein Gehalt wäre recht bescheiden (700 frs plus Honorar bei eigenen Beiträgen). Ich könnte machen, was ich wollte. Ich zögere noch, weil ich etwas Angst habe, meine Freiheit einzubüßen. Für alle unangenehmen Arbeiten hätte ich einen Sekretär. Schade, daß Du nicht da bist, um mich zu beraten. Ich treffe mich nachher mit Bergamin.[5] Vielleicht weiß ich dann, was ich machen soll?
Bei *»Minotaure«* scheinen die Dinge zu stagnieren. Skira versucht, bei der Generalidad Geld für eine Nummer über die spanische Kunst aufzutreiben. Ich glaube nicht, daß es ihm gelingen wird.[6] *Schreibe mir.* Ich liebe Dich. Du bist mir stets allgegenwärtig, in meinem ganzen Leben. Ich küsse Dich überall.

Paul

227.
Postkarte: Blumen.

⟨Le Carinet⟩, den 14. Januar ⟨19⟩37

Meine schöne kleine Gala,
ich habe Dir geschrieben, aber Du wirst den anderen Brief erst

mit diesem hier bekommen, da Du jetzt in Kanada bist, wo Du dich hoffentlich von den Strapazen in N⟨ew⟩ Y⟨ork⟩ erholen wirst. Ich bin recht froh darüber, daß Du früher zurückkehren wirst als geplant. Noch sind wir bei Char in Cannet, aber wir fahren am 24. zurück.
Beherzige, was ich Dir in meinem letzten Brief geschrieben habe. Sage James, was ich Dir über Skira geschrieben habe. Letzteren habe ich am Tag meiner Abreise gesehen. Er meinte, es wäre noch reichlich Zeit und ich könnte ihm Dalis Text nach meiner Rückkehr geben, was ich auch tun werde. Das Erscheinen von »*Minotaure*« ist noch immer recht ungewiß.[1]
Bringe mir bitte die Dinge mit, um die ich Dich bat. Informiere Dich, ob Du Zeit hast für Levy[2] und für Barr[3], wegen der Bilder, die ich ihnen zur Verfügung gestellt habe (denn in meinem Geldbeutel ist Ebbe).
Ich liebe Dich. Küsse überall. F. i. D.

Paul

1000 Grüße an Dali.

228.
⟨Paris⟩ 14. Februar ⟨19⟩37

Geliebte kleine Gala,
wie freue ich mich über diese Reise, die Du gerade unternimmst. Du wirst es nicht bereuen, aber danach wirst Du Dich schonen und richtig ausruhen müssen. Ich habe Deinen Brief heute vormittag bekommen, er ist zauberhaft, wie eine seltene, kostbare Lust.
Ich habe die ganze Woche im Bett gelegen. Seit meiner Rückkehr aus Cannes war ich eigentlich immerzu etwas krank. Nur einmal bin ich am Abend ausgegangen, zu einem Konzert von Poulenc mit 9 Gedichten von mir.[1] Großer Erfolg. Ich hatte dann Herzschmerzen, die wohl vom Magen kamen. Und mein Ohr blutet und eitert ununterbrochen. Ich habe ständig Kopfschmerzen. Aber einen wachsenden Horror vor den Ärzten.
Trotz alledem arbeite ich viel. Ich habe zu Zeichnungen von

Man Ray[2] 40 Gedichte geschrieben. Ich beende gerade für die »N.R.F.«[3] einen Prosaband von 200 Seiten (alle meine Prosatexte). Und den Editions Kra[4] habe ich für Juli einen dicken Band mit Gedichten versprochen. Wenn der Schriftstellerkongreß, wie angekündigt, in Madrid stattfinden wird, hoffe ich einigermaßen auf dem Posten zu sein, um hinfahren zu können.[5] Ich werde außerdem an einem Ästhetik-Kongreß teilnehmen, der im August in der »Exposition« abgehalten wird und wo ich einen Beitrag über folgendes Thema halten soll: »Physik der Poesie: Picasso, Ernst, Dali.«[6]
Versuche, mir so viele Dokumente wie möglich mitzubringen, und vor allem für Cécile die Bücher von Barr[7] und von Levy.[8] Und auch die zwei Karten von Dali, die ich Levy gegeben hatte. Bitte ebenfalls *freundlichst* Barr um eine Empfangsbestätigung für *»2 enfants menacés par un rossignol«*[9], das sie vergessen haben, auf der allgemeinen Bescheinigung aufzunehmen. Und sie sollen alles unternehmen, um eines meiner Bilder zu verkaufen: Chirico, Ernst oder ein anderes. Bringe mir Photos mit.
Das Erscheinen von *»Minotaure«* ist ungewisser denn je. Wie man hört, wartet Skira auf die Rückkehr von James, um die Lage zu klären. Das wäre schon wünschenswert. Oder James beschließt, eine neue Zeitschrift zu gründen, deren Leitung ich dann übernehmen könnte.
Breton wird einen Laden für Kunstgegenstände, Bilder und Bücher aufmachen. Die Mittel dafür werden ihm geliehen.[10] Wir sehen uns von Zeit zu Zeit. Er engagiert sich sehr im Zusammenhang mit dem Moskauer Prozeß. Ich nicht.[11]
Cécile ist sehr traurig, weil Du ihr nicht schreibst. Wir haben uns wegen der Überschwemmungen große Sorgen gemacht. Sie ist sehr lieb und hat dich sehr gern. Wie ich auch.
Nichts wird mich Dir jemals entfremden. Du bist und bleibst meine kleine Gala, sei glücklich, froh, wir werden uns wiedersehen.
Anbei 4 der für Man Ray verfaßten Gedichte.
⟨Ohne Unterschrift⟩

Tragbare Frau[12]

Wirkt feierlich in der Einsamkeit

Irdischer Hohn die Frau
Sobald ihr Herz anderswo ist

Wenn was ich liebe mit mir übereinstimmt
Bin ich gerettet

Wenn was ich liebe sich verschanzt
Sich in nichts auflöst
Bin ich verloren

Ich liebe nicht meine Träume ich erzähle sie nur
Und ich liebe die der anderen wenn man sie mir zeigt

Die Angst und die Unruhe

Reinigen verdünnen entkeimen zerstören
Säen vermehren nähren zerstören.

Paranoia

Die Küsten in Sicht
Von gewissen Fischen sprechen hören
Nachbarn der Erde

Verlassen wir das Meer
Klammern wir uns an die Bewegung
Der sicheren Ufer

Der Fluß kommt herab wie ein Ei
Und wir sind die Vögel

Die unfruchtbaren Augen

Sie ist wie eine Knospe
Der freie Raum unter der Flamme
Ganz ohne Arg sie hat den Duft
Liebender die sich umschlingen.

229.
⟨Paris, April 1937⟩

Freitag

Galotschka, dorogaja,
Dein lieber Brief hat mich sehr gefreut. Gestern habe ich durch Corti 2 englische Bücher an Dich schicken lassen – sonst hatte er nichts Besonderes – und auch den Katalog mit den Shakespeare-Zitaten.
Zwei, drei Tage nach meinem Brief an Dich, habe ich dann auch den Einschreibebrief von Dali bekommen. Die »Hand-Narzisse« ist kurios. Ich werde sie in meinem Buch abbilden. Aber mit Dalis Kommentaren zu seiner Poesie kann ich nicht viel anfangen.[1] Nun, ich werde sehen, was sich machen läßt. Trotzdem, tausend Dank. Es war sehr nett.
Du schreibst gar nicht, ob auch die N. R. F. und die eine Seite aus der *»Marianne«* angekommen sind.[2] Ich hoffe es.
Mir geht es nicht sonderlich gut: permanente Kopfschmerzen, Schwindelgefühl usw.... Mit dem Ohr wird es immer schlimmer. Ich habe wieder große Mühe zu arbeiten.
Cécile ist zurück, schön braun und vergnügt. Sie hat junge Leute kennengelernt, die mich bewundern und es großartig fanden, daß sie meine Tochter ist (!!!).
Anbei findest Du meinen Londoner Vortrag. Du bekommst eine Luxusausgabe (!!!).[3]
Ich bekomme gleich den Besuch von Madame Bucher, die mit mir über eine Benquet-Ausstellung reden will.[4] Vielleicht werde ich welche verkaufen, was großartig wäre.
Schreibe mir, was Du in Paris alles zu erledigen hast, ich werde es tun. Du weißt, daß ich für Dich lebe, wie immer. Du bist ein

armer kleiner Schatz. Ich möchte Dich glücklich sehen. Ruhe Dich gut aus. Speichere Gesundheit.
Bestelle dem kleinen Dali und James meine Grüße.
Ich küsse dich sehr aufmerksam.
F. i. D.
Paul

Samstag vormittag

Ich muß meinem Brief noch etwas hinzufügen. Gestern abend war Madame Bucher hier. Sie hat Benquets mitgenommen, eine Radierung von Picasso und einen ganz kleinen Tanguy, den ich (im Tausch) für 200 frs gekauft hatte. Sie wird mir für den zu erwartenden Verkauf dieser Dinge eine Anzahlung von 1000 frs geben.
Ich habe meinen Brief noch einmal geöffnet, weil ich einen schrecklichen Traum hatte. Wir verbrachten gerade gemeinsame Ferien, und ich sagte zu Dir, daß ich noch niemals so glücklich war. Auf den Feldern, den Wegen, den Bäumen standen überall Blumen.
Wir betraten einen Gebirgspfad. In der Nähe des Pfades war ein Schachspiel begraben.[5]
Am Berg verläuft ein kleiner Weg. Du gehst weiter. Ich schreie Dir zu, ich befehle Dir: Zurück! Zurück! Denn ich habe gesehen, wie sich die Erde öffnet und der Weg einstürzt.
Du schaffst es aber, und hinter Dir stürzt der Weg in den Abgrund. Jetzt schreie ich: »Gala, warum, warum?« Du gehst weiter, aber plötzlich rutschst Du mit dem Weg hinab, schreist und wirst von der Erde zugeschüttet, und ich habe das Gefühl, wahnsinnig zu werden. Plötzlich kommt mir der Einfall, den Hang hinunterzurennen. Ich will Dich auffangen oder mit Dir begraben werden. Dann wache ich auf und habe fürchterliche Kopfschmerzen und 37,8° Fieber. Dabei hatte ich gestern abend bewußt nichts gegessen. Ich werde im Bett bleiben und doch noch ein Aspirin nehmen, was ich sonst nicht mehr tue.

230.
⟨Paris, April 1937⟩

Meine schöne kleine Galotschka,
ich habe Dir gestern noch 2 Englisch-Bücher schicken lassen und gleichfalls durch Lévis-Mano[1] einige seiner Publikationen. Das wird Dir für eine Weile die Zeit vertreiben.
Heute noch werde ich zu Corti gehen, damit er dir das Buch über Nietzsche schickt. Schade, daß Du die N. R. F. mit meinen Gedichten nicht bekommen hast. Ich schicke Dir einen Zeitungsausschnitt. Hebe ihn bitte auf und gebe ihn mir später zurück.
Nusch liegt seit vier Tagen im Bett. Sie hatte sehr hohes Fieber und Nierenschmerzen bekommen. Meinem Ohr geht es wieder schlechter. Sei aber unbesorgt, ich führe ein sehr geregeltes Leben. Ich gehe nicht mehr aus und bin abends um neun im Bett. Ich habe schon lange nichts mehr getrunken. Ich versuche, mit so wenig Leuten wie möglich zusammenzukommen.
Es freut mich, daß Du so schön braun wirst. Bleibe viel liegen, draußen an der Luft.
Und laß Dir Zeit, bevor Du herkommst.
Ich hoffe, daß Dali gut arbeiten kann.
Auf Wiedersehen, meine kostbare Gala.
F.i.D.
Paul

Anbei ein Gedicht, das Dich interessieren wird.[2]

Der Kreis deiner klangvollen frischen Arme[3]
Ein Frühlingsabenteuer voller Glut
Grün in den weißen Wiesen
Überschüttet mit Hoffnung und Tau

Vergessen wir nicht die Nachtigall
Noch das Schachspiel tief unterm Schlamm
Noch die Totengebeine
Noch den Eintritt des toten Laubs
In die Ewigkeit des Dezembers.

Ein Blick so weit wie das Schweigen
Die Sekunde unsrer Geburt
Glück der Augen die Liebe ist ohne Grenzen
Altes ungetrübtes Vertrauen
Arme die sich verströmen Arme immer aufs neue
Von Träumen genährt
Als gäb es allein uns beide auf Erden
Und das Lächeln unsrer bloßen Gebärden.

Wir können es uns erlauben
Nichts zu vergessen
Sinnlose Eide alles wurde beschworen
Seit je

Uns bleibt nichts mehr zu erfinden

Und wir liegen überall vorn.

April 1937

231.
〈Paris〉 1. Mai 〈1937〉

Galotschka dorogaja,
ich hoffe, daß Du *»L'Effondrement de Nietzsche«* jetzt bekommen hast. Ich hoffe vor allem, daß Du bald hierherkommst. An manchen Tagen ist es noch recht kalt, aber der Winter geht zu Ende. Das Wetter bessert sich. Momentan geht es mir gut, ich sehe gut aus. Und ich arbeite.
Habe ich Euch schon gesagt, wie vorzüglich sich Dalis Narzisse für mein Buch eignet? Man wird daraus eine ausgezeichnete Reproduktion machen können.
E. James war in Paris. Ich hatte nicht das Vergnügen, ihn zu treffen. Schade. Es wird allgemein erwartet, daß er seinen Prozeß verlieren wird.[1] Jedenfalls glaube ich nicht, daß *»Minotaure«* aus seiner Asche wieder erstehen wird. Das ist recht schade.
Nichts Neues von Julien Levy.
Wenn Du mir schreibst, daß Du noch einige Zeit in Semmering[2] bleiben wirst, dann schicke ich Dir dorthin noch ein oder zwei

Bücher. Hast Du *»Adler und Schlange«*[3] gelesen? Es ist die Geschichte vom mexikanischen Diktator Pancho Villa. Spannend. Das Massaker von Guernica hat mich mit grenzenlosem Zorn erfüllt. Aber ich weiß nicht, was ich tun soll.[4]
Wenn Du herkommst, wirst Du mich doch besuchen? Sicher. Ich denke an Dich. Zu Mittag essen wir bei Breton. Sein Geschäft geht nicht besonders gut. Für diese Art von Geschäft ist Breton nicht allzu begabt.
Jacqueline auch nicht.
Ich liebe Dich. F. i. D.
Paul

232.
Postkarte: Blick auf die Steilküste – Northcottmouth-Bude.
Poststempel: Truro Cornwall ⟨Datum unlesbar⟩.
Empfänger: Monsieur und Madame Salvador Dali. Rue de la Tombe-Issoire 101 bis, Paris 14 (Frankreich).

⟨Juli 1937⟩

Mittwoch

Dorogaja Galotschka,
man lebt sehr gesund in diesem wunderbaren Land – aber nicht allzu warm. Ich war über Céciles Erfolg bei der schriftlichen Prüfung angenehm überrascht. Wenn morgen alles gutgeht, dann werde ich hinsichtlich ihrer Zukunft um einiges zuversichtlicher sein.
Ich denke an Dich. Ich werde versuchen zu arbeiten. Sei lieb und schicke mir gleich das Buch und danach Deine Adresse.
Grüße an den kleinen Darys. Ich umarme Dich.
Paul
Lee Miller[1]
Grüße, Roland Penrose
Küsse, Nusch
Eileen Agar[2]
Herzlichst, Man Ray

233.
Postkarte: Humoristische Zeichnung.

⟨Truro – Cornwall⟩ Freitag, den 16. ⟨Juli 1937⟩

Wir werden Ende nächster Woche wieder in Paris sein.
Ich stehe noch ganz unter dem Eindruck dieses grandiosen Examens, über das wir noch in Jahrzehnten reden werden.
Seid beide[1] von uns recht herzlich umarmt.
Paul

234.
⟨August 1937⟩

Dienstag

Maja Galotschka dorogaja,
ich hoffe, daß man Dir den nach Saint-Moritz adressierten Brief nachgesandt hat. Die Adresse hatte ich von Faucigny-Lucinge[1] telephonisch erfahren.
Weißt Du, es betrübt mich, daß Du mir das Buch von Dali[2] nicht geschickt hast. Ich habe es mir auf der Durchreise in Paris bei Breton kurz angesehen. Nun ja!
Apropos Breton, er hat ein Traktat gegen die Ausstellung im »Jeu de Paume« in Form eines offenen Briefes an die Minister veröffentlicht, mit Unterschriften (und für die Verteidigung) einer »schöpferischen Abstraktion« der 14. Ordnung.[3] Mir ist zu Ohren gekommen, daß man mich zur Zeit als den allerletzten Dreck betrachtet. Da ich umgekehrt genauso denke, ist das nicht weiter schlimm. Wir werden ja sehen.
Paß gut auf Dich auf, ruhe Dich so viel wie möglich aus. Ich bin auf die neuen Bilder von Dali sehr gespannt. Es freut mich, daß Nizza ihm gefallen hat.
Bestelle ihm bitte meine besten Grüße.
Ich küsse Dich überall.
F. i. D.
Paul

Ich reise hier am 3. September ab.

235.
⟨Paris, Ende März 1938⟩

Das ist meine Adresse für die nächsten 2 Monate:
Shadyrock, La Garoupe, Antibes (Alpes-Maritimes).
Ich habe dir ein Exemplar von »*Cours naturel*« schicken lassen; die Luxusausgabe später.[1]
Kleines Kind, ich freue mich, daß ich mich erholen werde.
Wenn Ihr Zeit habt, uns zu besuchen, dann seid Ihr herzlich eingeladen. Es ist bei Madame Cuttoli[2] – herrlich gelegen!
Ich muß jetzt fahren.
Ich liebe Dich und umarme Dich.
Paul

236.
⟨Antibes, Anfang April 1938⟩

Liebe kleine Schöne, Dorogaja, das Buch habe ich Dir nach Taormina geschickt. Ich hoffe, daß es Dir nachgesandt wird.
Nein, Antibes liegt am Meer, aber ich glaube, daß Dir ein Aufenthalt hier ein paar Tage lang nicht schaden würde.
Jedenfalls werde ich zur Aufführung der »Ballets russes«[1] in Monte Carlo noch hier sein. Und wenn Du kommst, werden wir uns wiedersehen. Man ⟨Ray⟩ ist auch hier.
Ich weiß, daß Du meine erste Bewunderin bist. Ich weiß es seit eh und je. Und das zählt auch für mich.
Ich werde Dich niemals vergessen, meine große kleine Galotschka.
Ich schreibe Dir bald wieder.
F. i. D.
Paul

237.
Postkarte: Tours. Die Sandbänke der Loire.

⟨Ende Juli/Anfang August 1938⟩

Maja Gala dorogaja,
wir besuchen Tours, suchen hier ein Haus.
Ich hoffe, daß Du die *»Ode an Dali«*[1] mit der Kopie auch bekommen hast.
Wir fahren am Sonntag abend nach Hause und werden schon am Dienstag wieder in Mougins (Alpes-Maritimes), Hôtel Vaste-Horizon, sein.
Ich werde Dich auf gut Glück am Montag um halb eins besuchen, um mit Dir zu Mittag zu essen. Wenn Du aber anderweitige Verpflichtungen hast, dann nimm auf mich keine Rücksicht.
Tausend Grüße an den kleinen Darys. Küsse von Nusch.
Auch ich drücke Dich fest.
Paul

238.
Postkarte: Hôtel-Restaurant La Pergola, Mougins.
Poststempel: Cannes, 5. August 1938.
Empfänger: Madame Dali, Rue de l'Université, Paris 7.

Dorogaja Galotschka,
wir haben uns häuslich niedergelassen. Kommt her, benachrichtige uns aber vorher, denn die Zahl der freien Zimmer ist begrenzt, und es werden viele Gäste erwartet.
Das Wetter ist zauberhaft.
Wir umarmen Dich.
Paul

500 frs für Cécile gut angekommen.
Hôtel Vaste-Horizon.
Mougins, Alpes-Maritimes, Bahnhof: Cannes.

239.
Briefumschlag:
Poststempel: Cannes, 29. August 1938.
Ankunftsstempel: Firenze, 31. August 1938, Colonnato (Firenze), 1. September 1938.
Absender: Eluard, Rue Legendre 54, Paris 17.
Empfänger: Madame Dali, Villa Pazzaccio de Marchi, Colonnato (Quinto), Florenz (Italien).

Mougins, Montag, den 29. August

Dorogaja Galotschka,
durch die Briefe an Cécile habe ich nun endlich Deine Adresse. Wir fahren morgen nach Paris zurück. Cécile hat hier drei Wochen im Hotel verbracht, und danach war sie mit Decaunes auf Camping.[1] Es geht ihr sehr gut, sie ist sehr lieb. Vor zwei Tagen ist sie in die Pyrenäen gereist.
Ich habe hier sehr viel gearbeitet, unter anderem an skurrilen kleinen Prosastücken, von denen Du eines auf der Rückseite findest. Auch lange Gedichte. Ich schicke Dir welche von Paris aus.
Picasso hat nur wenige Bilder gemalt, aber sehr schöne (Porträt von Dora[2], von Nusch und von Bewohnern Mougins).
Ich werde mein möglichstes tun, um Cécile die 500 frs zu schikken, die Du ihr versprochen hast. Schicke mir bitte einen Scheck (an Grindel), es kann auch ein Verrechnungsscheck sein, das geht auch.
Ich habe hier oft von Dir geträumt. Du warst sehr lieb zu mir. Wie lang währt doch das Leben!
Nusch bestellt Euch ihre liebsten Grüße.
Ich liebe Dich und umarme Dich.
F. i. D.
Paul

UNIS[3]
Eine Höhle, deren Eingang sich am Fuß eines Felsen befindet, der höher ist als ich und der das Fundament eines Berges bildet,

der höher ist als Du. Ein paar Schritte hinter dem Eingang befindet sich ein Stollen, durch den man in ein Zimmer gelangt, in dem wir uns vereinigen, Fuß an Fuß, Kopf an Kopf.

240.
Briefkopf: Hôtel der la Licorne, Lyons-La-Forêt.

⟨September 1938⟩

Mein kleines Mädchen,
es ist die Stunde des Postboten. Dein Brief hat mich sehr erfreut.
Ich denke wahnsinnig viel an Dich.
Es geht mir jetzt etwas besser. Ich schreibe Dir bald wieder.
Ich liebe Dich für alle Zeit.
Dein Paul

241.
⟨Paris, um den 25. September 1938⟩

Sonntag vormittag

Maja Galotschka dorogaja,
Du ahnst nicht, wie froh ich bin, daß Du wieder in Frankreich bist. Der Krieg kommt näher, und ich habe mir während Deines Aufenthalts in Italien die allergrößten Sorgen gemacht.
Gestern erst haben wir in Saint-Germain ein Haus angemietet, wo ich bald wohnen werde, um dem Krieg zu entgehen.[1] Und gestern diese Teilmobilisierung (eine generelle Mobilmachung wäre zu brutal gewesen, aber diese war fast ebenso beunruhigend). Schon 1914 hat man uns das Märchen erzählt: »Die Mobilisierung, das ist noch nicht der Krieg.« Offiziere aller Altersklassen (bis 58 Jahre) haben ihren Stellungsbefehl bekommen[2]. Unzählige Männer.
Ist Dali jetzt bei Dir? Wann wirst Du nach Paris kommen?
Aber schließlich bin ich beruhigt, froh. Denke bloß, wie unglücklich ich gewesen wäre, wenn Du nicht mehr hierher hättest kommen können. Und keine Nachricht. Du, eine Russin und

Dali ein Katalane. Und dazu seine Malerei! Das wäre für mich entsetzlich gewesen, gräßlich, undenkbar!
Ich habe heute früh mit Cécile telephoniert und ihr Deine Adresse in Montlignon gegeben.
Komme wieder, liebes kleines, schönes, kostbares Mädchen.
Nusch schickt Euch ihre allerliebsten Grüße. Ich küsse Dich s. g.
F. i. D.
Paul

242.
⟨Paris⟩ Montag, den 3. Oktober ⟨19⟩38

Dorogaja Galotschka,
ich bin froh, daß Du daran denkst, nach Hause zu fahren. Ich habe mir schreckliche Sorgen gemacht.
Ich habe Dir vor einer Woche geschrieben. Anscheinend hast Du diesen Brief nicht bekommen.
Morgen reise ich für 3 Tage nach London. Und in der nächsten Woche ziehen wir um nach Saint-Germain.
Komme bald wieder hierher. Ich habe Dir viel zu erzählen.
Ich liebe Dich. Ich küsse Dich ü.
F. i. D.
Paul

Sehr herzliche Grüße von uns beiden an den kleinen Dali.
Nusch umarmt Dich.

243.
⟨Le Pecq, Ende Oktober 1938⟩

Sonntag

Galotschka dorogaja,
Du Schöne, Feine, Klare, ich habe mich über Deinen Brief sehr gefreut. Hier geht alles seinen gewohnten Gang. Es geht mir besser. Ich habe begonnen, Blumen zu pflanzen, und ich hoffe, daß Du kommen wirst, um zu sehen, wie sich über ihnen der Vorhang hebt.

Fraysse[1] war hier. Er ist voll des Lobes über Dich.
Cécile ist schwach. Sie wird in dieser Woche 2 bis 3 Tage bei uns verbringen. Sie ist traurig. Sie ist wegen dem, was wir über ihre Wahl gesagt haben, beschämt und gekränkt.[2] In ihrem Alter hört man lieber Worte über die Liebe als über das geliebte Objekt. Die Realität, das ist die Liebe. Das Objekt bekommt von ihr seine Dimension, seine Qualität.
Schreibe ihr doch einen netten Brief. Zur Zeit ist sie ein armes kleines Mädchen, das sich langweilt. Und das Dich innig liebt.
Seit Deiner Abreise habe ich leider nichts mehr geschrieben. Sobald ich neue Gedichte habe, schicke ich sie Dir.
Ich umarme Dich. Ich liebe Dich. Du bist ein allerliebster kleiner Schatz. F. i. D.

Paul

Unsere besten Grüße an den kleinen Darys.

244.
⟨Le Pecq, Oktober 1938⟩

Dienstag

Dorogaja Galotschka,
Madame Cuttoli hat mir vor mehr als 10 Tagen gesagt, sie würde mir das Bild in zehn Tagen etwa bezahlen. Ich traue mich nicht, sie daran zu erinnern. Ich glaube aber, die Sache ist sicher, denn sie hat das Bild schon von Hugnet[1] mit Saffian rahmen lassen. (Espinoza hatte die winzigen Kratzer ausgebessert.) Ich werde übermorgen Madame Cuttoli anrufen. Wenn ich das Geld habe, schicke ich es Dir umgehend.
Wir haben einen Hund, noch jung, aber sehr intelligent und schon recht groß. Gut dressiert, sehr lieb.
Meine Mutter hat mir heute am Telephon berichtet, daß Cécile sich über Deinen lieben Brief sehr gefreut hat. Sie hat ihre Ausbildung begonnen: Steno und Recht. Weder mir noch Nusch geht es besonders gut. Es regnet zu sehr. Nach Paris fahren wir gar nicht mehr. Das ländliche Leben ist eine Kur der Stille. Ich denke, ich denke an Dich. Ich küsse Dich seit 25 Jahren.

Paul

245.
Postkarte: Saint-Germain-en-Laye, Schloß und Kapelle[1].
Absender: ⟨Paul Eluard⟩, »Maison grise«, Allée du Perruchet, Le Pecq (S. et O.).
Empfänger: Madame Dali, bei Madame Chanel[2], *Villa Pausa, Roquebrune, Cap-Martin (Alpes-Maritimes).*

⟨November 1938⟩

Dorogaja,
Du könntest bei uns wohnen. Die Bahn ist so, wie eine Fahrt mit der Metro. Alle zehn Minuten fährt ein Zug, bis 1 Uhr früh. Und geheizt dazu.
Ich weiß noch nicht, wann genau die Hochzeit sein wird. Du bekommst ein Telegramm. Das beste wäre, wenn Du einen Tag früher kämest.
Wir sind jetzt völlig eingerichtet. Telephon bekommen wir auch.
Tausend Grüße an den kleinen Darys.
Ich umarme Dich. F. i. D.
Paul

246.
⟨Le Pecq, Ende November/Anfang Dezember 1938⟩
Montag

Dorogaja,
wenn Du jetzt nicht kommen kannst, schicke ich Dir ein paar kleine Bücher. Sage es mir in Deinem nächsten Brief.
Mit meiner langjährigen Beziehung zu Breton und zu den Surrealisten ist jetzt endgültig Schluß.[1] Zu Deiner Information findest Du anbei das neueste von Breton. Als er sah, daß ich in einer Umfrage von *G.L.M.* häufig genannt wurde, hat er an alle seine Taugenichtse die Order gegeben, mich nicht mehr zu erwähnen.[2] Es ist ein Jammer. Auf gutem Fuß stehe ich nur noch mit Ernst, Maurice Heine, Man Ray, Penrose, Mesens, Hugnet, Hayter, Pastoureau, Duchamp, Scutenaire, Nougé,

Magritte, Chavée, Arp, Bellmer, Matta, Miró, Picasso und mit dem kleinen Darys.
In meiner Antwort hatte ich Breton und Péret genannt; sowie auch den guten und schönen Darys.[3]
Dali sollte auch antworten.[4]
Die Sache ist trotz allem ganz gut.
Seit einem Monat bin ich nicht mehr in Paris gewesen. Ich möchte auch nicht mehr hinfahren.
Der Lorca-Band wird um Weihnachten herum erscheinen. *G.L.M.* sucht nach Subskribenten für die Ausgabe auf Japanpapier[5]. Hast Du nicht ein paar Adressen?
Schreibe mir einen langen Brief. Ich liebe Dich f. i.
Paul

Liebe Küsse von uns für den kleinen Darys.

DIE UNERLÄSSLICHE POESIE.[6]
Wir hatten folgende Frage gestellt: Nennen Sie uns – wider jeden Versuch der Annexion, der Stabilisierung, der beschränkten Einschätzung von Lyrik und ohne irgendein Land oder eine Epoche auszuschließen – 20 Gedichte, in denen Sie das UNERLÄSSLICHE erkannt haben, das nicht die Ewigkeit Ihrer Zeit von Ihnen fordert, sondern die geheimnisvolle Fahrt durch Ihr Leben.
Antworten bitte an: *G.L.M.*
Rue Huyghens 6, Paris 14.

247.
⟨Le Pecq⟩ 1. Januar 1939

Dorogaja Galotschka,
ich habe gestern Deinen Brief bekommen. Ich wollte ihn haben, bevor ich Dir schreibe. Auch wir wünschen Euch beiden viel Glück. Das ist es *vor allem,* was wir wollen. Und setzt dieses Glück nicht aufs Spiel. Und Dali soll immer schönere Bilder malen – sowie Gedichte, wie ich sie mag, in der Art von *Der Große Masturbator, Liebe und Gedächtnis* und *Metamorphose.*

Ich habe Cécile die 500 frs gegeben, wie Du es mir aufgetragen hast. Madame Cuttoli fährt in zwei Tagen nach Amerika. Sie hat heute vormittag angerufen und gesagt, sie würde noch heute oder morgen vorbeikommen, um das Bild zu bezahlen. Ich schicke Dir dann sofort das Geld.
Wie ich Dir schon in meinem letzten Brief geschrieben habe, ist es zwischen Breton (sowie denen, die mit ihm verkehren) und mir *aus und vorbei*. Hugnet ist ausgeschlossen worden und erhält Drohbriefe, vor allem, weil er mich besucht. Wie ich hörte, hat Max Ernst in der Art eines Romankapitels einen kleinen witzigen Text gegen Breton, Péret und Tanguy [1] verfaßt. Mir bleiben Man Ray, Pastoureau, Penrose, Mesens (die beiden letzteren sind, dank der Entfernung, mit Breton noch nicht zerstritten), Nougé, Magritte und einige andere, aber vor allem Ihr beiden. Picasso hält sich in der Mitte.
Ich habe der N. R. F. ein Prosa-Manuskript von etwa 200 Seiten übergeben. Es wird, wie man mir sagte, Anfang April erscheinen. Titel: *»Donner à voir«* [2]. Wie findest Du ihn? Der kleine Darys würde ihn so aussprechen: »Donner à boire«.
Die *Ode an Salvador Dali* ist fertig gedruckt. Ihr bekommt sie wahrscheinlich Ende der Woche.
Lévis-Mano – Rue Huyghens, Paris 14 – wäre sehr froh, wenn Ihr ihm Adressen von möglichen Subskribenten für die Ausgabe auf Japanpapier schicken könntet. Wenn Du etwas Zeit findest, dann tu das doch. Ich glaube, daß es eine recht hübsche Ausgabe wird.
Ich wünschte, Ihr würdet auf diese Umfrage über die 20 Lieblingsgedichte [3] antworten und dabei mit Gala und Salvador Dali unterschreiben. Ich weiß, welche Gedichte von Péret, von Baudelaire oder von mir Du magst, aber bei Puschkin und Rimbaud ist es schon schwieriger. Und Dali mag sicher andere.
In meiner schon veröffentlichten Antwort habe ich Dali genannt. Ich schicke Euch ein paar kleine Broschüren, an denen Ihr sicher Eure Freude haben werdet. Arp, Chirico, Savinio und Kafka sind ausgezeichnet. Bald werde ich Dir Gedichte schikken. Antworte mir bitte sofort. Wir umarmen Euch.
F. i. D. Dein Glück ist wichtig.
Paul

248.
⟨Le Pecq⟩ 10. Januar ⟨1939⟩

Dorogaja Galotschka,
zwei Tage vor dem Brief, in dem ich Dir schrieb, daß ich das Geld bekommen habe, hatte ich Dora Maar gebeten, einen recht dicken Brief mit fünf oder sechs Broschüren (Kafka, Chirico, Savinio u. a.) bei der Post aufzugeben. Mir reicht es jetzt bald mit diesen Briefen, die verlorengehen. Jener war sehr intim, vertraulich sogar. Nun! Auf der Rückseite stand meine Adresse. Ich werde ja sehen, ob er an mich zurückgesandt wird. Die Sache ist aber ausgesprochen ärgerlich. Schreibe mir sofort, wenn Du ihn bekommen solltest. [1]
Selbstverständlich hebe ich die Dollars für Dich auf (90 Dollar genau). Eigentlich könnte ich 100 für Dich zurücklegen, [2] und Du gibst mir dafür 300 frs. Ich nehme an, daß es Dir so paßt. Mir kam es sehr gelegen.
Überanstrenge dich nicht beim Skilaufen. Und brich Dir kein Bein. Sei stark.
Ich umarme Dich. F. i. D.
Paul

Sehr liebe Grüße an Euch beide von Nusch.

249.
⟨Le Pecq⟩ 24. März ⟨1939⟩

Galotschka dorogaja,
ich war in größter Sorge wegen dieser Meldung im *Paris-Soir,* wonach der ungestüme kleine Dali eine Schaufensterscheibe zertrümmert hat und verhaftet worden ist. Ich hätte gern mehr darüber erfahren. Hat er sich dabei verletzt? Wird man gegen ihn vorgehen? Jedenfalls dürfte es für seine Ausstellung nicht nachträglich gewesen sein – im Gegenteil.[1]
Wir erwarten Dich hier. Auf dem Lande lebt man langsam. Und unser Hund war sehr krank. Er hat Zecken, und wir hatten

Angst, daß er eine Meningitis bekommt. Er sieht noch recht traurig aus. Aber ich hoffe, daß wir ihn durchbringen.
Cécile ist in Hyères (bei Madame Decaunes, »Val-Rose«, Bd d'Orient, Hyères-les-Palmes, Var). Ich glaube, daß sie sich dort gut erholen wird.
Meine Gäste sind abgereist, und zwar unter den besten Bedingungen.
Was wäre noch zu berichten? Daß die vom »2 Magots« sich in den schlimmsten Verleumdungen gegen Dali ergehen, der wohl oder übel eines Tages darauf antworten muß.[2] Sonst wird er noch viel Ärger bekommen.
Ich schreibe nichts. Ich lebe in einem schrecklichen Müßiggang.
Dich vergesse ich keinen Augenblick. Ich träume ...
Nusch schickt Euch ihre besten Grüße. Wir wünschen, Euch bald wiederzusehen. Ich liebe Dich. Ich küsse Dich ü.
F. i. D.
Paul

250.
⟨Le Pecq⟩ 4. Mai ⟨1939⟩

Dorogaja Galotschka,
ich habe Dir doch vor einiger Zeit geschrieben. Und ich habe auf Deine Rückkehr gewartet. Aber Du bleibst immer so lange fort.
Dem Land hier geht es gut. Uns auch. Ich arbeite jeden Tag im Garten und hole mir einen tüchtigen Muskelkater, aber auch eine frische Gesichtsfarbe, sehr braune Wangen, Stirn und Hände.
Ich habe erste Schritte unternommen, um mein Ohr behandeln zu lassen, war im Krankenhaus, wo man eine Röntgenaufnahme machen wird. Denn durch die Sonne habe ich Blutungen bekommen.
Ich hoffe, daß meine beiden Bücher noch in diesem Monat erscheinen werden: der dicke Prosaband und ein Gedichtbändchen; beide bei N. R. F.[1]. Ich habe beim Rundfunk für Amerika eine lange Einführung zu Rimbaud gesprochen. Ihr hättet sie am 24. April hören können. Diese Art von Arbeit mag ich nicht,

und wenn es nicht gut bezahlt würde, würde ich es nicht wieder tun.
Du solltest eine Karte an Valentine schicken (Rue de Sontay 2, Paris 16). Die Arme hat zur Zeit entsetzlich viel Ärger, sie würde sich darüber sehr freuen.
Cécile kommt uns recht häufig besuchen. Die Leute, die sie bei mir zu sehen bekommt, amüsieren sie. Ihre Großmutter ist krank, sie wird alt, aber charakterlich besser.
Ich habe heute früh einen Brief von einer »Emigranten-Prinzessin« bekommen, von einer Natalie ... (unlesbar), die Dich vor zwölf Jahren auf der Reise von Berlin nach Riga kennengelernt und Dich in bester Erinnerung behalten hat. Sie wohnt am Touquet und wollte wissen, wie es Dir geht.
Trotz ihrer Kürze erheitern mich Deine Briefe jedesmal, sie stimmen mich sanfter und erwecken Träume in mir. Ich vertraue Dir ganz, Du kannst mich noch lieben, denn Du bleibst in meinem Herzen. Wie Du siehst, ist es ein langes, gemeinsames Leben.
Auf Wiedersehen, bis bald, schöne kleine Gala. Sei gefaßt und glücklich.

Paul

Nusch bestellt Euch ihre besten Grüße. Sage Dali, daß wir ihn sehr mögen. Vielleicht wird er eines Tages nach Pecq kommen – der nette »Lümmel«! Man entferne ihm die Glassplitter, die er im Kopf hat.

251.
⟨Le Pecq⟩ Dienstag, den 6. ⟨Juni 1939⟩

Schöne kleine Gala,
ich wollte Dich nicht beunruhigen. Ich frage mich bloß, wer Dir von dieser kleinen Krankheit erzählt hat? Und wie?
Folgendes hat sich zugetragen: Es war vor drei Wochen, ich hustete schon ein wenig seit drei Tagen, als ich am Himmelfahrtstag bei der Arbeit im Garten einen kleinen Blutsturz bekam. Ich habe mich sofort hingelegt. Es kam ein bißchen Blut.

Mabille war nach einer Stunde da. Da ich sehr schwach war und da zu befürchten war, daß es noch einmal passieren könnte (ich habe ja auf dem Lande schlechte Erfahrungen gemacht), wurde ich nach ein paar Spritzen in eine Klinik bei Neuilly transportiert. Dort wurde ich sehr gewissenhaft mit neuen Röntgenapparaten untersucht, wobei man in meiner verdunkelten Lunge verdickte, von Blut geschwollene Bronchien sehen konnte. Und ein *sehr* müdes Herz. Aber weder hier noch da waren die Kochschen Bazillen zu entdecken. Es steht fest: keine Tuberkulose.
Seit längerer Zeit schon fühlte ich mich so gleichgültig, so leer. Ich bekomme nun eine Herz-Kreislauf-Behandlung, und es geht mir schon besser. Wir haben ein herrliches Wetter hier in Pecq, aber da ich zumindest in diesem Sommer keine Gartenarbeit mehr machen darf und mich auch nicht der Sonne aussetzen soll, ist das alles nicht sehr spaßig. Das Leben ist flach und flach. Im Winter werde ich nach Paris umziehen müssen, es wäre vernünftiger, hat man mir gesagt. Und vielleicht sollte ich auch für einige Zeit in die Berge reisen. Das Geld, das ganze Geld wird dabei draufgehen. Mit einem Mal geht es meinem Ohr viel besser, es ist an die zweite Stelle gerückt.
Ich hoffe, daß Ihr bald zurückkommt. Meine Bücher erscheinen in dieser Woche, beide bei der »N. R. F.«.
Ich liebe Dich. Ich umarme Dich.
F. i. D.

Paul

1000 Grüße an den kleinen Darys.
Danke für das Geld. Es ist Bousquet. Ich habe schon 600 frs bekommen, nett.

252.
⟨Le Pecq, September 1939⟩

Freitag

Meine kleine Gala,
wir sind noch immer in Pecq. Es ist aber gut möglich, daß ich in Kürze umziehe.

Cécile ist in Montlignon (Seine-et-Oise), Rue des Ecoles 22, bei ihrer Großmutter. Da ich meine künftige Anschrift noch nicht kenne, solltest Du mir einen Brief an Cécile schicken, sie wird ihn mir geben.
Ich denke, daß Ihr in Arcachon gut aufgehoben seid.[1] Bleibt gefaßt, ruhig und gesund.
Sehr liebe Küsse von uns beiden.

Paul
Cécile
Nusch

253.
Briefumschlag:
Poststempel: Mignères[1], Loiret, 28. September 1939.
Empfänger: Mme. Dali, Boulevard de la Plage 231 (Villa Flamberge), Arcachon (Gironde).

27. Sept⟨ember⟩ ⟨19⟩39

Geliebte Galotschka,
Dein langer Brief und die Zeilen von Dali haben mich wieder aufgerichtet. Obwohl ich mein möglichstes tue in einer Arbeit, die nicht allzu unangenehm ist, da es einen 12 Stunden am Tag davon abhält nachzudenken, fühle ich mich an manchen Morgen und Abenden recht müde, niedergeschlagen. Denn ich huste, und Nusch hustet. (Habe ich Dir geschrieben, daß unser Hund gestorben ist?) Ich sehe gar nicht schlecht aus, bin schön braun und im Laufen recht gut trainiert. Vielleicht halte ich noch durch?
Ich hatte erst den Besuch von Cécile und meiner Mutter, dann von Man Ray und von Valentine.
Aber es ist Dein Brief, der mir wirklich gutgetan hat. Deine Zärtlichkeit ist das, was ich am meisten brauche. Mache Dir wegen des Geldes keine Gedanken. Ich bekomme Gehalt, und wir brauchen sehr wenig. Nusch kann aber nicht hier bleiben, den ganzen Tag allein in ihrem Zimmer. Und wenn es kälter wird, werde ich im Depot schlafen.[2] Man wird mir an meinem

Arbeitsplatz ein Büro und ein Zimmer einrichten. Die Männer, mit denen ich zusammenarbeite, sind alle sehr nett. Wenn ich um meine Versetzung nach Paris bitte, werde ich, wie ich fürchte, in ein Büro kommen, was mir verhaßt ist (da schlafe ich ein).
Ich werde zu einem komischen Menschen, der bereit ist, alles zu vergessen, bis auf eine leidenschaftliche Hoffnung – die mich am Leben hält.
Paulhan hat mir geschrieben. Er wird im November oder Dezember Gedichte von mir in einer Ausgabe der »N. R. F.« veröffentlichen.[3]
Seid brav und stark. Wenn es Dich nicht mehr gäbe, würde mein ganzes Gerüst zusammenbrechen. Könnte meine Hoffnung dann noch überleben? Ich baue weite Brücken zum Leben hin, aber Du bist deren Ausgangspunkt. Verlasse mich nicht mehr. Dein Glück, Dein Vertrauen in das Leben sind mir unerläßlich. Nicht die Kriege können uns wirklich auseinanderbringen, sondern dieses in uns verborgene Unglück, das abgetötet werden muß. Wir lieben uns, um zu leben.
Schreibe mir, kleines Mädchen. Ich küsse Dich unb.
F. i. D.

Paul

Oberleutnant Grindel
Station Magasin ⟨Verpflegungsdepot⟩
Mignères-Gondreville (Loiret).

254.
Mignères ⟨Loiret⟩ ⟨ Ende 1939⟩

Mir geht es gut. Ich habe viel zu tun. Ich mache mir Sorgen um Euch: Schreibe mir sehr bald.
Ich umarme Dich sehr, sehr fest, mein kleines Mädchen,

Paul

Oberleutnant Grindel
Verpflegungsdepot von
Mignères-Gondreville (Loiret)

255.
⟨Mignères⟩ 18. Mai ⟨1940⟩

Liebe kleine Gala,
schreibe mir bitte. Ich nehme an, daß Du meinen letzten Brief, in dem ich Dir von meiner Suche nach der zweiten Fliege [1] sprach, bekommen hast.
Cécile wird wahrscheinlich mit der Dienststelle, in der sie arbeitet, evakuiert. Von ihrem Mann hat sie noch keine Nachricht. [2]
Ich habe viel zu tun.
Ein paar Zeilen von Dir werden mich darüber hinwegtrösten.
Grüße an Darys.
Nusch umarmt Euch.
Und ich, so wie Du weißt.
Paul

256.
⟨Mignères⟩ 9. Juni 1940

Geliebte Gala,
die zweite Fliege ist leider verkauft!
Ich mache mir Sorgen, da ich schon lange keine Nachricht von Dir habe.
Schreibe mir.
Mir geht es gut. Nusch ebenfalls.
Wir umarmen Euch beide sehr lieb. F. i. D.
Paul

257.
Oberleutnant Grindel
bei Monsieur Charles Bleys
Esplanade Octave Médale
Saint-Sulpice – Tarn [1]

20. Juni ⟨19⟩40

Geliebte Gala,
nach einer recht bewegten Fahrt von 3 Tagen und 3 Nächten über Landstraßen bin ich vor zwei Tagen in Saint-Sulpice am Tarn

angekommen. Nusch war 24 Stunden früher abgereist. Es war höchste Zeit, um noch über die Loire zu kommen und die schrecklichen Staus zu überwinden.
Ich habe noch immer keine Nachricht von Cécile, die mit ihrer Dienststelle vor 8 Tagen nach Pougues-les-Eaux bei Nevers verlegt worden ist. Sie ist wahrscheinlich abgereist. Wenn Du etwas von ihr hörst, dann schreibe mir und schicke mir ihre Anschrift.
Meine Mutter ist sicher in Paris geblieben. Ich wünschte es.
Bleibt Ihr in Arcachon. Das ist vernünftiger. Wo solltet Ihr denn sonst hingehen?
Warum bloß seid Ihr nicht nach Amerika emigriert.
Schreibe mir bald. Ich denke, daß wir ohnehin einige Zeit hier bleiben und abwarten werden, bis sich alles ein bißchen beruhigt hat. Das Leben wird künftig sehr schwer sein – vielleicht unerträglich für mich.
Umarme Dali von uns beiden.
Ich küsse Dich.
F. i. D.
Paul

Haben die 300 frs bekommen. Großen Dank.

258.
⟨in fine:⟩ Oberleutnant Grindel 7. Juli ⟨19⟩40
bei Monsieur C. Bleys
Esplanade Octave Médale
Saint-Sulpice-la-Pointe
(Tarn) Frankreich

Liebe Gala,
ich habe Post von Cécile bekommen, die mit Deinem Hausmädchen zu Dir nach Arcachon gereist ist. Sie hat auch Geld.
Ich werde mit Nusch hierbleiben, weiß aber nicht, für wie lange. Meine Mutter ist vermutlich in Paris geblieben. Ich hoffe, daß in Montlignon, wo sich alle meine Sachen befinden, nichts zerstört worden ist.

Wohin sollen wir ziehen, wenn ich demobilisiert werde? Ich weiß es nicht.
Du kannst Dir vorstellen, mit welcher Ungeduld ich auf Post von Dir warte. Schreibe mir bitte sofort. Werdet Ihr in Figueras bleiben?[1]
Ich bin müde und traurig. Schreibe mir.
Ich umarme Dich und Dali von ganzem Herzen.
Paul

259.
Oberleutnant Grindel 27. Juli ⟨1940⟩
bei Monsieur Bleys
Saint-Sulpice-la-Pointe
(Tarn) Frankreich

Geliebte Gala,
ich habe Deinen Brief vom 22. bekommen. Bin darüber sehr froh. Ich flehe Dich an, schreibe mir regelmäßig, wenn Ihr in Amerika seid.[1] Hast Du auch an Deine Wohnung in Paris gedacht? Was soll mit all den Sachen dort passieren, denn es könnte sein, daß Du erstens nicht daran interessiert bist, sie zu behalten, zweitens sie nicht behalten kannst. Äußere Dich bitte dazu: Wenn ich Dir helfen kann, werde ich es tun – entweder für Dich bezahlen oder mit allem umziehen (mit Vollmacht) und alles in einem Möbellager oder anderswo unterstellen.
Ich habe meine Entlassung[2] und hoffe, daß wir in Kürze nach Paris reisen können. Noch ist das Leben nicht teurer als früher. In Paris werde ich eine sehr kleine Wohnung suchen müssen (aber der Umzug von Montlignon wird nicht einfach sein, denn es gibt keine Fahrzeuge) sowie eine Arbeit. Ich habe mit Gallimard und Paulhan gesprochen: Es bestehen nur geringe Aussichten für eine Fortführung der verlegerischen Arbeit. Sehr heikel.
Cécile hat Dir sicher geschrieben, daß Decaunes in Gefangenschaft geraten ist.
Ich arbeite trotz alledem. Nunmehr für mich allein. Es ist alles sehr finster. Aber es wird mich trösten, von Euch recht oft Post zu bekommen. Ich liebe Dich. Gala, ich werde Dich, was auch

immer geschieht, niemals vergessen. Nusch und ich umarmen Euch.
Wenn Du mir postwendend antwortest, könnte ich Deinen Brief noch hier erhalten.
⟨ohne Unterschrift⟩

260.
⟨Paris⟩ Montag, den 7. Oktober 1940[1]

Geliebte Gala, ich werde in der Rue de la Chapelle 35 wohnen, billig und in der Nähe meiner Mutter, was uns wie auch ihr das Leben erleichtern wird. Tag für Tag wird alles schwieriger. Morgen erscheint von mir ein Büchlein, *Le livre ouvert,* bei den *Cahiers d'art*[2]. Ich werde versuchen, es Dir zu schicken.
Wenn Du Man ⟨Ray⟩, die Barr und Julien siehst, dann bestelle ihnen unsere Grüße.
Wir hoffen, daß Dali arbeitet und seine Bilder verkauft. Ihr sollt glücklich sein. Eines Tages werden wir uns wiedersehen. Wir alle umarmen Euch herzlich. Dich und Dali, wie Du weißt.
F. i. D.
Paul

261.
⟨Paris⟩ 18. März 1945

Galotschka dorogaja,
wie froh sind wir, Cécile und ich, daß wir endlich Deine Adresse haben. Unsere Trennung von Dir nimmt immer mehr die Züge einer Katastrophe an. Wir möchten so gern wissen, wann wir unsere kleine Gala wiedersehen werden. Es dauert zu lange schon, zu lange. Ich komme mir heute wie ein alter Mann vor. Ich kann ohne Brille nicht mehr lesen. Alles ist anders geworden, bis auf mein Herz. Und die Vergangenheit ist so fern, nur Du nicht, denn Du wirst immer in mir gegenwärtig sein. Kleine Gala …

Ich weiß nicht, was ich Dir über die letzten fünf Jahre erzählen soll. Wir haben unglückliche und glückliche Augenblicke erlebt. Aber unser Unglück war im Vergleich zu dem vieler anderer nicht sehr groß. So haben wir für die anderen mitgelitten, und ich kann Dir versichern, daß es hinreichend Grund dafür gab. Da mein Gerechtigkeitssinn und mein Sinn für Freundlichkeit dieselben geblieben sind, habe ich eben gelitten. Wir haben fast ständig im Angesicht des Grauens gelebt. Wir haben gehofft, wir waren verzweifelt und zornig, wir haben, so gut wir konnten, gekämpft – und sind älter geworden. Ich kann nicht mehr so richtig lachen. Aber wie schön waren die Tage des Aufstands.

Seit August 1940 wohnen wir in der Rue de la Chapelle 35 (im 18. Arrondissement), ganz in der Nähe meiner Mutter, was von großem Vorteil war, denn so konnten wir füreinander sorgen. Cécile hat eine Wohnung in der Rue du Bac 34 (im 7.). Ihr Mann, Luc Decaunes, ist noch immer in Gefangenschaft. Wegen Fluchtversuchen ist er oft in Straflager gekommen. Er wird auch jetzt noch dort sein. Er war sehr unglücklich. Und ich fürchte, daß seine Ehe mit Cécile recht gefährdet ist. Deine große Tochter ist schöner denn je. Sie ist Deine Tochter, und ich liebe sie darum um so mehr. Sie hat noch immer ihr kindliches Gesicht. Sie schreibt Filmberichte und kleine Artikel für Zeitungen. Sie hat Talent und verdient seit der Libération ihren Lebensunterhalt.

Nusch und ich mußten uns ein Jahr lang verstecken.[1]

Wir hatten das Glück, der Verhaftung durch die Gestapo zu entgehen.

Wir konnten Eure Wohnung behalten. Da sie aber über kurz oder lang requiriert werden soll (die Concierge wurde schon verständigt), wollen wir sie lieber an Leute in Untermiete geben, die sich ausdrücklich dazu verpflichten, sie wieder zu verlassen, sobald Ihr zurückkommt. Aber darin liegt auch das Risiko: Da die Wohnungen knapp sind, kann man die Insassen nicht zum Gehen zwingen. Wir werden alle zerbrechlichen oder kostbaren Sachen im großen Salon unterbringen und diesen sowie das kleine Büro, das immer noch sauber ist, abschließen. Deine Hauswartsfrau war vorbildlich. Ich habe auch gehört,

daß Du Sachen in einem Möbellager hier untergestellt hast. Ich mache mir deswegen Sorgen und befürchte, man wird sie verkaufen, um die Miete zu bezahlen. Schreibe mir rasch die Adresse, ich werde den Rückstand bezahlen.
Seit der Befreiung verdiene ich ganz anständig mit meinen Gedichten, mehr, als ich je damit zu verdienen hoffte. Nach unserer Übereinkunft von 1917 bin ich Dir ein Vermögen schuldig.[2] Vielleicht hast Du ein Büchlein von mir bekommen. Ich schicke Dir bald eine erweiterte, ergänzte Ausgabe zu.[3] Bald wird mein *Livre ouvert* (1937–1945) erscheinen: 400 Seiten.[4]
Habe in der Schweiz ein sehr schönes Buch über Picasso herausgegeben (140 Reproduktionen).[5] Usw....
Jedenfalls mußt Du wissen, daß das Leben hier sehr schwer ist. Viele Leute sind krank. Seit zwei Wochen liege ich im Bett, es geht mir zwar besser, aber ich kann nicht aufstehen, weil ich nichts zum Heizen habe. Im Januar haben wir sämtliche Rahmen verheizt. Selbst auf dem Schwarzmarkt findet man nur schwer Heizmaterial. In diesem Winter ist es auch außergewöhnlich kalt. Der Schnee wollte drei Wochen lang nicht schmelzen.
Du solltest besuchsweise kommen können, aber nicht über Winter bleiben. Das Leben ist *sehr* hart. Und traurig. Es wäre aber weniger traurig, wenn Du hier wärest.
Umarme sehr herzlich Dali von uns, und sei auch Du umarmt.
F. i. Dein Paul

Kleine geliebte Gala, mein Vater hat Dir alles erzählt, den Rest müßten wir Dir erzählen können. Du fehlst uns, ich hab Dich sehr lieb.
Küsse für Dich und Dali. Schreibe uns.
Cécile

262.
Briefumschlag: Paul Eluard, Rue de la Chapelle 35, Paris (Frankreich), Luftpost.
Poststempel: Paris, 2. November 1945.
Empfänger: Madame Gala Dali, Hotel St. Regis, 55th Street and Fifth Ave, New York, N. Y. (USA).

7. Nov⟨ember⟩ ⟨19⟩45

Meine kleine geliebte Gala, ich habe wirklich das Gefühl, daß keiner meiner langen Briefe Dich erreicht hat.
Ich war ein Jahr lang mit mehr oder weniger interessanten, mehr oder weniger nützlichen Dingen beschäftigt. Jetzt ist allmählich etwas Ruhe eingekehrt. Ich lehne konsequent alles ab, worum man mich bittet.
Du hast mir nie geschrieben, ob Du auch mein kleines Buch *Au rendez-vous allemand* bekommen hast. Ich habe es Dir durch mindestens fünf verschiedene Leute übersenden lassen. Ich glaube, daß wir alle Deine Päckchen erhalten haben, hab vielen Dank dafür. Schicke kein Coffix mehr, es ist ein seltsames, ungenießbares Zeug. Milchpulver wäre wichtiger. Öl. Und richtiger Bohnenkaffee. Aragon und Picasso haben, was sie brauchen. Auch uns geht es übrigens gut.
Die kleine Cécile fängt an, schneller zu altern als wir. Sie will wieder heiraten. Und wiederum in derselben Höhenlage. Aber was soll's, wir dürfen es ihr nicht verübeln. Sie war so viele Jahre hindurch allein. Wir sind die Familie, in der man in der Jugend auf das verzichten muß, was man liebt. Sie liebt Dich nostalgisch.
Dank Deiner Hilfe vor ein paar Jahren sind wir finanziell über die Runden gekommen. Seitdem geht es uns einigermaßen gut. Wir haben uns in dieser Hinsicht etwas erholt. Meine Bücher verkaufen sich gut. Ich habe mehr Aufträge, als ich schaffen kann.
Ich schreibe Dir im Bett. Wie immer, wenn der Winter naht, huste ich. Aber ich nutze die Situation, um zu arbeiten.
Wir haben dieser Tage davon geträumt, daß Du uns anrufst: 3 Minuten zu je 600 frs.

Nun ja, wenn's geht, dann verlange Paris: Nord 26-40.
Meine Mutter ist sehr alt geworden. Nusch will ihre weißen Haare tönen lassen.
Ich werde immer blonder. Ich küsse Dich wie immer.
Paul

Herzliche Grüße von Nusch und gute Küsse an Dali.

263.
Briefumschlag: Luftpost.
Poststempel: Paris, 9. Januar 1946.
Absender: Rue de la Chapelle (Marx-Dormoy), Paris 18.
Empfänger: Madame Gala Dali, Hotel St. Regis, Fifth Avenue and 55th St., New York N. Y. (USA).

9. Januar ⟨194⟩6

Maja dorogaja Galotschka,
Cécile und ich haben vergeblich auf Deinen Anruf gewartet, den man uns für Montag nachmittag angekündigt hatte. Wir haben regelrecht gefiebert. Versuche es noch einmal, sobald es wieder möglich ist. Wir haben auch die Photos, die Robert de Saint Jean[1] mitbringen sollte, nicht bekommen.
Ich habe zwei Monate lang im Bett gelegen. Es war nichts weiter als das übliche Gehuste eines jeden Winters. Auch Nusch hustet. Kurz, unser Leben ist kein Vergnügen, aber materiell kommen wir ganz gut zurecht. Denn ich werde jetzt für meine »Schreiberei« ziemlich gut honoriert. Ich muß oft an mein Versprechen von 1917 denken, mit Dir meine Einnahmen als Autor zu teilen. Ich weiß nicht, auf welche Weise ich es halten könnte. Ich habe ein paar sehr schöne Bücher für Dich gekauft, aber damit ist meine Schuld Dir gegenüber längst nicht beglichen. Das war der vergnügliche Teil, mein kleines Mädchen.
Weniger vergnüglich sind die von Breton und Konsorten verbreiteten Verleumdungen. Ich tue ihnen Einhalt, so gut ich kann, aber vor allem möchte ich ausdrücklich das Gerücht dementieren können, wonach S⟨alvador⟩ D⟨ali⟩ vom Botschaf-

ter Francos ein Porträt gemalt haben soll. Ich möchte einigen Dreckskerlen das Maul stopfen.
Ich denke, daß Deine Untermieter Ende März ausziehen werden. Das ist gar nicht so toll, denn es werden sicher wieder neue einziehen, die vielleicht nicht mehr so anständig sind.
Sagt mir Bescheid, wann Ihr zurückkehren wollt. Ansonsten werde ich versuchen, jemanden zu finden, der 1. sauber ist, 2. eine Verpflichtung unterschreibt, bei Eurer Rückkehr wieder auszuziehen. Die Wohnungsfrage ist hier sehr brenzlig: Man darf nicht zwei Wohnungen haben und auch nicht mehr Räume, als man unbedingt braucht.
Hat Dir Cécile geschrieben, daß wir Deine Steuern gezahlt haben? Damit bist Du jetzt auf dem laufenden. Vom Besitzer ist also nichts zu befürchten.
Ich mache mir noch immer Sorgen wegen der Bücher, die Du in Arcachon hast zurücklassen müssen. Wenn sie sich in einem Reisekoffer befinden, könnten sie durch die Seeluft beschädigt oder sogar allmählich zerstört werden.
Nusch wünscht Euch beiden ein glückliches neues Jahr. Ich ebenfalls. Ich küsse Dich wie immer. Glaube mir, ich werde stets Dein Diener und Dein Verteidiger sein.
F. i. D.
Paul

264.
Briefumschlag: ⟨mit dem Aufdruck:⟩ Cahiers d'art, *Rue du Dragon 14, Paris 6.*
Poststempel: Paris, 4. März 1946.
Empfänger: Madame Gala Dali, 1801, Angelo Drive, Beverly Hills, California (USA).
Absender: Paul Eluard, Rue Marx-Dormoy 35 [I], Paris 18.

Sonntag, den 3. März

Dorogaja Galotschka,
ich bin noch völlig aufgewühlt von Deinem Telephonanruf heute nacht (um Mitternacht) und von Deiner Verzweiflung,

weil Du nichts hören konntest. Ich habe Dich sehr gut verstanden. Der Klang Deiner Stimme war ein bißchen verändert, ich habe aber Deinen Akzent wiedergehört und diese besondere, abgehackte, unschuldsvolle Art, die Du hast zu reden. Es war nett von Dir, mich zu fragen, ob mir kalt ist! Paris ist völlig eingeschneit. Ich wollte Dir so vieles sagen, es Dir mündlich erzählen.

Mach Dir wegen dieses Buches von Parrot keine Sorgen. Es sind schon ganz andere Dinge über Dich, über mich, über Dali, über unser Intimleben geschrieben worden. Diesen Text da hatte ich vor seiner Veröffentlichung nicht gelesen. [2] Und überhaupt, die Leute sollen nur sagen, was sie wollen: Meine Gedichte werden schon die *Wahrheit* wieder etwas zurechtrücken. Ich denke nicht im geringsten daran, Dali einen Vorwurf zu machen, weil er Eure erste Beziehung an die Öffentlichkeit gebracht hat. [3] Die Reinheit unseres Verhältnisses, das große Geheimnis liegt tief in mir begraben, und das, was ich – oder andere – darüber sagen könnte, wird es niemals zerstören. Lächle also, mein kleines Mädchen und sei glücklich.

Cécile geht es gut. Gestern war sie hier mit ihrem Mann [4] und ist wie immer mit Geschenken beladen und glücklich wieder gegangen. Ihr Mann ist keine große Leuchte, aber er liebt sie sehr. Er ist sehr treuherzig und lieb zu ihr. Und sie ist noch immer das kleine Mädchen, unschuldig, sehr jung. Dieselbe kleine Cécile.

Wir haben heute ein sehr schönes Päckchen von Dir bekommen, abgeschickt von der Victory Gift Parcel Co in New York. Das ist sehr schön, und wir danken Dir herzlich dafür, denn das Leben ist wieder *recht* schwer.

Wir sind vor zwei Tagen aus Biarritz zurückgekehrt, wo ich an der amerikanischen Universität zahlreiche Vorträge gehalten habe. Nusch hat sich gut erholt. Wir waren zehn Tage dort, wurden sehr gut behandelt, mit tausend Ehren und Gefälligkeiten.

Was Eure Rückkehr anbelangt, meine ich, daß Ihr dabei nur zu verlieren hättet. Die politische Lage ist noch recht unsicher. Und Ihr könnt nicht darauf hoffen, viele Bilder zu verkaufen. Zur Zeit ist die Marktlage ungünstig. Die Leute sitzen auf ihrem Geld. Außerdem kannst Du Dir vorstellen, daß das Leben schwer, sehr schwer ist. Man braucht viel Geld. Und vor allem: Es ist alles so ermüdend. Ich sehe Dich nicht dauernd Metro fahren oder zu Fuß unterwegs sein, und Deine Wohnung läßt sich nur schwer heizen. Die meine ist winzig, aber Nusch ist ständig dabei. Meiner Meinung nach, solltest Du erst einmal zu Besuch kommen, eine Informations- und Klärungsreise, falls Ihr wirklich die Absicht habt, Amerika zu verlassen, zumal Dali dort eine Wertschätzung und Vorteile genießt, die Ihr hier kaum finden würdet.

Um folgendes Buch hatte ich Dich gebeten: Das *Lyrische Gesamtwerk* von Victor Hugo in einem Band, gebunden. Es kostet 4 einhalb Dollar. Man bekommt es in Kanada, ich weiß aber nicht mehr den Namen des Verlags. Nun, das ist nicht sehr wichtig.

Ich hätte gern das VVV vom Lümmel gehabt.[5] Im allgemeinen solltest Du mir alles schicken, was mit moderner Kunst und Lyrik zu tun hat: französische oder englische Bücher, Zeitschriften usw.... Ich bin noch immer ein Freund schöner Bücher. Dalis Kataloge, die ich bei Marie Laure[6] gesehen hatte, habe ich nie bekommen. Ich habe nur *The Secret Life*.

Meiner Mutter geht es nicht besonders gut, sie wird alt und hat kaum das Nötige zum Leben. Wir unterstützen sie, denn sie will nicht begreifen, daß die Lebensbedingungen sich verändert haben.

Ich werde Dir mein letztes Buch schicken: *Poésie ininterrompue*[7], in dem Du ein 700 Verse langes Poem finden wirst.

Sei gewiß, daß Dein Friede und Dein Glück für mich wichtig sind.

Umarme Dali von uns. F. i. D.

Paul

Ich hebe alles auf, was Dich interessieren könnte.

265.
Briefumschlag: Luftpost.
Poststempel: Paris, 28. März 1946.
Empfänger: Madame Gala Dali, 1801, Angelo Drive, Beverly Hills, California (USA).
Absender: Sendung von Paul Eluard, Rue Marx-Dormoy 35, Paris 18.

27. März ⟨19⟩46

Dorogaja Galotschka,
es wäre schön, wenn Du auf den langen Brief antworten könntest, den ich Dir nach unserem verunglückten Telephongespräch geschrieben habe. Ich habe den Deinen gut erhalten, und wegen Deiner Wohnung haben wir schon mit dem Notar gesprochen. Sie wird wie in Casanova in Untermiete gegeben, so daß Du die Gewähr haben wirst, sie zu jeder Zeit wieder selbst beziehen zu können.
Deine wunderbaren Päckchen sind hier angekommen.
Wir fahren in 3 Tagen nach Prag (Vorträge). Nusch wird am 15. April zurückfahren, während ich nach Jugoslawien, nach Italien und vielleicht auch nach Griechenland weiterreisen werde.[1]
Cécile wird im Monat April mit ihrem Mann in die Schweiz fahren.
Schreibe mir gegen Ende April. Versuche, mir ein *Arcane 17* von Breton[2] zu schicken, gut verpackt (damit es nicht beschädigt wird – ich bin noch immer bibliophil).
Danke für die Photos. Du bist noch immer so jung und ebenso schön.
Liebe Grüße von Nusch an Euch beide. Meinen herzlichsten Gruß an den schnurrbärtigen kleinen Darys.
F. i. D.
Paul

266.
Briefumschlag: Luftpost.
Poststempel: Paris, 6. August 1946.
Empfänger: Madame Gala Dali, Del Monte Lodge, Pebble Beach, California (USA).
Absender: Eluard, Rue Marx-Dormoy 35, Paris 18.

6. August

Galotschka dorogaja,
vielleicht ist Dir von meiner langen Reise, die ich durch die Tschechoslowakei, Italien, Griechenland und Jugoslawien unternommen habe, einiges zu Ohren gekommen. Eine schwierige und sehr anstrengende Reise von 3 Monaten, die mir aber sehr gutgetan hat. Ich wurde überall begeistert aufgenommen. Ich hatte Erlebnisse aller Art, wodurch ich mir weniger alt vorkam, als ich es bin. Ganz Italien mit dem Auto. Mit dem Schiff von Neapel nach Athen und dann nach Saloniki, langsam. Von Saloniki nach Belgrad über die Straße und per Eisenbahn. Rückkehr über Triest, Venedig, Mailand.
Seit meiner Rückkehr hier bin ich völlig überarbeitet. Das Leben ist jetzt etwas leichter, und doch haben wir uns über Deine letzten, so schönen Päckchen riesig gefreut. Ebenfalls über den Katalog und die Photos von Dali. Seine letzten Bilder mag ich sehr: das Brot, und vor allem Deine Porträts. Galarina ist der glänzendste aller Stars. Ich möchte gern die *Dali News*[1] haben. Ich werde versuchen, jemanden zu finden, der nach Amerika reist und bereit wäre, Dir die neue Ausgabe meiner *Choix de poèmes*[2] und von *Poésie ininterrompue* zu überbringen, denn ich glaube, daß ich sie Dir nicht geschickt habe. Ich brauche Dir nicht zu sagen, wie sehr ich mich über Deine Meinung darüber freuen würde, und wenn es nur ein Satz wäre. Denn Du bist und bleibst, wie Du weißt, mein bester Leser.
Sei unbesorgt wegen Deiner Wohnung. Es ist alles zum besten und ganz in Deinem Sinn geregelt. Hätte ich nicht Hugnet genommen, ich glaube, daß Du sie nicht mehr zurückbekommen hättest. Der Kampf ist nämlich unerbittlich, und die Gesetze werden immer strenger.

Mein kleiner Galotschku, das Leben hat uns eine allzu harte Trennung auferlegt. Versuche, Wort für Wort auf meine Briefe zu antworten. Ich weiß, Du bist und bleibst im Grunde dieselbe, meine Gala von Clavadel, mein ewiges kleines Mädchen.
Für i. D.
Paul

267.
Briefumschlag: Luftpost.
Poststempel: Montana-Vermala, 27. November 1946.
Empfänger: Madame Gala Dali ⟨Del Monte Lodge Pebble Beach California – durchgestrichen⟩ 5th Av. and 55 St., New York N. Y. (USA).
Absender: Eluard, Mirabeau – Montana (Schweiz).

Montana, den 25. Nov⟨ember⟩ ⟨19⟩46[1]

Maja dorogaja Galotschka, wieder einmal weile ich in der Schweiz, doch nicht für lange (leider, denn ich bin hier zur Erholung), insgesamt für 3 Wochen. Ich war eine Woche in Genf, um mich dort gründlichst untersuchen zu lassen, denn ich war übermäßig müde und hatte ständig irgendwelche Beschwerden. Das Ergebnis ist nicht allzu schlecht: Was mir die Luft nimmt, das sind diese durch die Rippenfellentzündung entstandenen Verwachsungen, die auf den unteren Teil meines Herzens drücken und das Zwerchfell in seinen Bewegungen behindern. Die Leber ist dick angeschwollen, und ich habe einen Gallenstein. Sonst nichts. Ich bin hier allerdings allein (Nusch ist zum Glück in Paris geblieben, denn meine Mutter fühlt sich sehr schwach, sie ist krank, und ich befürchte, daß ich in den kommenden Tagen noch zurückfahren muß – die Nachrichten sind heute besser), ich spreche mit niemandem, ich arbeite.[2]
Seit zwei Jahren war ich keinen einzigen Tag allein. Das ist schon recht deprimierend. Ich fürchte, Du wirst mich sehr alt finden, wenn wir uns endlich wiedersehen. Ich kann nicht mehr so lachen wie früher. Aber ich kann Dich anlächeln, meine kleine Gala aller Zeiten, selbst aus der Ferne, selbst in diesen

Bergen, die wir beide so gut kannten. Dein letzter Brief hat mir richtig wohlgetan, er war sehr nützlich. Aus der Ferne und nach so langer Zeit müssen wir sehr lieb zueinander sein. Ich frage mich, wann Du zurückkehren wirst, denn ich muß Dich wiedersehen. Es ist furchtbar...

Erst habe ich gelächelt, und nun erdrückt mich die Last dieser Trennung. Du mußt mir das verzeihen – es ist furchtbar, wenn man nach Jahren zählt!

Cécile erwartet ihr Kleines im April. Es geht ihr gut. Schreibe ihr oft. Schicke ihr doch etwas zu Weihnachten, sie wird sich darüber sehr freuen. Sie ist sanft, schön, zärtlich, intelligent (die Artikel, die sie schreibt, gehören zu den besten in ihrer Art – und sie schreibt sehr gut) und vor allem besitzt sie etwas Hochheiliges in meinen Augen, sie liebt Dich über alles. Ihr Mann ist ja ein lieber Kerl, aber das Wasser reichen kann er ihr nicht; sicher findet sie es angenehmer, über Schwächere zu herrschen. Da kann man nichts machen und ihr deswegen auch nicht böse sein. Das ist schließlich ihre Sache (ich hoffe, Du denkst darüber so wie ich).

Jedenfalls mangelt es ihr an nichts. Sie verdient etwas Geld, und ich, der welches hat, gebe ihr regelmäßig etwas dazu (vor allem während dieser Monate der Schwangerschaft). Sie selbst ist ⟨damit⟩ sehr geschickt im Geschäftemachen!

Ich werde demnächst ein schönes, von Chagall[3] illustriertes Buch herausgeben sowie mehrere andere, die von jungen Leuten illustriert wurden. Und wahrscheinlich, auch bei Skira, *Cours naturel,* als ein typographisches Denkmal mit Farblithos von F. Léger.[4] Ich sehe schon, wie Dali in die Luft geht.[5]

Um in Frankreich zu leben, braucht man viel Geld.

Ich hoffe (ich bin sogar sicher), Du bist ebenfalls der Meinung, daß wir vermeiden sollten, von unserem intimen Leben Spuren zu hinterlassen. In diesem Sinne werde ich Deine Briefe zerreißen...

Monsieur Breton, den ich seit seiner Rückkehr nicht gesehen (gesprochen) habe, ist in einer historischen Pose erstarrt, sehr exilhaft – überall und immer[6]. Nehmt Euch in acht und seid ihm gegenüber nicht allzu nachsichtig, denn er nutzt jede Gelegenheit, um Dali zu verleumden. Es läßt mich inzwischen fast

gleichgültig, wenn ich erlebe, wie er von den schlimmsten Reaktionären Schützenhilfe bekommt.
Ich selbst diene ganz und gar meiner Partei, die nichts Unliebsames von mir verlangt. Im Gegenteil. Ich befürworte ihre Politik in vollem Umfange. [7]
Was kann ich Dir sonst noch erzählen? Ich habe heimlich eine große Aufgabe in Angriff genommen. Ich sage Dir das unter dem Siegel der Verschwiegenheit: Wenn Dir jemals etwas von *Didier Desroches* zu Ohren kommt, dann wisse, daß ich das bin. [8]
Niemand außer Nusch weiß etwas davon. Ich habe genug von meinen Gedichten, die man kauft, weil man dem Namen vertraut. Ich schicke Dir demnächst, was von Desroches erscheinen wird, seine ersten Gedichte, wie damals in Clavadel. [9] Wie schön und unverändert warst Du auf diesem Photo, in Deinem Abendkleid, vor ein paar Monaten. Schicke mir oft Photos von Dir.
Es schneit. Überall herrscht Stille. Schreibe mir nach Paris, wohin ich in der nächsten Woche zurückkehren werde. Und mache mir eine Liste aller Bücher von mir, die Du seit Deinem Weggang bekommen hast. Ich habe Dir welche durch Hayter [10] schicken lassen. Hast Du sie schon?
Schicke Du mir auch Bücher und Kataloge – von Dali – und was Dir amüsant erscheint, mit Bildern.
Umarme Dali von mir.
Ich küsse Dich von ganzem Herzen.
F. i. D.
Paul

268.
⟨Paris⟩ 10. März ⟨1947⟩

Meine geliebte kleine Gala, [1]
Du hast mir seit langem nicht mehr geschrieben. Ich habe Dir etwa vor einem Monat geschrieben. Ich teilte Dir mit, daß ich Pakete von Dir bekommen hatte: seither drei große und ein kleines insgesamt (und mein Vater ebensoviele). Du rettest uns wirklich aus der Not, denn oft gibt es überhaupt kein Fleisch,

und wegen Lebensmitteln kann ich nicht mehr so viel unterwegs sein. Ich bin jetzt wirklich kugelrund, und mir reicht es allmählich mit dem Dickerwerden. Die Entbindung soll in ungefähr 4 bis 5 Wochen stattfinden – das ist bald, und ich habe ein bißchen Angst. Mein Zustand ist aber normal. Der Arzt untersucht mich einmal im Monat und meint, daß alles in Ordnung ist. Beim letzten Mal hat er mir gesagt, daß das Kind den Kopf nach unten hat, wie es sein soll. Ich werde allerdings schnell müde und bleibe jetzt öfter zu Hause. Ich sehe oft meinen Vater, und wir erzählen von Dir. Er ist lieb und nett zu mir, und ich glaube, daß er froh ist, daß ich ein Kind bekomme, aber er kommt über den Tod von Nusch nicht hinweg, und ich weiß nicht, was ich machen soll, denn schließlich ist er ja selbständig. Er schenkt mir Bücher und Bilder, um mich aufzumuntern, wie er sagt, was kann ich aber tun, um ihn aufzumuntern.
Schreibe mir bald, damit ich noch vor der Entbindung Post von Dir habe. Hoffentlich geht alles glatt!! Da ich nicht mehr so gut zu Fuß bin, habe ich angefangen zu stricken und zu nähen, hoffe aber, daß ich danach nicht nur als Mutter beschäftigt sein werde.
Könntest Du mir gelegentlich Babywäsche schicken, in Amerika soll es eine Art Anzug geben für das Kind, wenn man ausfährt, der über den ganzen Körper geht, Füße, Hände, Beine und alles – mit Reißverschluß, glaube ich. Ich habe alles, was Du mir schon geschickt hast, mit dem zusammengetan, was ich selbstgemacht habe. Ich hoffe, es wird ein Junge, wenn es aber ein Mädchen wird, nehme ich es trotzdem.
Ich bräuchte auch etwas denty. Kannst Du mir welches schikken? Und nochmals vielen Dank für die Pakete.
Meine Großmutter geht noch immer nicht hinaus[2], es geht ihr aber ein bißchen besser. Sie ist seit mindestens 4 Monaten schon krank. Der diesjährige Winter war sehr hart und sehr lang, und alle Welt hat die Grippe. Ich hatte sie auch. Und was ist mit Dalis Büchern? Sind sie erschienen, und werde ich *sie zu sehen bekommen?*
Wie lange wirst Du noch in New York bleiben, und was hast Du für Pläne?

SCHREIBE MIR.
Ich habe Dich sehr, sehr lieb und denke an Dich. Ich umarme Dich sowie auch Dali. Grüße von Gérard ⟨Vulliamy⟩.

Cécile

Schicke mir Artikel über Dali, wenn Du welche hast.
Ich werde in einer Klinik entbinden und dort ungefähr zehn Tage bleiben.

Galotschka dorogaja[3], die Zeit vergeht so recht und schlecht. Ich schaffe nicht viel, gehe kaum aus, habe nette Freunde, die mir helfen. Und Cécile ist eine kleine Mutter, wie Du sie gewesen bist. Noch einen guten Monat!
Das Leben fällt mir sehr schwer. Ich bin aber guten Mutes. Ich rede jeden Tag von Dir, sogar Fremden gegenüber. Ich glaube aber, daß ich nicht mehr schreiben werde. Oft träume ich von Dir, aber ich habe Angst, Dich nicht mehr wiederzusehen. In den vergangenen Monaten war es sehr kalt. Der Boden ist immer noch gefroren. Aber ich habe immer ein bißchen was zum Heizen gehabt.
Cécile ist wohlauf und glücklich, sie hat alles, was sie braucht. Deine Päckchen haben uns gut geholfen. Das war recht bequem für mich, da ich oft allein esse.
Ich denke an Dich, ich liebe Dich, meine kleine Gala. Wir waren niemals wirklich getrennt. Ich küsse Dich sehr sanft.
F. i. D.

Paul

269.
Briefumschlag: Luftpost.
Poststempel: unleserlich.
Ankunftsstempel: Monterey, Cali⟨fornia⟩, 20. Juni 1947.
Empfänger: Madame Gala Dali, Del Monte Lodge, Pebble Beach, California (USA).
Absender: Eluard, Rue Marx-Dormoy 35, Paris 18.

16. Juni 1947

Galotschka dorogaja,
ich hätte Dir viel schneller antworten sollen, aber die letzte Zeit war für mich sehr schwierig. Der Schmerz ist jetzt vielleicht etwas gedämpfter, aber die Leere in mir und um mich herum ist um so größer geworden. Ohne die Hilfe von zwei jungen Freunden, Mann und Frau[1], wäre ich sicher nicht mehr am Leben. Der Tod, das Todesgefühl hat in mir einen zu großen Platz eingenommen. Früher habe ich nie daran gedacht, ich war durch nichts darauf vorbereitet, und so war es ein allzu harter Schlag wie mit der Keule. Ich versuche zu arbeiten, und seit einiger ⟨Zeit⟩ gelingt es mir auch ein bißchen, denn ich bekomme jeden Tag Spritzen.
Weder Cécile noch ich haben jemals *Das Rätsel Wilhelm Tell* gesehen. Ich habe mit Levitzki eine Bestandsaufnahme aller Dinge in der Wohnung gemacht, es bleiben aber noch zwei 2 Meter lange Kisten und eine andere mit Büchern im Möbellager. Wir werden sie öffnen lassen, wenn Levitzki aus Italien zurück sein wird. Und selbstverständlich auch wieder schließen lassen. Ich werde die Rechnung für das Möbellager begleichen und wahrscheinlich auch – wie sie mir dort rieten – die Kisten versichern lassen.
Danke für alle Deine Pakete. Sie haben mir sehr geholfen, besonders in meiner Lage als Alleinstehender. Ich wüßte nicht, wie ich in all der Zeit ohne sie bei mir zu Hause hätte essen können. Die Restaurants sind sehr teuer.
Céciles kleines Mädchen ist sehr hübsch und artig. Ich sehe es nicht allzu oft und meine Mutter auch nicht, denn mein Familiensinn schwindet immer mehr. Aber ich unterstützte Cécile in

materieller Hinsicht, denn das Leben ist schrecklich teuer, wenn man ein bißchen was zu essen haben will.
Danke für den *Macbeth,* der sehr schön ist,[2] wie auch die Widmungs-Zeichnung. Es hat mich sehr gerührt. In einem großen Buch, das ich für die Schweiz mache, bringe ich eine sehr große Reproduktion des Dali-Bildes aus Cadaqués, das bei Dir ist, mit *L'âne pourri et les cailloux* und meinem Gedicht.[3]
Ich denke an Dich, an unser Leben, an das meine, das jetzt so gefährdet ist. Du wirst bald ein Buch mit den Photos von Nusch bekommen. Ich unterschreibe es mit einem neuen Pseudonym: Didier Desroches.
Ich habe Einladungen nach der UdSSR, nach Polen, nach Ungarn und nach Brasilien, habe aber nicht die Kraft dazu.
Ich umarme Euch beide. F. i. D.
Paul

270.
Briefumschlag: Luftpost.
Poststempel: Paris, Rue de la Chapelle, 13. Oktober 1947.
Empfänger: Madame Gala Dali, Pebble Beach, Del Monte Lodge (California) USA.
Absender: Eluard, Rue Marx-Dormoy 35, Paris 18.

13. Okt⟨ober⟩ ⟨19⟩47

Dorogaja Galotschka,
auf eine sonderbare Weise geht das Leben für mich weiter. Ich hoffe, es Dir eines Tages erzählen zu können. Ich erlebe lange Phasen der Geduld und dann periodische Anfälle von Verzweiflung und Zorn und langanhaltende Wutausbrüche.
Ich hoffe, daß Du das mit Didier Desroches unterschriebene Buch mit den Porträts von Nusch bekommen hast. Ich hatte es Caresse mitgegeben.[1] Ich hätte gern den *Don Quixote* von Dali.[2]
Ich danke Dir für alle Deine Päckchen. Ich weiß nicht, was ich ohne sie tun würde.
Ich träume davon, losgelöst von allem zu sein. Aber leider besteht kaum die Aussicht, daß sich das erfüllen wird.

Ich werde nie nach Amerika reisen. Habe nicht den Mut dazu. Aber vielleicht werde ich Dich hier wiedersehen.
Meine Gala, verzeih mir diesen Ton. Ich habe einen zu schweren Schlag erlitten. Mein Leben ist leer.
Ich küsse Dich überall. F. i. D.
Paul

271.
Briefumschlag: Luftpost.
Poststempel: Paris, 8. November 1947.
Ankunftsstempel: Pebble Beach, 12. November 1947.
Empfänger: Madame Gala Dali ⟨Del Monte Lodge, Pebble Beach, California – durchgestrichen⟩ Hotel St. Regis 5th Ave. and 55th Street. New York, N. Y., USA.
Absender: Eluard, Rue Marx-Dormoy 35, Paris 18.

8. Nov⟨ember⟩ ⟨19⟩47

Dorogaja Galotschka,
Du hast uns, mir und Cécile, schon lange nicht mehr geschrieben. Wir sehnen uns nach Dir und machen uns Sorgen.
Unser kleines Mädchen ist bezaubernd. Sie ist 6 Monate alt und hat 3 Zähne. Sie lacht schon viel und sieht sehr intelligent aus.
Ich schicke Dir eine Rechnung, die ich nur schwer bezahlen könnte. In diesem Jahr beläuft sich die Steuer für Deine Wohnung auf 16 000 frs. Hugnet soll sie zahlen. Punkto Geld wissen wir überhaupt nicht mehr, wodran wir sind. Das Leben wird immer teurer. Ich arbeite viel, wodurch ich Cécile regelmäßig unterstützen kann. Aber den Kauf von Büchern und Gemälden kann ich mir nicht mehr leisten.
Ich möchte Dich besuchen kommen, aber meine Wohnung und Nuschs Grab, all das, was mir von ihr bleibt, möchte ich nur ungern verlassen.
Umarme Dali von mir.
Du solltest mir schreiben.
Paul

272.
Briefumschlag: Luftpost. By Airmail. Nachsenden.
Poststempel: Paris, 21. Februar 1948.
Empfänger: Madame Gala Dali, The St. Regis, Fifth Avenue and 55th Street, New York (USA).
Absender: Paul Eluard, Rue Marx-Dormoy, Paris 18.

21. Februar ⟨19⟩48

Kleine geliebte Galotschka, ich habe heute nacht von Euch beiden geträumt. Wir waren auf dem Land.
Du solltest – ich weiß ja, daß Du keine allzu eifrige Briefeschreiberin bist – aber Du solltest öfter und lieb an Cécile schreiben, die depressiv ist und unter den Folgen ihrer Entbindung leidet (Bauch- und Nierenschmerzen, Abmagerung). In diesem Winter war das Leben sehr hart. Der 1000-Francs-Schein wird immer mehr zur Zahlungseinheit. Ihr Mann verdient gar nichts mehr, die Leute kaufen nichts. Ich gebe ihr seit längerer Zeit 10 000 frs im Monat, aber das reicht überhaupt nicht. Das Mädchen kostet viel Geld. Es ist alles sehr schwer. Niemand mehr bezahlt mich, ich bin immer mehr allein. Und jetzt schneit es auch noch, und es ist sehr kalt. Ich habe nur ein lächerliches Heizöfchen, um meine 4 Zimmer zu beheizen. Das Essenmachen ist ein Problem. Deine Pakete haben uns sehr geholfen. Wir bekommen aber keine mehr. Versteh mich recht, ich will Dich nicht beunruhigen, aber Cécile ist in großer Not. Sie ist sehr stolz und beklagt sich nie (ihre Großmutter hat kein Geld mehr), sie ist aber moralisch und materiell unglücklich. Durch das Kind ist sie an die Wohnung gefesselt. Sie arbeitet kaum noch. Und sie denkt, daß Du sie nicht mehr liebst und sie Dich nie mehr wiedersehen wird. Sie, die sonst recht hart ist, weint jedesmal, wenn sie von Dir spricht.
Noch einmal, meine kleine Gala für alle Zeit, macht Dir aber deswegen keine Sorgen. Du kannst das in Ordnung bringen, indem Du ihr von Zeit zu Zeit einen lieben Brief schreibst und ihr Päckchen schickst, die ihr beweisen, daß Du an sie denkst. Sie kann recht gut englisch lesen, und ein Buch wie der *Don*

Quixote von Dali, das ich in London gesehen habe, würde sie sehr freuen. Mich übrigens auch, hi! hi...!
Ich habe eine Einladung für einen einmonatigen Aufenthalt in Algerien, aber ich glaube, daß ich meine Wohnung nicht mehr verlassen kann – Nusch fehlt mir.
Kleine Galotschka, wie sehr möchte ich Dich wiedersehen.
F. i. D.
Paul

Umarme recht herzlich den kleinen Dali von mir. Ich habe Photos von sehr schönen Gemälden gesehen.

Briefe von Gala
an
Paul Eluard

(November–Dezember 1916)

Da es uns nicht möglich war, Galas Antworten auf die Briefe, die ihr Eluard in der Zeit von 1924 bis 1948 schrieb, mitzuveröffentlichen, zumal sie wahrscheinlich von Eluard – wie er selbst schreibt (siehe Brief 267) – nach dem Krieg vernichtet wurden, haben wir uns dazu entschieden, hier einige der wenigen bekannten Briefe (etwa dreißig) von Gala an Eluard abzudrucken. Diese noch nie zuvor veröffentlichten Briefe, die sich im Besitz von Robert Valette befinden, schrieb die Gefährtin Eluards während des ersten Weltkrieges.
Als Eluard im Dezember 1914 einberufen wird, kommt er aus Gesundheitsgründen erst in eine Einheit des Hilfsdienstes, wird aber im August dem Evakuierungslazarett Nr. 18 in Hargicourt (Somme) zugeteilt, das sich ein paar Kilometer von der Gefechtslinie befindet und tausende von Verletzten aufnimmt. Vier Monate später – am 28. Dezember 1916 – erwirkt Eluard endlich und trotz Galas flehentlicher Bitten – ja sogar Drohungen – seine Versetzung zum 95. Infanterieregiment. Bezüglich des Briefwechsels Eluards während des Krieges empfiehlt es sich, die Jugendbriefe zu lesen ⟨zusammengestellt von Cécile Eluard, herausgegeben und mit Anmerkungen versehen von Robert Valette⟩, die 1962 bei Seghers in Paris erschienen.
Diese fünfzehn Briefe zeichnen von Gala ein völlig ungewohntes Bild, das die ehrgeizige, stolze und zynische Frau, wie sie von ihren Angehörigen und denen, die ihr »weniger nah standen«, gesehen wurde, in ein anderes Licht rückt. Sie war damals eine 22jährige junge Frau, verliebt und bis zur »Verrücktheit« exaltiert (sie hält sich selbst für hysterisch), erfüllt von einem erstaunlichen Ideal religiöser, sittlicher und körperlicher Reinheit (Eluard hat wiederholt seiner Tochter erzählt, daß er und Gala zum Zeitpunkt ihrer Heirat noch jungfräulich waren), die wahrscheinlich der kleinen Russin von Clavadel näher stand als der reifen Frau der Jahre 1930–1940. In dieser unbefangenen Verlobten, die artig zu ihren Französisch- und Zeichenstunden geht,

erahnt man jedoch schon die allmächtige Autorität jener unfaßbaren Frau – die Surrealisten nannten sie den »Turm« –, die sehr bald zu einer prägenden Figur der surrealistischen Legende wurde.

Obgleich Gala eine gebildete Russin war, ließ ihre französische Rechtschreibung einigermaßen zu wünschen übrig.

Da die syntaktischen und orthographischen Fehler in ihren Briefen bei einer Übersetzung ins Deutsche kaum wiederzugeben waren, wurde lediglich versucht, die Unmittelbarkeit ihres Ausdrucks, die Unbekümmertheit im Gebrauch der französischen Sprache und den etwas holprigen Stil zu übertragen. Die etwas freie Zeichensetzung wurde stellenweise übernommen.

Die Lektüre dieser Briefe mag mitunter schwierig erscheinen, aber der Ton der Mitteilungen ist aufrichtig, und in der Form wurden sie hier und da durch wenig geläufige Bilder bereichert. Manche Wörter konnten in den handschriftlichen Vorlagen nicht entziffert werden. In diesem Fall wurde der unklare Satz fallengelassen und durch Auslassungspunkte ersetzt. Zu einem besseren inhaltlichen Verständnis wurden hier und da vom Übersetzer Wörter oder Satzzeichen in eckige Klammern gesetzt.

1.
⟨Paris, Mitte November 1916⟩

Mein kleiner Paul Eugène, dorogoj moj, den ganzen Morgen bin ich gelaufen: Ich war auf der Bank Geld holen, ich bin mit dem Zug gefahren. Bei meiner Rückkehr fand ich die ganze Gesellschaft bei Dir. Deine Tante aus Brey ist wieder gesund. Sie redete viel und machte noch mehr Krach. Sie hat uns zu sich eingeladen. Dann sind Deine Mutter und Deine Tante gegangen, und ich bin ⟨jetzt⟩ allein in Deinem Zimmer, liege auf Deinem Bett. Ich kann jetzt nicht allein sein. Ich habe Angst. Gleich kommen mir verrückte Gedanken, ich stelle mir Deinen Abschied vor und den darauffolgenden: der Gefangene des Wortes. Ich habe keine Ruhe mehr, ich weine zu viel, ich zittere, verliere meine Kraft. Ich flehe Dich auf den Knien an, handle nicht, bleibe dort, antworte mir sofort: »Ich bleibe und ich will aufrichtig nicht fort von hier. Ich werde alles tun, um die ganze Zeit dazubleiben«. Ich tue alles für Dich, ich werde immer alles tun. Tu es für mich, auch Du, verwöhne mich, habe Mitleid mit mir. Ich besitze nichts, weder Stolz, noch Ehrgeiz, ich bin wie nackt und vor Dir sehr schwach.

Und wenn Du meinen Körper liebst, mach ihn nicht kaputt ⟨...⟩ wie Du es jetzt tust. Ich weine, ich fühle mich sehr müde und meine Nerven sind sehr überreizt, ich schlafe fast nicht mehr. Man muß ihn auf intelligentere Weise kaputtmachen.
Riskiere nichts, gönne mir Ruhe, Erholung. Ich brauche sie, Deine Mutter weiß es. Sie hat mich gern, sie paßt auf, sie sorgt sich um mich. In den letzten Tagen vor allem war ich verrückt oder anämisch – voll Tränen und tiefer Verzweiflung, schrecklicher Gleichgültigkeit. Ein Wort von Dir, und ich bin »gesund«.

Wenn Du wüßtest, wie brav ich bin, ich denke nur an Dich und mache fleißig »Studium« usw. nur für Dich. Hilf mir.
Abend – Ich warte auf den Brief von Dir. Da Deine Mutter Dir nicht alle Bücher kaufen kann, die Du bestellt hast, will ich Dir ein Geschenk machen und eins oder zwei kaufen. Ich schicke sie Dir gleich.

Heute möchte ich für Dich Deinen Fröstler und Deinen Rekler zeichnen. Danach werde ich den Hampelmann noch einmal machen.
Anschließend schreibe ich ein Diktat mit Deiner Mutter. Dann gehe ich schlafen, ich werde im Bett ein bißchen lesen, ich werde für Dich beten, für uns alle.
Da ich sehr lasterhaft bin, habe ich Parfum sehr gern. Wenn Du mir erlaubst, werde ich dort »Blanc de Coty« kaufen. Wenn Du aber meinst, das es unnütz ist, sag es mir einfach, ich werde es dann *nicht mit* FREUDE tun, denn Du willst es.
Ich liebe Dich mein lieber Freund, meine heißgeliebte Seele »duschenka moja« (ich sage es Dir auf Russisch, weil Du es jetzt lernst). Ich segne Dich. Ich küsse Dich.
Keinen Brief von Dir heute.
Das ist ganz und gar »tröstlich«!
Sogar »fröhlich«! O mein lieber, mein Dorogoj und sanfter, guter Mann.
Beruhige mich. *Ich brauche es* unbedingt.
Auf Wiedersehen. Ich küsse Dich sehr sanft Deine Frau für immer.

Gala

2.
⟨Paris, den 17.? November 1916⟩

Mein armer kleiner Junge, mein sehr geliebter Dorogoj, Deine Briefe von gestern, von heute sind sehr traurig: Du zweifelst noch immer an mir.
Du hast furchtbare Gedanken: »Du hieltest« zu mir aus Liebe zur Liebe und nicht aus Liebe zu mir. Wenn ich manchmal von meinen »nuttigen« Eigenschaften spreche, versichere ich Ihnen

⟨Dir⟩, daß das nicht stimmt, ich bin nicht so, in der Tiefe bin ich das nicht. Meine Einzige und Göttliche Liebe *zu mir* von Dir – durch Deine Gedanken, Deinen Körper, Deine Seeeele. *Niemals,* bevor ich Dich kannte, war ich mit jemand wie Dir zusammen. Ich habe keinen Mann geküßt, ich habe sie alle verachtet, ich habe sie verspottet, wenn sie zärtlich sein wollten. Wenn ich ihnen meine Hand gab, dann wie einem Kind oder damit sie mich in Ruhe lassen, und das haben sie alle gut gewußt. Und dann hat er auch gewußt, daß ich ihn verachte, daß ich *ihn hasse, daß er eine böse Rolle spielt in meinem Leben, er hat darunter gelitten. Das ist Schmutz, ich bin aber sehr müde, sehr nervös. Oft muß ich innerlich mit einem Mal weinen.* Ich lasse es nicht in mich hinein, das schwöre ich Dir, ich bin nicht weniger rein, das gibt es nicht, *es ist nichts im Vergleich zu meinem Absoluten, zu meiner Liebe.*
Ich denke an einen Deiner ähnlichen Sätze von heute, und ich werde darüber weinen, wenn Du es nicht vergeben kannst, mir wird durch mein Leben vergeben, durch mein *Absolutes, ich entferne selbst, was neben mir, aber nie in mir war.*
⟨...⟩ *Es ist eine völlig dumme Schwäche, die Schwäche von einer* »schäbigen« *stumpfsinnigen Alten.* Aber es ist nicht schlimm. Ich denke nur an so was, weil ich nachts fast nicht mehr schlafe, ich bin wie verrückt, meine Gedanken tanzen, springen, eilen – ich habe dann Filmgedanken. In dieser Woche will ich mich ausruhen – lesen, soviel wie möglich im Bett bleiben und *nichts* tun. Ich bin sehr müde, ich brauche Milde – das ist die Erklärung von: »Du rätst mir, mild zu sein und niemals an Rache zu denken. Das ist sonderbar (ich finde keine). Wenn Du siehst, daß ich Dir wie es sich gehört antworte, läßt Du die Frage fallen.« Ich wiederhole es noch einmal und zum letztenmal, ich bin absolut ehrlich, aufrichtig zu Dir, ich habe nie den letzten Gedanken. Es war nicht wegen der »Feigheit«, ich habe überhaupt nichts zu befürchten, es war mein wirkliches Gefühl, ich war gut, ich war milde und ich habe auch Deine Milde gebraucht. Das ist alles. Wenn Du das verdorben findest, dann verzeih es mir. Und wenn Du wieder über die aufgegebene Frage noch einmal reden möchtest, dann ist das für mich »sehr schwer«, ich bin müde, ich werde aber gern wieder darüber reden, wenn Du willst. Wie Du siehst, bin ich gehorsam, sogar

nach allen Deinen Vorwürfen und Kränkungen. Man darf sie nicht oft bringen, das ist gefährlich. Denke niemals schlecht über unsere vergangenen Liebkosungen. In Clavadel habe ich einen schrecklichen Verdacht gehabt wegen »veränderter Dinge«. Immer habe ich überlegt, ob es Sünde ist oder gar nicht. In diesen zwei Jahren habe ich vieles gelernt in meiner Liebe für die herrlichen und wunderbaren Dinge. Ich bitte Dich, sage Du nicht ekelhafte Dinge. Oder sage sie erst, wenn Du überzeugt, wenn Du sicher bist, daß Du auch so denkst. Aber zweifle nicht. Wenn Du wüßtest, wie Du mir damit weh tust.
Sonst kann ich nichts erzählen, ich liebe nur Dich, ich habe nichts, weder Fähigkeiten noch Intelligenz noch Willen, nichts, nichts, nur die Liebe. Das ist schrecklich. Und darum, wenn ich Dich verlieren würde, würde ich auch mich selbst verlieren, und ich wäre nicht schon Gala, ich wäre eine Frau wie es Tausende und Tausende gibt.

Wenn ich Dich nicht kennen würde, wäre ich nicht verloren, weil ich mich dann niemand ganz geben würde. Das heißt, ich würde niemand lieben, ich könnte keinen von denen lieben, die ich getroffen habe, ich würde mir selbst gehören, immer unabhängig. Ich bin aber glücklich, daß ich Dich getroffen habe, ich segne Dein Leben. Nur mußt Du ein für allemal begreifen, ich habe nichts von mir, mich besitzt Du ganz und gar. Und wenn Du mich liebst, dann wirst Du auf Dein wertvolles Leben aufpassen, denn ohne Dich werde ich wie eine leere Hülle sein. Du hast mein Leben auf Dir. Wenn Du mich liebst, dann hütest Du es, wenn Du mich haßt, dann wirfst Du es weg oder behandelst es böse, brutal. Du kannst es so tun, das ist Dein Recht, denn es gehört ja Dir.
Ich meine das alles ganz ehrlich. Allgemein versteckt man das, damit es niemand mißbraucht, ich aber glaube Dir völlig. Und Du bist sehr gut.
Nur darfst Du zu mir nicht so furchtbare Sachen sagen, das macht mich traurig, *das macht mich unglücklich.*

Schreibe mir, was ich lesen soll, ich will diese Woche der »Lesung« widmen. Ich bin sehr froh. Ich träume ein bißchen von

diesen Tagen. Heute fahre ich zum letztenmal in dieser Woche nach Bourget.
Danach werde ich eine oder zwei Unterrichtsstunden versäumen.
Vor ein paar Tagen (ich glaube am Samstag) habe ich in einem Kramladen einen alten Sessel aus rotem Holz gesehen, mit sehr einfachen Schnitzereien. Ich werde fragen, wenn er nicht teuer ist, werde ich ihn (wenn ich das Geld habe) für unser Büro kaufen.
Ich denke gern an einfache, reale, kleinbürgerliche Dinge, vor allem, wenn es so große und schwierigere Probleme gibt. Ich möchte dann ganz klein sein und mich in den einfachen Dingen, den gewöhnlichen, konkreten Dingen des Alltags verstecken.

Glaube mir, mein lieber Gatte, wenn Du mir nicht glaubst, wird das Leben unmöglich sein, und ich glaube ganz fest an unser gemeinsames Leben, das ganz nahe ist. Als wir gestern, Deine Mutter und ich, im Bois de Boulogne spazierengingen, haben wir Pläne von unseren Leben gemacht (ich habe nicht alles gesagt, ich habe nicht viel gesagt, vielmehr zugehört).
Sie sagt wünsche so sehr, daß der Krieg recht bald zu Ende geht und daß Ihr sofort heiratet und Euer Leben einrichtet. Ihr nehmt Euch eine kleine Wohnung in der Sonne und richtet sie schön ein usw. usw., kleine Träume von einer Frau, die Dich auch schrecklich gern hat. Deine Mutter ist wirklich in Dich verliebt.
Ich küsse Dich überall und Deine Hände. Deine Frau für immer
Gala

Ich schreibe Dir jeden Tag. Tu, was Deine Mutter Dir von Deinem Vater aus bestellen wird. Das macht mir Sorgen. Sprich von Deiner Gesundheit.

3.
⟨Paris⟩, den 17. Nov⟨ember 1916⟩

Ich habe heute einen sehr langen Brief geschickt.
Sei nicht traurig.

Ich würde mein Leben hergeben und alles alles, damit Du ruhig bleibst.
Sei mir nicht böse. Ich denke nicht an die schlimmen Augenblikke in Deinem Leben. *Die gibt es nicht* für mich.

Sage niemals: wenn ... sonst würden mir alle unsere Liebkosungen schmutzig vorkommen.
Sag es nicht. Du begreifst vielleicht nicht, was Du sagst. Denke gut nach, mein Dorogoj. Du kannst keine schlimmeren und schrecklicheren Worte erfinden. Es darf nicht sein, daß ich auch so denke, denn dann ist mein Leben vollkommen verloren.
Du sollst das nicht sagen, Du sollst das nicht glauben. Das sind nicht nur Zärtlichkeiten, das ist mein ganzes Leben, das ist das Beste, das Heiligste, das Edelste von mir. Wenn Dir das eines Tages wie Schmutz vorkommt, dann sag es mir sofort.
Du sollst es nicht, hörst Du, es ist schrecklich. Hasse mich, beschimpfe mich, wenn Du willst, aber nicht meine Liebe. Du darfst das nicht, glaube mir, ich sage es Dir, ich habe nur meine Liebe, ich bin ganz Dein, es gibt keinen Schmutz weder in meinem Denken noch in meinen Gedanken, noch in der Wirklichkeit, auch nicht in meinem Leben und nicht in meinen Gefühlen. Wenn ich alles mit Dir mache – »sonderbare Dinge« – dann weil ich sicher bin, daß mit Dir, weil ich Dich liebe, alles rein, alles schön, alles richtig ist.
Entschuldige mich wegen meinem schmutzigen Brief (im eigentlichen Sinn).
Du sollst nicht so aufgeregt sein, bleibe ruhig, ich bitte Dich sehr. Ich spüre Deine Langeweile, Deine Angst und bin davon ganz krank, beruhige Dich, tue nichts, wenn Du mich ein bißchen ein ganz kleines bißchen liebst. Ich schlafe keine Nacht. Und Du wirst ruhig sein (im herrlichen Sinn) leicht und froh. Ich verspreche es Dir. Ich werde vollkommen ruhig und sehr stark sein. Wir dürfen unsere Kräfte nicht umsonst verbrauchen.
Verzeih mir, ich bitte Dich, aber verzeih mir.
Schreibe mir sofort, was Du darüber denkst.
Die Karte bedrückt mich. Ich leide, es tut mir weh, moj Dorogoj, moj Dorogoj, mein Maltschik.
Darfst mich nicht hassen.

Darfst Dir – uns kein Leid tun. Verzeih mir.
Deine Frau für immer. Gala. Ich küsse Dich.

Handle nicht gegen Dich, gegen unser großartiges Leben. Wir werden ein herrliches Leben haben, denn wir sind uns sehr ähnlich und das ist »selten«!! So wie wir sind, verliere nicht den Fall!!!⟨?⟩ Ich möchte Dich ein bißchen aufheitern. Nur bin ich nicht sehr lustig, nicht wie Charlie.
Denke nicht mehr daran, wenn Du wiederkommst, werde ich es Dir erklären, jetzt mußt Du mir ganz glauben.
Du fragst mich: »Sprichst Du von alten oder von neuen Dingen.« Sicher von alten. Jetzt bin ich *völlig* keusch und rein. Ich habe nichts getan, was Dir mißfällt, keine Bewegung, keinen Gedanken, keine Handlung, kein Wort.
Es ist alles für Dich. Du kannst in der Liebe absolut sein, denn ich bin es. Ich verstecke nichts vor Dir. Mein ganzes Leben ist klar, es gehört ganz Dir. Frage Deine Mutter, wenn Du daran zweifelst. Ich kenne niemanden, ich gehe aus dem Haus nur zu meinem Unterricht. Ich bekomme keine Briefe von NIEMANDEM außer von meinen Eltern.
Ich küsse Dich, mein geliebtes Kind, mein Dorogoj.
Ich bin erstaunt, daß Du keine Briefe von mir bekommen hast.
Ich schreibe Dir jeden Tag und letztens einen sehr langen.
Das nächstemal schreibe ich Dir sehr ordentlich. Das ist das letzte Mal.
Ich liebe Dich unendlich. Ich küsse Dich überall, Deine Frau für Immer, Deine
Gala.

4.
⟨Paris, den 19.? November 1916⟩

Mein geliebter Gatte,
habe Deinen sehr *»befremdlichen«* Brief bekommen. Du sprichst von der Schande, feige zu sein: »Ich bitte Dich inständig, laß mich ein härteres Leben führen und nicht so sehr als Diener, als

Knecht.« Was willst Du damit sagen(?) »Laß mich von diesem Leben befreien, laß mich handeln.«
NEIN, NEIN UND NOCHMALS NEIN. Ich flehe Dich an, unternimm *nichts* vor Deinem nächsten Urlaub. Du sagst mir dann ganz offen, was Du unternehmen willst, und wir werden gemeinsam darüber nachdenken. Aber handle nicht davor.
Wenn Du es tust, wird es ein nicht wiedergutzumachender Kummer sein, Du wirst es gegen mich tun, ausschließlich dagegen, versteh das gut. Ich will für Dich keine Änderung vor unserem lebendigen Gespräch.
Die grüne Strickjacke habe ich drei Tage lang getragen, um Dir eine Freude zu machen, Du siehst, wie immer ich daran denke, Dir eine Freude zu machen und nicht Kummer. Du mußt das auch nicht. Wir uns müssen helfen.
Ich werde alles tun für Dich, verlange was Du willst als Belohnung, ich kaufe Deinen Gehorsam zu *jedem Preis*.
Wirklich, ich sage es nicht, Du merkst es vielleicht nicht, aber ich habe getan und tue viel für Dich. Mein ganzes Leben, mein ganzes Denken, mein Blut schenke ich Dir. Nicht alle Frauen würden das tun. »Und dann« wenn Du fortgehst –––––– Du weißt *wohin* ... wird es sein, als würdest Du mich, mein Leben wegwerfen. Du kannst Dir nicht vorstellen, welchen Schmerz Du mir machen wirst. Es ist sehr kompliziert, was ich Dir sage, ich weiß nicht, ob Du es vestehen wirst. Du irrst Dich, wenn Du ⟨glaubst?⟩, daß unsere Liebe darunter nicht leiden wird. Das ist gewöhnlicher Stolz, das ist die unverzeihliche Schwäche, Mittelmäßigkeit, Kleinbürger nicht ertragen zu können. Was kannst Du dann ertragen im Namen unserer Liebe für unser Leben. Ich würde alles ertragen, die schlimmsten Dinge, wenn ich wüßte, daß ich in zwei Monaten mit Dir zusammen wäre, wenn ich weiß, daß Du *lebendig* bist, wenn ich weiß, daß Du mich wirklich liebst (mehr als Deinen Stolz, als Deine Angst, als ein Feigling dazustehen), wenn ich weiß, daß Du nach dem Krieg bleiben wirst. Du liebst mich gar nicht ⟨...⟩.
Deshalb bedrücken mich solche Briefe wie dieser von Dir. Niemals bin ich wegen Dir ruhig. Ich habe immer mehr Kummer durch Dich.
Ich bin verzweifelt. Warum sprichst Du so darüber, wie Du es

wagst, darüber zu sprechen? Ich tue alles, was Du sagst, sogar in winzigen Einzelheiten. Und Du willst mir nicht helfen, daß ich ruhig und gefaßt sein kann, Du machst mich verrückt. Ich würde alles tun, ich würde alles ertragen, wenn es Dir etwas Ruhe und Frieden geben könnte. Und Du willst das nicht.
Du mußt über Deinem Stolz stehen, was man auch sagt über Dich.
Wenn Du dort bleibst, wird das der größte *Beweis Deiner Liebe* sein im Ernst. Ich habe Dir bewiesen. Ich bin zu Dir gekommen. Beweise mir Du jetzt auch.
Dazubleiben mit den Kleinbürgern ist das ganze Gegenteil von Feigheit.
Wenn Du wüßtest, welche Enttäuschung das ist für mich, daß ich Dich bitten, anflehen muß – wie ein Almosen –, in Sicherheit zu bleiben und Dein Leben zu bewahren. Du liebst mich nicht so, wie ich Dich liebe. (Ich traue mich nicht, Dich zu bitten. Ich fühle mich wie eine arme kleine Frau, die man liebt, wenn man nichts »Größeres«, nichts »Ernsthafteres« hat. Ich hasse alles.) Ich habe davon geträumt, mich in dieser Woche gut zu erholen, in Ruhe zu lesen. Das ist unmöglich. Wenn Du wüßtest, wie ich leide. Ich spüre, daß Du mich nicht liebst, daß ich ohnmächtig bin, daß Du nicht fähig bist, Großes für mich zu tun, wie alle ehrgeizigen jungen Leute, die sich von der dummen Begeisterung der Menge mitreißen lassen. Ich bin gekommen in der Hoffnung, daß ich Deinen Schmerz lindern könnte. Und ich habe mich geirrt?!⟨...⟩
Dann werde ich eben als Krankenschwester gehen. Das wird völlig närrisch sein von mir. Und für mich ist es sehr schlecht. Denn ich bin überhaupt nicht stark. Die Hausarbeit und selbst der Unterricht ermüden mich sehr, und ich muß auf die Zeichenstunden verzichten. Am Samstag gehe ich zum letztenmal zum Zeichenlehrer. Das ist traurig.
Wirklich, wirklich, ich verspreche es Dir (ich will Dich damit nicht erschrecken), ich werde als Krankenschwester gehen. Das ist gefährlich für meine Gesundheit, aber wenn Du mich nicht so liebst, wie ich es will, nicht »genug«, werde ich absolut untröstlich sein. Und da ich nicht den Mut habe, mit einem Mal Schluß zu machen, werde ich mich langsam entkräften. Das sind meine

»Drohungen« im anderen Brief. Glaube mir, ich werde es tun, ich bin genauso energisch wie Du und vor allem in Verzweiflung. Du nicht ruhig es ist unnütz, daß ich in Paris bin.
Ich küsse Dich, Deine Frau für immer
Gala

Dein armes, unglückliches Mädchen
Ich habe ein bißchen in *Vers et prose* gelesen. Ich schicke Dir in zwei Tagen den Vater Sergej von Tolstoi.
Danke vielmals für Deinen guten Brief. Du machst mich glücklich. Ich flehe Dich an, beruhige mich, ich brauche es unbedingt.

5.
⟨Paris, um den 20. November 1916⟩

Mein lieber und dorogoj Maltschik,
ich lese Verse und Prosa. Ich habe an einem Tag fast ein ganzes Buch geschafft. Ich lese alles. Remy Belleau von Jean Moréas ist etwas eigentümlich und etwas alt und etwas langweilig. Emile Verhaeren – Tanz der alten Männer und Frauen – ist nicht zu bewundern, sicher gibt es Besseres von ihm. P. N. Roinard mag ich nicht übermäßig, ein bißchen nur. Hugues Rebell: Das männliche Kleid und der edle Arme. Das mag ich nicht besonders. Zu oberflächlich und pretentiös.
Ich mag sehr und immer mehr G. Apollinaire – Gedicht, das zur Hochzeit von André Salmon gelesen wurde.
Es gibt recht schöne Gedichte von Jules Romains.
Der Romanzero des Wahnsinnigen von André Salmon ist eigenartig, es würde mir gefallen, wenn ich nicht an seiner Aufrichtigkeit zweifeln würde. Man spürt, daß er intelligent ist, aber vielleicht intelligenter als begabt.
Albert Fleury Saint Georges de Bouhélier
Und »au carrefour de la douleur« Verse von Albert Fleury
Ich mag ihn sehr ⟨...⟩
Apropos *»Les gueles noirs«*, ich würde sie nehmen (kaufen für Dich), wenn Du sie nicht willst. Zur Zeit findet man sie nicht in erster, und bald werden sie auch in der dritten vergriffen sein.

Den Tolstoi habe ich nicht für unsere Bibliothek gekauft, sondern einfach nur, um Dir eine Freude zu machen, zu Deiner Zerstreuung und weil Du Dir so sehr russische Bücher gewünscht hast, und ich habe keinen Dostojewski finden können (den ich von allen Russen am meisten liebe). Diese Dinge mag ich über alles, wegen Tolstoi bin ich traurig, daß Du unzufrieden bist und das nicht magst, was ich Dir zu Gefallen tu. Riesigen Dank für das ⟨Chanson?⟩.

Ich schreibe Dir beim Essen, Deine Mutter sagt, daß ich alle Fehler von Dir habe.

Ich bin so dumm, daß ich darauf stolz bin.

Ich habe meine Zunge mit Suppe verschluckt.

Ich kann die Besorgungen für Dich nicht machen, weil ich müde bin und mich ausruhen muß.

Heute war ich mit Deiner Mutter aus, um das russische Buch zu kaufen. Und ich bedauere, weil ich zu müde bin.

Morgen geht unser Dienstmädchen Germaine für 3 Tage weg, und ich will mit Deiner Mutter den Haushalt machen – Dein Zimmer aufräumen.

Verwöhne mich, indem Du mir versprichst, daß Du nicht handelst. Ich liebe den höheren Luxus. Das heißt, nicht den Luxus der Dinge, sondern den im Geist, im Gefühl usw. usw.

Ich werde Dir das Geschenk schicken – nur mach das Männlein nicht kaputt, ich wäre darüber untröstlich, ich mag ihn sehr. Ich hoffe, Du wirst ihn auch gern haben. Wenn er Dir langweilig ist, dann schicke ihn mir zurück.

Ich hoffe, ich hoffe, Du willst mich glücklich machen, handle nicht.

Ich habe alle Briefe gelesen. Und wir haben sehr gelacht über die Briefe von Madame Maeary.

Ich möchte nicht, daß Sie ⟨Du⟩ mich kneifen, ich bin gekränkt.

Vor allem, mach mich nicht unglücklich, wenn Du mich doch zur glücklichsten aller Frauen machen kannst. Handle nicht. Du kannst Dir nicht vorstellen, wie schlimm es ist, wenn Du das machst gegen mich.

Danke für alles.

Ich küsse Dich überall Deine Frau für immer Deine Gala. Sei gefaßt und ruhig.

6.
⟨Paris, um den 20. November 1916⟩

Mein lieber kleiner Junge,
heute habe ich »unser« Zimmer wie ein Spezialist aufgeräumt. Ich mache nicht gern den Haushalt, aber mir scheint (Deine Mutter sagt es auch), ich könnte es sehr gut machen. Aber niemals werde ich wie eine Hausfrau aussehen, ich werde sauber und schmuck sein (hell gekleidet, parfümiert und mit gepflegten Händen) und ich werde viel viel lesen. Ich werde als Zeichnerin oder als Übersetzerin arbeiten. Ich werde alles tun, aber ich werde aussehen wie eine Frau, die nichts anfaßt. Meine Mutter nennt mich »Die Prinzessin auf der Erbse«, weil ich niemals etwas getan habe, nicht einmal für mich. Und ich werde für Dich den Haushalt machen. Du wirst sehen, er wird bei uns sehr schön, sehr sauber sein. Aber niemand wird mich arbeiten sehen, nicht einmal Du.
Ich habe Deine orangerote Strickjacke geflickt. Da ich sehr darauf bestanden habe, es zu tun, hat Deine Mutter gelacht und gesagt: Na tun Sie es für Ihren Soldatenmann, ha ha ha ha ha.
Ich war sehr froh und beglückt, und ich habe es recht gut gemacht, das heißt, Deine Mutter war erstaunt überrascht. Sie sagt, daß ich noch ein Talent habe, das Talent von einer Hausfrau. Ich freue mich für Dich. Ich hasse die Hausarbeit, sie bringt nichts ein und sie verbraucht die Kräfte, die armen kleinen Kräfte der kleinen Frauen. Sie ist alltäglich, wiederholt sich immerzu, bringt aber nichts ein wie die Männerarbeit, Geld, für das man sich Bücher kaufen kann. Ich begreife aber, daß diese Arbeit notwendig ist. Schmutz ist mir zuwider, ich habe Angst davor.

Wirklich, ich »verändere« mich, wenn mein Vater oder meine Mutter mich sehen könnten, während ich Deine Jacke ausbessere. Ich würde gern ihr Staunen sehen. Mein Vater sagte, daß ich liebeskrank bin, daß ich davon toll bin. Er hat es mehrmals ernsthaft gesagt und wollte mich zum Arzt mitnehmen ⟨...⟩
Ich lerne noch mehr Französisch als früher.
Ich möchte zu dem Vortrag von G. Kahn gehen. Das interessiert mich sehr.

Es ist traurig, wenn man seine ganze Zeit damit »verliert«, Grammatik zu lesen, zweihundert französische Aufsätze, dumm und sterbenslangweilig. Ich möchte es mir ein bißchen schön machen. Ich werde Vers et Prose und in Ch⟨arles⟩ L⟨ouis⟩ Ph⟨ilippe⟩ lesen.
ICH MÖCHTE SO SEHR Bubu de Montparnasse lesen. Von allen französischen »Prosaikern« (ich rede nicht von den Kritikern oder den Lyrikern) liebe ich Ch⟨arles⟩ L⟨ouis⟩ Ph⟨ilippe⟩ am meisten. Er hat Ideen und eine Art, Fragen aufzugreifen und zu entwickeln, die unter den Franzosen ganz außergewöhnlich ist und die man manchmal bei den Russen findet, vor allem bei Dostojew⟨ski⟩.
Ich will morgen zum Russen gehen.
Mein lieber, mein sanfter Junge, mein heißgeliebter Gatte, ich küsse Dich auf den Mund und überallhin. Deine Frau für immer, Deine

Gala.

7.
⟨Paris, um den 20. November 1916⟩

Habe einen Brief von Dir bekommen einen sehr guten Brief, und er wäre vollkommen beruhigend, wenn Du darin nicht wieder von Deinem Vorhaben sprechen würdest, das mich überall verfolgt. Bring mich nicht völlig in Verzweiflung, vor allem, weil es für Dich so leicht ist, mich vollkommen glücklich zu machen. Sage mir klar und deutlich, daß Du nichts ändern wirst, nicht handelst, daß Du nicht einmal Lust hast dazu, daß es vorübergehend war. Wenn Du mich schlagen würdest, wenn Du mir ins Gesicht spucken würdest, das wäre für mich weniger schmerzlich als Dein Wunsch wegzugehen.
Das quält mich so sehr. Du kannst es Dir nicht vorstellen. Du weißt, daß wir beide sehr seltsam und unerwartet sind. Es gibt Dinge, die den anderen gleichgültig sind und die für uns enorm zählen, Dinge, die das ganze Leben verändern können. Handle nicht, ich flehe Dich an. Bleib ruhig und gefaßt.

Ich liebe Dich, mein liebes Kind, ich werde ALLES für Dich tun, nur darfst Du nicht handeln.

Bedauere nicht Deinen dunkelblauen Mantel, es dauert nicht mehr lange bis zum Urlaub. Die Tage fließen, es werden immer weniger bis zu unserem Wiedersehen.
Nur mußt Du wirklich ruhig und gefaßt bleiben, denn ich spüre von hier aus, wie Du bist, Du wirst es mir nicht verbergen können. Du mußt ruhig sein, denn wenn Du es nicht bist, ich auch nicht, und das macht mich ganz schwach und sehr nervös, und Du wie ich wir müssen unsere Kräfte schonen. Ich bin überhaupt nicht stark. Und wenn Du ruhig bleibst, »vernünftig«, dann stehst Du mir bei. Und wir werden stark sein und nach dem Krieg Du wirst sehen leben wir wie die Könige – unabhängig, allein, mit Büchern für uns, mit Liebkosungen nur von uns und nur für uns. Wir werden das absolut intime Leben haben. Und Du wirst sehen, daß Du so »absolut« sein wirst, wie sehr Du es Dir wünschst. Du bist es, ohne es zu merken. Deshalb liebe ich Dich auch. Du bist es vollkommen. Das, was war, das sind Dinge, die nie in Dich hineindrangen, es war außerhalb von Dir. Es gibt gar keine Beziehung zwischen Dir und Eugène dem »Teufel«, denn er verlor sein Absolutes, wenn die Frau sich ihm näherte. Sie drang tiefer in ihn ein als seine Frau. Er sagt, daß die Bäuerin mehr seine Frau ist als Lise. Da wird es doppelt. Und welche Beziehung zu Dir?!! Gibt es vielleicht eine? Dann sage es mir. Du sagst immer – nein – und ich glaube es. Unsere Liebe ist ganz und gar vollständig, es gibt nichts Verschwommenes, nichts Trübes. Das hat damit nichts zu tun.
Quäle Dich nicht, denke niemals an die Vergangenheit. Es hat sie nicht gegeben. Ich erkläre es Dir, wenn wir zusammen sind. Zu Deinem Fröstling – ich habe ihn vergrößern lassen, bei Dir ist er noch kleiner. Ich liebe ihn sehr.
Später (jetzt habe ich Angst, Pläne für das Später zu machen, weil Du zu sehr weggehen, handeln willst, da wird das Später nicht mehr existieren, das Später wird verloren sein. Glaube mir – Du darfst nicht handeln – man darf »das Später« nicht opfern. Es ist zu schön – wunderbar luxuriös – von einem verfeinerten, raffinierten, einzigartigen Luxus – von einem Luxus, der weit,

sehr weit vom Luxus der *Galerie de La fayette* entfernt ist). Und noch viel später werden wir alle diese Dinge einrahmen lassen. Nicht wahr? Und wir werden sie in das – UNSER – Büro hängen.
Es ist traurig, daß ich meinen Unterricht aufgeben muß, aber ich werde sicher weitermachen nach den Französisch-Examen. Heute habe ich viel gearbeitet für Madame Maeary.
Denke viel in den schwersten Augenblicken an die Normandie. Das wird Dich erfreuen und Du wirst ruhig sein, weniger unglücklich. Denn das ist wirklich wunderbar. Ich will Einzelheiten sagen, aber Du weißt es selbst sehr gut.

Ich habe phantastische Ideen für leichte Sommerkleider für die Normandie. Ich will so schön wie möglich sein. Nur muß ich auch gesund aussehen. Ich bin wieder blaß geworden (das ist nicht beunruhigend, weil ich im Winter immer so bin. Du mußt mich aber aus der Ferne pflegen. Das heißt, Du mußt ruhig und gefaßt sein, ich werde es auch sein, ich werde jede Nacht gut schlafen. Nicht wie jetzt.)
Ich möchte (wenn ich das Geld bekommen habe) ein weißes Kleid mit hellblauen Strahlen machen, mit breitem Rock, der bei den Brüsten ansetzt. Ich hoffe, Du bist diesmal zufrieden. Nur habe ich jetzt auch keine Zeit zu lesen. Weil ich am Vormittag »unser« Zimmer gemacht habe, danach lernte ich Grammatik und französische Aufsätze, dann schreibe ich Deinen Brief ⟨...⟩
Ich werde keine Freunde haben weder russische noch französische, ich möchte keine Freunde haben.
Ich werde nur einmal zu dem Russen gehen.
⟨ohne Unterschrift⟩

8.
⟨Paris, um den 25. November 1916⟩

Heute habe ich Dir den Brief geschickt.
Ich bin wirklich sehr dumm, ich träume von unserem Leben – meine Träume sind nicht viel, ich denke an kleine Einzelheiten,

an den Sessel in Deinem Zimmer, an das Männlein, an die Bücher usw. usw. Madame Maeary sagte, wenn ich das Diplom bekomme, könnte ich 150.200.250 fr gewinnen. Und ich habe beschlossen, daß dieses ganze Geld für Dich sein soll, für Deinen Luxus – d. h. für die französischen Bücher, die Du kaufen möchtest, für unsere Reise usw. Wenn Du weggehen willst, dann ist es so, weil Du von mir weggehen willst und ich kann Dich nicht halten, ich fühle mich schwach. Wenn Du weggehen (»handeln«) willst – dann willst Du mich verlassen ich stehe dann ganz dumm da – ich kann mich nicht an Dich hängen – wenn Du es nicht willst, ich weiß nicht wie ich Dich halten kann, ich habe keine Mittel als nur Dich einzig und immer zu lieben, ewig und vollständig. Das aber reizt Dich nicht. Ich habe nichts zu tun. Aber mein lieber Gatte, wenn Du mich liebst, warum tust Du mir so weh, ich begreife Dich nicht. Lindere meinen Schmerz, meinen Kummer. Versprich mir, daß Du vor Deinem Urlaub nichts unternimmst. Entscheide es nicht allein. Wenn Du kommst, dann sagst Du mir Deine Pläne und wir werden zusammen überlegen, ob es die Mühe lohnt oder nicht. Vergiß nicht, daß ich Deine Frau bin, Du darfst mir nicht so weh tun, wichtige Fragen ohne mich zu entscheiden. Ich warte auf Deinen guten Brief.
Schreibe, antworte so schnell wie möglich.
Das Paket ist am 16. mit Büchern abgeschickt worden – Tolstoi (2 Bücher) *Les gueles noires, Le Mercure*.
Ich hoffe, daß Du mir Ruhe gönnen willst, denn ich glaube mit meinem ganzen Wesen bis in die Tiefe, daß Du mich liebst, daß Du ohne mich nicht leben kannst. Wenn Du es im Augenblick auch nicht denkst, so wirst Du es später sehen. Ich kann auch nicht ohne Dich leben ich weiß das genau ich werde ohne Dich nicht leben. Deshalb gebe ich Dir den Rat, Dein Leben zu bewahren. Meines ist immer mit Deinem *unzertrennlich*.
Glaube mir, ich werde nicht ohne Dich leben, das ist sicher, Deine Frau für immer, Deine

Gala

Ich küsse Deinen ganzen geliebten Körper und Deine Hände
Sei artig wie ich es bin.

Denke an unser Leben und vergiß die Gegenwart. Wir werden bald noch mehr Bücher schicken.
Darfst nicht Angst machen Deinem kleinen Mädchen, das Dich so sehr und für immer liebt.
Ich liebe Dich über alles, ich liebe dich. Es ist schrecklich, wie ich Dich liebe, mein Kind, mein lieber Gatte, wenn Du wüßtest, wie ich Dich liebe. Du darfst nicht, darfst nicht, mir weh tun. Wirklich, Du liebst mich unendlich.
Ich warte voll Ungeduld auf einen guten Brief von meinem sehr lieben und sehr sehr verwöhnten kleinen Jungen.

9.
⟨Paris, um den 25. November 1916⟩

Ich warte auf den Brief, der mich beruhigen soll, und Du redest wieder und ständig von Deinem Weggang. Ich will das nicht. Versteh mich recht, das ist stärker als ich. Ich KANN NICHT »wild kühn« sein in dieser Frage. Wenn du fortgehst, werde ich völlig verzweifelt sein und als Krankenschwester ins (russische) Lager gehen ⟨...⟩, um mich restlos krank zu machen. Ich werde den Russen fragen, er hat gute Beziehungen zu diesem Lager. Weil ich nicht aus Angst und Sorge »verlöschen« will. Diese »gewisse Zeit der Gefahr« wird mich völlig (moralisch krank) machen. Du darfst nicht vergessen, daß ich hysterisch bin und für mein Alter, für meine körperliche Kraft zu sehr, zu nervös bin. Bei den geringsten Sachen gerate ich außer mich, und alles, was mit Dir zusammenhängt, macht mich völlig verrückt. Es ist dumm, aber ich warte noch immer auf den Brief von Dir, um zu wissen, ob Du lebst.
Beruhige mich, ich brauche es, hilf mir, mein Gatte, denn Du kannst besser als viele andere Spritzen und Verbände machen. Mach gute Verbände, Du bist sanft und sehr geschickt, Du kannst an Deinem Platz den Unglücklichen besser dienen als in den verfluchten Schützengräben. Handle nicht gegen mich.
Sei nett zum Doktor, damit er Dich bei sich hält.
Ich habe ständig Angst um Dich. In diesen drei Jahren war ich ruhig (schlief sehr gut, fühlte mich sehr stark, sicher) nur eine

Woche lang, als Du bei mir warst. Bevor ich einschlief, dachte ich jedesmal: »Heute bin ich glücklich moj Maltschik dorogoj ist *am Leben,* er schläft nicht weit von mir.«
Und nun bete ich jeden Abend für Dich: »Mein Gott rette das Leben von moj Maltschik, von moj Dorogoj«.

Sieh Deine Cousine Berte ist davon krank geworden, neulich sagte sie zu Deiner Mutter, sie möchte sterben, so müde ist sie. Dabei ist sie viel ruhiger. Du kannst Dir nicht vorstellen, was das für eine schreckliche Qual ist, so weit weg zu sein von denen, die man liebt, und zu wissen, daß sie Gefahr laufen. Es ist ein Kreuz. Ich will es nicht tragen, ich fühle mich dazu nicht stark genug. Du willst zuviel riskieren, denn wenn Du fortgehst, werde ich sicher auch gehen, und das ist tödlich für mich. Ich bin sehr viel schwächer als das, was Du glaubst, weil ich sehr nervös bin, und ich versage immer im letzten Moment. Wenn Du also zu jedem Preis tapfer sein willst und so weiter, dann ⟨...⟩ nichts zu tun.
O wenn Du wüßtest! Wenn Du Dir nur ganz klar vorstellen könntest, wie traurig Du mich machst, wenn Du so mit mir redest. Sage mir ich flehe Dich an sage mir (immer flehe ich Dich an), daß Du nicht fortgehen willst, daß Du nicht fortgehen wirst.
⟨ohne Unterschrift⟩

10.
⟨Paris⟩ den 26. November ⟨19⟩16

Mein Gatte, der ganz und gar meiner ist (ich *will* es). »Riesigen« Dank für Deine Versprechen, ich glaube Dir und bin ruhiger, beruhigt. Ich erhole mich ein wenig, ich denke an die Geschenke für meinen kleinen Jungen, ich denke daran, was ich tun muß, um hübscher zu sein, um meinem Jungen zu gefallen. Alles, was ich nähe, werde ich das erstemal anziehen, wenn Du da bist. Nur für Dich werde ich es tun. Am Montag werden wir, ich und Deine Mutter, für Dich Bücher kaufen gehen. Aber wir werden sie nicht alle auf einmal schicken, und Du wirst nicht wissen, was wir haben. Ich habe alle Deine Briefe durchgelesen, um

Deine Bestellungen zu finden. Nur, mein lieber Maltschik, paß auf, tu alles, um dort zu bleiben und wieder in den Hilfsdienst zu kommen (das ist mein ruhigster, ernsthaftester und meist gewünschter Traum). Ich weiß nicht, was man tun soll, soll man vielleicht so wie der Vater Sergej handeln, als die Frau im Nebenzimmer war. Ich weiß nicht, ich weiß nicht, was man tun kann, aber wenn Du wiederhergestellt sein könntest – hätte ich sofort wieder ein klares und unendlich weites Leben vor mir, denn unser künftiges Leben wäre für mich gesichert. Ich tue meinerseits alles, um immer bei Dir in Frankreich zu bleiben, wenn mein Vater mir schreiben wird ⟨...⟩ ich soll nach Rußland zurück. Ich will mein Grundstufen-Diplom, um für meine Pension das Geld verdienen zu können, bis Du zurückkommst. Du siehst, ich sorge in allem vor und tue alles, um mit Dir bleiben zu können, damit es keine furchtbare Trennung gibt. Hilf Du mir auch, tu Dein Mögliches, erfinde etwas, damit Du wieder in den Hilfsdienst zu kommen und nicht an die Feuerlinie geschickt wirst. Wenn ich daran denke, dann sehe ich mein Leben vor mir wie ein schwarzes Loch. Das ist kein Vergleich, das ist meine wirkliche Empfindung.

Handle nicht, ich bitte Dich sehr ernstlich, überall hört man erschreckende Beispiele. Der Verlobte von Berthe. Er hat ihr schon lange nicht geschrieben, und es war nach einem Angriff. Warum wärest Du außerhalb vom Gesetz. Und das Gesetz heute, heißt getötet werden, tot sein. Ich will nicht, ich will es nicht sagen, denken, glauben, ich will es nicht mein liebes Kind, mein lieber Junge. Wirklich, ich fühle mich wie Deine Mutter, Deine Frau, Deine Schwester, Deine wahnsinnige Verlobte – alles. Ich fühle, daß ich in Dich »eingedrungen« bin und ich spüre in mir Deine Gedanken, Dein Blut, Dein Fleisch, Deine Zeichnungen, Deinen Willen. Ich kann Dich nicht in Gefahr wissen, das ist stärker als ich. Warum hast Du alles getan, um in den Waffendienst zu kommen. Du mußt unbedingt diesen Fehler korrigieren. Aber für heute mache ich Schluß mit dieser Frage. Du mußt Dich auch ein bißchen erholen, denn ich spüre, daß Du diesen Schluß nicht erwartet hast, und auch Dich bedrückt es. Ich verstehe Dich sehr gut. Es ist nicht aus Stolz oder

aus Patriotismus. Ich habe es so geschrieben, weil ich wollte, daß Du »nein« sagst. Ich weiß, es ist nur die Hoffnung, die Dich verlockt. Das ist zu gefährlich, und die Hoffnung bricht zu schnell. Wenn Du willst, dann riskiere mein Leben, nicht aber Deines, denn sterben ist weniger schlimm (ich bin nicht tragisch, ich sage nur die Wahrheit), als ohne Dich zu leben. Eine Minute, eine Stunde nach Dir – das ist grauenvoll, das ist furchtbar. Tue alles, was Du kannst, um wieder im Hilfsdienst aufgenommen zu werden und *nie* an die Feuerlinie, in die Schützengräben zu müssen. Ich versichere Dir, noch ein Jahr, und der Krieg wird vorübergehen. Nun, man muß alle Kraft daran setzen, um aus diesem Alptraum lebend herauszukommen. Und danach wirst Du Dein gerettetes Leben niemals bereuen, niemals, *ich verspreche es Dir,* denn unser Leben wird glorreich sein und herrlich. Ich wollte diese aufreibende, immer wiederkehrende Frage abschließen. Aber diesmal mach ich Schluß – Du mußt Dich ein bißchen erholen. Mir scheint, Dein armer Kopf ist ganz müde von quälenden Gedanken.
Also beginnen jetzt die lustigen oder angenehmen Dinge – erstens sage ich es Dir noch einmal, mein lieber Gatte, von seiner Frau und seiner Mutter, von zwei Närrinnen verwöhnter – ich sage Dir, daß wir morgen für den kleinen Jungen kleine Bücher kaufen werden. Ich werde auch den Druck für die Küche kaufen (in letzter Zeit mag ich keine Pläne mehr machen, ich zweifle zu sehr an unserem Leben, daß es möglich sei – verzeih mir verzeih mir moj Maltschik dorogoj, ich bin wie eine alte Närrin, dabei bin ich gar nicht alt, ich bin sehr jung, 22 Jahre!!! Hihihi! Und ich habe Vorahnungen wie eine Alte.)
Verzeih mir meinen tragischen Rückzug.
Ich wollte es Ihnen verschweigen, mein ferner Freund, aber ich bin zu schwatzhaft und kann es nicht – ich habe meinen Vater gebeten (vor einer Woche), mir den Unterirdischen Geist und die Besessenen von Herrn Theodor Dostojewski – *Hegopr Doemoebekin* – zu schicken.

Ich habe eine Idee – wenn Du kommst, werden wir mit Deinen Zeichnungen ein kleines Album machen. Wir werden es zusammen nach unserer Vorstellung binden lassen. Das wird die *kom-*

patible Arbeit sein. Im Russischen sagt man »das kompatible Leben« das Leben einer Frau – die Frau – mit einem Mann – ihrem Mann. Ich liebe es, Satzsynonyme zu finden.

Nochmals Rückzug – noch eine Bitte – sehr ernst, sehr wichtig: Versprich mir, niemals an das zu denken, was Du getan hast. Du hast NICHTS NICHTS getan, hörst Du. Ich lüge nie und sage es ehrlich, glaube mir.

Ich möchte das zweite Buch von Verse und Prosa lesen, es ist sehr interessant, sehr »angenehm« zu lesen. Und die Abende in Paris. Nur, heute (Sonntag) ist es schwer zu lesen, es ist Besuch da – Deine Tante ich weiß nicht wie sie heißt Deine Tante aus der Normandie und Deine Verwandten aus Italien, zwei Frauen.

Ich segne Dein Leben, ich bin schrecklich dankbar, daß es Dich gibt. Ich liebe sehr Dein Denken, Deinen Geist, Deinen Körper, Deine Art, alles, alles alles von Dir und für immer.

Wegen der *Humanité* bin ich recht zufrieden. Kann man nicht Victor Snell bitten, Dir den Artikel zu schicken, bevor er erscheint.

Ich möchte schrecklich gern mit Dir ganz abseits von der Welt leben, weit weg sogar von Deinen Eltern.
Allein mit Dir und den Büchern. Und ich würde dann gut und viel lesen, und ich würde Dich recht bald einholen, denn ich fühle, daß ich einen Fortschritt gemacht habe. Nicht für Madame Maeary, aber sichtbar für Dich und für mich. Ich begreife jetzt besser die »sonderbaren« Sachen wie Apollinaire und andererseits habe ich ein besseres Gefühl für das perfekte Französisch.
Schreibe mir, wenn es für Dich nicht allzu unmöglich ist, längere Briefe.
Du weißt welche Freude es ist, von Dir soviel Worte wie möglich zu bekommen.

Ich möchte lesen, ich schreibe Dir noch ein bißchen am Abend.

Ich küsse Dich überall mit der sanftesten und stärksten »Heftigkeit«.
Ich habe G. Kahn, Jammes gelesen (ich mag sie sehr, aber weniger als früher). Lyrik ist viel *tiefer, ernster,* unentbehrlicher, notwendiger als bei ihnen. Sie sind aufrichtig und natürlich und oft sehr intelligent. Sie sind aber fern von ⟨...⟩. Ich vergesse sämtliche Namen und oft auch Wörter. Ich habe kein Gedächtnis.
Es wäre grauenhaft, wenn Du weggingest: Es gibt zu viele unglückliche Fälle: der Gefangene, der Tote, der ⟨...⟩.

Ich habe Dich schrecklich gern, mein liebes Kind, mein lieber Dorogoj.
Sei artig, bleibe ruhig, unternimm nichts Gefährliches. Ich bin sehr froh, daß Du auf Dich acht gibst.

Wir werden wirklich ein vollkommenes Leben haben, wir werden für wenig Geld eine sehr schöne Umgebung haben, weil wir beide es verstehen, mit Geschmack und Phantasie die Dinge zu gestalten!!!

Die Linien und Farben müssen nicht so sein wie in der Wirklichkeit, aber die Eindrücke müssen absolut übereinstimmen, der Eindruck, den ich geschaffen habe, mit dem Eindruck, den die Wirklichkeit erzeugt.

Heute waren viele Leute bei Deiner Mutter – Mathilde ⟨...⟩ (die schön ist, in der Art der Schönheit von Fräulein ⟨...⟩). Und auch Germaine, ich weiß nicht, wer sie ist, aber ich hasse sie, sie war zweimal verheiratet und sagte über ihren zweiten Mann: Schade, daß er gestorben ist, bevor er Soldat wurde, so bekomme ich leider keine Unterstützung (Geld). Und zu freie Gesten, ohne notwendige Beschränkung, grob, wenn Du willst (ich übertreibe ein bißchen, aber nur aus »Wut«, ich habe aus Wut geweint. Sonderbar, wie reizbar ich bin. Das ist so weil ich eine Närrin bin und Angst um Dich habe). Sage es nicht Deiner Mutter, sie mag sie nicht, aber sie wird darüber traurig sein. Deine Mutter liebt Dich und umarmt Dich.
Ich küsse Dich, Deine Frau für immer
⟨ohne Unterschrift⟩

11.
⟨Paris⟩ den 27. Nov⟨ember 1916⟩

Mein geliebtes Kind. Wir waren heute bei Delessale (Buchhandlung). Was Du bestellt hast, ist alles schon ausverkauft: Edgar Poe und Briefe von Ch⟨arles⟩ L⟨ouis⟩ Ph⟨ilippe⟩ sind verkauft, bevor der Katalog erschienen ist. Wir haben nur den Perfekten Koch gekauft, das ist aber sehr gut für unsere Köchin: Aber nicht verzweifeln, mein lieber Junge, moj Maltschik, denn ich selbst bin schon schrecklich traurig, daß ich Dir die Bücher nicht schicken kann. In zwei Wochen (14 Tagen) bekommen sie einen neuen Katalog, dann bestellst Du Dir Bücher (ich will 25 frs und Deine Mutter 10 frs für die Bücher ausgeben).
Wenn es den Ermordeten Poeten von G⟨uillaume⟩ Apol⟨linaire⟩ gibt, werden wir ihn übermorgen haben, sowie auch *La princesse à l'aventure*.
Sei artig, mein Maltschik, Du bekommst auf jeden Fall den *Mercure* vom 16. Sei mir nicht böse, ich kann nichts dafür.
Aber mache jetzt Deine Bestellungen bei mir, ich werde alles für Dich besorgen. Sei vor allem nicht traurig. Warte ein bißchen, und Du wirst Deine Bücher bekommen. Ich habe für »uns« (für mich, weil ich es tragen werde, und für dich, weil ich es NUR anziehen werde, *wenn* Du da bist. Ich verspreche es Dir, ich tue es *ausschließlich*, um Dir zu gefallen, ich schwöre es, glaube mir). Also ich habe den schwarzen Stoff für das ganze Kleid gekauft und rosafarbenen Stoff für die Bluse und goldenen für eine ärmellose russische Weste mit einer Pelzborte unten und grün gefüttert.*
Glaube nur nicht, daß ich schamlos eitel bin, wirklich, ich sage es Dir, glaube mir. Es ist ganz allein für Dich. Ich denke mir, wenn der Mann von der schmutzigen Front heimkommt, ist er froh zu sehen, wie hübsch gekleidet und wohlriechend seine Frau ist (denn, sei nicht böse, ich habe auch Parfüm gekauft aber ich verspreche Dir, ich nehme es nicht bevor Du nicht da bist, Du wirst sehen, das Fläschchen wird voll sein). Sei nicht traurig

* Es waren mehrere Stoffstückchen dem Brief beigegeben. Gala hatte am Rande von dem Kleid eine Zeichnung gemacht.

und nicht böse. Glaube mir, das ist alles, um Dir zu gefallen. Ich gehe nie aus, also ist es ausschließlich für Dich zu Hause. Ich weiß, daß du stolz sein wirst wenn Deine Frau gut gekleidet ist.

Schreibe mir bitte, was Du hast, schreibe mir jeden Tag ausführlich, was Du hast.
Gehe nicht *in den Wäldern* spazieren, *nirgend,* wo Du *zufällig* getötet oder gefangengenommen werden könntest. Versprich es mir. Paß auf Dich auf, wenn Du wüßtest, wie sehr ich mich um Dich für Dein Leben ängstige.
Vor allem damit ich weiß, ob wir ohne Unglück diese unglückliche Zeit verbringen werden, wir werden glücklich sein wie selten, wir werden das herrliche Leben haben. Ich liebe Dich sehr. Ich bin sehr sanft und sehr lieb ⟨...⟩
Du irrst Dich, Du wirst in zwei Monaten und nicht in dreien Urlaub haben. Du darfst den kleinen Rest des Monats nicht mitzählen. Ich liebe Dich unendlich immerzu, ich denke alle Augenblicke an Dich. Ich küsse dich zärtlich, Deine Frau für immer.
Ich liebe Dich, mein liebes dorogoj Kind, ich küsse Dich überall. Unternimm nichts, habe Geduld und unternimm nichts. Ich flehe Dich an. Warum schreibst Du mir nicht länger. Auf Wiedersehen, moj Dorogoj. Was hast Du, warum hast du 38.0.
⟨ohne Unterschrift⟩

12.
Briefumschlag.
Absender: von Mademoiselle Gala Diaconova, 3, rue Ordener, 3, 18e arr. Paris.
Poststempel: Paris, rue de la Chapelle, 16. Dezember 1916.
Empfänger: Monsieur Eugène Grindel, H. O. E. – 18. Secteur postal 200.

Mein absolut einmaliger Junge, der für immer meiner ist. Ich will nichts anderes auf der Welt als Dich. Ich leide, ich kann nicht mehr. Gib acht, hüte Dein Leben, das mehr als wertvoll,

mehr als teuer ist, für mich ist es alles. Es ist ich selbst, ich verliere mich mit Dir.
Ich werde Dir heute abend noch einmal schreiben, wenn ich vernünftiger bin.
Ich muß mich bewegen. Ich werde Deine Bücher kaufen gehen.
Ich umarme Dich sehr fest. Deine Frau für immer.
Gala

Habe Deinen Brief bekommen, ich bin allein, kann ungehindert weinen, ich habe Angst. Du bist krank. Was hast Du mir geschrieben. Warum verbirgst Du es vor mir. Ich bete zu Gott, er soll alles von mir wegnehmen, alles, absolut alles, »Reichtum«, Komfort, alle Bücher, er soll mir sofort beide Hände abhacken. Aber Dich soll er vor allem Unglück bewahren, er soll Dich für mich beschützen. Ich flehe Dich an, mein Gott, alle Welt. Wenn man es verlangte, würde ich auf dem großen Platz vor allen Leuten flehen, ich würde ich weiß nicht wen anflehen, wenn man mir nur mein liebes Kind läßt. Es ist komisch, wenn ich den Umschlag von Deinem Brief sehe, weiß ich sofort, ob etwas passiert ist.

13.
⟨Paris⟩ den 19. Dez⟨ember 1916⟩

Mein lieber Gatte, mein geliebtes Kind, Du mußt mich duzen. Das ist intimer. Ich brauche soviel Intimität wie möglich, ich möchte mit Dir vollkommen intim sein. Wenn ich Dich nicht duze, wenn wir beieinander sind, dann liegt es daran, weil ich in meinen Liebkosungen mit Dir sehr frei bin und weil ich wegen meiner seelischen Gefühle sehr schüchtern bin. Wenn ich auf der Straße, in der Straßenbahn und der Metro mit Dir zusammen bin und ohne die Worte auszusprechen mit Dir rede, dann spreche ich zu Dir in meinem Inneren und duze Dich immer.
Ich kriege Angst, wenn Du in Deinen Briefen »Sie« schreibst, das erschreckt mich, das macht mich traurig, und mir scheint, Du entfernst Dich von mir.

Es ist erstaunlich – ich kann ohne Dich nicht leben, Du fehlst mir als etwas absolut Notwendiges, als etwas Unerläßliches – 〈...〉 – Du gehst fort, und ich werde unnormal, kraftlos, alt. Kräftezehrende, quälende Unruhe und völlige Mutlosigkeit.
Mit Dir zusammen fühle ich mich stark, selbstsicher in meinen Gedanken und Handlungen. Von Dir getrennt, werde ich zu *einem leidenden* Etwas. Ich verliere meine klare Seeeeeeele und habe an der Stelle ein dunkles unscharfes Loch.
Mein Liebster, moj dorogoj Maltschik, Solnischko moj Dorogoj, wenn Du wüßtest, wie ich Dich liebe, und wenn Du wüßtest, wie ich leide, wie sehr ich Dich brauche.
Während den letzten Tagen Deines Urlaubs war ich ruhig (im besten Sinn des Wortes), stark, gefaßt. Das sind für mich ganz neue Empfindungen (in diesen letzten drei Jahren hatte ich keinen einzigen Tag tiefer und wunderbarer Ruhe), nach denen ich mich so lange gesehnt habe. Es ist so traurig und so schwer, nach diesen so friedlichen Tagen seine Ruhe wieder zu verlieren.
Unsere Ruhe ist nicht die kleinbürgerliche Ruhe, sie ist Kraft und Schönheit.
Verzeih mir, aber ich bin schwach und die Narrheit kommt wieder: Ich habe Angst um Dich. Beruhige mich, beschwichtige mich, schreibe mir jedesmal ein paar Worte zu dieser Frage, die für mich so schwer und so bedrückend ist. Jetzt gibt es in unserem Leben (außer dieser Frage) nichts Schreckliches. Ich glaube, daß Gott uns verziehen hat, weil Du nicht mehr *krank* bist.
Deine Vergangenheit gibt es nicht mehr. Du bist mein kleiner, von seiner kleinen Mutter, Schwester und Frau verwöhnter Junge.
Du bist mein geliebtes kleines Kind. Ich spüre, wie Du in meiner Nähe Deine Jugend, Deine Güte und Deine geistige Klarheit wiedergewinnst. Ich bin glücklich.

Mach Dir wegen meiner pessimistischen Stimmung keine Gedanken. Ich habe *»coulance«*, und das könnte der Grund sein. Die Frauen sind manchmal arm und traurig. Mein lieber Freund fürs ganze Leben, ich liebe Dich für immer und ich liebe Dich *unendlich*. Das ist die einzige feste Wahrheit.

Abend – Dorogoj, Dorogoj, Dorogoj, es geschehen höchst seltsame Dinge: Du hattest dieselben Gefühle, dieselben Gedanken wie ich – ich habe Deinen Brief von Sonntag bekommen, und das ist dasselbe wie mein Brief von heute. ⟨...⟩, es ist derselbe Liebesdrang. Wir sind wirklich miteinander vermischt: Du bist ich, ich bin Du.
Ich erinnere mich an eine ergreifende Sache: In Clavadel, wenn Du »gut« mit Mademoiselle ⟨...⟩ zusammen warst, da betete ich zu Gott, vielleicht zum erstenmal, daß Er mir meinen geliebten Jungen wiedergibt. So, und jetzt bist Du mein (und ich gehöre für immer Dir, voll und ganz aus voller Seele, mit meinem Körper und meinem Geist).
Ich sehe, daß ich vollkommen von Dir abhänge, ich kann ohne Dich nicht leben. Und bei Dir ist es das gleiche.

Noch eine komische Sache: Bevor Du mir schreibst, schreibe jeden Tag viel und schicke mir »alles zusammen«.
Mir war dieser Gedanke gekommen und ich hatte meinen langen Brief begonnen, ohne Deine Adresse zu kennen.

Quäle Dich bitte nicht. Vergiß nicht Dein Versprechen. Wir müssen zusammenleben. Wirklich, wirklich, mein geliebter Gatte, ich verspreche es Dir, unser Leben wird schön und herrlich sein, tief und sehr intim. Ich werde kräftig und gesund sein: d. h. »schön«, ich werde alles tun, um Dir zu gefallen. Ich kann das Leben und die Umgebung ganz besonders für uns einrichten. Aber HÜTE DU DEIN LEBEN. Tu alles für *uns.* Vergiß nicht die heikle Frage. Ich lerne ein bißchen Grammatik, ein bißchen Rechnen. Und ich lese die *Pensées* von Pascal.

Ich werde mein Versprechen halten, ich nehme meine Arznei, ich esse viel und gut und ich bekomme Schelte von Deiner Mutter, weil ich zu viel esse. Ihre Mutter hat mir diktiert.
Ich küsse Deinen ganzen Körper. Gute Nacht, mein kleiner Bruder, mein dorogoj Maltschik.
⟨ohne Unterschrift⟩

14.
⟨Paris⟩ den 22. Dez⟨ember 1916⟩

Habe Deinen Brief erhalten. Du sprichst von der Heirat – ich ziehe meinen Vorschlag nicht zurück – heiraten wir sofort. »Aber« es wird mit den Papieren vielleicht Schwierigkeiten geben. Ich werde heute oder morgen mit Deiner Mutter zum russischen Konsul gehen wegen Erkundigung.
Wegen der Religion möchte ich Dich um einen Rat bitten, um einen Rat des Gewissens.
Ich glaube, daß alle Menschen der Erde, der Welt, der Welten einen einzigen Gott haben, und daß Gott alle Religionen akzeptiert (wenn es aufrichtig ist). Er akzeptiert die Religion des Wilden mit derselben Freude wie die katholische, die orthodoxe Religion usw. Er ist überall Er ist allein Er ist für alle. Und so weiß ich, daß wir alle denselben Gott haben.
Mir ist egal, ob ich katholisch bin oder orthodox, die Hauptsache ich bleibe gläubig. Und ich glaube wirklich sehr stark. Deshalb (das ist der einzige Grund) will ich unbedingt kirchlich heiraten. Der Beginn unseres gemeinsamen Lebens ist für mich ein sehr ernster Augenblick, und ich möchte, daß Gott unsere Liebe segnet. Er segnet sie, denn Du bist nicht krank.
Dein Rat: Wie glaubst Du, daß es eine Sünde ist, die Religion zu wechseln. Ich glaube, daß Gott überall ist, in allen Religionen. Wenn ich aber so leicht wechsle, für Dich, für einen Mann, vielleicht verrate ich damit Gott.
Es ist schwer zu erklären, das sind intime Dinge wie Deine Gedichte. Ich weiß nicht, ob Du mich verstehst. Ich denke, daß man seine Religion vielleicht nicht wechseln sollte, daß niemand das Recht ⟨dazu⟩ hat. Niemand sollte wechseln, weder der Jude noch der Katholik, noch der Orthodoxe. Vielleicht ist mein Vater deshalb so unglücklich. Ich weiß es nicht ich weiß es nicht.
Aber ich glaube ganz fest, daß unser Gott, Gott eines roten oder schwarzen Wilden, mein Gott immer der Eine, Einzige Gott aller Welten ist.
Wenn Du mich verstehst, dann hilf mir. Wenn Du meinst, daß es keine Sünde ist. – Ich möchte katholisch sein, schreibe Dei-

nem Priester, damit er Dir für mich in Paris eine Schwester empfiehlt.

Gestern war ich in Le Bourget. Auf der Rückfahrt mit der Straßenbahn hatte ich mich im ersten Wagen ganz hinten hingesetzt, ich hatte einen Einzelplatz. Ich weiß nicht, ob jemand mir gegenübersaß. Ich war sehr müde und sehr traurig. Ich dachte an alles das Traurigste in meinem unruhigen Leben (!!!) – als ich ein kleines Mädchen war, war es die »Traurigkeit« meiner Eltern. Dann an unsere Trennung, an unsere Krankheiten, an unsere Liebe usw. Und ich dachte: Was erwartet mich noch.
Ich sah niemanden, ich war in Gedanken verloren, ganz in mich versunken. Und plötzlich hörte ich ein gewaltiges Gelächter, das Gelächter einer Menschenmenge. (Es gibt das nicht in Rußland, die Menschen sind da ruhiger.) Es war hinter mir auf der Plattform – die Leute brüllten, lachten sich krumm und schief (lobe mich!), vor allem die spitze, schrille Stimme einer »einzelnen« Frau ging mir auf die Nerven. Die Straßenbahn fuhr, und ich wollte, daß sie immer schneller fährt – ich hoffte »einfältig«, daß ich mich mit der Straßenbahn entfernen könnte. Ich haßte die Schreie, die Menschenmenge, den Lärm hinter mir. Und ich liebe die Straßenbahn, die unerschütterliche, ruhige Maschine ohne dieses »ekelhafte« Geschrei.
Ich habe in Russisch 4 Strophen eines Gedichts geschrieben und ich kann nicht mehr russisch schreiben – ich verliere meine Sprache, ich vergesse das Russisch.

Ich liebe Dich, wie du weißt, unendlich viel. tu »ALLES«, um mir zu gefallen (»die heikle Frage«).
Heute gehe ich mit Deiner Mutter zum Bürgermeister.
⟨ohne Unterschrift⟩

15.
Briefumschlag.
Absender: Sendung von Mademoiselle Diaconova, 3, rue Ordener, 18e arr. Paris.
Poststempel: Paris, rue de la Chapelle, 29. Dezember 1916.
Empfänger: Monsieur P. Eugène Grindel, 95e Rt d'Infanterie – 9e Bataillon, 36e Cie 1ère Section, Secteur Postal 182.

Den 29. Dez⟨ember⟩

Mein geliebter Junge, mein dorogoj Kind, ich habe gestern abend endlich zwei Briefe von Dir bekommen, vom 25. und vom 27. Du kannst Dir nicht vorstellen, wie glücklich ich war, denn ich war wie immer verrückt und erfand die schrecklichsten Dinge. Jetzt bin ich wie erleichtert – für ein paar Tage vielleicht, denn in meinem Leben gab es, gibt es und wird es – wie ich jetzt erkenne – immer schwierige Fragen geben. Ich habe heute nacht von Dir geträumt, Du warst sehr traurig, Du hast auf dem Boden gesessen und geweint wie im Büro. Ich habe Dich gestreichelt, ich war sehr lieb zu Dir und schließlich warst Du getröstet.

Mein Kind, ich glaube, Du schreibst mir jeden Tag, nur habe ich Deinen Brief vom 26. nicht bekommen.

Deine Mutter und ich wollen die Descouleur besuchen. Wenn ich den Passierschein bekomme, werde ich auch fahren.
Da Dein Vater am Sonntag oder Montag kommen will, fahren wir vielleicht am Dienstag oder am Mittwoch. Ich kann aber nichts Genaues sagen, denn es hängt von Deinem Vater ab.

Heute fahre ich mit Deiner Mutter nach Saint Paul.

Ich glaube Dir *absolut* – ich habe keine Angst vor Frauen. Ich weiß, daß zwei gewaltige Kräfte – ich und Gott – genügen, um Dich vor – wenig verlockenden – Versuchungen zurückzuhalten, denn die Frauen dort sind zu verderbt, zu schmutzig, zu sehr Frauen.

Ich lese nichts, ich bin dümmer als gewöhnlich. Die Angst um Dich macht mich stumpfsinnig und leer.
Denke nur nicht, daß Du mit Deinem rasierten Kopf häßlich sein wirst. Du bist schön, mein dorogoj Gatte mein armes geliebtes Kind. Ich liebe Dich unendlich viel, moj einziger Maltschik. Sei tapfer, tu was Du versprochen hast.

Erkundige Dich genau, ob es für die Heirat Sonderurlaub gibt und ob es nur 4 Tage sind und nicht mehr?
Das ist traurig, denn wir brauchen mindestens zwei Tage für die Formalitäten und dann 48 Stunden für *uns*. Wie wenig das ist!
Aber ich glaube trotzdem, daß es besser ist, wenn Du noch zusätzlich Urlaub bekommst, man muß es ausnutzen.
Und die Papiere werden sicher alle bereit sein.
Nur mußt Du wissen, daß wir nichts tun dürfen, bevor wir nicht in der Kirche von Gott gesegnet wurden. Ich will es nicht, und diesmal glaube ich, wirst Du es verstehen.
Ich muß ständig an die Tage (zwei armseligen Tage) unseres Zusammenseins denken – völlig allein den ganzen Tag, den Abend und die Nacht. Wir werden das Haus überhaupt nicht verlassen, oder wir gehen nur eine Stunde hinaus zu einem angenehmen Spaziergang am frischen Vormittag.
Mein dorogoj Kind, sei ganz lieb zu mir, denke oft an mich, sooft wie möglich, vergiß mich nicht, und tu das, was wir beide wollen: Rette unser Leben.
Ich segne Dich, mein geliebter Gatte.
Ich küsse Dich überall, Maltschick moj dorogoj.
Schreibe mir jeden Tag, seh Dich nicht nach anderen Frauen um, denn es könnten vielleicht schöne sein wie neulich in der Metro.
Es darf nicht sein, mein sehr Reiner (Du bist es, ICH SAGE ES DIR, das ist meine Antwort), denn jetzt würde alles – die geringste Sache, der kleinste Wunsch – für immer die Vergangenheit und Gegenwart beschmutzen und für immer die Zukunft zerstören. Du hast recht.

Hüte unsere Liebe, bewahre unser Leben.

Das Leben wird wirklich herrlich und süß und stark sein. Ich verspreche es Dir.

Ich küsse Dich, ich küsse Deine Hände, Deine Frau für alle Zeit.
Gala.

Wenn Du kommst, dann bringe ein kleines Geschenk für Dein kleines Mädchen mit, das sehr artig ist und Deine Kleinen liebt wie das Holztier, wie die Schachtel. Sie verheimlicht es, aber im Grunde ist sie froh, wenn sie welche bekommt. Bringe das Geschenk wie immer.
Schau Dir Deine Schachtel an, ich schaue sie von Zeit zu Zeit mit Bewunderung an.
⟨*Im selben Briefumschlag, auf einem Stück Zeitungspapier:*⟩ Du sagst, daß Du bitter und traurig bist. Dann stelle Dir vor, wie bitter und traurig ich bin, denn ich bereite Dir keinen (wirklichen, ernsten) Kummer. Und die Umgebung hat nicht viel zu sagen, das wirst Du schon verstehen ... Wenn Du traurig bist – dann ist der Hauptgrund unsere Trennung und nicht die Umgebung. Und diese Trennung wird der Krieg sein.

Anhang

Anmerkungen

Für die deutsche Übersetzung wurde der Anmerkungsapparat des französischen Originals weitgehend beibehalten. Die einzelnen Zahlen verweisen auf die jeweiligen Erläuterungen und Kommentare. Geändert oder gekürzt wurde nur da, wo es nötig erschien, um die Lektüre nicht unnötig zu erschweren.

Einige besondere Eigenarten des Briefstils und der Orthographie Eluards werden durch Fußnoten erklärt. Titel von Büchern, Bildern, Zeitschriften und anderen Werken sind kursiv und gelegentlich in Anführung gesetzt, auch wenn sie in den handschriftlichen Originalen nicht hervorgehoben sind. Das Zeichen ⟨*sic*⟩ wurde nur ausnahmsweise verwendet, um auf eine Auffälligkeit aufmerksam zu machen (eigenwillige Rechtschreibung, Fehler usw.).

Die besondere graphische Gestaltung der Briefe Eluards konnte natürlich nicht übernommen werden. Zwischen den eckigen Klammern stehen Wörter und Zahlen, die Eluard vergessen oder weggelassen hatte. Bis auf häufig wiederkehrende Kürzel (zum Beispiel: F. i. D. – Für immer Dein) werden Abkürzungen meist voll ausgeschrieben oder durch Fußnoten erklärt.

Brief 1

1. San Cristobal (Venezuela).
2. Am 24. März 1924 teilt Paul Eluard seinem Vater auf einer Rohrpostkarte seinen plötzlichen Aufbruch in die Südsee mit: »Lieber Vater, mir reicht es. Ich verreise. Ich überlasse dir alle Geschäfte, die Du für mich in die Wege geleitet hattest. ⟨Eluard war seit über vier Jahren Teilhaber im Immobiliengeschäft seines Vaters.⟩ Aber das Geld, das ich bei mir habe, also 17000 frs, das nehme ich mit. Schicke mir weder die öffentliche noch die private Polizei hinterher. Der erste, der mir in die Quere kommt, den mach' ich unschädlich. Das wäre doch schade für den guten Ruf Deines Namens.

Das Beste, was Du *allen* sagen kannst, ist folgendes: Ich hätte bei meiner Ankunft in Paris Blutungen bekommen und mußte in eine Klinik und danach, wirst Du sagen, in ein Schweizer Sanatorium. Ich bitte Dich, gegenüber Gala und Cécile 〈Eluards und Galas Tochter〉 äußerst rücksichtsvoll zu sein.

Eugène«

〈in *Eluard, Livre d'identité,* bei Tchou, 1967, und in *»Europe«,* 1962, S. 16〉

So trat Eluard in Marseille ganz allein eine Reise an, die sieben Monate dauerte und ihn über die Antillen und Panama bis zu den Südsee-Inseln führte. Er besuchte Tahiti, die Cookinseln, Neuseeland und Australien, und reiste dann weiter nach Zelebes ... Java, Sumatra, Indochina und Ceylon. 〈Louis Parrot, *Paul Eluard,* in »Poètes d'aujourd'hui«, 1972, S. 26〉. Wir besitzen allerdings sehr wenige Dokumente über diese Reise, die Eluard später selbst als eine »idiotische Reise« bezeichnet hat, deren vermutlich vielschichtige, aber kaum bekannte Gründe zu unzähligen Spekulationen Anlaß gegeben haben.

Ein weiteres Telegramm wurde von Robert D. Valette u. a. in *Livre d'identité* auf Seite 50 abgedruckt: Eluard bestätigt darin Galas Ankunft in Saigon, am 12. August 1924: »Gala angekommen(.) Freue mich auf Wiedersehen mit Ihnen und Grundstücken(.) Sie waren niemals der Grund. Bitte um telegraphische Antwort(.) Habe Sie immer gern gehabt(.) Grindel(.) Hôtel Casino. Saigon.« Nach Galas späterer Aussage ist sie allein zu Eluard nach Indochina gereist, während Max Ernst, der damals mit beiden in Eaubonne zusammen wohnte, dazu schrieb, er sei ein paar Tage später in Saigon eingetroffen: »〈Max Ernst〉 schifft sich ein nach Indochina ... Dort angekommen, überredet er Eluard, seinen Plan 〈für immer zu verschwinden〉 doch aufzugeben. Sein Vater hatte Gala gebeten, ihm mitzuteilen, daß er dessen etwas unverschämtes Verhalten ihm gegenüber vergessen wolle. Und Max war dazu gekommen, um diese Entscheidung zu bestätigen« (Max Ernst, *Ecritures,* N. R. F., 1970, S. 48). Und tatsächlich, ein paar Tage später kündigte Eluard in einem vom 28. August 1924 datierten Telegramm seine baldige Rückkehr an. Am 27. September 1924 trafen Gala und Eluard in Marseille ein (vgl. die in der Zeitschrift *»Europe«* abgedruckten Telegramme).

Der Zeitraum vom März bis August 1924 wurde bisher durch keinerlei Schriftstücke belegt. Vom Aufenthalt auf Tahiti sind ein paar Photos erhalten geblieben, die Eluard mit Tahiterinnen zeigen und im *Album* der Reihe Pléiade bei Gallimard abgebildet wurden (S. 77 bis 79).

In seinen Briefen an Gala hat Eluard diese Reise von 1924 nur einmal

erwähnt: »Seltsam, diese Aufbrüche und Aufenthalte in Nizza. Das Hotel Alexandra befindet sich gegenüber von den Hotels Beaulieu und Hollande, wo ich vor meiner Reise vor 5 Jahren gewohnt habe. Damals habe ich hier geweint, so sehr geweint... Heute früh hatte ich den gleichen Eindruck wie vor 5 Jahren – aber der Eindruck meiner Abreise wurde durch meine Rückkehr etwas gedämpft.« (Brief 48, Nizza, Juni 1929).
Seine Sehnsucht nach den Südsee-Inseln hat Eluard aber auch später noch brieflich zum Ausdruck gebracht. Er sprach zu Gala von Reiseplänen, die er jedoch nie verwirklichte (u. a. in Brief 82: »Ich hätte große Lust, zu den Salomon-Inseln oder nach Neuguinea zu reisen. Sage mir, was Du davon hältst. Ich muß zugeben, daß mich noch immer ein großer trauriger Traum bewegt, der nur schwer mit meinem jetzigen Leben in Einklang zu bringen ist.«).
Vor seiner großen Reise hatte sich Eluard eine Weile in Nizza aufgehalten und von dort aus Gala eine Vollmacht für den Verkauf aller seiner Sachen zugeschickt (vgl. *L'agenda de Valentine Hugo pour 1937, Collection Jean Hugo,* abgedruckt in *Paul Eluard et la peinture surréaliste,* Droz, 1982, S. 88). Dieser Verkauf fand am 7. Juli 1924 im Hôtel Drouot statt.

3. Helena Dmitriewna Diakonowa, Gala genannt.
4. Eluard war im Jahre 1924 mit Gala, Cécile und Max Ernst – der seit September 1922 bei ihnen wohnte – von Saint-Brice nach Eaubonne in eine Villa in der Nähe des Forstes von Montmorency umgezogen. In diesem Haus, das Eluard von seinem Vater geschenkt bekommen hatte, bemalte Max Ernst sämtliche Wände, Decken und Türen mit Fresken, die 1968 durch einen wunderbaren Zufall von Eluards Tochter wiederentdeckt wurden. Nach der Übertragung dieser Fresken auf Leinwand wurden sie in der Galerie A. F. Petit ausgestellt. Zu diesem Anlaß wurde ein luxuriöser Katalog herausgegeben: *Max Ernst. Peintures pour Paul Eluard,* Denoël, 1969.
5. Gala war zu diesem Zeitpunkt von Eaubonne nach Deutschland gereist, wovon noch die Rede sein wird. Es handelt sich hier wohl um die Kuverts für die Nachsendung der Briefe Eluards an Gala.
6. Nachdem ihm die Heilige Jungfrau Marie erschienen war (»sie lächelte ihm zu und sprach drei Worte: ›Güte, Liebe, Menschlichkeit‹.« Max Ernst, *Ecritures,* N. R. F., 1970, S. 37), gründete Karl Nierendorf 1917 den »Kairos Verlag« sowie eine Zeitschrift (»Strom«) und die »Kunstgesellschaft« und zeigte dort in einem gesonderten Raum Werke der Dada-Künstler Baargeld und Max Ernst, die aber nach einigen skandalösen Provokationen sehr bald ausgeschlossen wurden.
7. Roland Tual (1902–1956). Als Freund von Max Jacob wurde Roland Tual mit Michel Leiris und später auch mit Aragon und Breton

bekannt. Von 1925 bis 1927 beteiligte er sich an den surrealistischen Aktivitäten, unterschrieb mehrere Manifeste und leitete 1926 die surrealistische Galerie. R. Tual war weder Maler noch Schriftsteller, aber ein großer Entdecker von Talenten; er machte u. a. André Masson mit M. Leiris bekannt. In den Jahren danach arbeitete er vor allem auf dem Gebiet des Films, sowohl als Hersteller als auch als Regisseur. (*Dictionnaire général du surréalisme et de ses environs,* P. U. F., 1982, S. 414.)

Brief 2

1 Der Telegraphenbeamte hat – versehentlich? – als Eingangsdatum den 27. Juli 1929 eingetragen. Das Datum auf dem Poststempel – 1925 – erscheint uns jedoch verläßlicher. Eluard wird allerdings Anfang August 1929 auch nach Leysin fahren und von dort aus mit Gala und Crevel zu Dali nach Cadaqués weiterreisen. Unter diesem Gesichtspunkt wäre das Telegramm zwischen dem 59. und 60. Brief einzuordnen.

Brief 3

1 Maia (im Französischen: Maya oder Maïa) daragaja: »Meine Geliebte« im Russischen. In seiner Anrede für Gala verwendete Eluard gelegentlich die männliche Form: »mein dorogoj«.

2 Eluard hatte erst Moskau geschrieben, dieses Wort dann durchgestrichen und Leningrad darübergesetzt.

3 Der Anlaß zu dieser Prügelei zwischen Max Ernst und Paul Eluard war höchst wahrscheinlich eine Eifersuchtsszene von Marie-Berthe – wegen des Verhältnisses, das Max Ernst während seines Aufenthalts in Eaubonne – vor Eluards Aufbruch in die Südsee – mit Gala hatte. In seinem, vom 25. Mai 1927 datierten Brief an Paul Nougé spielt Breton auf diese »recht konfuse und sehr peinliche Szene« an, die sich bei ihm zu Hause abspielte, ohne jedoch auf Einzelheiten einzugehen (in *Lettres surréalistes,* »Les Lèvres nues«, Nr. 81–95, Bruxelles, 1973, Dok. 91).

4 Marie-Berthe Aurenche, zweite Frau von Max Ernst, die er im selben Jahr 1927 heiratete.

5 Hier ist Eluard offenbar ein Lapsus unterlaufen; als er noch unter dem Eindruck des Geschehens den Brief verfaßte, schrieb er »*meiner* Art« und meinte wohl »*(Deiner)* Art«. Anders läßt sich die vermutliche Eifersuchtsszene von Marie-Berthe nicht erklären, ebensowenig der sonderbare Vergleich zwischen Eluard und seiner künftigen Frau und auch nicht Eluards Wut auf Max Ernst, den er einen »Lügner« nannte. Im darauffolgenden Brief wird sich Eluard berichtigen: »Schreibe nicht an Max. Marie-Berthe hatte sich abfällig über Dich geäußert.« Es sei darauf hingewiesen, daß Eluard diese Art vonLapsus – seine Verwechslung mit Gala – mehrmals unterlaufen ist.

6 Eluard hatte Max Ernst im Jahre 1921 kennengelernt. »Es war von Anbeginn eine Freundschaft auf Dauer« (Max Ernst, *Ecritures,* N.R.F., 1970, S. 45). Im Jahr darauf erschien *Répétitions* mit Collagen von Max Ernst sowie *Les malheurs des immortels,* ein Buch, das auch in Zusammenarbeit mit Max Ernst entstand. 1922 wohnte Max Ernst noch in Deutschland, und als er damals kein Visum erhielt, reiste er mit Eluards Paß nach Frankreich ein und wohnte dann auch bei ihm, die erste Zeit in Saint-Brice, später in Eaubonne, wo er bis zu Eluards Weltreise im Jahr 1924 blieb.
Der Gedichtband *Répétitions* (1922) beginnt mit dem Gedicht *Max Ernst* und diesen beiden Verszeilen:

Dans un coin l'inceste agile
Tourne autour de la virginité d'une petite robe

die Charles Whiting wie folgt analysiert: »Man erkennt unschwer, daß mit dem Wort *inceste* die fast brüderliche Beziehung zwischen Eluard und Ernst gemeint ist, während *virginité* und *petite robe* (»Jungfräulichkeit« und »kleines Kleid«) zu den typischen Metaphern gehören, mit denen Eluard Galas Erscheinung beschrieb (Ch. Whiting, *Eluard's poems from Gala,* The French Review, 1968; sowie: *Eluard et la peinture surréaliste,* Droz, 1982, S. 55).
7 Eluards Eltern wohnten in Paris, Rue Ordener 3. Madame Grindel – ihr Mann starb im Jahr 1927 – behielt diese Wohnung bis zu ihrem Tode, im Januar 1955.

Brief 4

1 Eluard hatte zuerst »29 juin« geschrieben, dann »juin« durchgestrichen und darüber »mai« gesetzt.
2 Der Satz ist dick umrahmt.
3 Eine Tante Eluards.
4 Die Ausstellung *Yves Tanguy et objets d'amérique* fand vom 27. Mai bis zum 15. Juni 1927 in der »Galerie Surréaliste« statt. Paul Eluard schrieb das Vorwort zum Katalog: »D'un véritable continent«.
Auf der von Eluard aufgestellten Liste der Kunstwerke, die er 1938 an Roland Penrose verkaufte, wird auch ein Heft mit 20 Zeichnungen von Tanguy aufgeführt, die er anläßlich dieser Ausstellung gekauft hatte.
5 In diesem Traktat, das auch Louis Aragon unterschrieben hat, machten die Surrealisten Philippe Soupault – der gerade aus der Gruppe ausgeschlossen worden war – den Vorwurf, er habe eine sechste (und, wie er hoffte, »letzte«) Ausgabe der gesammelten Werke von Lautréamont herausgegeben (Paris, Au Sans-Pareil, Beendigung des Druckes am 15. März 1927) und dabei Isidore Ducasse mit Félix Ducasse verwechselt, mit einem politischen Agitator also, »der im Jahr 1869 auf öffentlichen Versammlungen das Wort ergriff, um aus

den Paulus-Briefen zu zitieren und mit seinem *Gnouf-gnouf*-Tick oratorische Effekte zu erzielen«.

Brief 5

1 »Fraenkel (Théodore). Geb. am 27. April 1896 in Paris; gest. im Januar 1964. Jugendfreund André Bretons, mit dem er das Gymnasium Chaptal und später die medizinische Fakultät besuchte. Auch mit Jacques Vaché, dessen intellektuelle Nonchalance ihn bestach, war er recht gut bekannt. Als hochgebildeter Ironiker und Bewunderer Alfred Jarrys erlag er bald dem absurden Charme des Dada und beteiligte sich an allen Manifestationen dieser Bewegung ...« (Hugnet, *L'aventure Dada* ⟨1916–1922⟩, Seghers, 1971.)
Er war ebenfalls mit P. Eluard gut befreundet. Dieser widmete ihm 1921 *Rendez-vous. N'importe où,* ein Gedicht aus der Sammlung *Les nécessités de la vie et les conséquences des rêves,* eingeleitet durch *Exemples.*

2 Ein Bild von Chirico.

3 Alphonse Kann ⟨geb. 1868 in Paris, gest. 1948 in London⟩, Geschäftsmann, reicher Kunstsammler, verkehrte in kubistischen und surrealistischen Kreisen und war mit einigen Kunsthändlern gut befreundet, so auch mit Paul Guillaume und Pierre Loeb, der in seinem Buch *Voyage à travers la peinture* (bei Bordas, 1945) von ihm ein sehr anerkennendes Porträt zeichnet.

4 Der Satz endet so; zweifellos fehlt hier ein Wort, aber die Unterlassung kann willentlich geschehen sein. Vielleicht wollte Eluard auf diese Weise zum Ausdruck bringen, wie sehr sich Gala – so hoffte er – bei ihrer Rückkehr aus Rußland freuen würde.

Brief 6

1 Das Hotel, in dem Eluard während seines Berlin-Aufenthalts im März 1929 wohnte.

2 Vermutlich Max Berger, Leiter der Galerie Vavin-Raspail.

3 Der Chauffeur von Madame Grindel, Eluards Mutter.

Brief 7

1 Dieser Brief und dieses Telegramm wurden nicht wiedergefunden.

2 In der Galerie Flechtheim fanden mehrere Ausstellungen statt, unter anderem eine Klee-Ausstellung mit 56 Bildern, mit einem Text von Crevel (»Merci Paul Klee«), und zwar am 18. März 1928. Im selben Jahr hatte Eluard den Maler Klee gebeten, *L'amour la poésie* zu illustrieren; am 3. Mai schrieb er an René Laporte: »Ich möchte einen Gedichtband mit ein paar Zeichnungen von Klee herausgeben. Ich weiß nicht, ob Sie auch illustrierte Bücher verlegen. Wenn ja, möch-

te ich Ihnen das meine zur Verfügung stellen.« (Brief von Paul Eluard an René Laporte, von J. C. Gateau veröffentlicht in *Paul Eluard et la peinture surréaliste,* Droz, 1982, S. 138). Aus nicht bekannten Gründen wurde dieses Vorhaben nicht verwirklicht.

3 »Marcel Noll. Der Straßburger Marcel Noll ⟨...⟩ beteiligte sich seit 1923 an der surrealistischen Bewegung. Breton zählt ihn zu jenen, die für einen totalen Surrealismus eintraten. Er unterschrieb mehrere gemeinsame Erklärungen und veröffentlichte in *»La Révolution surréaliste«* Traumerzählungen sowie surrealistische Texte. Eine Zeitlang leitete er die surrealistische Galerie, bevor er sich ab 1929 allmählich von der Gruppe löste.« (*Dictionnaire général du surréalisme et de ses environs,* P. U. F., 1982, S. 302).

Brief 8

1 Schweizer Sanatorium, wo der erkrankte Eluard fast den ganzen Winter 1928–29 verbrachte.

2 René Nelli (1906–1982). Als zweisprachiger Lyriker und Essayist gab er eine Studie über okzitanische Dichtung heraus, veröffentlichte auch Gedichte und eine in der *langue d'oc* verfaßte Oper. Mit seinem Freund Joë Bousquet gründete er die Zeitschrift *»Chantiers«.*

3 Paul Eluard tauschte mit René Nelli Gemälde gegen Kunstobjekte, wobei Joë Bousquet als Vermittler auftrat: »Es freut uns sehr, daß unsere Vorschläge Nelli gefallen. Wir hoffen, daß er unsere Gemälde ebenso mögen wird wie wir seine Objekte mögen. Damit es keine Neider gibt, bitte ich sie, dieses Tauschgeschäft so weit wie möglich nicht an die große Glocke zu hängen. So werden wir vielleicht noch weitere tätigenkönnen« (Paul Eluard, *Lettres à Bousquet,* 1973, S. 28, Brief aus Arosa, 5. März 1928).

4 Joë Bousquet (1897–1950), französischer Schriftsteller, in Carcassonne geboren. Er gründete 1928 mit René Nelli die Zeitschrift *»Chantiers«* und war einer der aktiven Förderer der *»Cahiers du Sud«.* Bousquet meldete sich 1916 freiwillig zur Front und wurde zweimal verletzt; ein Durchschuß zertrümmerte ihm das Rückgrat, so daß er sein Leben lang querschnittsgelähmt blieb und beide Beine nicht bewegen konnte. Die Surrealisten lernte er 1924 kennen und unterschrieb mit ihnen mehrere Traktate. Seine ersten Schreibversuche gab er Gala zu lesen. Näheres über die Beziehung zwischen Paul Eluard und Joë Bousquet findet sich in »Eluard, *Lettres à Joë Bousquet«,* Vorwort und Anmerkungen von Lucien Scheler, bei den »Ed. Français Réunis«, 1973.

Brief 10

1 Eluard kehrte gerade von einem Aufenthalt in Marseille zurück; siehe Brief 11.

2 Notariatsgehilfe, der die von Eluards Vater gegründete Immobiliengesellschaft betreute, deren Aktionär Paul Eluard war. Eluards Vater starb 1927 und hinterließ seiner Frau und seinem Sohn ein beachtliches Vermögen, das er dank seiner ergiebigen Geschäfte mit Gebäuden zusammengetragen hatte. Die Nachlaßakten konnten nicht gefunden werden. Doch man erhält eine Vorstellung vom Umfang der Erbschaft, wenn man sich vergegenwärtigt, daß Madame Grindel – die Erbmasse ging zu gleichen Teilen an sie und an ihren Sohn – mindestens bis in die Jahre nach dem Zweiten Weltkrieg einen recht gehobenen Lebensstil pflegen konnte, wobei sie sich in ihrer Villa in Montlignon ein Dienstmädchen, einen Chauffeur und zwei Gärtner hielt. Als Madame Grindel 1955, nach einem üppigen und aktiven Leben, das sie drei Jahrzehnte hindurch trotz Krise und Krieg und trotz schlechter Verwaltung ihrer Güter führen konnte, starb, blieb noch ein beachtliches Kapital übrig, bestehend aus Grundstücken und beweglichen Gütern. Gala selbst sagte einmal, daß Eluard nach dem Tod seines Vaters plötzlich »sehr reich« war.

3 Eugénie Lavidière, eine Tante von Eluard.

Brief 11

1 In Sachen Immobiliengesellschaft (siehe Brief 10, Anm. 2).

2 Das Landhaus, das Madame Grindel unweit vom Haus ihres Sohnes besaß.

3 Chanson von Fortugé, das Eluard auch in einem Brief an Joë Bousquet erwähnt, den L. Scherer auf Mitte November 1928 datiert: »Fortugé, der mit sechsundzwanzig starb, ist ein Künstler, ein großer Künstler, wenn Sie so wollen, aber ein Künstler. Der demnach nicht in der Wüste kläfft. Er verfremdete alle seine Chansons. Aber ganz Lautréamont spricht aus dieser Zeile: Ah! Wie grausam ist die Erde auf diesem Leben!« (in *Lettres à J. Bousquet,* 1973, S. 57). *Êtes-vous fous* von René Crevel trug folgende Widmung: »Für Paul und Gala Eluard. ›Wie grausam ist die Erde auf diesem Leben‹ (Chanson von Fortugé)« (siehe Brief 39).
Paul Eluard zitiert diese Refrain-Zeile in *Donner à voir* (1939).

4 Spitzname, den Crevel der Tochter von Paul Eluard, Cécile Grindel, gab, als sie sechs Jahre alt war.

Brief 12

1 Charles Ratton, der als Experte für afrikanische und ozeanische Kunstgegenstände galt, leitete die Auktion: *»Sculptures d'Afrique, d'Amérique, d'Océanie, Collection André Breton et Paul Eluard.«* (siehe Brief 101, Anm. 1). Bei ihm fand dann auch die Ausstellung surrealistischer Objekte im Jahre 1936 statt.

2 Janine Bouissounouse (1905–1978), eine Freundin von Eluard; sie

betreute die Herausgabe von *L'amour la poésie* 1929 (siehe die Briefe aus dem Jahr 1929). Auszüge aus der Korrespondenz von Eluard an Janine Bouissounouse in den Jahren 1928–1929 wurden von dieser selbst in *»Europe«*, Juli/August 1953, veröffentlicht und kommentiert. Außerdem hat J. Bouissounouse das 2. Kapitel ihrer Autobiographie zum Teil der Beschreibung ihrer Beziehung zu Eluard zwischen 1927 und 1928 gewidmet (in *La nuit d'autun,* Calmann-Lévy, 1977).

Brief 13

1 Einer der behandelnden Ärzte Eluards.
2 Kunsthändler, der in der Rue de Seine eine Galerie besaß, in der Max Ernst, Miró und andere Künstler ausstellten ... Hier wurde die erste große Ausstellung von Max Ernst in Paris eröffnet. Im Katalog befinden sich Gedichte von Paul Eluard, Benjamin Péret und Robert Desnos.
3 Galas Hund.

Brief 14

1 Eluard hatte erst »melancholische Heimkehr« geschrieben, dann »melancholisch« durchgestrichen.
2 Durch seine Lungenkrankheit hatte Eluard eine etwas schiefe Schulterpartie.
3 Unter diesem Titel wurden in den *Cahier du Sud* zum erstenmal drei Gedichte aus *Comme une image,* dem zweiten Teil von *L'amour la poésie* veröffentlicht: *»La présence de la lavande au chevet des malades; Le hibou le corbeau le vautour; Où mettez-vous le bec seul* sowie: *Toi la seule et j'entends les herbes de ton rire,* das 6. Gedicht aus dem ersten Teil von *L'amour la poésie.*

Brief 15

1 »Ich liebe Dich« auf russisch.
2 Alexander Block (1880–1921), russischer Dichter. Er war Mitarbeiter Gorkis bei der Herausgabe der Zeitung *Die Chronik.* Begeistert begrüßte er die Oktober-Revolution und war sogar Mitglied der provisorischen Regierung. *Die Zwölf,* eines seiner wichtigsten Werke, war 1918 erschienen.
Wie es scheint, hatte Paul Eluard mit Gala zusammen 1919 die Übertragung eines anderen Buches, *le petit treteau,* eines »kleinen Kunstwerkes«, begonnen (siehe *Lettres de jeunesse* bei Seghers, 1962, S. 180 und 182. R. D. Valette merkt dazu an, daß diese Übersetzung wohl verschollen ist).
3 Die Versöhnung zwischen Paul Eluard und Max Ernst nach der »Schlägerei« von 1927 (siehe dazu die Briefe von Mai und Juni 1927)

ist zu diesem Zeitpunkt noch nicht vollzogen. Am 15. Oktober 1928, etwas verspätet also, trug Eluard in seinen Band *Défense de savoir,* der schon Februar erschienen war, folgende Widmung ein:

»mein lieber Max,
nichts wird niemals unsere
Freundschaft zerstören Arosa, den 15. Okt. 1928«

Kurze Zeit darauf, im Dezember 1928, besuchte Max Ernst Eluard in Arosa (vgl. Paul Eluard, *Lettres à Joë Bousquet,* bei den »Editeurs Francais Réunis«, 1973, S. 66. Brief vom 20. Dezember 1928 aus Arosa).

4 Hier hat Eluard (absichtlich) ein unlesbares Wort geschrieben, dann in Klammern hinzugefügt: »(alles, was Du willst)«.

Brief 16

1 Finnisches Nationalepos (23 000 Verse), das Elias Lönnrot im Jahr 1835 veröffentlichte. Das »Kalevala« wurde in zahlreiche Sprachen übersetzt, allein fünfmal ins Französische.

2 Walter Bondy (1880–1940), Maler tschechischer Herkunft, war Mitschüler von Pascin an der Holosi-Akademie in München und ließ sich 1906 in Paris nieder, wo er der Gruppe »Dôme« beitrat, die von Künstlern aus Mitteleuropa gegründet worden war.

3 Erstes Gedicht aus Teil zwei von *L'amour la poésie, comme une image. L'amour la poésie* erschien 1929 und ist Gala gewidmet – *»diesem Buch ohne Ende«.*

a) Ursprünglich stand hier ein Wort, das gründlich durchgestrichen worden ist, vielleicht »je cherche ...« (»ich suche ...«)?

4 Nach Luzern, um sich mit Gala zu treffen. Von dort aus fuhren beide nach Seelisberg (Schweiz), wo sie bis Ende August blieben. Im Juli kam auch Crevel nach Seelisburg (Vgl. Paul Eluard, *Lettres à Joë Bousquet,* bei Les Editeurs Français Réunis, 1973, S. 39 und 44).

Brief 17

1 Der Kunsthändler Paul Guillaume.

Brief 18

1 *»Chantiers«:* Monatszeitschrift (Oktavformat); Direktor: René Nelli; Sekretär: Joë Bousquet, Carcassonne. In Heft 4, April 1928, erschienen drei Gedichte Eluards aus *L'amour la poésie: Je te l'ai dit, Porte comprise, Vous êtes chez moi.* In *»Chantiers«* wurden auch Texte und Gedichte von Joë Bousquet und Nelli publiziert. Lucien Scheler zufolge (»Paul Eluard, *Lettres à Joë Bousquet«,* S. 210) in Nr. 3 von *»Chantiers«* (März 1928, S. 11–13) die drei Gedichte René Nellis, die Eluard am meisten mochte: *La Gitane, La Sirène, L'innocente.*

Brief 19

1 Es überrascht ein wenig, daß Eluard einen Kabinenkoffer kaufte, um von Arosa nach Seelisberg zu fahren (siehe nächsten Brief). Vielleicht trug er sich mit dem Gedanken, gemeinsam mit Gala eine größere Reise zu unternehmen?

Brief 20

1 Neuntes Gedicht aus *Comme une image,* zweiter Teil des Bandes *L'amour la poésie.*

Brief 21

1 Die Unterschrift ist unlesbar.

Brief 23

1 Kein einziges Buch von Eluard ist ohne Titel erschienen. Hier handelt es sich wohl um *L'amour la poésie* – die Anregung zu diesem Titel kam von seiner Tochter –, das im April 1929 erschien und den Titel auf dem Buchdeckel trug. Eluard hatte die Fahnen im Januar durchgesehen (vgl. Brief Eluards an Janine Bouissounouse, abgedruckt in *Livre d'identité,* S. 81).

Brief 25

1 Verwaltungsrat der Gesellschaft, bei der Eluard Aktieninhaber war.

2 Gala war Kartenlegerin. Auch Eluard ging manchmal zu einer Wahrsagerin. Alle Surrealisten, namentlich André Breton, interessierten sich sehr für esoterische Fragen und vor allem für Weissagungen und Astrologie (siehe Brief 84, Anm. 3).

3 *Ombres blanches* (»Weisse Schatten«): Originaltitel: *White Shadows on the South Seas.* U.S., 1928. Regie: W.S. van Dyke und Robert Flaherty.
»Erster Tonfilm (auf Schallplatte), der in Europa gezeigt wurde... In den Staaten und in England wurde die Filmstory als recht kindlich abgetan. Dabei behandelte der Film Fragen der kolonialen Ausbeutung. Die rührende Liebesgeschichte und das darin wiederkehrende Lied: *»Je sentais autrefois comme une ombre sur moi, mais avec toi que j'aime, il n'en est plus de même«* begeisterten jedoch die Surrealisten... (G. Sadoul, *Dictionnaire des Films,* Seuil, 1976). Er gehört zu den fünf Filmen, die die Surrealisten in ihrem Manifest (das auch Eluard unterschrieb) erwähnen, das sie nach der Beschlagnahme von *Âge d'or* veröffentlichten: »Von den endlosen Zelluloidstreifen, die man uns bis heute zeigte ⟨...⟩, erscheint uns nur einer erwähnenswert – und die Stimme ⟨...⟩ einer leidenschaftlichen Liebe in *Weiße Schatten*...«.

4 Ein deutscher Freund Eluards.

5 *»Variétés«*, Nr. 9, 15. Januar 1929, veröffentlichte auch ein Foto von Eluard.

Brief 26

1 Siehe vorherigen Brief: »Im Zug habe ich die Bekanntschaft einer Berlinerin mit dem Gesicht einer Indianerin gemacht... Wenn ich in Paris nichts finde, würde ich gern für 3 Tage nach Berlin fahren.«

Brief 27

1 »Kniga« heißt im russischen »Buch«; es handelt sich wohl um eine Berliner Buchhandlung, die vor allem russische Bücher verkaufte.

2 Georges Salles, Sammler primitiver Kunstgegenstände; er war in den dreißiger Jahren Konservator am Louvre.

3 Thea (Elizabeth Dorothea) Sternheim, bekannt vor allem unter dem Beinamen »Mops« oder »Mopsa«, Malerin und Bühnenbildnerin, war auch mit Crevel befreundet; in seinem Buch *Révolutionnaires sans révolution* zeichnete A. Thirion folgendes Bild von dieser Frau: »Intelligent, rauschgiftsüchtig, von anziehender Häßlichkeit, mit einer zu breiten Nase, aber schönen Augen, und mit dem Mund einer Lesbierin oder Spezialistin. Ihr Interesse galt ebenso den Frauen wie den Männern« (Thirion, *Révolutionnaire sans révolution*, Laffont, 1972, S. 353).

Brief 28

1 Alice Apfel, der Eluard den Namen »La Pomme« gab, war »eine junge, bildhübsche Berlinerin, so gebaut wie Gala« (siehe dazu ebenfalls A. Thirion, *Révolutionnaires sans révolution*). Als »leichtlebige und genußfreudige Frau« führte sie ein mondänes Leben mit einem Abenteurer namens Rudolf von Ripper – wahrscheinlch handelt es sich um jenen »jungen Mann«, zu dem Eluard in Begleitung von Mops und Alice Apfel damals fahren wollte.

2 Galerie, die damals Werke von Max Ernst ausstellte.

3 George Grosz (1893–1959), deutscher Maler und Karikaturist. Er begrüßte von Anfang an die Dada-Bewegung, die in Berlin von Huelsenbeck und Haussmann propagiert wurde. Die Porträt-Karikatur, die er 1929 von Eluard anfertigte, wurde im Album der Reihe »Pléiade« bei Gallimard (S. 132) abgebildet.

4 Frau und Mitarbeiterin des Schriftstellers und Kunsthändlers Herwarth Walden (siehe Brief 7). Sie legte noch vor dem Ersten Weltkrieg den Grundstock für die berühmte Walden-Sammlung, die heute der Öffentlichkeit zugänglich ist. Herwarth Walden gründete nach dem Krieg die Zeitschrift *»Malik Verlag«*. Er leitete außerdem die Zeitschrift *»Sturm«* sowie die gleichnamige Galerie.

Brief 30

1 Karikaturen-Sammlung (1915–1922), die 1923 erschien.
2 Eluard fuhr am 27. März nach Bayern (unveröffentlichte Postkarte Eluards an seine Mutter).
3 *L'amour la poésie* erschien bei Gallimard im März 1929: 600 numerierte Exemplare und 30 Autorenexemplare sowie 12 unverkäufliche Exemplare, neu gesetzt auf grünem Papier.
4 Die Herausgabe von *L'amour la poésie* besorgte Janine Bouissounouse (siehe Eluards Brief an Janine Bouissounouse in der Zeitschrift »*Europe*«, Juli/August 1953, auch in *Livre d'identité,* S. 81).

Brief 34

1 Paul Eluard hatte Gala 1912 in Clavadel kennengelernt; nach dem ersten Weltkrieg wohnte er mit ihr in Versailles; danach zogen sie nach Bray-et-Lu, wo Cécile geboren wurde; in Eaubonne wohnten sie ab 1923. In Arosa verbrachte der erkrankte Eluard einen Teil des Winters 1928–1929 mit Gala.
2 Stadt in Tirol, wo Gala und Paul Eluard mit Max Ernst 1922 einen Urlaub verbrachten (ein Foto, das sie alle drei zeigt, als sie in Imst Ski fuhren, wurde im Pléiade-Album abgebildet, S. 71).
3 Eluard hatte erst geschrieben »die anderen langweilen mich«, diesen Satz dann durchgestrichen und darüber geschrieben: »die anderen sind Zeitvertreib ...«

Brief 35

1 Paul Eluard kehrte schon am 3. April nach Paris zurück (siehe Brief 36 und 37).
2 In einem der Exemplare von *L'amour la poésie,* die sich in Galas Besitz befanden, steht folgende Widmung: »Alles, was ich gesagt habe, Gala, solltest Du hören. Mein Mund hat Deine Augen nie verlassen können.«

Brief 38

1 Am 10. Mai 1929 hielt sich Gala im Hotel Regina in Marseille auf (vgl. unveröffentlichte Postkarte, die ein Unbekannter an Gala aus Rußland schickte).

Brief 39

1 Pressedienst für *L'amour la poésie* (siehe Anm. 3 von Brief 30).
2 Eluard besuchte zuerst Joë Bousquet in Carcassonne und fuhr anschließend nach Marseille.
3 »Coulance« – ein von Gala erfundenes Wort, das in den Briefen Eluards periodisch wiederkehrt.
4 Wir wissen nicht, um wen es sich hier handelt, aber mit »roter Frau«

bezeichnet Eluard wahrscheinlich eine Dame, die am Moulin Rouge arbeitet.

5 *Êtes-vous fous:* von René Crevel. Paris, Nouvelle Revue française, erschien am 2. April 1929. Eluard schrieb damals den Begleittext zu diesem Buch, das er sehr bewunderte, und in einem Brief an Janine Bouissounouse lesen wir: »Ich bin davon begeistert, aber ich werde nie richtig sagen können, wie großartig dieses Buch ist. Es gibt nur wenige Menschen, die so rein, so gut sind wie unser unglücklicher Freund« (*»Europe«,* Juli/August 1953, S. 210).

Brief 40

1 Pressedienst für *L'amour la poésie* und *Êtes-vous fous.*

Brief 43

1 *»Variétés«,* illustrierte Monatsschrift für Kunst und Literatur; Leitung: P. G. Van Hecke, Bruxelles, Editions *»Variétés«*, Sonderheft: »Der Surrealismus 1929«. Von Eluard findet man darin einen Text: *L'art sauvage* sowie ein Gedicht: *Derrière moi mes yeux se sont fermés.*

2 Im Paul-Eluard Raum des »Musée d'Art et d'Histoire« in Saint Denis befindet sich eine Porträtaufnahme Eluards von Mops mit folgender Widmung: »Für den FREUND, der mich gemeines Luder nannte – mit einem Höchstmaß an Liebe und fast mit meinem ganzen Herzen (gezeichnetes Herz) MOPSA.«

Brief 44

1 Londoner Kunsthändler, der vor allem Gegenstände aus Afrika und aus der Südsee sammelte.

2 Pierre Loeb, Kunsthändler, der in Paris eine Galerie besaß (Rue des Beaus-Arts 2), in der auch Surrealisten ausstellten. In dieser Galerie fand namentlich im November 1925 die erste surrealistische Ausstellung statt!

3 André Gaillard (1894–1929), französischer Dichter, einer der ersten Mitarbeiter bei der Literaturzeitschrift *»Cahiers du sud«,* die in Marseille herausgegeben wurde. Sie war 1913 von Jean Ballard ins Leben gerufen worden, wurde von Léon-Gabriel Gros geleitet und publizierte vor allem Lyrik (1952 erschien ein Sonderheft, das ganz Paul Eluard gewidmet war). Im Jahr 1940 druckte diese Zeitschrift Gedichte von André Gaillard. André Gaillard war bei einer Bergtour verunglückt und starb am 17. Dezember 1929. *Trois poèmes inachevés* aus der Gedichtsammlung *Chanson complète* (1939) sind ihm gewidmet.

Brief 46

1 Eluard hatte erst dies geschrieben: »mehrere Damen, die sehr sho-

king ⟨*sic*⟩, sehr reserviert waren«, hatte sich dann aber für »kleinbürgerlich« entschieden.

Brief 47

1 Baron (Jacques): französischer Dichter, 1905 geboren, Surrealist der ersten Stunde, trat mit Gedichtsammlungen wie *L'allure poétique* (1924) und *Paroles* (1923–1927) hervor. Er war Mitarbeiter der Zeitschriften *»Littérature«* und *»La Révolution surréaliste«*. Er wurde von Breton am 11. März 1929 während der Zusammenkunft in der Rue du Château ausgeschlossen.

Brief 48

1 Die Weltreise, die Eluard 1924 unternahm (siehe Brief 1, Anm. 2).

Brief 49

1 Keller: Kunsthändler, Direktor der Galerie Georges-Petit in Paris.

Brief 50

1 Die Anspielung auf das »Kino special« legt den Gedanken nahe, daß Eluard und Gala sich in Marseille treffen wollten.
2 Es handelt sich wahrscheinlich um das Gedicht, das wir an den Schluß dieses Briefes gesetzt haben, das aber vom Brief getrennt und anderen Gedichten beigefügt worden war.
3 Diese Zeichnung konnten wir nicht finden.
4 Eluard hatte erst Folgendes geschrieben: »Du kannst es Gaillard zeigen, wenn es ihm Spaß macht«, danach verbessert: »wenn es ihn interessiert«.
5 Dreizehntes Gedicht von *Univers solitude,* des ersten Teils der Sammlung *À toute épreuve* (1930).

Brief 52

1 Es handelt sich hier offenbar um André Gaillard, doch wissen wir nicht, was sich zwischen ihm, Eluard und Gala zugetragen hat und diese Bemerkung Eluards rechtfertigen könnte: »Ich fand G.s Verhalten abscheulich«. Vgl. Anm. 3 von Brief 44.
2 Alice Apfel, die von Eluard »la P⟨omme⟩« genannt wurde. Siehe Anm. 2 von Brief 28.
3 Wir haben nicht herausfinden können, wer sich hinter dieser Initiale verbirgt. Vielleicht ist es jener junge Mann, der in Eluards Traum auftaucht, den er Gala in seinem Brief 159 erzählt, jener »Beer (aus Arosa)«? Wäre er sogar derselbe, der auf einem Foto zu sehen ist, das während eines Kostümfestes aufgenommen wurde und Gala auf dem Schoß eines Fremden zeigt (abgebildet in *Livre d'identité,* S. 70–71)?
4 Adolphe Basler, *Henri Rousseau: sa vie, son oeuvre,* Paris, 1927, Librai-

rie de France. Auf dem Bucheinband befindet sich »eine von Rousseau gemalte Palette«.

5 Dieses Telegramm ist verschollen.

Brief 53

1 Eluard hatte sich verschrieben: »wenn Du mit ⟨dir⟩ sein willst« und diesen Fehler dann korrigiert (siehe Anm. 5 von Brief 3).

2 Die Wohnung in der Rue Becquerel, die Eluard erst im Oktober desselben Jahres bezog. Ursprünglich hatte er diese Wohnung für sich und Gala herrichten lassen, wobei wir nicht wissen, wie Gala zu diesen Plänen stand. Eluard selbst sollte nur ein paar Monate darin wohnen (siehe Anm. 1 von Brief 79), bevor Gala und Dali daraus ihr ständiges Absteigequartier in Paris machten. Vom Frühjahr 1930 bis Sommer 1932 wohnten sie mehrere Monate in der Rue Becquerel (siehe Anm. 1 von Brief 148).

Brief 54

1 Alice Apfel, von Eluard la P⟨omme⟩ genannt.

2 »Goemans (Camille), 1900–1960, war von 1922 bis 1924 Mitarbeiter der Zeitschrift *»Disque vert«* von Franz Hellens, bei der er unter anderem Michaux einführte. Die einzige Gedichtsammlung, die zu seinen Lebzeiten erschien, wurde unter dem Titel *Peuples* von den »Editions du Disque Vert« im Jahr 1924 herausgegeben. Zusammen mit Nougé und Gilbert Lecomte gründete er die Gruppe »Correspondance« (1924). Er eröffnete in Paris, Rue de Seine 49, die erste Galerie mit surrealistischen Gemälden und organisierte daselbst die erste Einzelausstellung Salvador Dalis, den er im Sommer 1929 in Cadaqués besuchte. Im März 1930 eröffnete er die erste große Ausstellung von Collagen, mit einem Katalog, zu dem Louis Aragon ein umfängliches Vorwort schrieb: *La peinture au défi.* Schon 1930 löste sich Goemans von der surrealistischen Gruppe um Breton, ohne jedoch seine persönlichen Kontakte zu zahlreichen belgischen und französischen Surrealisten aufzugeben.« (Aus dem Katalog der Ausstellung *Peintres de l'imaginaire symbolistes et surréalistes,* Galeries Nationales du Grand-Palais, Paris, 4. Februar bis 8. April 1972).

3 Es handelt sich vermutlich um *Ein andalusischer Hund,* das Drehbuch zu S. Dalis und Luis Buñuels Film, der im Oktober 1929 im Studio 28 uraufgeführt wurde. Die Dreharbeiten im April 1929 hatten insgesamt sechs Tage gedauert.

Brief 57

1 Ein Sonderheft von *»Variétés«* (15. Juli 1929) mit einem Artikel über Benjamin Péret: *»L'arbitraire, la contradiction, la violence, la poésie«*, S. 147–152.

Brief 59

1 Serge Moreux, gestorben im Jahre 1956. Er war Bühnenbildner, Architekt, Musikwissenschaftler und Komponist.

Brief 60

1 Auf dem Spiegel dieser Frisierkommode stand eine handgeschriebene Verszeile aus einem Gedicht von Paul Eluard: *»D'une seule caresse je te fais briller de tout ton éclat«* (»eine einzige Liebkosung von mir, und du erstrahlst in Deinem schönsten Glanz«); 17. Gedicht aus dem ersten Teil von *L'amour la poésie*. Eine Abbildung dieses Spiegels befindet sich in *Livre d'identité* (bei Tchou, 1967, S. 92).

Brief 61

1 Camille Goemans (siehe Anm. 2 von Brief 54) und seine Frau hatten Dali in Cadaqués besucht (siehe dazu Anm. 1 von Brief 62).

Brief 62

1 Eluard hatte im März 1929 durch C. Goemans Dalis Bekanntschaft gemacht: »Eines Abends nahm mich Goemans, mein späterer Galerist, mit zum Bal Tabarin. Wir hatten an einem Tisch in der ersten Etage Platz genommen, als er mir einen Mann zeigte, der gerade das Lokal betrat, begleitet von einer Dame in einem Kleid mit schwarzen Pailletten.

›Das ist Paul Eluard, der surrealistische Dichter‹, sagte er. ›Ein sehr wichtiger Mann, um so mehr, als er Bilder kauft. Seine Frau ist in der Schweiz, die Frau in seiner Begleitung ist eine Freundin von ihm.‹

Wir gingen hinunter, um uns ihnen zuzugesellen, und tranken gemeinsam mehrere Flaschen Champagner. Eluard kam mir wie ein legendäres Wesen vor. Er trank still und schien ganz darin aufzugehen, sich die schönen Frauen anzuschauen. Bevor wir uns voneinander verabschiedeten, versprach er, mich im nächsten Sommer in Cadaqués zu besuchen.

Am folgenden Tag bestieg ich den Zug nach Spanien ...« (Salvador Dali, *Das geheime Leben des Salvador Dali,* übersetzt von Ralf Schiebler, bei Schirmer S/Mosel, 1984, S. 265).

Im August 1929 traf Eluard in Begleitung seiner Frau Gala und ihrer Tochter Cécile in Cadaqués ein, wo sich das Ehepaar Magritte, die Goemans und Buñuel schon eine Weile aufhielten. Eluard stieg mit Gala im Hotel Miramar aus.

Dali hatte sogleich in Gala seine »Galotschka rediviva« erkannt und beschloß, sie zu erobern, indem er sich einen besonderen Aufzug ausdachte: zerrissenes Hemd, blutig rasierte Achselhöhlen, den Körper mit Ziegenmist überklebt und »als letzten Pfiff ... eine feuerrote Geranie hinterm Ohr« ... Ein paar Tage später lud Gala ihn zu einem

Gespräch unter vier Augen ein, da sie wegen des Bildes »*Das traurige Spiel*« und der darin angedeuteten Koprophilie mit ihm reden wolle. Sie gingen zu den Felsen bei Cadaqués, die allgemein die »Backenzähne« genannt wurden, und nach einer kurzen Einleitung gestand Dali: »Ich schwöre, daß ich kein ›Koprophage‹ bin.« Nach einer Weile ergriff Gala Dalis Hand und sagte: »Mein kleiner Junge, wir werden einander nie mehr verlassen...« So zusammengefaßt nach den natürlich kaum nachprüfbaren Erinnerungen Dalis, die aber der Wirklichkeit einigermaßen entsprechen dürften (aus dem *Geheimen Leben des Salvador Dali,* ebenda, S. 280–285).
Im September reiste die ganze Gesellschaft wieder ab, auch Eluard fuhr nach Paris zurück. Es blieben allein in Cadaqués Dali und Gala (und deren Tochter Cécile?).

Brief 63

1 Mit »12er« oder »15er« bezeichnet man ein Gemälde mittleren Formats.

Brief 64

1 Dieses Porträt Eluards, das Dali 1929 während dessen Aufenthalt in Cadaqués malte, befindet sich im Katalog der großen Dali-Retrospektive im Centre Pompidou, vom 18. Dezember 1979 bis 21. April 1980 (S. 154). *Das traurige Spiel,* das ebenfalls im Jahr 1929 entstand, ist auf Seite 151 abgebildet (siehe dazu Anm. 1 von Brief 62 und Anm. 10 von Brief 70). Beide Bilder wurden in der Zeit vom 20. November bis 5. Dezember 1929 in der Galerie Goemans ausgestellt.

Brief 65

1 Gala und Dali, die zwei Tage vor der Vernissage der ersten Pariser Ausstellung Dalis in der Galerie Goemans am 20. November abgereist waren, fuhren erst nach Sitgés, in der Nähe von Barcelona, und später, am 10. Januar 1930, an die Côte d'Azur, wo sie sich für zwei Monate im Hôtel du Château in Carry Le Rouet einmieteten.
»... Gala kannte ein einsam gelegenes Hotel, wo uns niemand ausfindig machen konnte ⟨...⟩ Zwei Monate lang gingen wir nicht aus dem Haus! ⟨...⟩« (S. Dali, *Das geheime Leben des Salvador Dali,* Schirmer/Mosel, 1984, übersetzt von R. Schiebler, S. 321).

2 Eluard, wie auch Breton und Gala, sammelte Postkarten von der Jahrhundertwende. Die Korrespondenz ist auch ein Spiegelbild der Käufe, Geschenke und Tauschaktionen, die sie dabei tätigten (siehe Anm. 5 von Brief 177).

Brief 67

1 *Jude the Obscure,* ein dunkler, fatalistischer Roman von Thomas Hardy (deutsch 1956 u. d. T. *Herzen in Aufruhr*).

2 Hier erhält man einen Eindruck von den beträchtlichen Geldsummen, die Eluard damals ausgegeben hat.
Wie Eluard im vorherigen Brief mitteilt, der vom 16. Januar datiert ist, hatte er für 29 800 frs Kunstgegenstände verkauft; in diesem Brief, der wahrscheinlch nur ein Tag später abgeschickt wurde – Eluard kehrte am 30. Januar nach Paris zurück (vgl. Brief 68) – schreibt er, daß ihm davon nur noch 4000 frs geblieben sind. Diese 25 800 frs nun, die Eluard innerhalb weniger Tage ausgab, sind weit mehr als der Betrag, den Dali damals benötigte, um das Haus in Port Lligat zu kaufen und zu renovieren, was aus seinem Brief an den Vicomte de Noailles klar hervorgeht: »... entschließe ich mich, Sie um Ihre Hilfe zu bitten, damit ich meinen Wunsch, in Cadaqués zu leben, verwirklichen kann. Ich habe mich genau erkundigt und weiß, daß ich exakt 20 000 frs benötige, um ein kleines Fischerhaus zu kaufen und es darüber hinaus sanitär einzurichten und bewohnbar zu machen...« Im Tausch dafür sollte der Vicomte de Noailles ein Gemälde von Dali bekommen, das dieser noch malen würde.
3 Der Vicomte de Noailles, der in Hyères eine Villa besaß, erwarb zahlreiche surrealistische Werke. Bei ihm wohnte Dali, als er zum erstenmal nach Frankreich kam. Dieser Mäzen gab auch *Das goldene Zeitalter* in Auftrag, und bei ihm fand damals die erste private Vorführung des fertigen Filmes statt.
4 »Savinio (Andrea de Chirico, Alberto genannt). Italienischer Musiker, Schriftsteller und Maler, Bruder von Giorgio de Chirico, 1891 in Athen geboren, 1952 in Rom gestorben. Seine lyrischen Texte sind eine Art poetischer Kommentar des gemeinsamen künstlerischen Schaffens mit seinem Bruder Chirico, namentlich in *Les chants de la mi-mort,* die 1914 in *»Les Soirées de Paris«* erschienen. Im Jahre 1927 beginnt er in einem Stil zu malen, der durch die metaphysische Malerei beeinflußt war, aber doch sehr stark zum Phantastischen tendierte. Die tiefere Botschaft finden wir allerdings in seinem schriftstellerischen Werk, das zu den eigentümlichsten des 20. Jahrhunderts gehört.« (José Pierre, *Le surréalisme,* Ed. Rencontre, Lausanne, Paris, 1967, S. 193). Auf deutsch sind erschienen: Menschengemüse zum Nachtisch, 1980, Unsere Seele/Signor Münster, 1983; Neue Enzyklopädie 1983.
5 *»Bifur«,* Heft 4, Dezember 1929, S. 72–90: A. Savinio, *»Introduction à une vie de mercure«.*

Brief 69
1 Yvonne Bernard, Lebensgefährtin von Camille Goemans (siehe Anm. 2 von Brief 54).
2 José Vovelle zufolge (Verfasser von *Surréalisme en Belgique,* Bruxelles, 1972) war Rott stiller Teilhaber der Galerie Goemans.

Brief 70

1 *Un cadavre* (impr. spéciale du Cadavre, 288 r. de Vaugirard Paris / 15 janvier 1930), ist der Titel eines Traktats – der Titel entstand in Anlehnung an das surrealistische Pamphlet von 1924 gegen Anatole France –, das von Ribemont-Dessaignes, Vitrac, Limbour, Morise, Jacques Baron, Michel Leiris, Raymond Queneau, J.-A. Boiffard, Robert Desnos, Jacques Prévert und George Bataille unterschrieben wurde. Es ist eine Antwort auf das *Zweite Manifest des Surrealismus,* das in Heft 12 (Dezember 1929) von *»La Révolution surréaliste«* erschien und worin André Breton den Ausschluß mehrerer Surrealisten und Mitarbeiter des *»Grand Jeu«* erklärte. Auf der Mitte der ersten Seite befindet sich ein Foto von Breton, der die Augen geschlossen hält und auf dem Kopf eine Dornenkrone trägt – Breton war damals 33 Jahre alt. Breton wird seinerseits mit der Herausgabe des *Zweiten Manifests* (in Buchform) auf dieses Pamphlet antworten (Ed. Kra, Ende März 1930).

2 Die erweiterte Ausgabe vom *Zweiten Manifest* wurde als gedruckte Broschüre herausgegeben. Zuvor war sie in *»La Révolution surréaliste«* erschienen. In der Zwischenzeit hatte die Gegenseite das Pamphlet *Un cadavre* herausgebracht.

3 Edgar Allan Poe, wie auch Baudelaire, wurde im *Zweiten Manifest* angegriffen: »... Und Poe, der in den Publikationen der Polizei mit gutem Recht als der Meister der wissenschaftlichen Kriminalistik bezeichnet wird – spucken wir auf Edgar Poe im Vorübergehen.«

4 »Die Hervorhebung beim Menschen wie auch in allen organisierten Körpern eines immanenten Zusammenhangs zwischen dem Schönen und dem Häßlichen, also die Erde, die als ein Gewimmel von Mißbildungen betrachtet wird – dieses selbstmörderische Unterfangen irritierte Breton und Eluard zutiefst« (in »Eluard, *Lettres à Joë Bousquet,* Ed. Francais Réunis, 1973, Anmerkung von L. Scheler, S. 130).

Bataille hatte in *»Documents«* für die große Zehe eine Lanze gebrochen: »Die große Zehe ist der menschlichste Teil des menschlichen Körpers... Die Form der großen Zehe ist nicht auf besondere Weise mißgestaltet: darin unterscheidet sie sich von anderen Körperteilen, beispielsweise vom Inneren eines weit aufgesperrten Mundes...« (*Le gros orteil,* mit Fotografien von Jacques-André Boiffard, in *»Documents«,* Heft 6, November 1929, S. 297). Breton bemerkte dazu: »... als der unnennbare Besen, von dem Jarry spricht, auf Monsieur Batailles Teller fiel, zeigte sich dieser verzaubert« (*Second Manifeste du Surréalisme* in *»La Révolution surréaliste«,* Heft 12, S. 16).

Für die gedruckte Ausgabe fügte Breton diese Notiz hinzu: »In seiner Schrift *Unterschied zwischen der Naturphilosophie Demokrits und*

Epikurs legt Marx dar, wie zu jeder Zeit Haar-Philosophen, Nägel-Philosophen, Zeh-Philosophen, After-Philosophen usw. entstehen.« (Anmerkung auf Seite 187 von *Manifestes du surréalisme*, Pauvert, 1972).

5 Dieser Brief, der am 16. 8. 1929 in Nogaro aufgegeben wurde, und an einen gewissen Keller adressiert war, welcher die Aufnahmeprüfung der Militärschule Saint-Cyr als erster bestanden hatte, trug die Unterschriften von Georges Sadoul und Jean Caupenne; er wurde im ersten Heft von *»Le surréalisme au service de la révolution«* mit verschiedenen anderen Dokumenten zu dieser Angelegenheit auf Seite 34 abgedruckt. In diesem Brief hatten Georges Sadoul und Jean Caupenne gedroht, sie würden Keller »auf dem großen Platz von Saint-Cyr den Hintern versohlen«, wenn er nicht schleunigst seinen Rücktritt einreichte. General Gouraud, Militärgouverneur von Paris, verlangte daraufhin von den Autoren, daß sie sich dafür öffentlich entschuldigen, was Jean Caupenne auch tat. Sadoul lehnte dies ab – er hat es dann später, 1932, doch getan – und wurde »wegen des Vergehens der Gewaltandrohung unter Vorbehalt zu drei Monaten Gefängnis und 100 Francs Geldstrafe« verurteilt. Um dieser Strafe zu entgehen, reiste Sadoul damals mit Aragon und Elsa Triolet in die UdSSR und nahm dort am Charkower Schriftstellerkongreß teil. Mit diesem Eklat begann damals die »Affäre Aragon«.

6 A. Thirion befand sich zu diesem Zeitpunkt in der Schweiz, wie wir aus einem Brief wissen, den er uns auf unsere schriftliche Anfrage zuschickte: »Paris, 20. 11.83 – ich hielt mich damals mit meinem Vater in der Schweiz auf. Die Zeitungen hatten das Gerücht meiner bevorstehenden Festnahme im Zuge einer breitangelegten Polizeiaktion gegen Regimentszellen aus Lothringen und dem Rheinland sowie gegen eine antimilitaristische Organisation der Kommunistischen Partei verbreitet. Dieses Gerücht entbehrte jeglicher Grundlage…«

7 Siehe Anm. 2 von Brief 54.

8 Suzanne Muzard, die von 1927 bis 1932 der surrealistischen Gruppe angehörte. Sie trat in Bretons Leben, nachdem Nadja davongegangen war, und für sie schrieb Breton – der sich damals gerade von seiner ersten Frau, Simone, trennte – das Gedicht *L'Union libre* (1931).
Breton beschreibt seine Trennung von Suzanne in *Les Vases communicants*. Sie hat ihrerseits ihre Erinnerungen an die gemeinsame Zeit mit Breton dem Biographen M. Jean anvertraut, der sie in seinem Buch *Autobiographie du surréalisme* (S. 321–325) wiedergibt.

9 In *Livre d'identité* wurden (auf Seite 86) mehrere Fotos abgebildet, die um 1930 im Vergnügungszentrum Luna-Park aufgenommen

wurden und auf denen Gala, S. Dali, P. Eluard, V. Hugo, R. Crevel, R. Char, G. Sadoul und A. Breton zu sehen sind.

10 Im Dezemberheft (Nr. 7) von *»Documents«*, das Georges Bataille leitete, veröffentlichte dieser einen Artikel – in dem er unter anderem recht unvermittelt erklärte, er finde Picassos Bilder schauderhaft und diejenigen Dalis von entsetzlicher Häßlichkeit – mit einer psychoanalytischen Analyse des Dali-Bildes: »Das finstere Spiel« (den Titel *»Le Jeu lugubre«* gab diesem Bild Paul Eluard mit Dalis Einverständnis), einem Schema des Bildes und folgender Erläuterung: »Psychoanalytisches Schema der widersprüchlichen Gestaltungselemente in *Le Jeu lugubre* von Salvador Dali«. Bataille schreibt dann: »... Der von Dali gewählte Titel »Das finstere Spiel« kann selbst als Hinweis auf die ausdrückliche Bedeutung dieses Bildes verstanden werden, das den Vorgang der Kastration sowie die widersprüchlichen Reaktionen, die sie hervorruft, mit einem außerordentlichen Aufwand an Einzelheiten und einer hohen Ausdruckskraft vermittelt...« Darauf folgt die psychoanalytische Deutung der einzelnen Elemente.

11 Dali hat diesen Artikel, zu dem ihm Eluard riet, nicht verfaßt, sondern Charles de Noailles, der sich damals im Besitz des Bildes befand, geschrieben, er möge in der Zukunft niemandem mehr eine Photoreproduktion des Gemäldes »Le Jeu lugubre« aushändigen: »Lieber Freund, mein Freund Paul Eluard sagte mir, daß Sie Photos meiner Gemälde an *»Documents«* gegeben haben. Ich wäre Ihnen sehr dankbar, wenn Sie es nicht mehr tun, denn Georges Batailles Ideen sind den meinen genau entgegengesetzt...« (abgedruckt auf Seite 285 im Katalog der Dali-Retrospektive 1920–1980, vom 18. Dezember 1979 bis 21. April 1980 im Centre Pompidou Paris).

12 Vermutlich einer der Ärzte, die Eluard behandelten.

13 Dieses Gedicht wird zum erstenmal veröffentlicht.

Brief 71

1 Gala hatte eine Rippenfellentzündung. »Infolge ihrer Krankheit war sie so zerbrechlich, daß sie ... jenen von Raphael Kishner gezeichneten Elfen glich, die an Erschöpfung zu sterben scheinen, wenn sie an einer Gardenie riechen, die doppelt so groß und schwer ist wie ihr Kopf...« (*Das geheime Leben des Salvador Dali,* S. Dali, Schirmer/Mosel, S. 332).

2 Eluard hatte nur noch eine heile Lunge.

3 Dali und Gala waren am 10. März 1930 nach Spanien gereist, wie Eluard in einem Brief aus Nizza (Hôtel Alexandra) Joë Bousquet mitteilte.

4 Paul Eluard, René Char und Alice Apfel.

5 Anstatt die Adresse neu zu schreiben, hat Eluard an dieser Stelle mit

einem Pfeil auf den umrahmten Briefkopf verwiesen: »Avignon. Hôtel Régina.«

Brief 72

1 Gala und Dali fuhren zu Ostern auf Einladung eines Freundes nach Malaga. Malaga wurde für Dali das, was einst Clavadel für Eluard gewesen ist; so schrieb Dali in seinem *Geheimen Leben:* »Seit Malaga war ich bei Gala in die Lehre gegangen. Sie hatte mir das Lustprinzip offenbart. Sie lehrte mich auch die Bedeutung des Realitätsprinzips in allem. Sie brachte mir bei, wie man sich kleidet, wie man eine Treppe hinuntergeht, ohne sechsunddreißigmal hinzufallen, wie ich nicht dauernd das bißchen Geld, das wir hatten, verliere, wie man ißt, ohne die Geflügelknochen an die Decke zu werfen, woran man seine Feinde erkennt.« (*Das geheime Leben des Salvador Dali,* übersetzt von R. Schiebler, Verlag Schirmer/Mosel, 1984, S. 389). Eluard hatte sich 1912 in Cladavel mit einfacheren Worten Gala gegenüber wie folgt geäußert: »Ich bin Ihr ⟨Dein⟩ Schüler.«

2 Das Haus, das Eluard und Gala in Eaubonne besaßen.

3 Dali hatte für Bretons Bücher nur zwei Titelbilder radiert – für das *Zweite Manifest,* das 1930 erschien, und für *Le Revolver à cheveux blancs* im Jahr 1932. Es handelt sich hier um keines dieser beiden Bücher; also ist die Zeichnung nicht verwendet worden.

Brief 73

1 *Ralentir travaux* erschien am 30. April 1930 in Paris bei den »Editions surréalistes«. Im 1. Exemplar auf China-Papier, das bei Gaffé zum Verkauf kam, steht folgender Vermerk auf dem Blatt mit dem Gedicht *L'école buissonnière:* »Verfaßt eines Abends während der Autofahrt von Isle-sur-Sorgue nach Avignon.« Das Gedicht wurde mit etwas zittriger Hand geschrieben.

2 *La peinture au défi,* Galerie Goemans, März 1930. Es ist das erste, der Collagen-Kunst gewidmete Werk.

3 *Onan* von G. Hugnet erschien 1934 mit einem Titelblatt von Dali und folgender Bildunterschrift: »›Espagno-graphophie‹, ausgeführt mit der linken Hand, während ich mich mit der rechten bis aufs Blut, bis auf die Knochen, bis auf des Kelches Neige masturbiere!«

4 *Le tombeaux des secrets* von René Char; verlegt am 5. April 1930 bei der Druckerei A. Larguier in Nîmes; beinhaltet auch eine Collage von Breton und Eluard. Das Werk setzt sich aus 12 Photographien und 10 Gedichten zusammen (Gesammelte Werke von René Char bei Gallimard).

5 Beiname, den Marc Chadourne 1927 nach dem Erscheinen seines ersten Erfolgsromanes, *Vasco,* erhielt.

Brief 76

1 Gedicht ohne Titel: *L'univers-solitude* (8) in *À toute épreuve* (Erscheinungstag: 15. Oktober 1930). Gala hatte dieses Gedicht, das ursprünglich am Anfang des Briefes stand, herausgeschnitten und zu anderen, handgeschriebenen Gedichten Eluards getan (siehe Gedichte im Anhang dieses Buches). Wir haben es an die richtige Stelle zurückgesetzt.

Brief 77

1 Yvonne Goemans, Frau von Camille Goemans.

2 Roland Tual (siehe Anm. 7 von Brief 1). Es handelt sich dabei um den Verkauf von Kunstgegenständen der Südsee-Inseln, der 1930 im Hôtel-Drouot stattfand. Bei dieser Auktion wurde auch eine Schildpatt-Maske verkauft, ein seltenes Stück, und wahrscheinlich ist es dieselbe Maske, die Gala im Jahr 1924 aus Berlin mitbringen sollte (siehe Brief 1).

3 Es handelt sich hier wahrscheinlich um den Begleittext für das *Zweite Manifest des Surrealismus* (bei Kra, 1930), das von Alexandre, Aragon, Bunuel, Char, Crevel, Dali, Eluard, Ernst, Malkine, Péret, Sadoul, Tanguy, Thirion, Unik und Valentin unterschrieben wurde und in dem sie sich mit Breton gegen die »dissidenten« Surrealisten solidarisierten, die kurz zuvor das Traktat *Un cadavre* (»Ein Leichnam«) herausgebracht hatten. Thirion zufolge (in *Révolutionnaires sans révolution,* Faffont, 1972, S. 212) hatte Eluard diesen Text in Zusammenarbeit mit Thirion selbst und nicht mit Aragon verfaßt ⟨?⟩.
Dali befindet sich unter den Unterzeichnern des Begleittextes, hat aber wahrscheinlich nicht dazu beigetragen. Es steht jedenfalls nichts darin über das »Verständnis der Malerei bei Breton«.

Brief 78

1 Gala und Dali waren damals in großer finanzieller Bedrängnis, sie besaßen nicht einmal das Geld, um ein Telegramm aufzugeben (*Das geheime Leben des Salvador Dali,* 1984, S. 322).

2 Als Robert Desnos 1930 im Zusammenhang mit dem *Zweiten Manifest* aus der surrealistischen Bewegung ausgeschlossen wurde, schrieb er prompt ein »Drittes Manifest des Surrealismus«, in dem er Breton und Eluard auf das heftigste angriff (siehe Nadeau, in *Documents surréalistes,* S. 306–310).
Dieses »Dritte Manifest« muß vor dem 15. April 1930 erschienen sein, wie aus einem unveröffentlichten Brief Bretons vom 16. 4. 1920 an Gala hervorgeht: »... Sie wissen sicher, daß Desnos ein *Drittes Manifest des Surrealismus* veröffentlicht hat (gräßlich!) ...«

3 Majakowski: russischer Dichter (1894–1930); bekannte sich 1912 zum Futurismus; war während der Oktoberrevolution Beauftragter

für politische Propaganda; beging Selbstmord am 14. April 1930, weil die sowjetischen Behörden – wie es hieß – ihm die Ausreise zu der geliebten Frau verweigerten, weil sie keine Kommunistin war (siehe Brief 79: »Majakowski hat sich aus Liebeskummer umgebracht, wegen einer Frau, die einen polnischen Diplomaten geheiratet hat«). In einem Brief Bretons (vom 16. April 1930) an Gala, die damals mit Dali in Malaga weilte, teilt ihr dieser den Tod des russischen Dichters mit: »... Majakowski hat sich vor kurzem in Moskau das Leben genommen. Aus Liebesschmerz, heißt es, doch das ist keine sehr glückliche Floskel ...«
Im ersten Heft von *»Le surréalisme au service de la révolution«* (Juli 1930 – S. 16–22) hat Breton einen langen Artikel dem Selbstmord Majakowskis gewidmet: *»Die Gondel der Liebe zerschellte am laufenden Leben«* (siehe Anm. 5 von Brief 79).

4 Elsa Triolet, von dem Surrealisten Ella genannt, war Majakowskis Schwägerin.

Brief 79

1 Die Wohnung in der Rue Becquerel war im Oktober 1929 bezugsfertig; am 18. November jedoch begaben sich Gala und Dali auf ihre »Hochzeitsreise« (*Das geheime Leben des Salvador Dali,* 1984) und weilten in der Folgezeit nur noch selten in Paris.

2 Eluard hatte Gala 1912 im Alter von 17 Jahren kennengelernt.

3 *Au défaut du silence,* s. l. n. d. (Paris, 1925) erschien mit 20 Zeichnungen von Max Ernst. Galas Exemplar ist das einzige auf Japan-Papier gedruckte und trägt den Buchstaben B. Zu diesem Exemplar gehören die gesondert gebundenen Originale von Max Ernst.

4 Die ersten Jahrgänge der Zeitschrift *»Littérature«* erschienen von März 1919 bis August 1921 unter der Leitung von L. Aragon, A. Breton und Ph. Soupault; die Jahrgänge März 1922 bis Juni 1924 unter der alleinigen Federführung von Breton.
»Littérature« hat zahlreiche Gedichte Eluards veröffentlicht. Angesichts des von Eluard erhofften Erlöses – »6000 frs« – kann man annehmen, daß es sich hierbei vielleicht um ein mit Autographen versehenes Andruckexemplar von *»Littérature«* handelt.

5 Dieser Brief wurde in Heft 1 von *»Le surréalisme au service de la révolution«* (Juli 1930, S. 16) abgedruckt: »An alle – gebt niemandem die Schuld dafür, daß ich sterbe. Und bitte, kein Geschwätz. Dem Verstorbenen war das verhaßt. Mama, Ihr Schwestern, Genossen, verzeiht: das hier ist kein Mittel (ich empfehle es niemanden), aber ich wußte keinen Ausweg. Hab mich lieb, Lili. Genosse Regierung – meine Familie, die da ist: Lili Brik, Mama, meine Schwestern und Veronica Wittoldowna Pollonskaja – Danke, wenn Du ihnen das Leben möglich machst. Gebt die angefangenen Gedichte den Briks.

Sie werden sich darin zurechtfinden. Und wie es so schön heißt: ›Der Zwischenfall ist damit abgeschlossen‹. Die Gondel der Liebe zerschellte am laufenden Leben, mit dem Leben bin ich quitt. Es hat keinen Sinn, die Schmerzen, Nöte und jeweils gemachten Fehler gegenseitig aufzurechnen. Seid glücklich! Wladimir Majakowski.«

6 René Crevel war Tb-krank und wurde im Oktober 1929 in der Schweiz operiert: »... Wenn es nach einem Monat Tuberkulin-Behandlung ⟨also um den 1. Oktober⟩ nicht besser geht, werden die Rippen herausgeschnitten, wahrscheinlich in Lausanne« (aus einem unveröffentlichten Brief von R. Crevel an Gala).

7 Sängerin. Sie war in den Jahren 1925–1930 mit Robert Desnos befreundet, doch erwiderte sie nicht dessen leidenschaftliche Gefühle. Sie kam 1930 auf tragische Weise ums Leben (siehe *Robert Desnos ou l'explication des limites,* Klincksieck, 1980, S. 75–78).

8 Marcel Noll leitete damals die surrealistische Galerie (siehe Anm. 3 von Brief 7). In einem Brief, den Eluard am 17. Oktober 1928 von Arosa an Joë Bousquet schrieb, warnte er diesen: »... Hat man Sie über die Gemeinheiten (und die Feigheit) des ehrenwerten Noll schon unterrichtet? Nur so viel – damit er sich Ihre Unwissenheit nicht zunutze macht. Es ist nämlich höchst unangenehm, verachtet, verhöhnt und betrogen zu werden...« (*Lettres à Joë Bousquet,* 1973, S. 50). L. Scheler betont in seinem Kommentar: »Breton teilte weitgehend Eluards Meinung in diesem Punkt.«

Brief 82

1 Der Briefumschlag trägt den Aufdruck: »Café le Berry-Paris«.

2 Kunsthändler, der in seinem Geschäft in der Rue de Seine 18 vor allem mit Gegenständen aus Afrika und Ozeanien handelte.

3 Es handelt sich hier um den Film *»L'Âge d'or« (Das goldene Zeitalter),* dessen Drehbuch gemeinsam von Buñuel und Dali geschrieben wurde, den aber Buñuel allein drehte, während Dali sich mit Gala in Malaga aufhielt (*Das geheime Leben des Savador Dali,* 1984, S. 347). Im Juli 1930 waren im ersten Heft von *»Le surréalisme au service de la révolution«* Photos aus dem »Goldenen Zeitalter« abgebildet. Der Film selbst wurde erst im Oktober uraufgeführt. Die wenigen Leute, denen der Film zu diesem Zeitpunkt schon bekannt war, hatten ihn demnach im Juli anläßlich einer »kleinen Vorführung im privaten Kreise erlebt, die bei den Noailles stattfand« (Buñuel, *»Mon dernier soupir«,* Laffont, 1982, S. 142). Charles de Noailles hatte in seinem herrschaftlichen Privathaus in Paris am Place des Etats-Unis, den ersten Vorführungssaal für vertonte Kinofilme einrichten lassen (ebd., S. 154). Buñuel betont, daß alle Surrealisten anwesend waren, bis auf Eluard, wie es scheint; Buñuel selbst befand sich aber zu diesem Zeitpunkt in Los Angeles.

4 *»Le surréalisme au service de la révolution«*, Heft 1, Librairie Corti, s. d. (Juli 1930). Leitung: André Breton. Auf der Rückseite steht folgender Vermerk: »Einband nach dem Radiana-Verfahren (unter starkes Licht legen, dann im Dunklen betrachten)« – und ein phosphoreszierender Titel wurde sichtbar: *»Le surréalisme au service de la révolution.«* Die limitierte Luxusausgabe umfaßte 15 numerierte, auf Leinenpapier gedruckte Exemplare, aber alle Exemplare »leuchteten von selbst«.

Brief 83

1 Auf der Liste der Kunstwerke, die Eluard im Juni 1938 an Roland Penrose verkaufte, wird auch ein »überformter Schädel aus Neuseeland« aufgeführt.

2 Siehe Anm. 1 von Brief 49.

3 Pierre Colle besaß in Paris eine Galerie. Dali hatte mit Penrose im Juni 1930 einen Vertrag abgeschlossen, und stellte daraufhin im Juni 1931, Juni 1932 und Juni 1933 bei ihm seine Bilder aus.

4 Luxus-Abonnement für die 15 Exemplare auf Leinenpapier von *»Le surréalisme au service de la révolution«*.

5 Valentins Artikel: »On ne vous le fait pas dire« wurde im Heft 1 von *»Le surréalisme au service de la révolution«* abgedruckt. Der belgische Surrealist mokierte sich darin über einen Artikel, der im *Intransigeant* erschienen war und in dem es um die »verwirrende« äußere Ähnlichkeit zwischen Baudelaire und einem gewissen »Gerichtskommissar Léon Ameline« ging.

6 Erschien in Heft 2 von *»Le surréalisme au service de la révolution«*, S. 7–8: *»Intellectuels castillans et catalans«* (kastilische und katalanische Intellektuelle).

7 In Heft 2, S. 3–5: *Actualité de Sade.*

8 Heft 2, S. 18–19: *Formule de l'opposition hétérodoxe dans les domaines principaux*

9 Heft 2, S. 21: *Le haut du pavé* (Die große Rolle).

10 Heft 2, S. 26–29: *Les mots d'esprit et l'inconscient* (Der Geistesblitz und das Unterbewußtsein).

11 Heft 2, S. 24–25: *Vie de l'assassin Foch* (Leben des Mörders Foch). Nach dem Erscheinen dieser satirischen Geißelung in Gedichtform (gegen den Marschall Foch, der kurz davor gestorben war), im Oktober 1930, verlangte der Literaturkritiker von *»La Liberté«* die Erschießung des Verfassers. Clemenceau hingegen wird nicht erwähnt.

12 Maria Benz, auch Nusch genannt (Eluard schrieb manchmal Nush), wurde 1934 Eluards Frau. Er hatte sie im Mai 1930 kennengelernt; in einer Widmung für Alain Trutat hat Eluard nach Nuschs Tod, am 15. Juli 1947, die Erinnerung an diese erste Begegnung

wieder wachgerufen: »René Char war erst seit einiger Zeit mein Freund, als ich eines Tages mit ihm zusammen auf der Straße die kleine Nusch traf...« (in *Livre d'identité* von R. D. Valette, S. 212).

13 Eluard reiste im August desselben Jahres nach Cadaqués – siehe Postkarte Eluards an seine Mutter (unveröffentlicht), abgeschickt am 12. 8. 1930 in Avignon: »Dienstag; morgen nehme ich in Marseille das Schiff nach Barcelona, und von dort aus fahre ich zu Gala...« Siehe ebenfalls Brief 87 an Gala. Eluard reiste mit René Char; siehe dazu Brief 85: »Char ist vorgestern angekommen – Ich werde Dich mit ihm besuchen« (Cannes, 1. August 1930). Zwei in Cadaqués 1930 aufgenommene Fotos, die sowohl Eluard als auch Dali mit Gala, Nusch und Char zusammen zeigen, wurden in *Livre d'identité* abgebildet. In den *Oeuvres complètes* (Gesamtwerken) von René Char (Bibliothèque de la Pléiade, Gallimard, 1983) wurde dieser Aufenthalt in Cadaqués irrtümlicherweise auf den Sommer 1931 datiert: »Im Sommer, Seereise nach Spanien mit Nusch und Paul Eluard. In Marseille gehen sie Bord des italienischen Frachters M. N. Catalani, verlassen das Schiff in Barcelona und fahren nach Cadaqués, wo Dali und Gala sich dauerhaft niedergelassen haben. Während der Überfahrt schreibt Eluard *À toute épreuve* und schenkt René Char das Manuskript.« Indes, *À toute épreuve* war schon am 15. Oktober 1930 erschienen, und ein Jahr danach, 1931, wurde Paul Eluard der Reisepaß entzogen, so daß dieser zum erwähnten Zeitpunkt unmöglich nach Spanien reisen konnte (siehe Anm. 1 von Brief 102).

Brief 84

1 Albert Valentin wurde 1931 aus der surrealistischen Bewegung ausgeschlossen, weil er an René Clairs Film *À nous la liberté* mitgewirkt hatte. In Heft 4 (Dezember 1931) von *»Le surréalisme au service de la révolution«* griffen Eluard und Crevel – in ihrem Artikel *Un film commercial«* – diesen »konterrevolutionären Film« an und rügten Albert Valentins Mitwirkung (»...dieser Mensch, der versuchte, uns hinters Licht zu führen...«).

2 Badeort in der Nähe von Barcelona (siehe Brief 88).

3 Wappenbild auf dem Umschlag von *»Le surréalisme au service de la révolution«*. In Heft 12 von *»La Révolution surréaliste«* (15. Dezember 1929) befindet sich folgende Anmerkung Bretons: »...über die Konjunktion von Uranus und Saturn, die sich von 1896 bis 1898 ereignete und nur alle fünfundvierzig Jahre wiederkehrt – diese Konjunktion ist die maßgebende Konstellation, als Aragon, Eluard und ich selbst geboren wurden*– wissen wir lediglich durch Choisnard,

* Aragon wurde 1897 geboren, Eluard 1895 und Breton 1896.

daß sie in der Astrologie kaum untersucht worden ist und ›aller Wahrscheinlichkeit nach folgende Bedeutung haben kann: tiefe Liebe der Wissenschaften, Neigung zum Geheimnisvollen, starkes Bedürfnis nach Bildung‹ (Choisnards Vokabular ist zweifelsohne suspekt). ›Wer weiß‹, fügt er hinzu, ›ob die Konjunktion von Saturn und Uranus nicht zur Bildung einer neuen wissenschaftlichen Schule führen könnte? Fügte man diesen planetarischen Gesichtspunkt an der passenden Stelle in ein Horoskop ein, könnte man daraus deuten, daß der Mensch, auf den dies zutrifft, besondere geistige Gaben besitzt, zu scharfsinnigem und unabhängigem Denken fähig ist und ein hervorragender Forscher sein dürfte‹. Diese Zeilen wurden 1893 geschrieben, und Choisnard bemerkte dazu im Jahr 1925, daß seine Prohpezeiung sich zu verwirklichen scheint.«

Brief 85

1 In *Revue française de psychanalyse,* 3. Jahrg., Heft 2, G. Doin et Cie, 15. Dez. 1929:
S. 272–353: Dr. Ludwig Jekels: *Der Wendepunkt im Leben Napoleons I.;* S. 355–393: Jean Frois-Wittmann: *Considérations psychanalytiques sur l'art moderne* (Psychoanalytische Betrachtungen über die moderne Kunst). Der Artikel ist nur zum Teil dem Surrealismus gewidmet, er behandelt ebenfalls Aspekte des Expressionismus und des Kubismus. In zwei weiteren Kapiteln befaßt sich die Zeitschrift ausschließlich mit dem Surrealismus: *L'image et l'insconscient* (Das Bild und das Unbewußte / S. 371–374) und *Le neuf et la surprise* (Das Neue und die Überraschung / S. 374–376), über die »Assoziationen im Bild« und über den Automatismus. Die Autoren dieser Artikel zitieren immer wieder Breton, unter anderem das *Manifest* (1924), aber auch die beiden großen Vorläufer des Surrealismus, Lautréamont und Rimbaud.
Der Psychoanalytiker Frois-Wittmann nahm später an den Aktivitäten der Surrealisten teil und schrieb für die Zeitschrift *»Minotaure«*.

Brief 86

1 Jacques Rigaut, geboren am 14. September 1889. Als Dadaist schrieb er für die Zeitschrift *»Littérature«*, die 1920 einen Text veröffentlichte, in dem er »seine verschiedenen Selbstmorde« beschreibt (derselbe Text ist am 15. Dezember 1929 in Heft 12 von *»La Révolution surréaliste«* unter dem Titel »Jacques Rigaut« noch einmal publiziert worden). »Jacques Rigaut ⟨...⟩ hat die Gestalt des Lord Patchogue erfunden, mit dem er sich auch weitgehend identifizierte, beispielsweise indem er sogar seine Visitenkarten auf denselben Namen drukken ließ. Nach einem mißglückten ersten Selbstmordversuch nahm der sich am 5. November 1929 mit Erfolg das Leben. In seinem

Nachlaß fand man ein Essay mit dem Titel ›Lord Patchogue‹ sowie Notizen, die allem Anschein nach dazu gehörten. Raoul de Roussy de Sales veröffentlichte in *›La Nouvelle Revue Française‹* am 1. August 1930 unter dem Titel ›Lord Patchogue‹ (Anmerkung der Redaktion: Es hieß, daß Jacques Rigaut für die Hauptgestalt der Erzählung *La valise vide* von Drieu La Rochelle als Modell gedient habe) den Text mitsamt der geordneten Notizen. Im selben Heft befindet sich ein Artikel von Victoir Castre unter dem Titel: *Sur le suicide de Jacques Rigaut«*.

2 Siehe Anm. 6 von Brief 83. Nach der Veröffentlichung des Artikels *Kastilische und katalanische Intellektuelle* wurden von Salvador Dali zwei kürzere Texte in derselben Zeitschrift abgedruckt (in *»Le surréalisme au service de la révolution«*, Heft 2): *Expositions* und *Arrestation d'un exhibitionniste dans le métro*).

3 Von Simon Schabacher, auch Henri Duvernois genannt (1875–1937). Da die Originalausgabe von *»Soeurs Hortensia«* erst am 9. März 1931 als Buch vorlag, muß Eluard diesen Text damals in einer Zeitschrift gelesen haben.

4 Francis Picabia besaß in Südfrankreich ein Schloß.

Brief 87

1 Diese Zeichnung konnte nicht gefunden werden.

Brief 89

1 Siehe Anm. 1 von Brief 86. Daraus wurde keine Beilage, sondern das Heft 2 von *»Le surréalisme au service de la révolution«* (siehe Brief 90). Eluards Text (»Lord Patchogue«) wurde auf Seite 16 mit den Anmerkungen abgedruckt, in denen er Victor Castre und die N. R. F. heftig angreift.

Brief 90

1 Von Dali wurde in Heft 2 von *»Le surréalisme au service de la révolution«* nur *Der große Masturbator* (S. 39) abgedruckt. Siehe ebenfalls Anm. 2 von Brief 86.

2 César Moro, ein peruanischer Maler und Dichter, der den Surrealisten nahestand.

3 Erster Teil von *L'immaculée Conception* (»Unbefleckte Empfängnis«), der in Heft 2 (Oktober 1930) von *»Le surréalisme au service de la révolution«* (S. 10–14) abgedruckt wurde, während der vollständige Text am 24. November 1930 als Buch erschien. In *»Cahiers d'Art«* (1935, No 5–6, S. 137) wiesen die Verfasser darauf hin, daß »... dieses Buch innerhalb von zwei Wochen geschrieben wurde, wobei wir lediglich unsere tatsächliche Freizeit darauf verwandten« *(Notizen zu einer Zusammenarbeit)*.

Brief 91

1 Eluard und Gala ließen sich erst im Januar 1932 scheiden. Eluard hatte erst geschrieben: »In dem Augenblick, wo wir von Scheidung *gesprochen* haben.«

2 Gemälde von Chirico aus dem Jahr 1914.

Brief 94

1 Jean-Auguste Binet, Binet-Valmer genannt (1875–1940), französischer Schriftsteller, in Genf geboren. Er erhielt 1914 die französische Nationalität, wurde Soldat und entwickelte die Idee vom Unbekannten Soldaten und dem Rhetondes-Denkmal. Er war ein aktiver Propagandist der rechtsradikalen *Action Française*.
Prosper Bourguillard, Impuissant, Président du Conseil, roman inédit et complet erschien 1926 im Januar-Heft der Monatszeitschrift *Les Oeuvres libres*. Die von Eluard zitierte Stelle befindet sich auf Seite 80.

2 Es handelt sich vielleicht um Brice Parain, den »ehemaligen Geschäftsführer von *»Détective«* ⟨...⟩, der gegenwärtig die Rubrik *Les livres* bei der *»Humanité«* leitet« (Kommentar zu einem Photo, das in *»Le surréalisme au service de la révolution«* No 2, S. 43, erschien). Wir haben – in der *»Humanité«* – diesen Artikel über Henri Barbusse nicht finden können.

3 Die Aufführung des Films *Das Goldene Zeitalter* von Buñuel und Dali erfolgte vom 28. Oktober bis 3. Dezember 1930 im Studio 28. Am 3. Dezember verwüsteten Vertreter der »Ligue des patriotes« und der »Ligue antijuive« den Saal und zerschlitzten mit Messern die in der Eingangshalle ausgestellten surrealistischen Bilder. Der Film wurde daraufhin von der Polizei verboten.

Brief 95

1 Wenn mann die Postkarte umdreht, kann man die weiblichen Geschlechtsteile erahnen.

Brief 96

1 Auf dem Briefbogen mit dem Aufdruck des Hotels ist ein Foto des Luftkurortes abgebildet. Eluard hat mit einem Kreuz das Chalet markiert, in dem er mit René Char damals wohnte.

2 *L'immaculée Conception* wurde mit Breton zusammen verfaßt und erschien in Paris bei Corti, am 24. November 1930.
Jean Cassou widmete der »Unbefleckten Empfängnis« einen Artikel in den *»Nouvelles littéraires«* (10. Januar 1931, S. 7).

Brief 97

1 Der Gutachter der Auktion.

2 Valentine Hugo (1887–1968), geborene Gross. Malerin und Musi-

kerin. Sie heiratete 1919 den Maler Jean Hugo. Sie schuf für Theater und Ballett zahlreiche Bühnenbilder. Im Jahr 1930 machte sie die Bekanntschaft einiger Surrealisten. Bald war sie mit Eluard eng befreundet und illustrierte einige seiner Bücher: *Appliquée* (1937), *Médieuse* (1938), *Les animaux et leurs hommes* (1940), die handgeschriebene Kopie von *Blason des fleurs et des fruits* (1940) und *Le Phénix* (1951). Sie illustrierte gleichfalls Erzählungen von Achim von Arnim (1933), *Ondine* von La Motte-Fouqué (1943) u. a. m.
Eine detaillierte Biographie: *Valentine Hugo / 1887–1968* von Anne de Margerie, erschien 1983 bei Damase.

3 Der Begleittext für *Die sichtbare Frau* von Salvador Dali (15. Dezember 1930) wurde mit Eluards und Bretons Unterschrift in den »*Cahiers d'Art*« (Nr. 1, 6. Jahrg./1931, S. 60) wie auch in den »Oeuvres complètes« Paul Eluards bei Gallimard abgedruckt.

Brief 98

1 *Das goldene Zeitalter* wurde vom 28. Oktober bis 3. Dezember im Studio 28 aufgeführt. Wie schon an anderer Stelle erwähnt, war dieser Film von Vicomte de Noaille (siehe Anm. 3 von Brief 67) in Auftrag gegeben worden. Am 2. Januar 1931, also kaum ein Monat nach dem Skandal in Paris, organisierte Nancy Cunard eine Privatvorführung dieses Filmes im Londoner Gaumont-Theater.

2 Aragon war mit Georges Sadoul und Elsa Triolet nach Charkow gereist, wo im November 1930 die 2. Internationale Konferenz revolutionärer Schriftsteller stattfinden sollte. Dort legte man ihnen einen Text zur Unterschrift vor (abgedruckt in *Paillasse* und vom 1. Dezember datiert), in dem sie sich vom *Zweiten Manifest* distanzierten (»insofern dieses dem dialektischen Materialismus widerspricht«), den »Freudismus« als idealistische Ideologie und den »Trotzkismus« als »sozialdemokratische und konterrevolutionäre Ideologie« verurteilten und sich bereit erklärten, ihr schriftstellerisches Schaffen »der Disziplin und Kontrolle der Partei« unterzuordnen. Als Breton sie noch im Dezember 1930 aufforderte, dazu Stellung zu nehmen, erklären sich Aragon und Sadoul bereit, ein Manifest *An die intellektuellen Revolutionäre* zu verfassen, in dem sie von den in Charkow bezogenen Positionen zur freudschen Lehre und zum Trotzkismus implizit wieder abrückten und sich mit der surrealistischen Gruppe klar solidarisierten. »Die Krise war im Grunde überwunden. Sadoul, der sehr angeschlagen war, reiste zu einem mehrmonatigen Aufenthalt in die Schweiz. Aragon nahm seinen Platz im hohen Rat wieder ein, und doch klang alles falsch, das Bündnis hatte Risse bekommen.« (Thirion, *Révolutionnaires sans révolution,* Laffont, 1972, S. 304).

Brief 99

1 In der Sache Keller wurde Sadoul 1930 zu 3 Monaten Gefängnis verurteilt (siehe Anm. 5 von Brief 70).

2 Sadoul stammte aus Nancy.

3 René Gaffé war ein reicher Kunstsammler, dessen Sammlung im Jahre 1956 im Hôtel-Drouot zum Verkauf gebracht wurde; er schrieb 1945 ein Buch über Paul Eluard (*Eluard*, Paris, Brüssel, Le cheval ailé, 1945).

Brief 100

1 Eluard wollte wahrscheinlich schreiben: »... ein weiterer Brief ⟨für⟩ Dich« (siehe auch Anm. 5 von Brief 3).

2 S. Dali, der ein großer Bewunderer der Kunst der Jahrhundertwende war, gehörte zu den ersten Wiederentdeckern des Jugendstils: »Ich glaube, daß ich am Anfang der *Sichtbaren Frau*, im Jahre 1929, ohne die geringste Spur von Ironie als erster die wahnwitzige Architektur des Jugendstils als die originellste und außergewöhnlichste Erscheinung in der Kunstgeschichte betrachtet habe.« (*Von der schaurigen und eßbaren Schönheit der Architektur des Jugendstils*, in *»Minotaure«*, Nr. 3–4, S. 69–76, 1933).

3 Eine Cousine von Eluard.

Brief 101

1 Diese Auktion fand am 2. und 3. Juli 1931 im Pariser Hôtel-Drouot statt: *»Sculptures d'Afrique, d'Amérique, d'Océanie. Collection André Breton et Paul Eluard.«* Die Versteigerung wurde vom Experten für afrikanische und ozeanische Kunst Charles Ratton zusammen mit dem Auktionator Bellier durchgeführt, der schon die Auktion vom 7. Juli 1924 geleitet hatte. (Der Einband des Katalogs dieser Auktion wurde in *Livre d'identité* auf Seite 106 abgebildet.)

2 Die Kolonialausstellung fand im Mai 1931 in Vincennes statt. Bei dieser Gelegenheit brachten die Surrealisten drei Traktate gegen diese Ausstellung heraus (zwei dieser Traktate: *»besucht nicht die Kolonialausstellung«* und *»Erste Bilanz der Kolonialausstellung«* wurden in »Nadeau, *Documents surréalistes«*, abgedruckt (S. 325–327 und S. 330–332).

Brief 102

1 Im Jahre 1931 wurde Paul Eluard der Paß entzogen. Robert Valette druckte in *Livre d'identité* auf Seite 109 einen Brief des französischen Außenministeriums an René Crevel (der sich nach einer Vermittlung durch Madame Cuevas für Eluard eingesetzt hatte), der vom 11. Juli 1931 datiert ist: »Wir stoßen bei der Polizeipräfektur auf den hartnäkkigsten Widerstand. Die Akte über Monsieur Edouard Grindel ⟨*sic*⟩,

Paul Eluard genannt, scheint äußerst widerwärtig und beunruhigend zu sein ...« Folgende Randbemerkung Eluards befindet sich auf dem Brief: »betrifft Paßentzug für zwei Jahre – ich habe nie erfahren können, wessen man mich beschuldigte (und beschuldigt)«.

Brief 104

1 Entwurf zum Gedicht *Par une nuit nouvelle,* aus *La vie immédiate* (Paris, Ed. de Cahiers Libres, 1932).
Im darauffolgenden Brief schickte Eluard die endgültige Fassung des Gedichts an Gala, mit dem Kommentar: »... wirklich für Dich geschrieben. Du weißt es durch meinen letzten Brief.«

Brief 105

1 Bei dieser »Kalligraphie«, woraus im nächsten Brief »diese Galligraphie« wurde (siehe Anm. 1 von Brief 106), handelt es sich vermutlich um ein Gedicht Dalis für Gala – vielleicht um das Fragment von *L'amour et la Mémoire* (Liebe und Gedächtnis), das im Dezember 1931 erschien.
Eluard hatte erst geschrieben: »Bestelle Dali meinen Dank für seine (Typo)graphie.« Vielleicht meinte er damit ein schon erschienenes Buch, etwa *Die sichtbare Frau,* das ebenfalls Gala gewidmet ist (Dezember 1930).
2 *Par une nuit nouvelle,* Gedicht aus *La vie immédiate.*

Brief 106

1 »Diese Galligraphie« bezeichnet diesmal zweifellos Gala selbst und nicht irgendeinen Text von Salvador Dali (?); siehe Anm. 1 von Brief 105.

Brief 107

1 Eluard wollte Jean und Valentine Hugo in Lunel besuchen (siehe nächsten Brief).

Brief 109

1 Eluard hat dann tatsächlich René Char auch besucht (siehe die in *Livre d'identité* auf S. 102–103 abgebildeten Fotos, in Gordes bei Avignon und vor dem Tor des Schlosses von Saumane des Marquis de Sade).
»Nach dem Tagebuch von V. Hugo (unveröffentlicht, Sammlung Jean Hugo) fand der Besuch bei Char am 2. März statt« (*Paul Eluard et la peinture surréaliste,* Gateau, Droz, 1982, S. 165). Traf er damals auch Crevel? Im März sahen sich Eluard und Gala im Hotel Beausoleil in Grimaud wieder (siehe Brief 133, März 1932: »... dieses Hotel, wo wir vor einem Jahr zusammen waren«).

Brief 110

1 Aus Gründen, die er nicht kannte, hatte man Eluard den Paß entzogen (siehe Anm. 4 von Brief 102). Kurze Zeit nach diesem Brief an Gala schrieb er an Nusch: »Samstag. Es ist nichts zu machen, ich bekomme keinen Paß. Deshalb fahre ich am Mittwoch nach Perpignan, wo ich einen Tag lang auf Gala warten werde. Dann fahren wir zu Char und Crevel ...« (ausgehend vom Ablehnungsschreiben des Außenministeriums vom 11. Juli 1931, nimmt Robert Valette an, daß Eluard diesen Brief – der in *Livre d'identité* abgedruckt wurde – im Sommer 1931 geschrieben hat. Verschiedene Anhaltspunkte jedoch – unter anderem die Tatsache, daß Eluard sich zu diesem Zeitpunkt in Lunel befindet und sowohl Nusch als auch Gala seine Absicht erklärt, Char und Crevel zu besuchen ⟨cf. Brief 109⟩ – lassen jedoch den Schluß zu, daß dieser Brief auf Anfang März zu datieren ist. Damit wäre das erwähnte Ablehnungsschreiben nur eines von vielen derselben Art, die Eluard in dieser Sache bekommen hat.).

Brief 111

1 Eluard, Nusch, Breton, Valentine Hugo und Sadoul.

2 *Critique de la poésie*. Der Druck von *La vie immédiate* wurde am 25. Juni 1932 abgeschlossen. Die Erstveröffentlichung dieses Gedichtes erfolgte in Heft 4 von *»Le surréalisme au service de la révolution«* (Dezember 1931). Das Gedicht steht am Schluß dieses Briefes.

3 Dieser Brief befand sich mit dem vorhergehenden (beide sind auf dem gleichen Papier geschrieben) im selben Umschlag.

4 Gala hatte ein Fibrom, das sie am Jahresende durch einen chirurgischen Eingriff entfernen ließ (siehe Anm. 1 von Brief 123).

Brief 115

1 Eluard hatte Gala in Vernet-les-bains besucht. Vgl. einen unveröffentlichten Brief von Gala an Valentine Hugo (ohne Datierung) aus Vernet-les-bains: »... ich habe mich über das Wiedersehen mit Paul sehr gefreut ... Morgen reist Paul nach Paris zurück, und übermorgen fahren wir alle nach Cadaqués ...«

Brief 116

1 Siehe Anm. 3 von Brief 119.

2 Jacques Viot, Mitglied der Surrealisten-Gruppe. Ein Artikel von ihm erschien im 1. Heft von *»Le surréalisme au service de la révolution«*: *N'encombrez pas les colonies* (S. 43–45).
Er organisierte eine Miró-Ausstellung in der Galerie Pierre (12.–17. Juni 1925). Als »Möchtegern-Makler und Abenteurer« (M.

Ernst, *Ecritures,* N. R. F., 1970, S. 48), schloß er im selben Jahr 1925 Verträge mit Max Ernst, Arp und Miro.

3 *L'action de la justice est éteinte,* Paris, Editions surréalistes, Librairie José Corti, 30. Juli 1931.

4 Aragon, *Persécuté persécuteur,* Paris, Editions surréalistes, 25. Oktober 1931.

5 Es gab keine weiteren Artikel von Viot in *»Le surréalisme au service de la révolution«.*

6 Die Gedichte lagen nicht mehr bei diesem Brief. Wahrscheinlich handelt es sich um Gedichte aus *La vie immédiate,* die Eluard auf altes Dekorpapier kopiert hatte (siehe Gedichte im Anhang).

7 Pierre Unik (1909–1945). Er wurde als sehr junger Mann in der Surrealisten-Gruppe aufgenommen. Sein erster literarischer Text, *Vive la mariée* (Es lebe die Braut), wurde 1926 in *»La Révolution surréaliste«* (No. 6) veröffentlicht. 1927 wurde er, zur gleichen Zeit wie Breton, Aragon, Péret und Eluard, Mitglied der Kommunistischen Partei Frankreichs und veröffentlichte mit ihnen die Broschüre *Au grand jour,* mit der sie sich gegen die Kritiker ihres politischen Engagements wandten.
Während der »Affäre Aragon« lehnte es Unik zwar ab, sich den Unterzeichnern von *Paillasse* anzuschließen, verfaßte aber zusammen mit Maxime Alexandre das Traktat *Autour d'un poème,* das seinen Bruch mit den Surrealisten besiegelte (Auszug aus dem *Dictionnaire général du surréalisme et de ses environs,* P. U. F., 1982, S. 417).

Brief 117

1 Die Postkarte zeigt einen Engel von vorn und von hinten, mit folgender Bildunterschrift: »vorher« – »nachher«.

2 Gala, Dali und René Crevel.

Brief 118

1 Eluard hatte erst geschrieben: »anbei ein Gedicht (siehe Rückseite)«, später diesen Satz durchgestrichen.

2 Dieses Papier konnten wir nicht finden (Zeitungsausschnitt?).

3 Breton war damals sehr entmutigt, wie aus dieser »Abschrift des Protokolls der Zusammenkunft vom 6. Oktober 1931 bei Tzara« hervorgeht (diese Kopie hat André Thirion am 5., 6. und 7. Februar 1958 anhand von Originaldokumenten angefertigt): »Breton: Wenn wir uns entschließen, eine dritte Nummer (von *»Le surréalisme au service de la révolution«*) zu machen, dann haben wir dafür fast alle Artikel beisammen, wir wissen, wie diese Nummer sein soll, nicht viel anders als Nummer 1 und 2. Jeder wird durch seine persönliche

Note dazu beitragen. Ideologischer Nutzen unbedeutend. Ich meine, daß es dann die Mühe nicht lohnt.
Weitere Lösungen: Ist es möglich, gegenwärtig die Bezeichnung ›surrealistisch‹ beizubehalten⟨?⟩ Man müßte ein Heft machen, das sich an einen ganz anderen Leserkreis wendet, wobei jeder seine persönliche Note aufgeben müßte. Etwas tun, in einer bestimmten Absicht und für bestimmte Leser – Stimmengewirr ...«

4 *Livres et publications surréalistes,* José Corti (1931). S. 7 von Salvador Dali: »Zu erscheinen im Jahr 1932: ›L'amour et la mémoire‹, ›Güillaume Tell‹, episches Poem, und ›La peinture surréaliste à travers les âges‹.« José Corti war ein Pariser Drucker und Verleger, der sich sehr früh auf surrealistische Bücher und Publikationen spezialisierte. Auf dem zweiten Deckel dieses Katalogs steht das bekannte surrealistische »Lisez/Ne lisez pas« (Lest/Lest nicht).

5 Paul Eluard hat mindestens eines seiner Postkarten-Alben auf diese Weise beschrieben (Abbildung einer solchen Seite in *Livre d'identité,* S. 94).

Brief 119

1 Jorge de Piedrablanca de Guana, Marquis de Cuevas (1885–1961), spanischer Mäzen, Freund Crevels, später auch Dalis. Seine Frau setzte sich wiederholt dafür ein, daß Eluard seinen Paß zurückbekam (siehe Anm. 1 von Brief 102). Sie zählte zu den Anleihezeichnern des »Zodiaque«, jenes Kreises von befreundeten Sammlern, der im Januar 1933 gegründet worden war und Dali den regelmäßigen Kauf eines Teiles seiner Bilderproduktion zusicherte. Mit ihrem Mann, dem Intendanten des Ballet International, finanzierte sie auch mehrere Ballets von Dali.
Wir wissen nicht, wen Eluard mit dem »alten Fräulein« meint.

2 Die Surrealisten hatten soeben ein Traktat veröffentlicht: *Au feu!,* zur Unterstützung der spanischen Revolutionäre, die Kirchen und Klöster in Brand steckten. In ihrem Traktat griffen sie die Haltung der »bürgerlichen Republik« heftig an – die Monarchie war gerade gestürzt und die Republik proklamiert (April 1931) worden. Und als erstes ließ sie erklären, »daß die katholische Religion Staatsreligion bleiben« würde und daß »jenen, die entschlossen sind, alle geweihten Gebäude niederzureißen, gewaltsam das Handwerk gelegt« würde.

3 Diese Umfrage Dalis wurde damals sehr schlecht aufgenommen. Vgl. die »Kopie des Protokolls der Zusammenkunft vom 6. Oktober 1931 bei Tzara« (diese Kopie fertigte A. Thirion anhand von Originaldokumenten an). Auf Seite 6 liest man: »... Buñuel: Breton hat gesagt, das Wort Surrealismus soll verschwinden. Aragon schlägt eine Zwischenlösung vor, die er philosophisch rechtfertigen könnte,

die aber nicht das ist, was der Surrealismus für alle ist. Zum Beispiel die Umfrage Dalis vor 3 Jahren ⟨*sic*⟩*.

Breton: Ich hätte eine solche Umfrage niemals zugelassen, genausowenig wie Aragon. – Aragon erinnert an Dalis Umfrage über den Vampir von Düsseldorf und die humanitären Gefühle ...«

Brief 120

1 Die »antikolonialistische Ausstellung« wurde von den Kommunisten organisiert und am 20. September 1931 im sowjetischen Pavillon eröffnet. Sie war eine Gegenveranstaltung zur Kolonialausstellung, die im Mai–Juni des gleichen Jahres stattgefunden hatte und von den Surrealisten verurteilt worden war. Eluard und Aragon hatten sich um die Dekoration einiger Stände gekümmert. Siehe Anm. 2 von Brief 101.

Brief 121

1 Siehe Anm. 1 vom vorigen Brief.

Brief 122

1 Dies Gedicht steht am Ende dieses Briefes.
2 Es handelt sich hier vermutlich um den Text *Träumerei* von S. Dali, der in *»Le surréalisme au service de la révolution«* erschien (Nr. 4, S. 31–32) und in Port Lligat, den 17. Oktober 1931 datiert ist. (Dieser Text, den die KPF als pornographisch verurteilte, löste anfangs 1932 die »Affäre Aragon« aus.) Am Anfang von Dalis Text findet sich kein Satz, der mit dem von Eluard erwähnten übereinstimmte (über »Die Tagträume und die miteinander verwobenen Traum- und Wirklichkeitsrelikte«), wohl aber am Schluß dieser »Träumerei«: »... Ich lege meinen Burnus ab und stürze mich auf Dulita, doch Matilde und Gallo sind plötzlich verschwunden, und Dulita hat sich in die Frau verwandelt, die ich liebe, womit die Träumerei mit denselben Erinnerungsbildern des Traumes endet.« Wir wissen nicht, ob Eluard diesen Satz meinte oder einen anderen, den Breton und Eluard vielleicht geändert oder gestrichen haben (siehe Anm. 2

* (?) für 3 Monate (Dali hatte im Jahr 1928 die Surrealisten gerade erst kennengelernt. – Man kann sich den Inhalt des Fragebogens von Dali über die »humanitären Gefühle« gut vorstellen. Ebenso kann man sich Aragons Reaktion ausmalen, als Dali der Surrealisten-Gruppe seine (»aphrodisische«) Smokingjacke zeigte, die er mit Likörgläsern bestückt hatte, in denen Milch war. Aragon hatte sich voller Empörung gegen eine solche Verschwendung von Milch gewandt, die den Kindern vorenthalten würde ...
Diese Umfrage wurde nie veröffentlicht (siehe Brief 120).

von Brief 123). Was diese Idee betrifft, die »Breton äußerte«, so bezieht sich Eluard auf Bretons Text *Vases communicants,* den er zum Teil schon kannte und von dem er eine hohe Meinung hatte (siehe Brief 121, Anm. 2). Zur gleichen Zeit wie die »Träumerei« von Dali wurde auch ein Auszug aus *Vases communicants* in *»Surréalisme au service de la révolution«* (Nr. 4) veröffentlicht. Nach einer einleitenden kritischen Beleuchtung der Traumdeutung der Psychologen, die ihm nicht ganz frei von Spiritalismus zu sein scheint, versucht Breton, in seinem Buch mit Hilfe der Freudschen Thesen den Beweis zu bringen, daß der Traum weder ein Eigenleben noch eine transzendentale Ursache besitzt und daß das Traumgeschehen eine unmittelbare Folge des jeweiligen Tagesgeschehens ist, daß es daher zwischen Traum und Tat keinen Gegensatz gebe: »Der künftige Dichter wird den deprimierenden Gedanken überwinden, daß es zwischen der Tat und dem Traum eine Kluft gibt...« Breton und Eluard glaubten beide an eine Wechselwirkung zwischen Traum und Wachsein, aber für Dali schien der Traum darüber hinaus – »Traumrelikt« oder die »Erinnerungsbilder des Traumes« – der Ursprung einer gewissen Form von Wirklichkeit zu sein (die »Tagträumereien« oder auch die Fortführung der »Träumerei« im Wachzustand), und für Breton geschieht die Einwirkung in entgegengesetzte Richtung. Was schließlich die angenommene Mitwirkung von Thirion an der Entstehung dieses Textes betrifft, so hat uns dieser auf unsere schriftliche Anfrage – der wir eine Fotokopie des Briefes von Eluard beigelegt hatten – folgende Antwort geschickt: »... Der 〈...〉 Brief ist für mich äußerst rätselhaft. Vielleicht ist er vom Sommer 1931. Er kann auch im ersten Halbjahr 1933 geschrieben worden sein (aber eher schon im ersten Vierteljahr, noch vor dem Erscheinen der Nr. 5 und 6 von *»Surréalisme A. S. D. L..«*). Ich weiß auch nicht, auf welchen Text Dalis der Brief sich bezieht. *Zwischen mir und Dali gab es meines Wissens keinerlei Zusammenarbeit.* Wenn der Brief aus dem Jahr 1931 ist, kann es sein, daß Dali Bemerkungen berücksichtigt hat, die ich zu einem Text gemacht habe, den er mir damals zeigte (?). *In dem Falle hieße das Buch Bretons, um das es dabei geht, ›Les vases communicants‹. Ich erinnere mich an kein Telegramm von Eluard* mit irgendwelchen ideologischen Empfehlungen« (einzelne Passagen wurden durch die Herausgeber der Briefe kursiv gesetzt). Es steht außer Zweifel, daß dieser Brief von 1931 datiert und nicht zwei Jahre später, denn *La vie immédiate* kam im Juni 1932 heraus (siehe Anm. 3), und wie André Thirion vermutet, bezieht sich die Bemerkung in dem Brief auf das Buch *Les Vases communicants* von Breton. Aber wie wir von Eluard selbst erfahren, hat dieser die beiden ersten Kapitel dieses Buches erst im September zu Gesicht bekommen (siehe Anm. 2 von Brief 121, den wir durch die Erwähnung der »Ausstellung« – wahrscheinlich der antikolonialistischen Ausstellung, die am 20. September eröffnet wurde, was wir in unserem Schreiben Thirion nicht mitgeteilt haben – einigermaßen datieren können). Dieser Brief 122 wurde also frühestens im September 1931, wahrscheinlich Ende Oktober oder sogar erst Anfang November geschrieben (wenn besagter Text von Dali tatsächlich die *»Träumerei«* ist, die Dali selbst auf den 17. Oktober 1931 datiert hat).

3 Erstes Gedicht (ohne Titel) von *La vie immédiate* (Erscheinungsdatum: 25. Juni 1932).

Brief 123

1 Gala wurde in der Klinik von Dr. Jacquemaire (Jugendfreund von Jean Hugo) in der Nähe von Saint-Cloud behandelt.

2 Handelt es sich bei diesem »veränderten Satz« wiederum um den Text *»Träumerei«* von Dali? (siehe Anm. 2 von Brief 122).

3 Diese Gedichte lagen nicht bei dem Brief. Eluard hatte erst geschrieben: »Ich schicke Dir ⟨zwei oder drei⟩ kleine Gedichte ohne Bedeutung ...«

Brief 124

1 Die *Association des Ecrivains et Artistes révolutionnaires* (A. E. A. R. / Vereinigung Revolutionärer Schriftsteller und Künstler) wurde von Paul Vaillant-Couturier gegründet und umfaßte Kommunisten wie auch Sympathisanten von Henri Barbusse. Über die bevorstehende Schaffung einer solchen Vereinigung hatte die *»Humanité«* am 5. Januar 1932 eine Notiz von Fréville gedruckt. Die Gründungsveranstaltung fand noch im Januar oder im Februar 1932 statt.

2 Aragon war am 16. Januar 1932 wegen Aufforderung zum Ungehorsam und Aufforderung zum Mord in seinem Gedicht *Front rouge* (Rote Front/abgedruckt in *»Documents surréalistes«* von Nadeau, S. 340–342) verklagt worden. Die Surrealisten-Gruppe verbreitete auf der Stelle eine Petition zur Unterstützung Aragons: »Wir verwahren uns gegen jeden Versuch, einen poetischen Text strafrechtlich zu interpretieren und fordern die sofortige Einstellung des Strafverfahrens. Unterschrift ... Senden Sie diese Schrift an die Direktion des Surrealismus zurück, Anschrift: 42 Rue Fontaine Paris (9e).« Diese Petition trug den Surrealisten Angriffe aus allen politischen Richtungen ein, unter anderem von der *»Humanité«*: »... wir verurteilen auf das schärfste den Mißbrauch dieser Angelegenheit durch die surrealistische Gruppe zu Werbezwecken ... Wir billigen in keiner Weise den Standpunkt dieser anmaßenden Intellektuellen, die keinen Finger rühren, wenn Arbeiter geknebelt werden, aber Himmel und Hölle in Bewegung setzen, wenn es ihnen an den Stehkragen geht. Die surrealistische Petition ist ein fauler Trick, denn anstatt für

den Inhalt des Gedichts einzutreten, ziehen sie sich auf der ganzen Linie ihrer ›roten Front‹ zurück. Ihr Revolutionarismus ist reinste Wortmacherei ...« (*»Humanité«*, 9. 2. 1932).
Breton verfaßte unter dem Titel *Misère de la poésie* eine Antwort auf diesen Artikel (siehe Anm. 1 von Brief 129).

3 »Heine (Maurice), 1884–1940. Essayist und Kritiker. Er widmete den größten Teil seiner Arbeit der Entdeckung und Veröffentlichung der Werke des Marquis de Sade. Ab 1930 beteiligte er sich an surrealistischen Publikationen. Er war zeitweilig Direktor des *»Minotaure«* (Nr. 10 bis 13, 1937–1938)« (M. Jean, *Autobiographie du surréalisme,* Seuil, 1978, S. 475).

Brief 125

1 In einem Artikel von Jean Peyrable (*»Humanité«* vom 28. Januar 1932, S. 4): *Au sujet de la section française des artistes révolutionnaires.* Darin wird den Surrealisten »Individualismus« vorgeworfen, und daß sie einer »L'art pour l'art« den Vorzug geben ...

Brief 126

1 Nach der Veröffentlichung des Dali-Textes *»Träumerei«* in Heft 4 von *»Le surréalisme au service de la révolution«* wurden »... Aragon, Unik, Sadoul und ich ⟨Maxime Alexandre⟩, die einzigen Mitglieder der KP⟨F⟩ zum Sitz der Partei in der Rue Lafayette 120 vorgeladen ... Vor uns stand ein abgebrochener Riese. Er griff nach der letzten Nummer ⟨von *»Le surréalisme au service de la révolution«*⟩ und begann, einen in der Tat recht bizzaren Text von Dali, *Paranoische Träumerei,* auseinanderzupflücken ...« (Maxime Alexandre, *Mémoires d'un surréaliste,* S. 109, der diese Vorladung wohl irrtümlich in den Monat März verlegt). Die fünf Surrealisten wurden aufgefordert, sich »vom Surrealismus loszusagen. Stürmische Ablehnung aller Anwesenden ...«.

2 Die Petition zur Unterstützung Aragons (siehe Anm. 2 von Brief 124) erhielt über 300 Unterschriften, deren Liste von Breton in *Misère de la poésie* veröffentlicht wurde.

Brief 127

1 Clément Vaulet, auch Vautel genannt (1876–1954), schrieb damals für die Tageszeitung *»Le Journal«*, die von 1918 bis 1940 unter der Rubrik »Mon film« täglich seine Betrachtungen abdruckte. Zum »Fall Aragon« siehe Anm. 2 von Brief 124.

2 Rolland de Renéville: *Dernier état de la poésie surréaliste,* in der Zeitschrift *N. R. F.,* 1. Februar 1932, S. 284–293; der Abschnitt von Seite 286–291 ist dem Buch *Die sichtbare Frau* von Dali gewidmet (siehe ebenfalls Anm. 3 von Brief 97).

3 Bretons Antwort erschien in der *N.R.F.,* am 1. Juli 1932, S. 151–155; Korrespondenz zwischen Breton und A. Rolland de Renéville; sie ist vom 2. Februar 1932 datiert. Breton hat in *Point du jour* (S. 122–132) auf diesen Artikel geantwortet.
4 Dieser Artikel erschien in *»Echanges«*, Nr. 5, Dezember 1931, S. 101–118: *Paul Eluard,* von J. Robert Duron. Eluards Antwort darauf wurde nicht mehr abgedruckt, da dies die letzte Nummer dieser Zeitschrift war.

Brief 128
1 Picasso gehörte zu den Unterzeichnern der Petition zugunsten Aragons. Siehe Anm. 2 von Brief 124.
2 Die Gründung der Vereinigung hatte schon stattgefunden (siehe Anm. 1 von Brief 124). Die *»Humanité«* wollte damit wohl unterstellen, daß die als Unruhestifter angesehenen Surrealisten die Entwicklung und Festigung der Organisation hintertreiben wollen.
3 »Nadrealizam danas i ovde« (Der Surrealismus hier und heute). Beograd Broj 2 Godina. Jahrgang II, Nr. 3, Juni 1932. In diesem Heft veröffentlichte Salvador Dali *Vive le surréalisme* (Ziveo nadrealizam), *Fragment d'un roman surréaliste,* und antwortete auf die Umfrage über das »Verlangen«, die in Nr. 2 der Zeitschrift erschien (siehe Anm. 4 von Brief 137). Von Eluard wurden daselbst zwei Gedichte aus *La vie immédiate* veröffentlicht: *Les derniers clichés* (Poslendji otischi) und *La dernière main* (Poslendia ruka).

Brief 129
1 Daraus wurde dann später *Misère de la poésie* (von Nadeau teilweise in *»Documents surréalistes«* abgedruckt, S. 345–353). Bezüglich des Artikels in der *»Humanité«* siehe Anm. 2 von Brief 124. »... so kam eine Diskussion in Gang zwischen Breton und einigen Intellektuellen wie Rolland und Gide, die als Sprecher einer breiteren Strömung bis hin zu den Revolutionären den Surrealisten vorwarfen, sie würden sich ihrer Verantwortung entziehen« (Nadeau, S. 146). Breton konterte diese Angriffe mit seinem *Misères de la poésie.* (Korrespondenz zwischen André Gide und Roger Martin du Gard, Gallimard, Paris 1968).
Das vollständige, handgeschriebene und stark korrigierte Manuskript von *Misère de la poésie* befindet sich in der Akte über den »Fall Aragon«, Bibliothèque Nationale, Signatur N. a. f. 25096; dieses Manuskript ist vom »26. Februar 1932« datiert.
2 Wir konnten diesen Artikel über *Ris donc Paillasse* nicht finden. Es handelt sich kaum um das Traktat gegen Aragon, *Paillasse,* das zu diesem Zeitpunkt noch nicht erschienen war (siehe Anm. 2 von Brief 133). »Paillasse« ist ein Narr, ein Clown. Es sei zu bemerken, daß *Ris*

donc Paillasse ebenfalls der Titel eines Essays von Dali ist, der jedoch nie erschien: »*Ris donc Paillasse* ist der Titel eines Essays, das sich seit Jahren in Arbeit befindet. Wie Dali darin zeigt, wird der Zuschauer am sichersten zum Lachen gebracht und mitgerissen, wenn ein Clown unvermittelt von einem seelischen oder körperlichen Schlag getroffen wird. Siehe den Schluß von *L'Ange bleu*« (S. Dali, *Journal d'un génie,* Ed. de la Table Ronde, 1964, S. 28, Anm. 1).

3 Dieses Gedicht, das in *La vie immédiate* unter dem Titel *Le temps d'un éclair* erschienen ist, lag nicht bei diesem Brief, sondern bei anderen Gedichten.

Brief 130

1 *Misère de la poésie,* siehe Anm. 1 von Brief 129.

2 Pierre Unik (siehe Brief 116, Anm. 7) – wie auch Maxime Alexandre und Georges Sadoul – schloß sich Aragon an und trennte sich damit endgültig von der Surrealisten-Gruppe. Uniks Bekenntnis zu den kommunistischen Thesen war damit aber nicht sofort gegeben, wie aus einem Brief an Maurice Thorez (der zu den Dokumenten der »Affäre Aragon« gehört) hervorgeht. In diesem Brief protestiert Unik gegen die Anschuldigung – die ein Genosse während einer Versammlung gegen ihn erhob –, er sei Mitglied der surrealistischen Gruppe, »einer entarteten bürgerlichen Bewegung«. Er verwehrte sich auch gegen die Belehrung, »man könne nicht Mitglied der KP sein und gleichzeitig für die Zeitschrift *›Le surréalisme au service de la révolution‹* schreiben«. »Was werden die Genossen an der Basis sagen, wenn ich ihnen eines Tages erklären muß: Genossen, ich darf mich an eurem Kampf nicht mehr beteiligen ⟨...⟩, weil ich ein entarteter Bourgeois bin. Ich glaube, daß die Genossen von der Basis erst einmal das leise Kichern kriegen werden, aber dann werden sie die Sache gar nicht mehr so lustig finden, weil die Genossen es nicht gern haben, wenn man sie verarscht, zumal es den Genossen ziemlich Wurst ist, ob ich Surrealist, Dentist oder Schlafwandler bin ...« Gleichwohl mußte sich Unik entscheiden, und er entschied sich für die Kommunisten. Im April 1932 brachten P. Unik und M. Alexandre das Traktat *Autour d'un poème* heraus, das ihren Bruch mit den Surrealisten besiegelte. Buñuel, der nicht Mitglied der KPF war, blieb auch weiterhin mit der surrealistischen Bewegung eng verbunden.

3 Die Luxusausgabe von *Misère de la poésie* umfaßt 20 Exemplare auf Leinenpapier sowie einige Exemplare auf Bibelpapier.

Brief 131

1 Bücher von Raymond Roussel. In »*La Révolution surréaliste*« (Nr. 4, Juli 1925) war ein Artikel von Paul Eluard über den Roman *L'étoile au*

front erschienen. In Heft 6 (S. 41) stand eine Notiz von Dali über *Nouvelles impressions d'Afrique*.

2 Ein Stück des irischen Dramatikers John Millington Synge (1871–1909). In *Premières vues anciennes* (1937) hat Eluard einen kurzen Auszug aus *Der Gaukler von Mayo* zitiert.

Brief 132

1 Dieser Brief (2 Seiten, vom 7. März 1932), in dem G. Sadoul seinen gegensätzlichen Standpunkt zum Inhalt von *Misère de la poésie* darlegt, befindet sich unter den Dokumenten der »Affäre Aragon« (Bibliothèque Nationale).
Alberto Giacometti richtete einen ähnlich lautenden Brief an Breton (Akte Aragon).

Brief 133

1 Nach der Vorladung von Aragon, Unik, Alexandre und Sadoul zum Sitz der Kommunistischen Partei (siehe Anm. 1 von Brief 126) beschloß Breton – der den Text *Misère de la poésie* abgeschlossen hatte – eine Notiz über die Zusammenkunft in der Rue Lafayette hinzuzufügen. Aragon, welchem Breton die Schrift vorgelesen hatte, gab der Veröffentlichung der Broschüre seine Zustimmung, verlangte jedoch, daß Breton die Notiz über die Besprechung beim ZK weglasse, da er die Mitteilung darüber als vertraulich ansah. Breton veröffentlichte das Traktat ohne Streichung, worauf Aragon sich in einem kurzen Artikel in der *»Humanité«* vom 10. März 1932 »von der Broschüre Bretons in seiner Gesamtheit« distanzierte:
»Unser Genosse Aragon teilte uns mit, daß er mit der Veröffentlichung einer Broschüre mit dem Titel: *Misère de la poésie = der ›Fall Aragon‹ in der Öffentlichkeit,* Verfasser André Breton, absolut nichts zu tun hat. Er betonte, daß er sich vom gesamten Inhalt dieser Broschüre und vom Lärm, der um seinen Namen gemacht wird, distanziert, zumal ein jeder Kommunist dazu verpflichtet ist, die in dieser Broschüre enthaltenen Angriffe als unvereinbar mit dem Klassenkampf und damit als objektiv konterrevolutionär zu verurteilen« (dieser Artikel wurde später an den Anfang von *Paillasse* gesetzt).

2 Daraus wurde: *Paillasse! fin de »l'Affaire Aragon« mars 1932. Mise au point communiquée par l'Association des écrivains révolutionnaires,* das von René Char, René Crevel, Salvador Dali, Paul Eluard, Max Ernst, Benjamin Péret, Yves Tanguy, André Thirion, Tristan Tzara unterschrieben wurde (diese Liste entspricht den von Eluard etwas weiter aufgezählten Namen). Eluard hatte in dieser Sache ebenfalls Thirion und Tzara angeschrieben.

3 So hatte Eluard die UdSSR auch 1924 in einem Traktat gegen Anatole France bezeichnet: »... der Literat, den heute der Streber Maurras

und die Mummelgreisin Moskau begrüßen...« (Louis Aragon. »Avez-vous déjà giflé un mort?« in *Un Cadavre,* abgedruckt von Nadeau in *Documents surréalistes,* S. 200).

4 Die Meinung, die Eluard hier äußert, teilte mit ihm unter anderen auch Thirion: »Aragon konnte nur Alexandre, Unik und Sadoul zu seiner Kapitulation bekehren. Einige schwankten, so Giacometti, für den Freundschaften wichtiger waren als Prinzipien« (Thirion, *Révolutionnaires sans Révolution,* Laffont, 1972, S. 350).

Brief 134

1 Breton und Valentine Hugo weilten im März 1932 bei Dali in Cadaqués. Diese »Zeilen« konnten wir nicht finden.

Brief 135

1 Madame Grindel besaß in Montlignon ein Haus, und Eluard hoffte, er könnte ihr vielleicht sein Haus in Eaubonne verkaufen. Zu diesem Kauf ist es nicht gekommen.

2 Eluard hat später auch wirklich ein solchesGedicht geschrieben: *Salvador Dali,* das zuerst als Vorwort des Katalogs zur Dali-Ausstellung in der Galerie Pierre Colle (26. Mai–17. Juni) und später als Teil von *La vie immédiate* erschienen ist.

3 Wir haben diese Gedichte beim Brief nicht gefunden, vielleicht befinden sie sich unter den Gedichten im Anhang?

4 Eluards Befürchtungen haben sich als berechtigt erwiesen (siehe Anm. 3 von Brief 137).

Brief 136

1 Buñuel erlag möglicherweise der Versuchung, *Das Goldene Zeitalter* zurückzunehmen (siehe Anm. 3 von Brief 94), denn er hat später eine zweite, sehr bereinigte Fassung hergestellt, wie Salvador Dali erzählt: »Als Buñuel sich zum Kommunismus bekehrte, säuberte er *L'âge d'or* von seinen ungezügelsten Passagen und brachte ihn mit der marxistischen Ideologie in Einklang. Ohne mich überhaupt nach meiner Meinung zu fragen, änderte er den Titel und fand einen neuen bei Marx. Wenn der Film an sich einen Wert besaß, dann war es der seines anarchistischen Gehalts. Ich habe diese zweite Fassung nie gesehen« (*Das geheime Leben des Salvador Dali,* Gallimard, Fußnote auf Seite 296, übers. T. D.). Dem *Dictionnaire général du surréalisme et de ses environs* (P. U. F., 1982) zufolge ließ Buñuel diese zweite Fassung erst im Jahr 1937 mit einem neuen Titel aufführen, den er einem Text von Marx entlehnte: *In den eisigen Wassern der egoistischen Berechnung*. Der *Dictionnaire du surréalisme* gibt jedoch für diese zweite Fassung kein Entstehungsjahr an, doch Dalis Bemerkung: »Als Buñuel sich zum Kommunismus bekehrte« läßt den

Schluß zu, daß selbst wenn Buñuel nicht Mitglied der KP geworden war, dies im Jahr 1932 geschehen sein muß.

2 Dali hat 1930 mehrere Fassungen des Bildes *Die Unsichtbaren = Schlafende, Pferd und Löwe* gemalt. Eines dieser Gemälde steht als Nr. 5 im Katalog der Ausstellung, die Ende 1930 parallel zur Aufführung von *Das goldene Zeitalter* in Studio 28 stattgefunden hat.

3 Nr. 5 von *»Le surréalisme au service de la révolution«* erschien im Mai 1933, zeitgleich mit Nr. 6.

4 Dieser Text ist anscheinend nie veröffentlicht worden.

5 *La petite anthologie poétique du surréalisme,* eine von André Breton und Paul Eluard herausgegebene Auswahl von Texten, die erst im Jahr 1934 erschien. Für diese Anthologie, die in den Gesamtwerken von Eluard bei Gallimard keine Erwähnung findet, wird meist Georges Hugnet als Herausgeber genannt, obwohl dieser lediglich das Vorwort geschrieben hat.
In einem Brief (vom 1. Januar 1934/Paris) an Tristan Tzara fragte Eluard, welche Texte von diesem er in seiner Anthologie aufnehmen könne: »Montag ... Gilbert Lély schlägt uns die Herausgabe einer Anthologie vor (Prosa und Lyrik), 128 Seiten, kleines Format, unter dem Titel *Petite anthologie poétique du surréalisme ...,* entweder wir nehmen den Text, den Breton am Anfang von *This quarter* veröffentlicht hat, oder wir bitten Hugnet, ein solches zu verfassen ...
Dieses Bändchen wird in einem Monat erscheinen. Wir sollen bis Donnerstag alle Texte bei Lély abgegeben haben« (dieser Brief befindet sich im Archiv der Bibliothèque Jacques Doucet). Siehe Brief 196, Anm. 3).
Hinsichtlich der für diese Anthologie ausgesuchten Dali-Texte siehe Anm. 2 von Brief 143.

Brief 137

1 *Certificat;* das Exemplar, das sich im Besitz von Lucien Scheler befindet, trägt das von Eluard handschriftlich eingetragene Datum vom 23. März 1932 und wurde in *Livre d'identité* abgedruckt (S. 110).

2 Im besonderen von seinem Text *Träumerei:* »... ⟨Aragon⟩, der selbst drei Bücher unter der Hand veröffentlicht hat, war so frei zu fordern, wir sollten – unter dem Vorwand, böswillige Leute könnten Dali Pornographie vorwerfen – dessen Texte aus unseren Publikationen ausschließen« (in *Certificat,* Oeuvres complètes, S. 835). Siehe ebenfalls Anm. 1 von Brief 126.

3 Siehe jenes Exemplar, das Robert Valette zufolge (?) »anscheinend von René Char – welcher zu den Unterzeichnern des Traktats gehörte – mit Randbemerkungen versehen wurde«; dieses Exemplar wurde in *Livre d'identité,* S. 111 abgedruckt und bestätigt das von Eluard

in seinem Brief geäußerte Urteil. Es scheint wohl, daß Thirion als einer der Verfasser Eluards Meinung teilte. Dreißig Jahre später schrieb er über *Paillasse!:* »Der Stil ⟨des Textes⟩ ist recht schwach. Der Text ist das Produkt der einmaligen Zusammenarbeit, die es zwischen Crevel, Char und mir gegeben hat. Es wimmelt darin von Druckfehlern, Eluard war der Ansicht, unser Text sei schwach und dürftig. Das war sicher auch die Meinung Bretons« (*Révolutionnaires sans révolution,* Laffont, S. 351). Wie aber aus einem Brief Crevels an Gala und Dali hervorgeht, fand diese Broschüre Dalis Zuspruch.

4 Diese Umfrage wurde vom jugoslawischen Surrealisten Marco Ristich durchgeführt. Die Antwort Eluards erschien in Heft 3 von *»Nadrealizam danas i ovde«* (Juni 1932) und wurde später in die *Oeuvres complètes* von Paul Eluard bei Gallimard aufgenommen.

5 Die Antwort auf die Umfrage steht am Schluß dieses Briefes.

6 Geschäftspartner von Madame Grindel.

7 In der vorliegenden deutschen Ausgabe wurde aus übersetzungstechnischen Gründen auf den Abdruck des Fragespiegels verzichtet, zumal das jugoslawische Original nicht zu beschaffen war.

Brief 138

1 Dieses Foto zeigt Eluard und Gala als Harlekine verkleidet 1913 in Clavadel. Es zierte u. a. die Titelseite der Literaturzeitschrift *»Europe«* von November/Dezember 1962.

Brief 141

1 *Yves Tanguy,* Gedicht aus dem Band *La vie immédiate* (in der »Pléiade«-Ausgabe der Gesamtwerke Eluards findet sich folgende Anmerkung ⟨Bd. I, S. 1442⟩: »Abgedruckt im Katalog der Tanguy-Ausstellung in Brüssel, 1937. Faksimile des Manuskriptes in *Yves Tanguy,* New York, 1963, S. 12.«)

2 Im Jahr 1932 schuf Joan Miró die Ausstattung für das Ballett *Jeux d'enfants* (Kinderspiele) von Georges Bizet. Einige Jahre zuvor, im Mai 1926, hatten die Surrealisten die Aufführung eines Balletts von Diaghilev, *Romeo und Julia,* dessen Bühnenbild von Max Ernst und Joan Miró stammte, ausgepfiffen (siehe *Protestation* von A. Breton und L. Aragon, in *»La Révolution surréaliste«,* No. 7, S. 31).

Brief 142

1 Anfang 1932 war das tägliche Leben auch für die Mitglieder der surrealistischen Gruppe »durch die Zuspitzung der Wirtschaftskrise zunehmend schwieriger geworden. Eluard zog in die Rue Fontaine, in Bretons Haus. Das bescheidene Zimmer, das er dort bewohnte, stand in krassem Gegensatz zum bürgerlichen Komfort der Wohnung in der Rue Becquerel« (Thirion, *Révolutionnaires sans révolution,* Laffont, 1972, S. 351.

Brief 143

1 *La vie immédiate* erschien im Juni 1932 bei Editions des cahiers libres, zur gleichen Zeit also wie *Le revolver à cheveux blancs* von André Breton und *où boivent les loups* von Tristan Tzara.

2 1934 wurden in der *Petite anthologie poétique du surréalisme* Fragmente von *Der große Masturbator,* einem Gedicht aus *Die sichtbare Frau* (1930), wie auch der Text *Wilhelm Tell* (1932) und Fragmente aus *Liebe und Gedächtnis* veröffentlicht.

Brief 145

1 René Laporte (1905–1954). Dichter und Verleger; er leitete den Verlag »Editions des Cahiers Libres«, brachte surrealistische Texte heraus, veranstaltete Ausstellungen. Ab Mai 1933 wurde er an Stelle von J. Corti zum neuen Depositar der Zeitschrift *»Le surréalisme au service de la révolution«.*

2 *Comme deux gouttes d'eau* (»Wie zwei Wassertropfen«), Paris, J. Corti (1933). Eine handgeschriebene Kopie dieser Auswahl, die in der Bibliothèque Jacques Doucet aufbewahrt wird, trägt das Datum »Sommer 1932«. Die Auflage betrug tatsächlich 175 Exemplare auf grünem Papier.

3 *Comme deux gouttes d'eau* erschien ohne Illustrationen.

4 Dieses Manuskript, das sich in der Sammlung Cécile Eluard befindet, weist gegenüber dem gedruckten Text wesentliche Abweichungen auf.

5 *Babaouo = ein surrealistischer Film* von Dali erschien bei »Cahiers Libres« etwa Mitte Juli 1932. Breton schrieb damals in einem vom 19. Juli datierten Brief an Tzara: »*Babaouo* ist erschienen, und ich werde Eluard bitten, Ihnen an die nächste Adresse, die Sie mir geben werden, ein Exemplar davon zu schicken. Dali ist nämlich schon wieder nach Spanien abgereist« (in M. Sanouillet, *Dada à Paris,* P. Pauvert, 1965, S. 459).

6 *»This Quarter-Surrealist number«,* Bd. 5, Nr. 1, September 1932; Paul Eluard hatte für diese Zeitschrift einen Artikel geschrieben: *»Poetry's evidence«.* In seiner Originalfassung ist der französische Text nie erschienen. Paul Eluard benutzte ihn 1936 für seinen Vortrag in London über die »surrealistische Dichtung«. Diese französische Fassung befindet sich in Form von *Notizen* im »Gesamtwerk« Eluards (Gallimard, 1984).

In diesem englischen Heft, das ganz dem Surrealismus gewidmet ist, wurden auch mehrere Gedichte von Dali sowie ein längerer theoretischer Text von ihm abgedruckt: *»The object as reveled in surrealist experiment«* (S. 47–48).

Gala konnte das Heft noch nicht bekommen haben (siehe Brief 148: »Die englische Ausgabe erscheint um den 17. August«).

7 Dabei hatte Corti schon zahlreiche Bücher verlegt, namentlich *L'immaculée Conception* (1930). Aber Eluard sah in ihm eher den kleinen Verlagsbuchhändler, nicht den großen Verleger wie Laporte, der ein bedeutendes Verlagshaus führte. Schreibt er doch in demselben Brief, daß Corti ihm die Exemplare von *Comme deux gouttes d'eau* »abkaufen«, und nicht, daß er sie verlegen wolle. Die Schriftsteller ließen wohl bei Corti gelegentlich auch auf eigene Kosten drucken.

Brief 146

1 Siehe Anm. 2 von Brief 97. Drei Gemälde von Valentine Hugo wurden in den Heften 5 und 6 von *»Le surréalisme au service de la révolution«* abgebildet.

2 Valentine Hugo bewohnte damals, genau wie Eluard, bei Breton ein kleines Appartment in der Rue Fontaine (siehe Anm. 1 von Brief 142). »Dieses eine Zimmer« ist vermutlich Eluards Einzimmerwohnung in der Rue Fontaine, aus der er erst im April 1933 auszog.

Brief 147

1 Salvador Dali, *L'amour et la Mémoire* (Liebe und Gedächtnis), Paris, Ed. surréalistes, 1931.

2 Siehe Brief 145: »Da im letzten Abschnitt des Poems von mehreren Frauen die Rede ist... fände ich es schön, wenn die Zeichnung mehrere nackte Frauen darstellen würde.« Dullita ist der Name der weiblichen Hauptgestalt in *Träumerei* von Dali, wobei Matilde (ohne »h«, wie Eluard den Namen hier schreibt) Dullitas Mutter ist (siehe Anm. 2 von Brief 122). Ellena stellt wahrscheinlich – in Dalis Vorstellung – Gala (Helena) dar, welche in *Träumerei* gleichfalls eine Rolle spielt. Bedeutet dies, daß es für Dali zwischen Eluards Gedicht *Comme deux gouttes d'eau* und seiner *Träumerei* eine Beziehung gab?

Brief 148

1 Dali und Gala zogen im Juli 1932 von der Rue Becquerel 7 in die Rue Gauguet 7.

Brief 149

1 Dali schrieb daraufhin dem Verleger von *Babaouo,* René Laporte, folgenden Brief: »Lieber Freund, verzeihen Sie mir, daß ich Ihnen kein persönlich dediziertes Exemplar geschickt habe, aber ich war von Paris völlig erschöpft und bin noch vor der Formeneinrichtung der Luxusausgabe abgereist. Ich finde die Ausgabe sehr schön. Zur Zeit mache ich sensationelle Photos, mit denen man recht witzige Schaukästen für Babaouo gestalten könnte...« (abgedruckt in *La vie publique de Salvador Dali* ⟨Das öffentliche Leben des Salvador Dali⟩, »Centre Pompidou«, 1980, S. 30).

Brief 150

1 Einem Brief zufolge, den Eluard an René Laporte sandte und der auch Bretons Unterschrift trägt (abgedruckt in *La vie publique de Salvador Dali,* 1980, S. 30), fuhr Eluard am 5. August 1932 nach Castellane.

Brief 153

1 René Crevel.

Brief 154

1 Jules Gonon, Verleger und Buchbinder, war mit Eluard befreundet und brachte im Jahr 1917 Eluards ersten Gedichtband unter dessen Künstlernamen heraus: *Le devoir et l'inquiétude* (Die Pflicht und die Sorge).

2 *Nuits partagées* (Geteilte Nächte) wurde (im Juni 1932) in *La vie immédiate* publiziert; Marcel Prévost von der Académie française schrieb für die Zeitschrift *»Gringoire«* unter dem Titel *Poésie moderne* eine Rezension über die Neuerscheinungen von zwei französischen Lyrikern: Sébastien-Charles Leconte und Paul Eluard. Über letzteren schreibt Prévost: »Im selben Band *(La vie immédiate)* habe ich mühelos und – wie ich hoffe – mit Verstand – ein umfangreiches Textstück mit dem Titel *Nuits partagées* (S. 34–35) gelesen. Es ist in Prosa geschrieben, beziehungsweise wie Prosa gesetzt. Es ist gewissermaßen eine Art gedämpfte Symphonie der Begegnungen einer Frau und eines Mannes, die bei jedem Zusammentreffen verschieden und doch gleich sind . . .«

Brief 155

1 Gedruckter Text, der auf den Briefkopf geklebt wurde.

Brief 157

1 Der an Tb erkrankte Crevel kam in dasselbe Sanatorium, in dem sich schon Eluard aufhielt.

2 *Comme deux gouttes d'eau* erschien am 15. oder 20. Januar (siehe *»Europe«,* S. 122, Brief an seine Tochter vom 20. 1. 1933: ». . . Mein kleines Buch ist erschienen . . .«).

3 Wahrscheinlich handelt es sich um *L'objectivité poétique* (siehe Anm. 4 von Brief 165)

4 Die Marquise Cuevas de Vera (siehe Anm. 1 von Brief 119).

Brief 158

1 *»Nouvelle équipé«,* Brüssel, Okt. 1926–1932 (I. VI); *»Esprit«,* internationale Zeitschrift, Paris, Okt. 1932 (I. Nr. 1; *»Le Phare de Neuilly«,* Monatszeitschrift, Neuilly-sur-Seine, 1933 (Nr. 1).

Brief 159

1 Crevel traf am 1. Februar 1933 in Passy ein (wie Nusch es in einem unveröffentlichten, am 1.2. 1933 in Passy geschriebenen Brief an Valentine Hugo bestätigt).

2 Im Jahr 1933 erschien bei Skira *Les Chants de Maldoror* (»Gesänge des Maldoror« von Lautréamont), mit 52 Radierungen von Salvador Dali.

Brief 160

1 Es handelt sich um *La lumière éteinte...*, ein Gedicht aus *La rose publique* (1934). Die handgeschriebene Kopie dieses Gedichts trägt folgendes Datum: »Passy (Haute-Savoie), den 10. Feb⟨ruar⟩ 1933« (siehe auch Briefe 161 und 163).

2 Eluard hatte hier geschrieben: »Wenn er sterben würde (oder wenn er verrückt würde)«, und hat diese zweite Möglichkeit sorgfältig durchgestrichen.

3 Dali und Gala heirateten am 30. Januar 1934.

4 Dali war seit Ende 1929 mit seinem Vater zerstritten: »Durch einen Artikel von Eugenio d'Ors über die Ausstellungen in Paris erfuhr Dalis Verwandtschaft, daß unter den bei Goemans ausgestellten Werken des Katalanen auch eine Farblithographie gezeigt wurde, auf der folgender Spruch stand: »Manchmal spucke ich mit Freude auf das Bild meiner Mutter.« Diese Provokation und die Liaison mit Gala führten zum Bruch mit der Familie, und Dali sah seinen Vater erst 1948 wieder« (*La vie publique de Salvador Dali,* Centre Pompidou, 1980, S. 22).

5 Nach einer anderthalbjährigen Pause erschienen Heft 5 und Heft 6 von *»Le surréalisme au service de la révolution« gleichzeitig im Mai* 1933.

Brief 161

1 In einem vom 2. Februar 1933 datierten Brief an René Char bittet Eluard diesen, ihm ein paar Titel für dieses Poem vorzuschlagen: »... Ich habe ein langes Poem geschrieben: 70 Verse, bitte schön! Finde aber keinen Titel. Nenne mir sechs, ich werde einen davon aussuchen...« (in *Livre d'identité,* S. 125). Hat nun René Char tatsächlich solche Titel vorgeschlagen und, wenn ja, befand sich dieser – *La lumière éteinte* (Das erloschene/⟨gelöschte⟩ Licht) – unter denen, die ihm damals einfielen?
Eluard änderte auch den Schluß des Titels (siehe dazu die französische Ausgabe, Gallimard 1984).

2 Boris Kochno, Choreograph der »Ballets russes« und Freund Dalis. Ursprünglich sollte Dali für dieses Ballett das Drehbuch schreiben und das Bühnenbild entwerfen, wie man einem Brief an einen Freund, vom 18. April 1933, entnehmen kann, in welchem er diesen

auch über seine Pläne für die Zeitschrift »*Minotaure*« unterrichtet: »... das alles und dazu die Aufführung, die ich für Kochno vorbereite, wird mir einen recht aufregenden Frühling bescheren« (*La vie publique de Salvador Dali,* Centre Pompidou, S. 34). Dieses Vorhaben wurde jedoch nicht verwirklicht, wie ein Interview von D. Abadie mit B. Kochno deutlich macht:
»D. Abadie: Dali hat viel für das Ballett gearbeitet. Haben sie je ein gemeinsames Vorhaben verwirklicht?
Boris Kochno: Ich habe mit Dali an mehreren Vorhaben gearbeitet, aber aus Gründen, für die wir nichts konnten, wurden sie nicht realisiert, so kann ich von seinen Ballets nur als einfacher Zuschauer sprechen« (in: *La vie publique de Salvador Dali,* Centre Pompidou, S. 87).

Brief 162

1 Diese Postkarte wurde in einer Auswahl von Briefen Eluards an seine Tochter Cécile abgedruckt (*Choix de lettres à sa fille* von Robert Valette, in »*Europe*«, 1962, S. 22); der Herausgeber hat diese Postkarte (aus Arosa) irrtümlich auf das Jahr 1932 datiert.

Brief 163

1 Wurde zunächst in *Le surréalisme au service de la révolution* (Nr. 5, Mai 1933, S. 12–13) abgedruckt, erschien später in *La rose publique* (1934). In den »Oeuvres complètes« (Gallimard) wurden die einzelnen Varianten dieses Gedichts miteinander verglichen.

Brief 164

1 Jaroslav Hašek (1883–1923). Tschechischer Schriftsteller und Publizist, Schöpfer der weltbekannten Schelmenfigur »Schwejk«, die erstmals in den Erzählungen »Der brave Soldat Schwejk und andere Geschichten« (1912) auftauchte, in »Der brave Soldat Schwejk im großen Krieg« (1917) weiter an Konturen gewann und in »Schicksal des braven Soldaten Schwejk« (1920–1923, unvollendet) seine definitive Gestalt bekam. Jaroslav Hašek, der sich erst zum Anarchismus bekannte, schließt sich während des Krieges der tschechoslowakischen Armee in Rußland an und ergreift Partei für die bolschewistische Sache. Er kehrt in seine Heimat zurück und – körperlich vom Alkohol zerrüttet – stirbt er im Alter von nur 40 Jahren. In seiner Einführung zur Dokumentation *Le surréalisme en Tchécoslovaquie* (bei N. R. F., 1983) schrieb Peter Kral über Hašek, er sei »dada gewesen bis hin zu seinem Aufbegehren«.
In einem Brief vom 1. März 1932 (nicht 1933, wie fälschlicherweise in der Fußnote auf Seite 120–121 von *Livre d'identité* zu lesen ist),

empfiehlt Eluard auch Valentine Hugo die Lektüre der »Abenteuer des braven Soldaten Schwejk von J. Hašek. Es ist großartig. Von einem sehr eigenartigen Humor«.

2 Anfang 1933 wurde Breton Mitglied des Vorstands der »Association des Ecrivains et Artistes révolutionnaires« (siehe Anm. 1 von Brief 124). Die Zeitschrift dieses Künstlerverbands hieß *»Commune«*, wurde jedoch nie von Breton geleitet.

3 Skira (Albert). Herausgeber der *Métamorphoses* von Ovid (mit Illustrationen von Picasso/1931) und von *Poésie* von Mallarmé (mit Illustrationen von Matisse/1932).

4 Es handelt sich hier um die Zeitschrift *»Minotaure«*, deren erste Nummer am 1. Juni 1933 herauskam. Geleitet wurde die Kunstrevue von Tériade, während Breton, Eluard, Duchamp, Heine und Mabille das Redaktionskomitee bildeten.

5 In Nr. 7 von *»La critique sociale«* (Januar 1933, S. 49–50) hatte George Bataille drei Bücher besprochen, die bei »Cahiers libres« erschienen waren: *Le revolver à cheveux blancs* von A. Breton, *Où boivent les loups* von T. Tzara und *La vie immédiate* von P. Eluard. Über Paul Eluard schrieb Bataille in seiner Kritik, dessen Lyrik würde »von einem Kreis aufgeklärter Freunde moderner Literatur sehr geschätzt, hat aber mit Dichtung nichts zu tun«; zu René Crevels Roman *Clavecin de Diderot* bemerkte er lediglich, der Autor habe »am Ende nur seine eigene Dummheit verraten«. Bataille war dann auch eine der Hauptzielscheiben des *Second Manifeste* (siehe Anm. 4 von Brief 70). Eluard empfand bis zuletzt gegenüber Bataille einen unüberwindlichen Haß und lehnte es ab, »mit so widerwärtigen Elementen wie Bataille, der André ⟨Breton⟩ mit Cocteau vergleicht und der in seinem Lobgesang über *Reise ans Ende der Nacht* ⟨von L. F. Céline⟩ schreibt, der Mensch lebe mit seinem eigenen Tod«, in irgendeiner Weise zusammenzuarbeiten (in einem Brief an Valentine Hugo, Passy, den 1. März 1932 ⟨und nicht 1933⟩, *Livre d'identité*, S. 120–121). Diese Mitarbeit Batailles beim *»Minotaure«* wurde wiederholt in Frage gestellt (siehe die folgenden Briefe). Tériade, der Direktor von *»Minotaure«*, setzte sich allerdings für eine Annäherung zwischen Bataille und den Surrealisten ein: »... Für die Herausgabe des *›Minotaure‹* wandte ich mich erst an Georges Bataille, der die Zeitschrift *›Documents‹* geleitet hatte, und ich wollte diesen mit den Surrealisten zusammenführen, diese waren aber dazu nicht bereit. In den Theorien Batailles gab es etwas, das Breton widerstrebte; die Surrealisten haben mir allerdings wichtige Beiträge geliefert« (Tériade, in einem Gespräch mit Daniel Abadie, 31. 10. 1978). Letzten Endes beteiligte sich Bataille, der Tériade zufolge den Titel der Zeitschrift ersonnen hatte, nur an Heft 8 von *»Minotaure«* (Juni-Heft 1936), in dem sich übrigens kein Beitrag von Eluard befindet.

Brief 165

1 Das Gedicht steht am Schluß des Briefes.
2 Madame de Cuevas. Siehe Anm. 1 von Brief 119.
3 *Les pieds dans le plat* (»Ins Fettnäpfchen getreten«).
4 Dieses Gedicht, das zum erstenmal in *»Le surréalisme au service de la révolution«* (Nr. 5, Mai 1933, S. 13–14) erschien, wurde später in den Band *La rose publique* (1934) aufgenommen.

Brief 166

1 Beiname, den Eluard Dali gab.
2 Letzte Strophe des Gedichts *L'objectivité poétique* (erschienen in *La rose publique,* 1934). Siehe Anfang des Gedichtes in vorherigem Brief. Es befand sich nicht bei diesem Brief, sondern beim Brief an Dali, zu dem es ursprünglich gehörte (abweichende Varianten im Vergleich zur Endfassung des Gedichts werden in den Anmerkungen der französischen Ausgabe der »Briefe«, bei Gallimard 1984, besprochen).

Brief 167

1 »Meine Süße« auf russisch.
2 Madame de Cuevas. Siehe Anm. 1 von Brief 119.

Brief 169

1 Zwei Verse des Gedichts *L'objectivité poétique* in *La rose publique,* welches das erste Mal in der Zeitschrift *»Le surréalisme au service de la révolution«* (Nr. 5, Mai 1933, S. 13) erschien. Gala nahm keine Korrekturen vor (siehe Gedicht am Schluß von Brief 165).
2 Das Manuskript dieser Umfrage von Dali, das Eluard selbst per Hand abgeschrieben hat, wird in der »Bibliothèque J. Doucet« aufbewahrt (in Brief 171 teilt Eluard Gala mit, daß er die Umfrage vervielfältigt und verteilt hat):
»Surrealistisches Experiment.
   1 Nennen Sie die zwei (natürlichen oder künstlichen) *Gegenstände* oder *Dinge,* die Ihnen zur Zeit als die »poetischsten« vorkommen, das heißt, die Sie zu den einzigartigsten und außergewöhnlichsten psychischen Vorstellungen, Phantasien und Kollisionen anregen.
   2 Welche objektiven Gründe scheinen Ihrer Ansicht nach diese Wahl zu rechtfertigen?
   3 Welche subjektiven Gründe?
   4 Welche irrationalen Gründe?
   Dieselben Fragen zu den Gegenständen oder Dingen der Erinnerung
   Dieselben Fragen zu den Gegenständen und Dingen des Traumes.

Salvador Dali, Port Lligat
Cadaqués (Gerona) Spanien«

3 Ein solches Traktat, das er mit Yves Tanguy geschrieben haben soll, hat es allem Anschein nach nicht gegeben. Der Kontext läßt wohl eher die Vermutung zu, daß Eluard hier auf einen Traum anspielt.

Brief 170

1 In die Rue Legendre 54 – wo Eluard und Nusch bis zum Herbst 1938 wohnten.

2 Eluard hat seinen Brief auf die Rückseite dieser Ankündigung einer Protestveranstaltung geschrieben, die in der Rue Cadet stattgefunden hat (über die Künstlervereinigung »A. E. A. R.« siehe Anm. 1 von Brief 124):

»Vereinigung Revolutionärer Schriftsteller und Künstler
13, Faubourg Montmartre
DER FASCHISMUS GEGEN DIE KULTUR
Dienstag, 21. März, 20.30 Uhr, Rue Cadet 16, Salle du Grand-Orient,
PROTESTVERANSTALTUNG
DER GEISTESSCHAFFENDEN
GEGEN DEN TERROR IN DEUTSCHLAND
UND DEN FRANZÖSISCHEN IMPERIALISMUS
Unter dem Ehrenvorsitz von
ROMAIN ROLLAND UND HENRI BARBUSSE
Unter dem effektiven Vorsitz von
ANDRÉ GIDE
Es werden daran teilnehmen: A. P. ANTOINE, BERLIOZ, J. R. BLOCH, R. CREVEL , E. DABIT, DR. DALSACE, P. ELUARD, E. FAURE, R. FRANCO, G. FRIEDMAN, F. JOURDAIN, B. LECACHE, A. MALRAUX, OZENFANT, PROF. PRENANT, P. SIGNAC, CH. VILDRAC, PROF. H. WALLON, MME. WILLARD sowie ein deutscher Schriftsteller.
VORFÜHRUNG VON PHOTODOKUMENTEN ÜBER DIE JÜNGSTEN EREIGNISSE IN DEUTSCHLAND
Es nimmt auch der Chor der A. E. A. R. daran teil (!)*

Eintritt: 5 frs und 3 frs für die Mitglieder der A. E. A. R.

Henri Barbusse, Verfasser des Antikriegsromans *Das Feuer* – Wochenblatt mit sozialistischer Tendenz, das aber von den Surrealisten zu den »gefährlichsten Gegnern der Arbeiterklasse« gerechnet wurde (Thirion, *Révolutionnaires sans révolution,* Laffont, 1972, S. 288) und es ablehnte, »die Landesverteidigung unter kapitalistischen Verhältnissen sowie die bürgerliche Demokratie zu verurteilen« (ebd. S. 292) – und leitender Redakteur für Literatur bei der *»Humanité«,*

* Das Ausrufezeichen hat Eluard dahintergesetzt.

später Direktor von *»Le Monde«*, zählte seit langem schon zu den Buhmännern des Surrealismus; so war er 1926 Zielscheibe eines von Breton verfaßten Traktats *Légitime défense;* ein auch von Eluard unterzeichnetes Manifest, *La mobilisation contre la guerre n'est pas la paix,* brandmarkte im Frühjahr 1933 als »konterrevolutionär« die Veranstalter des »Congrès d'Amsterdam Pleyel« gegen den Krieg, namentlich »Barbusse, den Verfasser von *Jésus,* Romain Rolland, den Gandhi-Apologeten, ⟨die⟩ gegenwärtig als die gefährlichsten Verfechter eines humanitären Mystizismus gelten, der alles in allem schädlicher ist als jede Art von abstrakter Theologie«. Auch André Gide wurde nicht verschont, er bekam seinen Denkzettel unter anderem in dem äußerst beißenden und witzigen Gedicht von Benjamin Péret *La conversion de Gide* (in *»Le surréalisme au service de la révolution«*, Nr. 5, 15. Mai 1933, S. 29) wie auch in einem kritischen Artikel von B. Péret und P. Eluard über seine Ansprache während der Veranstaltung in der Salle Cadet am 21. März 1933 (ebenfalls Heft 5 von *»Le surréalisme au service de la révolution«*, S. 25). In einem von L. Scheler veröffentlichten, undatierten Brief an Joë Bousquet schrieb Eluard Anfang Juni 1933: »... Der Wunschtraum dieser Vereinigung ⟨der A. E. A. R.⟩ wäre es, ein Sammelbecken für bekannte, apolitische und damit ungefährliche Intellektuelle zu sein. Über Gott würde man mit Elie Faure reden, über Jesus mit Barbusse und Gide, über alles mit J. R. Bloch usw.« (*Lettres à Joë Bousquet,* Les Editeurs français Réunis, 1973, S. 84).

3 Nach dem Reichstagsbrand im Februar 1933 beschuldigte Hitler, der kurz zuvor zum Reichskanzler gewählt worden war, die Kommunisten, den Brand gelegt zu haben. Bertolt Brecht, dessen Name auf der schwarzen Liste der Nazis stand, und Ludwig Renn (beide Kommunisten), wurden nicht umgebracht, sondern zur Emigration gezwungen.

4 Siehe Anm. 7 von Brief 160.

5 *Recherches expérimentales sur la connaissance irrationnelle* (in *Le surréalisme au service de la révolution,* S. 10–23). Die Anmerkungen sind von Paul Eluard. Die Liste mit den Fragen ist vom 5. Februar, 11. Februar und 12. März datiert.

6 In Heft 5 und 6 von *»Le surréalisme au service de la révolution«* wurden drei Gemälde Dalis ganzseitig reproduziert: *Partielle Sinnestäuschung: Sechs Erscheinungen Lenins auf ein Flügel* (Heft 5, S. 55), *Meditation über eine Harfe* (H. 6, S. 62) und *Gala und der Angelus von Millet kurz vor dem Eintreffen der konischen Anamorphosen* (H. 6, S. 63).

7 Das Gemälde wurde unter dem Titel: *L'énigme d'une journée* (»Rätsel eines Tages«) abgebildet und diente zur Illustration der Untersuchung »über die irrationalen Möglichkeiten, ein Bild zu durchdringen und sich darin zu orientieren – Giorgio de Chirico: Das Rätsel

eines Tages« (*»Le surréalisme au service de la révolution«,* Nr. 6, S. 13–16), die vom 11. Februar 1933 datiert ist.

8 *Spektrum* – Erwähnung dieses Heftes im *Dictionnaire abrégé du surréalisme* (1938), Kapitel *Revues surréalistes.*
Dieses Heft wurde unter dem Titel »Fransk Surrealism« vom Spektrum-Verlag herausgegeben, der nach der Spaltung innerhalb der Redaktion der Zeitschrift *»Spektrum«* gegründet worden war. In dieser Anthologie erschienen auch zwei Gedichte von Paul Eluard in der Übersetzung von Gunnar Ekelöf:
S. 55: *En för alla* (»Eine für alle«, Gedicht aus dem Band *La vie immédiate,* 1932).
S. 59: *Den sovande Kan han villa* (»Kann der Schlafende sich ausruhen«, das ohne Titel in *À toute épreuve* erschienen war).
Gunnar hat dieses Heft mit einigen Änderungen 1962 in Stockholm neu aufgelegt.
Wir haben nur diesen Nachdruck zur Einsicht bekommen können, da keine Bibliothek – auch nicht die skandinavische Abteilung der Bibliothèque Sainte-Geneviève – die Originalausgabe besaß. Auskünfte über das Original von 1933 lieferte uns Monsieur Paul Destribats.

9 Diese Ausstellung fand vom 7. bis 18. Juni 1933 in der Galerie Pierre Colle statt. Von Paul Eluard wurde ein surrealistisches Objekt gezeigt: *Objet basé sur la perversion des oreilles* (»Objekt beruhend auf der Verirrung des Gehörs« – Katalog-Nr. 14). Siehe ebenfalls Anm. 3 von Brief 83.

10 Dieses Gedicht lag nicht mehr beim Brief. Möglicherweise befindet es sich unter den Gedichten im Anhang.

Brief 171

1 Siehe Anm. 2 von Brief 170. Ernüchtert schrieb Eluard Anfang Juni 1933 an Joë Bousquet: »... So müssen Sie wissen, daß während des großen Gide-Meetings in der Rue Cadet mein Diskussionsbeitrag mehr als zehn Ritter und Offiziere der Ehrenlegion auf der Tribüne verstimmte, ja kränkte. Um mit Vaillant-Couturier zu sprechen, ›Wenn Träger des Großen Kreuzes gekommen wären, hätten wir sie noch besser empfangen‹ ...« (P. Eluard, *Lettres à Joë Bousquet,* Les Editeurs Français Réunis, 1973, S. 85).

2 Alfred Kurella*, Abgesandter der Komintern; seine Aufgabe in Frankreich bestand unter anderem darin, »durch entsprechende Maßnahmen den Surrealisten den Mund zu stopfen« (Thirion, *Révolutionnaires sans révolution,* Laffont, 1972, S. 310).

* Einer der Wortführer in der Expressionismusdebatte 1937/38 in Moskau. Hoher Kulturpolitiker der DDR. Starb 1975. Anm. d. R.

3 Wie man aus einem Brief Eluards an Joë Bousquet erfährt, traten die Surrealisten erst im Juni 1933 aus der A. E. A. R. aus, und zwar nach dem Ausschluß von André Breton, dem angelastet wurde, er habe in *Le surréalisme au service de la révolution* (Nr. 5, Mai 1933, S. 43) einen Brief von F. Alquié veröffentlicht, in dem dieser scharfe Kritik an den »gesellschaftlich-moralischen Grundsätzen« übte, die bei der Entstehung des russischen Filmes *Der Weg des Lebens* Pate gestanden haben (Breton, *Entretiens,* Gallimard, 1969, S. 171).

Brief 172

1 *Actualités de Sade IV.* Von Justine bis zur Neuen Justine, im Spiegel der unveröffentlichten »kleinen Blätter« (*»Le Surréalisme au service de la révolution V«,* S. 4–10). Siehe auch Anm. 4 von Brief 124.

2 *Picasso dans son élément* (»Picasso in seinem Element«), I, S. 9–30.

3 Am 10. April 1933 schloß Eluard mit Laporte (siehe Anm. 1 von Brief 145), dem neuen Herausgeber von *»Le surréalisme au service de la révolution«,* einen Vertrag, in dem Eluard sich verpflichtete, diesem eine Summe von 6000 frs zu zahlen, deren Hälfte als Darlehen gewährt wurde (siehe Vertrag am Schluß dieser Anmerkung). Drei Tage später, am 13. April, schrieb Eluard an den Vicomte de Noailles und bat ihn um die fünftausend fehlenden Francs. Als Gegenleistung bot er diesem Manuskripte oder Gemälde an: »... Sollten Sie derzeit in der Lage sein, mir fünftausend Francs zur Verfügung zu stellen, erlaube ich mir, Ihnen im Tausch dafür entweder wie damals sämtliche Manuskripte anzubieten oder, wenn es Sie nicht mehr interessiert, ein Gemälde von Chirico oder von jedem anderen Maler, das Sie bei mir selber aussuchen könnten. Verzeihen Sie mir, daß ich Sie um diese große Gefälligkeit bitte, aber unsere Zeitschrift ist seit eineinhalb Jahren nicht mehr erschienen und unsere Aktion hängt entscheidend davon ab. Ohne Sie ist die Lage verzweifelt« (Librairie les Mains libres, Katalog Nr. 2, Nr. 64). Wir wissen nicht, ob Charles de Noailles der Bitte von Eluard entsprach.

⟨Vertrag zwischen Paul Eluard und René Laporte⟩
»Zwischen den Unterzeichneten wurde Folgendes vereinbart: Monsieur René Laporte verpflichtet sich ausdrücklich, bis zum kommenden 20. Mai – ausgenommen im Falle eines unerwarteten Ereignisses oder höherer Gewalt – Heft 5 und 6 der Zeitschrift Le Surréalisme ASDLR *herauszugeben, und dies, ohne in irgendeiner Weise die Eigenart der veröffentlichten Texte in Frage zu stellen, die allein der verantwortlichen Wertung durch Monsieur André Breton unterliegen werden, wobei ausdrücklich vereinbart wird, daß der Name* Cahiers Libres *auf der Zeitschrift mit der Bezeichnung ›dépositaire général‹ zu stehen hat. Diese beiden Hefte werden jeweils sechsunddreißig Seiten Text und 12 Seiten Illustration umfassen, beide auf Kunstdruck-*

papier. Von jedem Heft werden auf dem gleichen Papier wie die vorherigen Ausgaben 1500 Exemplare gedruckt.
Monsieur Paul Eluard verpflichtet sich seinerseits ausdrücklich 1.) ein Darlehen in Höhe von 3000 frs zu beschaffen, welches nach Gutdünken von Monsieur Laporte in Aktien der Cahiers Libres konvertiert werden kann: 2.) Monsieur Laporte einen Betrag von 3000 frs zu zahlen, währenddessen Monsieur Laporte die Verpflichtung eingeht, an die Druckerei Union die von Monsieur Eluard geschuldeten 3850 frs zu zahlen und Monsieur Eluard die Gesamtheit der Werbungsseiten zu je 400 frs zu überweisen. Monsieur Laporte wird jedoch zu einem Drittel an denen beteiligt, die er selbst beschafft. Monsieur Laporte werden darüber hinaus in jedem Heft zwei Seiten Werbung für seine surrealistischen Publikationen kostenlos zur Verfügung gestellt, sowie eine weitere Seite für die Ankündigung der nächsten Publikationen. Monsieur Corti, Buchhändler, erhält kostenfrei eine Seite für die Editions surréalistes. Monsieur Laporte trägt die Kosten für die Bindung, die beide Hefte zusammenfaßt, sowie für eine Anzeige von 30 Zeilen, die jeweils in ›Nouvelles littéraires‹ und in ›Lu‹ erscheinen wird. Monsieur Laporte wird Monsieur Eluard keine Beteiligung am Verkauf gewähren, dafür aber 350 Exemplare einfach sowie 20 auf Leinen zukommen lassen. Beide Hefte werden zusammen zu einem Preis von 18 frs verkauft. Monsieur Eluard wird 40 mal eine Zusammenstellung der ersten 4 Hefte zwecks Bindung unentgeltlich zur Verfügung stellen. Alle über diese Zahl hinaus verkauften gebundenen Sätze, deren Absatz Monsieur Laporte zu sichern hat, würden Monsieur Eluard zugute kommen.
Geschrieben in doppelter Ausfertigung in Paris, am zehnten April 1933.
Gelesen und bestätigt
Paul Eluard«
(Dieses Dokument wird im Archiv des Musée Saint-Denis aufbewahrt).

4 Achim von Arnim, *Contes bizarres* (Auswahl von Erzählungen), mit einer Einführung von André Breton und Illustrationen von Valentine Hugo, Cahiers libres, 1933. Ein Auszug aus dieser Einführung erschien in *Le surréalisme au service de la révolution,* Nr. 6, S. 5–9, wobei Dali auf Seite 9 zitiert wird.

5 Gala beteiligte sich an der ersten »experimentellen Untersuchung« – *Boule de cristal des voyantes* (»Kristallkugel der Weissagerinnen«; in *»Le surréalisme au service de la révolution«,* Nr. 6, S. 11).

6 Terry (Emilio), Architekt. Er gehörte zu den Zeichnern des *»Zodiaque«,* jenes Kreises von Sammlern, die sich zum regelmäßigen Kauf eines Teils der Bilder von Salvador Dali verpflichtet hatten.

Brief 173

1 *Interprétation paranoiaque-critique de l'image obsédante »l'Angelus de Millet«* (»Paranoisch-kritische Interpretation des obsessiven Bildes:

»Das Abendgebet von Millet«), *»Minotaure«,* 1933, Heft 1, S. 65–67. Zu Bretons Artikel siehe Anm. 2 von Brief 172. In dieser ersten Nummer erschien kein Artikel von Tristan Tzara.

2 Dalis Artikel über *Die psycho-atmosphärisch-anamorphotischen Objekte* erschien in Heft 5 von *»Le surréalisme au service de la révolution«* (S. 45–48). In Heft 6 veröffentlichte er eine Reihe von *Bemerkungen-Mitteilungen* (drei Artikel).

3 André Thirion publizierte in Heft 6 von *»Le surréalisme au service de la révolution«* (S. 1–5) unter dem Titel *En lisant Hegel* (»Lesenotizen zu Hegel«) eine Reihe von Gedanken, die Lenin über die *Logik* Hegels niedergeschrieben hatte.

Brief 174

1 Der Chauffeur von Madame Grindel.

2 Buchbesprechung: mit B. Péret, in *»Le surréalisme au service de la révolution«,* Heft 5, S. 19–28.

3 *La lumière éteinte* und *L'objectivité poétique* sind die einzigen Gedichte, die in den Nummern 5 und 6 erschienen.

4 In Heft 1 von *»Minotaure«* (1. Juni 1933), S. 62–64, *Le miroir de Baudelaire* (»Baudelaires Spiegel«) mit einem Porträt Baudelaires von Matisse.

Brief 176

1 Es handelt sich wahrscheinlich um handgeschriebene Seiten des Artikels von Eluard (siehe Anm. 5 von Brief 170), die dem Brief beigefügt waren.

2 Siehe Anm. 8 von Brief 170. Diese beiden Texte von Dali erschienen übersetzt in *»Spektrum«:*

– *Surrealistika föremal* (»surrealistische Objekte«, Ersterscheinung in *»Le surréalisme au service de la révolution«,* Nr. 3, Dez. 1931, S. 16–17).

– *Sammandrag av en kritik över filmens historie* (»Abriß einer Geschichte der Filmkritik«, abgedruckt am Anfang von *Babaouo,* 1932.

Brief 177

1 In einem Brief an seine Tochter, der irrtümlich auf den Monat August 1932 (statt 1933) datiert und 1962 in der Zeitschrift *»Europe«* (auf Seite 24) abgedruckt wurde, schreibt Eluard in Anspielung auf diese Auftragsarbeit im gleichen, etwas beschämten Ton: »... Was muß man nicht alles tun, um sein Brot zu verdienen.« Durch eine Notiz von Robert Valette wissen wir, daß die »von Eluard geschaffene französische Fassung dieses Chansons nicht genommen wurde; eine andere wurde ihr vorgezogen«; doch erfahren wir nicht, wie das Chanson hieß.

2 *Man Ray,* letztes Gedicht in *La rose publique* (Dez. 1934). Dieses

Gedicht erschien zum erstenmal in *Man Ray – Photographs 1920–1934*, James Thralle Soby-Hartfort Connecticut (das Exemplar im Museum von Saint-Denis trägt eine Widmung von Man Ray für Paul Eluard, vom April 1934). Das Gedicht *Man Ray* (in Englisch und in Französisch) steht zwischen den Photographien 24 und 25 (danach folgen Aktfotos von Frauen). Die Porträtaufnahmen von Paul Eluard und André Breton tragen die Nummern 72 und 73.

3 Die Umfrage erschien im *»Minotaure«* (S. 101–102) am 12. 12. 1933: »Können Sie sagen, welche Begegnung in Ihrem Leben für Sie entscheidend war? Inwieweit vermittelt Ihnen diese Begegnung den Eindruck von Zufälligkeit? Von Notwendigkeit?« – unterzeichnet von André Breton und Paul Eluard.

4 In Heft 3–4 von *»Minotaure«* konnten wir nichts dergleichen finden.

5 *»Minotaure«*, Nr. 3–4, S. 85–100: *Les plus belles cartes postales* (»Die schönsten Postkarten«) *1906–1907*, ein Album mit 125 (schwarzweißen und farbigen) Postkartenreproduktionen, die sich in Eluards Besitz befanden.

Brief 178

1 *Les Métamorphoses* von Ovid, mit Illustrationen von Picasso (1931) und *Les Poésies* von Mallarmé, mit Illustrationen von Matisse (1932).

2 Siehe vorherigen Brief: »... Meine Mutter wird zu einem richtigen Scheusal. Wenn sie mich hier den ganzen Sommer ohne einen Franc hocken läßt, werden wir ihr Cécile wieder wegnehmen ...« Die Drohung zeigte Wirkung.

Brief 179

1 Siehe Anm. 1 von Brief 178.

2 P. Eluard fuhr zu seiner Tochter, die damals ihre Ferien Jahr für Jahr in Ramsgate verbrachte. In einem Brief, den Eluard am 15. August vom Hôtel des Colonies in Brüssel an Valentine Hugo schrieb, bestätigt er, daß er in zwei Tagen nach England reisen würde (dieser Brief wurde von der Buchhandlung *Les mains libres* unter der Katalog-Nr. 1/70 verkauft).

3 Edouard Mesens (1903–1971); Lyriker, Mitgründer der belgischen Surrealisten-Gruppe. Seine musikalische Begabung ließ ihn eine Zeitlang den Komponisten Erik Satie bewundern. Aber bald gab er die Komposition auf, wandte sich ganz der Dichtung zu und wurde zum Wegbereiter des Surrealismus in Belgien. Mit Magritte zusammen gab er im März 1925 eine zum Dadaismus hin tendierende Zeitschrift namens *»Oesophage«* (»Speiseröhre«) heraus. Er schrieb u. a. für *»Variétés«* und *»Documents 34«*, gründete den Verlag Nicolas Flamel, der sein Buch *Violette Nozières* druckte. Darüber hinaus

schrieb er für Zeitschriften wie *»Sélection«, »Cahiers d'Art«, »Minotaure«* ...
Nachdem er im Palais des Beaux Arts in Brüssel die surrealistische Ausstellung von 1938 durchgeführt hatte, etablierte er sich in London, wo er (mit Penrose) die Leitung der London Gallery wieder übernahm und zugleich die Zeitschrift *»London Bulletin«* herausgab (Auszug aus dem Katalog *Peintres de l'imaginaire – Symbolistes et surréalistes belges* zur Ausstellung in den Galeries Nationales du Grand Palais, Paris, 4. Februar bis 8. April 1972).

4 Paul Nougé (1895–1970). In den ersten Jahren nach dem ersten Weltkrieg gehörte er zu den ersten Mitstreitern der Belgischen Kommunistischen Partei.
Im Jahr 1924 publizierten Goemans, Magritte, Lecomte und Mesens im Zuge der Herausgabe der Zeitschrift *»Période«* eine Werbeschrift, doch wurde diese Publikation durch Betreiben von Nougé sehr bald aufgegeben. Letzterer startete seinerseits eine Werbeaktion und konnte Goemans wie auch Lecomte dazu gewinnen, mit ihm die Zeitschrift *»Correspondance«* zu gründen (22. Nov. 1924–20. Sept. 1925). Im Oktober 1925 gehörte er zu den Unterzeichnern des Traktats *La révolution d'abord et toujours.* Seine erste Gedichtsammlung erschien unter dem Namen *»Clarisse Juranville: einige Texte und einige Zeichnungen«.* Die Zeichnungen waren von René Magritte. Im Jahr 1928 beteiligte er sich mit Magritte, Scutenaire und Mesens an den Publikationen der Zeitschrift *»Distance«.* Er schrieb für *»La Révolution surréaliste«* (1924), *»Documents 34«, »London Bulletin«* (1939). (Auszug aus *Peintres de l'imaginaire – Symbolistes et surréalistes belges;* Galeries Nationales Grand Palais, Paris, 4. Februar–8. April 1972).

Brief 180

1 Es wurde ein Doppelheft (Nr. 3/4, Dez. 1933). Eluards Optimismus war wohl berechtigt, denn die Surrealisten publizierten fortan in der Zeitschrift *»Minotaure«* und belegten dabei den größten Platz. In der Vorbemerkung wird der Wille der Herausgeber betont, »die Kräfte wieder zu entdecken und zusammenzuführen, die den Geist der neuen Bewegung geprägt haben, und damit breiter auszustrahlen ... *›Minotaure‹* ist bemüht, eine stets aktuelle Zeitschrift zu sein«.

2 Tériade, Kunstkritiker. Er schrieb für *»Cahiers d'Art«* und verfaßte mit Maurice Raynal zusammen die Kunstseite des *»Intransigeant«.* Eluard war Tériade gegenüber nicht sehr wohlgesonnen, zumal dieser anläßlich der ersten Ausstellung Dalis im Jahr 1929 im *»Intransigeant«* (25. 11. 1929) geschrieben hatte: »Wie gestrig erscheint einem das alles, wie provinziell, wie aus einer Provinz, die verzweifelt versucht, mit der Zeit mitzugehen.« Als Mitarbeiter Skiras bei

der Herausgabe der *Poésies* von Mallarmé mit den Illustrationen von Matisse (1922) brachte er später zahlreiche »Maler-Bücher« heraus (siehe *Hommage à Tériade,* Centre national d'art contemporain, Grand Palais, 6. Mai bis 3. September 1975).

3 Siehe Anm. 5 von Brief 177. Wir haben von diesem »geheimen Anhang« keinerlei Spur gefunden; ließen die Herausgeber dieses Vorhaben fallen?

4 André Breton, *Le message automatique* (»Die automatische Botschaft«; Nr. 3–4, S. 55–65).

5 Benjamin Péret, *Au paradis des fantômes* (»Im Paradies der Gespenster«; Nr. 3–4), S. 29–35.

6 T. Tzara, *D'un certain automatisme du goût* (»über einen gewissen Automatismus des Geschmacks«; Nr. 3–4, S. 81–84).

7 In Heft 3–4 von *»Minotaure«* ist kein Artikel von Piaget erschienen. Dieser Artikel »über die Kindheit« wird noch einmal in Brief 182 erwähnt.

8 Wurde ebenfalls nicht im *»Minotaure«* veröffentlicht.

9 Einzig das Horoskop von Arthur Rimbaud wurde in Heft 3–4 abgedruckt (S. 38).

10 Brassaï...: *Du mur des cavernes au mur d'usine* (»Von den Höhlenwänden zur Fabrikwand«), mit der Abbildung einer Pariser Wand mit Graffitis (Nr. 3–4, S. 6–7).

11 Die Radierungen Dalis für *Les Chants de Maldoror* wurden nur auf einer Seite von Heft 3–4 abgebildet (S. 37).

12 Salvador Dali, *Von der schaurigen und eßbaren Schönheit der Jugendstilarchitektur* (Nr. 3–4, S. 69–76).

13 *Die Ekstase der Skulptur* und *Erfindung der hysterischen Skulptur,* zwei Photographien von »ekstatischen« Skulpturen, wurden in Dalis Abhandlung über den Jugendstil (S. 73) abgebildet. Ein weiterer Artikel Dalis in diesem Heft des *»Minotaure«* trägt den Titel *Phänomen der Ekstase* (S. 76–77).

14 Frois-Wittmann, *L'art moderne et le principe du plaisir* (»Die moderne Kunst und das Lustprinzip«); Nr. 3–4, S. 79–80.

15 *Emancipation de la peinture* (»Befreiung der Malerei«; No. 3–4, S. 9–21).

16 Reproduktionen von Borès (S. 15), Beaudin (S. 8, 9, 16 u. 19) im Artikel von Tériade. Es fehlen Reproduktionen von Roux und Masson.

17 Wurde in dieses Heft nicht aufgenommen.

18 Ebenfalls nicht abgedruckt.

19 Laurens (S. 48–49), Maillol (S. 52–53), Brancusi (S. 41–44), Giacometti (S. 52–53). In derselben Nummer befinden sich auch Aufnahmen der Ateliers von Jacques Lipchitz (S. 50–51) und Charles Despiau (S. 44–45).

20 Sechs anonyme, »unwillkürliche Skulpturen« wurden auf Seite 68 abgebildet: »Zusammengerollte Busfahrkarte...«, »zusammengerollte Autobusnummer...«, »Stück Seife, das automatische Jugendstilformen aufweist...«, »das ornamentale Brot im Jugendstil...«, »der morphologische Zufall der Zahnpasta« und »elementares Aufspulen bei einem geistig Debilen«.

21 Dali befolgte Eluards Rat. Marcel Duchamp, der sich zu diesem Zeitpunkt in Cadaqués aufhielt, schrieb an Man Ray und lud ihn ein, zu ihnen, Mary Callery, Dali und er selbst, zu kommen. In diesem Brief, der auch von Dali unterschrieben ist, weist er darauf hin, daß Dali »für eine Veröffentlichung im *›Minotaure‹* von den berühmten Jugendstilhäusern in Barcelona Aufnahmen machen lassen möchte« (Kat. *Les mains libres,* Nr. 3, S. 31). Man Ray hat diese Fotos in Barcelona schließlich auch gemacht; sie wurden in Dalis Artikel über *Die schaurige und eßbare Schönheit der Jugendstilarchitektur* abgebildet (siehe Anm. 12). Brassaï machte seinerseits Fotos von Paris.

22 Es handelt sich wahrscheinlich um die *Ekstase der Skulptur* (Nr. 3–4, S. 73).

23 Duchamp hat an der Herstellung von Heft 3–4 nicht mitgearbeitet. Als geübter Schachspieler hatte er schon zahlreiche Artikel über dieses Thema geschrieben.

24 Obwohl Eluard ihn in seinen folgenden Briefen immer wieder darauf ansprach, hat Dali auf die in *»Minotaure«* veröffentlichte Untersuchung: *Enquête sur la rencontre...* (»Umfrage über die zufällige oder notwendige Begegnung«; Nr. 3–4, S. 101) nicht geantwortet.

25 Joseph-Vicente Foix, 1894 in Barcelona geboren, leitete ab 1917 die Zeitschrift, in der Texte von Tzara, Soupault und Reverdy erstmals in Spanien erschienen sind. Foix, der mit Miro und Dali sehr gut befreundet war, räumte ihnen auf großzügige Weise Platz in der Zeitschrift *»L'amic de les arts«* (1926–1929) ein, die er mit J.-S. Gash und Dali redaktionell leitete (biographische Notiz aus dem *Dictionnaire général du surréalisme et de ses environs,* P. U. F., S. 170).

Brief 181

1 Siehe Anm. 2 von Brief 177. Gala hat das Manuskript dieses Gedichts, das erst im Jahr 1934 erschien und das wir nicht finden konnten, aller Wahrscheinlichkeit nach auch erhalten.

2 *Le phénomène de l'extase,* (*»Minotaure«*, Nr. 3–4, S. 77) ist eine Fotomontage von Gesichtern »in Ekstase«.

Brief 182

1 Die Reproduktion der *Variante des Todesritters* von Salvador Dali

befindet sich im Artikel von Tériade: *Emancipation de la peinture, »Minotaure«* (Nr. 3–4, S. 20). Über Tériade siehe Anm. 2 von Brief 180.

2 Dalis Radierungen für *Les Chants de Maldoror.*

3 Dali antwortete nicht auf die Umfrage, und da auch die unwillkürlichen Skulpturen anonym blieben, erschien Dalis Name nur viermal in diesem Heft von *»Minotaure«* (das Bild, der Artikel über den Jugendstil, das Phänomen der Extase und die Illustrationen zu »Maldoror«).

4 Angaben zu diesem Inhaltsverzeichnis werden lediglich zu den Artikeln gemacht, die im vorherigen Brief keine Erwähnung fanden.

5 Maurice Heine: *Note sur un classement psycho-biologique des paresthésies sexuelles* (»Notiz zu einer psychobiologischen Klassifizierung sexueller Parästhesien«; in *»Minotaure«* Nr. 3–4, S. 36. Siehe ebenfalls Anm. 4 von Brief 124).

6 Jacques Lacan: *Motifs du crime paranoïque – Le crime des soeurs Papin* (»Das paranoische Verbrechen und seine Motive – das Verbrechen der Schwestern Papin«; in *»Minotaure«* Nr. 3–4, S. 25–28).

Brief 184

1 Eine (unveröffentlichte) Postkarte von »Paul Eluard Grindel chez Madame Fossat, 14, rue de Massingy, Nice (Alpes-Maritimes)«, auf der Eluard seiner Tochter mitteilt, daß sie »endlich eingezogen« sind, trägt den Poststempel vom »26. Januar 1934«. In dieser Zeit wurde wahrscheinlich auch Eluards Brief an seine Tochter geschrieben, welcher in *»Europe«* (1953–1962), unter der Nr. 10 auf Seite 125 irrtümlich auf 1936 datiert wurde.

2 In den Jahren 1926–1929 und später 1935–1936 gab der Verleger Vriamont unter anderem Chansons von Paul Magritte heraus, deren Notenblätter von seinem Bruder René Magritte illustriert wurden. Vriamont war mit Edouard Mesens eng befreundet und finanzierte auch dessen Verlag »Editions Nicolas Flamel«, in dem unter anderem *Violette Nozières* (1935) herauskam.

3 Damals wurde kein Buch von Dali bei Denoël verlegt.

4 Es handelt sich wahrscheinlich um *Das Rätsel Wilhelm Tells,* ein Bild, das Eluard übrigens nie gesehen hat und auch nach dem Krieg nie zu sehen bekam (vgl. Brief 269, vom 16. Juni 1947, in dem er Gala sein Bedauern darüber ausdrückt). Dieses riesige Gemälde (306 × 201) entstand im Jahr 1933 und wurde vom 2. Februar bis 11. März 1934 im »Salon des Indépendants« im Grand Palais ausgestellt. Es stellt einen Mann mit den Zügen Lenins dar, dessen eine Gesäßbacke übermäßig in die Länge gezogen ist und von einer Krücke gestützt wird; der Mann schickt sich an, den »kleinen Dali«, den er auf dem rechten Arm hält, zu verschlingen. Breton hat dieses Gemälde sehr

schlecht aufgenommen und die Meinung geäußert, Dali zeichne von »Lenin ein Bild von billiger Anstößigkeit« *(Entretiens avec André Parinaud* (»Gespräche mit A. Parinaud«), N. R. F., 1952); ein »surrealistisches« Kommando versuchte vergeblich, das Bild zu zerschlitzen. Die Ausstellung dieses Gemäldes war wohl auch der Anlaß zur Versammlung am 5. Februar 1934 (siehe folgende Briefe).

Brief 185

1 Dieser Brief läßt sich einigermaßen genau datieren. Er wurde wahrscheinlich zwischen dem 3. Februar – die Ausstellung mit dem Gemälde *Das Rätsel Wilhelm Tells* begann am 2. Februar (siehe Anm. 4 von Brief 184) – und dem 5. Februar 1934 geschrieben, dem Datum der Zusammenkunft bei Breton, in dessen Verlauf über den Ausschluß Dalis abgestimmt werden sollte (siehe Anm. 1 von Brief 189). Das auch an Eluard gerichtete Telegramm, in dem er aufgefordert wurde, brieflich zu den Anklagepunkten gegen Dali Stellung zu nehmen, ist je nach Empfänger vom 2. oder 3. Februar datiert. Wenn Eluard also schreibt: »Sollte die Zusammenkunft stattfinden«, dann meint er vermutlich: »Wenn die für den 5. Februar geplante Zusammenkunft tatsächlich stattfindet«. Wir wissen nicht, ob Breton die Briefe von Eluard und Tzara während der Beratung verlesen hat, aber alle Anwesenden wurden wohl davon in Kenntnis gesetzt, daß Eluard, Tzara und Crevel es ablehnen, für den Ausschluß Dalis zu stimmen (siehe Anm. 3 von Brief 189).

2 In der Zeit des nationalsozialistischen Drängens nach der Macht verglich Dali Hitler mit Maldoror (»Gesänge des Maldoror« von Lautréamont). Schon im Jahr 1933 vertrat er die Ansicht, daß man »Hitler vom surrealistischen Standpunkt aus beurteilen« müsse, da die Surrealisten, wie er sagte, »allein imstande sind, hübsche Dinge zu sagen« (Brief Dalis an A. Breton, vom 29. Juli 1933, abgedruckt im Katalog der Dali-Retrospektive ⟨18. Dezember 1979 bis 12. April 1980⟩ im Centre Pompidou, S. 134). Als Dali vierzig Jahre später Hitler mit Lenin gleichsetzte, legte er dar, was eigentlich seinen Sexualrausch im Zusammenhang mit der »appetitlichen Rundlichkeit« Hitlers hervorgerufen hatte: »... Lenin und Hitler erregten mich im höchsten Maße. Hitler übrigens mehr als Lenin. Sein draller Rücken – vor allem, wenn er in seiner Uniform erschien, mit Koppel und Sturmriemen, die seinen Leib schnürten – löste in meinem Mund einen genüßlichen Schauer aus, der mich in eine wagnerianische Ekstase versetzte. Ich träumte oft von Hitler als Frau« (Dali, *Comment on devient Dali* ⟨»Wie wird man Dali«⟩, Laffont, 1973, S. 153).

3 Das war eine der Hauptsorgen Eluards. Da er ein starkes Gruppengefühl und einen ausgeprägten Kollektivsinn besaß, zählte er oft die »Häupter seiner Lieben« und sorgte sich sehr darum, daß die Gruppe

der Surrealisten, die wiederholt zu zersplittern drohte, nicht auseinanderfiel. Diese Sorge teilte mit ihm André Breton, der damals die Meinung vertrat, »Dalis Haltung ⟨...⟩ untergrabe die Plattform des Surrealismus ⟨und⟩ kompromittiere seine Geltung im Denken derer, die noch zu gemeinsamen Aktionen mit der Gruppe bereit waren« (aus einem Gespräch, das Hugnet in seinem Buch *Pleins et déliés,* Authier, 1972, auf Seite 254–255 wiedergibt).

4 Eluard spielt hier wohl auf die zahlreichen Bilder Dalis an, die sich mit dem Thema »Das Abendgebet« *(Angelus)* von Millet auseinandersetzen.

Brief 189

1 Es handelt sich um die Zusammenkunft am Montag, dem 5. Februar. Es wurden Einladungen an sämtliche Surrealisten geschickt, mit der Bitte, sich in Bretons Wohnung in der Rue Fontaine einzufinden. Tagesordnung: »Da sich Dali verschiedener konterrevolutionärer Vergehen schuldig gemacht, die einer Verherrlichung des Hitlerfaschismus gleichkommen, schlagen die Unterzeichner vor, ihn – ungeachtet seiner Erklärung vom 26. Januar 1934 ⟨nach einer Ermahnung durch Breton hatte Dali eine Erklärung unterschrieben und versichert, daß er »überhaupt kein Feind des Proletariats« sei, was er – wie er sagte – mit der »allergrößten Befriedigung tat«, Dali, *Entretiens avec A. Bosquet,* Belfond, 1966, S. 125⟩ – als faschistisches Element aus dem Surrealismus auszuschließen und mit allen Mitteln zu bekämpfen.« Diese Einladung trug die Unterschriften von Brauner, Breton, Ernst, Hérold, Hugnet, Oppenheim, Péret, Tanguy, und war mit dem Nachsatz versehen: »Sind aufgefordert, sich brieflich zu äußern: Crevel, Eluard, Giacometti, Tzara, da sie zur Zeit nicht in Paris weilen.«
Wie der Redakteur des Dali-Katalogs zutreffend bemerkt, »legt der hohe Prozentsatz der anwesenden Maler (5 von 8) die Vermutung nahe, daß die Anfeindungen gegen Dali nicht allein ›politische‹ Gründe« hatten. (Dali-Ausstellung im Centre G. Pompidou, 18. Dez. 1979 – 21. April 1980, S. 135). Dasselbe deutet Eluard in einigen seiner Briefe an Gala an (siehe vor allem Brief 185: »der Haß, Neid, Unverständnis ...«).
Bei dieser Zusammenkunft vom 5. Februar 1934 bildete Dalis possenhaftes Verhalten einen merkwürdigen Kontrast zum feierlichen Ton des Telegramms: »Die unzähligen Gags, die der Maler des ›traurigen Spiels‹ in dieser Situation ersann, hätte jedem Music-hall ein Vermögen eingebracht. Unter dem Vorwand, er sei erkältet, steckte er sich ein Fieberthermometer in den Mund, hielt dabei eine Ansprache, unterbrach sich, um auf das Thermometer einen prüfenden Blick zu werfen. Dann verlor er seine Socken, kniete vor Breton

nieder, als wollte er von diesem das Sakrament empfangen, und verlas dabei eine haarsträubende Erklärung, in der er den surrealistischen und maldororischen Charakter seiner Bewunderung für Hitler zu beweisen suchte ⟨...⟩ Breton unterbrach ihn schroff: »Hören Sie doch auf, uns mit Ihrem Hitler den Nerv zu rauben!« (M. Jean, *Histoire de la peinture surréalists,* Le Seuil, S. 220). Worauf Dali ihm antwortete, indem er sich auf die These von der surrealistischen Verantwortungslosigkeit berief, die Breton selbst während der »Affäre Aragon« entwickelt hatte und die Dali nun auf eine sehr spezielle Art abwandelte: »Also, André Breton, schloß ich, wenn ich heute nacht träumen würde, daß ich mit Ihnen schlafe, dann würde ich gleich morgen unsere schönsten Liebesstellungen in aller Ausführlichkeit auf der Leinwand darstellen. Breton erstarrte, die Pfeife zwischen den zusammengebissenen Zähnen, und knurrte grimmig: ›Das rate ich Ihnen nicht, lieber Freund.‹ Er war schachmatt« (S. Dali, *Comment on devient Dali,* Laffont, 1973). Und Dali – dessen Fall vor Beginn dieser Zusammenkunft eigentlich klar entschieden war – wurde nicht ausgeschlossen. Zumindest nicht sofort.

2 Februar-Heft der »N. R. F.«, 1934.

3 Nach den einmütigen Aussagen aller Surrealisten, die an der Zusammenkunft vom 5. Februar teilgenommen hatten, lehnten es Eluard, Crevel und Tzara ab – in entsprechenden Briefen, die sie vor der Gruppentagung eingeschickt hatten –, für den Ausschluß Dalis zu stimmen. Hugnet zufolge, »war Breton darüber derart verstimmt, daß daraufhin auch Eluard für schuldig befunden und aus der surrealistischen Gruppe verstoßen wurde. Dem Betroffenen wurde dieser Beschluß allerdings nie mitgeteilt. Indes, Eluard erfuhr eines Tages davon ⟨...⟩ und dieser obskure Zwischenfall bestimmte fortan die Beziehungen, die Eluard und Breton miteinander unterhielten« (Hugnet, *Pleins et déliés,* Authier, 1972, S. 25–27). Nur Hugnet erwähnt diesen geheimen Ausschluß Eluards. Es steht jedenfalls fest, daß seit diesem »Dali-Prozeß« die Beziehungen zwischen Eluard und Breton sich stetig verschlechterten. Was dieses »Votum« betrifft, das Eluard am Vortag abgegeben haben will (also ein Tag nach besagter Zusammenkunft), so kann es sich nur auf den Ausschluß Dalis beziehen, für den er sich sozusagen *a posteriori* entschieden hatte. Es verwundet jedoch ein wenig, daß Breton, der zu diesem Zeitpunkt gegen Dali einen offenen Kampf führte, diesen Fakt nie erwähnt hat.

4 Die faschistischen Tumulte fanden in Paris am 6. Februar 1934 statt.

Brief 190

1 Galas Hund.

2 Diese Dokumente wurden nicht gefunden.

3 Dieser Artikel erschien in der Zeitschrift »N. R. F.«, 22. Jahrg.,

Nr. 246/1. März 1934, S. 565: »*Minotaure*« (3–4) von Jean Wahl: »... Dali ⟨...⟩ ist ein Entdecker und eine Entdeckung, eines der authentischsten Prototypen des Surrealismus.
Seine Erklärungen gegenüber Tériade bezüglich der Objektivität und der Tagträume, seine Suche nach Bildern, die unsere Verzükkung hervorrufen, seine Huldigung des Jugendstils – in Übereinstimmung mit Breton –, den er als ›zuckend-wogend‹, ›erschreckend und sublim‹ bezeichnet, seine Vorstellung von einer Traumwelt, in der sich der Künstler bewegen sollte, und schließlich sein so Baudelairescher Spruch: ›Schönheit ist nur die Bewußtseinssumme unserer Perversionen‹ – das alles beunruhigt und erregt den Geist ...«

4 Es handelt sich wahrscheinlich um jenes kleine Bild des Zöllners Rousseau, das er 1929 von Keller gekauft hatte (siehe Anm. 6 von Brief 52).

Brief 192

1 Wir haben dieses Gedicht nirgends gefunden.

2 Dali veröffentlichte in Heft 5 von »*Minotaure*«: *Les nouvelles couleurs du sex appeal spectral,* Nr. 5, S. 20–21, in welchem sich auch ein Text von Eluard befindet: *Par un après-midi très froid des premiers jours de 1713 ou le Monde tel qu'il est,* (S. 17).

Brief 193

1 In Heft 5 von »*Minotaure*« wurden 4 Gemälde von Dali abgebildet: *La mélancolie* (1931), *Le spectre de l'Angelus* (»Das Gespenst des Angelus«, 1934), *Le signal de l'angoisse* (»Zeichen der Angst«, 1933) und *Bureaucrate moyen atmosphérocéphale dans l'attitude de traire du lait d'une harpe crânienne* (»Atmosphärozephaler mittlerer Beamter beim Melken einer Schädelharfe«, 1933).

2 »*Documents 34*«, vierteljährlich erscheinende Zeitschrift. Direktor: Jean Stephane; Chefredakteur: E. L. T. Mesens. Brüssel. Oktav. Neue Serie: Juni 1934, Nr. 1: *Intervention surréaliste.*

3 *Une personnalité toujours nouvelle,* in »*Documents 34*«, S. 11–15; erstes Gedicht von *La rose publique.*
In »*Documents 34*« erschienen ebenfalls: *L'évidence poétique* (S. 54–57) und *Dialogue en 1934* (S. 24–25), ein Interview mit Eluard und M. F. (Marcel Fourier, Herausgeber von »*Clarté*« und Redakteur bei der »*Humanité*« nach einer Mitteilung von Lucien Scheler) sowie ein Dialog mit André Breton.

Brief 195

1 Diese Ausstellung wurde von dem Verlag »Editions Albert Skira« veranstaltet und fand vom 12. Mai bis 3. Juni 1934 statt.

2 Außer diesem Bild (»Metaphysisches Interieur«, Katalog-Nr. 26)

werden noch drei weitere Bilder Chiricos aufgeführt, die sich im Besitz Eluards befanden: *Le départ du poète* (»Abschied des Dichters«, Nr. 24), *Le duo* (»Das Duo«, Nr. 25) und *Le salut de l'ami lointain* (»Gruß des fernen Freundes«, Nr. 29).

3 Es handelt sich vermutlich um ein Bild, das ohne Titel unter Nr. 34 im Katalog der *Minotaure*-Ausstellung aufgeführt ist. Eluard wird darüber hinaus sein Dali-Bild *Le lever du jour* (»Tagesanbruch«, Katalog-Nr. 32) zur Verfügung stellen.

4 *L'oreille de satin* (»Das Satin-Ohr«, Nr. 111 im Katalog der *Minotaure*-Ausstellung), Leihgabe von Paul Eluard.

5 Eine Kollektivausstellung fand im Juni 1934 in Paris nicht statt. Dali selbst stellte seine Arbeiten vom 20. Juni bis 13. Juli in der Galerie Jacques Bonjean aus.

6 Auf Seite 83 von *»Documents 34«* befindet sich ein Bild von Dali, *L'illusion diurne* (»Sinnestäuschung am Tage«).

7 *La petite Anthologie du Surréalisme (»Kleine anthologie des surrealismus«) wird erst ab* 22. Juni 1934 im Druck vorliegen (Siehe Anm. 5 von Brief 136).

Brief 196

1 In diesem Heft von *»Minotaure«* befindet sich keine Reproduktion von Meissonier. Dali sah in Meissonier eine Art Genie. Der Maler Ernest Meissonier (geb. 1815) war erst 1891 gestorben, sein Werk war also noch urheberrechtlich geschützt.

2 Siehe Anm. 1 von Brief 193.

Salvador Dali antwortete ein paar Tage später auf Eluards Brief. Dieser Brief, der sich im Besitz des »Fonds Paul Eluard« des Museums von Saint-Denis befindet, ist in französisch geschrieben und wimmelt von orthographischen Fehlern. Bei der deutschen Übersetzung wurden diese nicht berücksichtigt:

»Lieber Paul, ich weiß nicht, was sie bei Gauguet photographieren wollen, denn das, was darauf zu sehen ist, wird man auf einem Photo nicht erkennen. Es wäre besser, von den Sachen, die ich mitbringen werde, Reproduktionen zu machen, sie eignen sich wunderbar, und für ›Minotaure‹ wären gute Reproduktionen der Radierungen für Maldoror viel geeigneter, denn davon habe ich schon fertige und sehr gute aus der Serie Angelus. ⟨...⟩ Lassen Sie auf jeden Fall das Bild mit dem Kindermädchen reproduzieren, stark vergrößert, selbst wenn das Bild unscharf wird, um so besser. Ich schicke Ihnen einen guten ›Anachronismus‹ als Illustration für meinen Artikel in ›Documents 34‹.

Sollten Sie Zeit dazu haben, fügen Sie bitte meinem Artikel in ›Minotaure‹ die auf der Umseite aufgeführten Unterscheidungen zwischen Gespenst und Geist hinzu.

⟨auf der Rückseite⟩
SPEKTRALANALYSE DES PHANTOMS UND DES GESPENSTES
PHANTOM – Konturen, die das Volumen betonen – Gips, Baumwolle
GESPENST – ›Strahlen‹, die die Konturen zerklüften – Asbest-Seide
PHANTOM – Der Urheber, Regungslosigkeit – ›verhüllte Andeutung‹
GESPENST – Schnelligkeit, Augenblicklichkeit – ›augenscheinliche Offenbarung‹
PHANTOM – Senkrechte-Fahrstühle-Rundungen, Spinoza
GESPENST – Diagonalen-Treppengeländer-Kanten-Uccelo
PHANTOM – Empfänger von Licht und Stimmung
GESPENST – Spender von Licht und Stimmung
PHANTOM – Schwamm
GESPENST – Bürste
PHANTOM – undurchsichtiges, voluminöses, vor Angst schwammiges Schattenbild
GESPENST – Leuchtende, gesträubte, irisierende Angst
Diese Analysen ließen sich gut illustrieren, in einem kleinen Quadrat, mit kleinen Buchstaben, und super-wissenschaftlich.«

3 *La petite anthologie du surréalisme* wurde im Juni 1934 von Jeanne Bucher herausgegeben (siehe Anm. 5 von Brief 136).

4 Diesen Text hat Nadeau in *Documents surréalistes* (S. 383–385) abgedruckt: »Am 18. April: Umfrage zur Aktionseinheit« gegen die faschistische Gefahr. Der Text der Umfrage erschien in *»Documents 34«* auf S. 6–8.

5 Heft 5 erschien am 12. Mai 1934.

6 *Les nouvelles couleurs du sex appeal spectral* (»Die neuesten Farben des spektralen Sex-appeal«; in *»Minotaure«*, Nr. 5, S. 20–22).

7 *Derniers modes d'excitation intellectuelle pour l'été 1934* (»Die neuesten Methoden intellektueller Erregung für den Sommer 1934«; in *»Documents 34«*, S. 33–35).

8 Siehe Anm. 2 von Brief 180.

9 *Les mannequins de la Tour rose* von Chirico wurde in Heft 5 von *»Minotaure«* unter dem Titel *Le duo* abgebildet. Dieses Bild gehörte übrigens Eluard (siehe Anm. 2 von Brief 195 sowie Brief 211). In demselben Heft befinden sich auch Bildreproduktionen von Tanguy (S. 46), Max Ernst (S. 45) und Picasso (S. 32).

10 Es handelt sich vielleicht um *Baiser* (»Kuß«), einem Gedicht, das im Manuskript ohne Titel steht und in den Band *La rose publique* aufgenommen wurde.

Brief 197

1 Der Druck von *La rose publique* wurde im Dezember 1934 bei Gallimard herausgegeben.

Brief 198

1 Siehe Anm. 3 von Brief 179.

2 Diese beiden Bilder hatte Eluard für die Ausstellung »Minotaure« im Palais des Beaux-Arts zur Verfügung gestellt (vgl. unveröffentlichte Postkarte an Madame Grindel). Doch im Katalog dieser Ausstellung wird nirgends ein Rousseau geführt. Also handelt es sich um denselben Zöllner Rousseau, von dem in Brief 52 (Anm. 6) und Brief 190 die Rede ist.
Zum Bild Chirico siehe Anm. 2 von Brief 195.

3 Wir konnten diesen Artikel nicht finden.

Brief 201

1 In der Rue Ordener 3, wo Paul Eluards Mutter bis zu ihrem Tode wohnte. Wenn Madame Grindel und ihre Enkelin Cécile sich nicht in Paris aufhielten, wohnten sie meist in Montlignon.

2 Siehe Anm. 1 von Brief 197. In seinen *Gesprächen* mit A. Parinaud bemerkt André Breton, daß die Gedichte Paul Eluards »von Aggressivität vollkommen frei und im Gegensatz zu den meisten anderen surrealistischen Gedichten allein ästhetischen Kriterien verpflichtet waren. Auf dieser Ebene engte ihn der Surrealismus ein und dämpfte sein Bedürfnis nach Weite ⟨...⟩ In diesem Sinne bringen die Titel einiger seiner Bände *(La rose publique, Facile)* einen recht klaren Anspruch zum Ausdruck« (*Entretiens,* S. 129). Es sei aber darauf hingewiesen, daß B. Pèret, der als einer der extremen Surrealisten galt, diesen Titel – wie Eluard einmal äußerte – gut fand.

3 Es handelt sich wohl um das Heft 6 von *»Minotaure«* (das am 5. Dezember 1934 im Druck vorlag). Allerdings findet man in diesem Heft kaum Reproduktionen alter Werke, vielmehr solche zeitgenössiger Kunst, also weder Christusköpfe noch heilige Jungfrauen ... Wurde der Inhalt geändert oder ist Eluard nach dem Erfolg des Doppelheftes 3–4 jedesmal besorgt und enttäuscht, wenn es zu einer Zusammenarbeit der Surrealisten mit anderen Künstlern kommt? Die Titelseite ist von Duchamp. Erst das Titelblatt von Nr. 7 (Erscheinungstag: 10. Juni 1935) wurde von Miro gestaltet.

4 Die folgende Nummer war ein Einzelheft, an dem sich die Surrealisten zahlreich beteiligten. Heft 6 druckte von Eluard einen Text: *Physique de la poésie* (der später in das Bändchen *Donner à voir* aufgenommen wurde) sowie ein Gedicht: *»Elle se fit élever un palais ...«*. In Heft 7 erschien *Appliquée* (siehe Anm. 4 von Brief 207).

5 Die von Nezval herausgegebene Zeitschrift *Surrealismus* erschien ein

einziges Mal mit großer Verspätung 1936 in Prag. Auch darin befinden sich Texte von Paul Eluard und Reproduktionen von Salvador Dali.

6 Da Eluard in Geldnot war, mußte er auf diese Reise verzichten, und Breton fuhr mit Benjamin Pèret zu den kanarischen Inseln (siehe Anm. 1 von Brief 207). Der spanische Maler, der die Reise Bretons und Pérets organisierte, ist wahrscheinlich Oscar Dominguez, der die Pariser Surrealisten mit der Gruppe in Teneriffa zusammengebracht hatte.

Brief 202

1 Paul Eluard heiratete Maria Benz, auch Nusch genannt, am Dienstag, dem 21. August 1934 (Die Vermählungsanzeige wurde in *Livre d'identité* abgedruckt, S. 127).

2 Unter den handgeschriebenen Gedichten in Galas Nachlaß befand sich ein Paßfoto von Eluard. Sein nächstes Buch kam im Dezember heraus.

Brief 203

1 Ein Werk von Jensen, das von Freud analysiert wurde. Dali hat in seinem Buch *Das geheime Leben* wiederholt darauf Bezug genommen.

2 Eluard ist nie in die Rue d'Artois gezogen.

Brief 204

1 Wir konnten diese Postkarte nicht finden, wahrscheinlich ist sie verlorengegangen. Der Ort Cladavel, wo Eluard und Gala sich beide siebzehnjährig im Jahr 1912 kennenlernten, liegt in der Nähe von Davos.

2 Den Anfang des Briefes hat Nusch geschrieben. Sie teilt Gala mit, wie es um Eluards Gesundheit steht.

3 Ein unveröffentlichter Brief, den Eluard am 9. Februar 1935 an seine Mutter schickte, erklärt uns den Grund dieses Zorns gegenüber Skira:

»Davos, den 9. Februar 1935 Sonntag Vormittag

Liebe Mutter,
ich bin außer mir und empört über die Unredlichkeit von Skira. Eine Mitarbeit an seiner Zeitschrift kommt für mich nicht mehr in Frage. Er kann sehen, wo er bleibt. Ich werde Dir erklären, was sich *genau* zugetragen hat. Ich habe einen Fehler gemacht, er aber mehrere und viel schlimmere. Nach meiner Rückkehr werde ich das alles in Ordnung bringen, und *Du wirst dabei keinen Sou verlieren,* das verspreche ich Dir. Und ohne Prozeß.
Es war während der Vorbereitung für die nächste Ausgabe. Da

sich Skira bei der Reproduktion des Bildes (die für dessen Verkauf *sehr* förderlich wäre) etwas bitten ließ, habe ich zu ihm gesagt, daß Du vielleicht bereit wärest, Dich mit 500 frs etwa an den Kosten zu beteiligen (eine solche Annahme schien mir in Anbetracht des Preises, den Du bei einem Verkauf des Bildes eines Tages erzielen kannst, berechtigt. Es gehört zu den Bildern, bei denen Du keinen Verlust, sondern Gewinn machen kannst). Als ich später darüber nachdachte, fand ich, daß es wenig Sinn hätte, Dir diese Ausgabe vorzuschlagen. Als dann die Reproduktion schon lief, hat mich Skira daraufhin angesprochen, und ich habe zu ihm gesagt, daß Du Dich nicht beteiligen möchtest. Ich dachte, damit wäre alles geklärt und geregelt. Aber ich habe nicht mit seiner Schuftigkeit gerechnet. Schreibe ihm den Brief, den ich dir als Entwurf beigelegt habe, und ändere dabei kein Wort. Nach meiner Rückkehr werde ich ihn aufsuchen, und ich bin sicher, daß er Dir Dein Geld zahlen wird. Ich habe Mittel, ihn dazu zu zwingen. Und wie es im Entwurf steht: *Du hast zu mir nichts gesagt.* Mach Dir keine Sorgen. Du bekommst Deine 1000 frs (...)

Eugène

Paris, den ...

Ich hatte meinen Sohn gebeten, Ihnen zu sagen, daß ich jede Beteiligung an den Reproduktionskosten meines Gemäldes von Chirico* ablehne (diese Beteiligung, um die man mich bat, sollte 500 francs betragen).

Da es für mich noch nie einen Anlaß gab, an der Ehrlichkeit meines Sohnes oder an seiner Aufrichtigkeit zu zweifeln, werde ich bis zu seiner Rückkehr Anfang März warten, um seine Aussage mit der Ihren zu vergleichen. Ich versichere Ihnen, daß ich Verpflichtungen, die er bei Ihnen eingegangen sein sollte, auch erfüllen würde.

Da er schwer krank ist, möchte ich Sorgen dieser Art von ihm fernhalten, da sie eine Besserung seines gesundheitlichen Zustands verhindern würden.

Mit vorzüglicher Hochachtung«

Dessenungeachtet schrieb Eluard weiterhin für die Zeitschrift *»Mi-*

* In Heft 7 von *»Minotaure«,* das am 10. *Juni* 1935 erschien, ist ein Bild von Chirico abgebildet *(»Melanchonia«).* Im obenstehenden Brief schreibt Eluard seiner Mutter, daß Skira sich um die Vorbereitung für das Heft kümmert und die Reproduktion in Auftrag gegeben habe. Sind nun dieses Bild und das Gemälde *Melanchonia,* das J.-C. Gateau (in seinem Buch *Eluard, Picasso et la peinture,* Droz, 1983) unter den Kunstwerken, die Eluard gehörten, unter dem Titel *Mélancholie d'un après-midi* anführt, ein und dasselbe?

notaure«, bis 1938 (das Gedicht *Appliquée* erschien im Juni 1935 in Heft 7). Doch in den folgenden Briefen war von *»Minotaure«* praktisch nicht mehr die Rede, obwohl Eluard wie auch Dali regelmäßig ihre Beiträge lieferten.

4 Siehe Anm. 2 von Brief 198.

5 Zwemmer: Die »Zwemmer Gallery« in London, alleiniger Korrespondent des *»Minotaure«* in Großbritannien, war neben der »Mayor Gallery« die einzige Galerie, die damals in ihren Räumen surrealistische Werke zeigte. Dali stellte dort im Oktober 1934 aus. Das *London Bulletin,* Nr. 18–20, wurde in Zusammenarbeit mit der »Zwemmer Gallery« im Jahr 1940 herausgegeben.

6 Dieses Bild, das sich in Eluards Besitz befand, wird ebenfalls im Katalog der Londoner Ausstellung von 1936 unter dem Titel *Day break* aufgeführt.

7 Die erste von vier geplanten Konferenzen, die im Juni 1935 im Rahmen einer »Vortragsreihe über die neuesten Positionen des Surrealismus« stattfinden sollten. Das Programm der ersten Konferenz wurde mit folgendem Wortlaut angekündigt: »Warum bin ich ein Surrealist, von XXX. Breton kommentiert die Vorführung einiger blitzend-konvulsivischer Bilder (von Lautréamont, Jarry, Péret, Picasso, Chirico, Duchamp). Photographien von Man Ray. Dali wird in angemessener Kleidung sein unveröffentlichtes Gedicht: ›Ich esse Gala‹ lesen, und anhand des Rätsels: Das *Abendgebet von Millet* über das kritisch-paranoische Wirken referieren (unter Vorwegnahme seines Buches: *Der tragische Mythos des Abendgebets von Millet*).« Die vier geplanten Konferenzen (...) fanden jedoch nicht statt, da es nicht gelang, die nötigen Subskriptionen aufzubringen« (*La vie publique de Salvador Dali,* Centre Pompidou, 1980, S. 45).

8 René Crevel, der erneut schwer erkrankt war, hielt sich damals mit Eluard in Davos auf.

9 René Crevel: *Dali ou l'antiobscurantisme* (»Dali oder der Antiobskurantismus«), Editions surréalistes, Paris, 1931.

Brief 205

1 Die surrealistische Gruppe hatte gerade eine innere Krise überwunden. Eluard schrieb damals, Anfang 1935, in einem Brief aus Davos an Valentine Hugo: »...Ich war völlig sicher, daß es zwischen unseren Freunden nicht zum Bruch kommen würde. Ich glaube einfach, sie wollen sich einreden (oder in der Illusion wiegen), sie hätten eine gewisse Unabhängigkeit. Wir werden schon sehen, wohin sie das führt – wohin uns das führt...« (in *Livre d'identité,* S. 134). Trotz seines beschwichtigenden Tons in diesem Brief scheint Eluard, den Überdruß und dieses Bedürfnis nach Unabhängigkeit mit seinen surrealistischen Freunden geteilt zu haben.

2 Breton reiste mit Eluard Ende des Monats März nach Prag und hielt dort am 29. März in den Räumen der »Manès-Gesellschaft« seinen ersten Vortrag: *Situation politique de l'objet* (»Politische Situation des Gegenstands«).
3 Siehe Anm. 1 von Brief 297. Diese Reise unternahm Breton in Begleitung von Benjamin Péret, da Eluard aus Geldmangel nicht mitfahren konnte.
4 *Nuits partagées* erschien im Juli 1935 mit zwei Zeichnungen von Dali bei G.L.M.

Brief 206
1 Madame de Cuevas – siehe Anm. 1 von Brief 119.
2 Nezval (Vitezslav), 1900–1958. »Als Mitbegründer des ›Poetismus‹ (1924) wie auch der ersten Prager surrealistischen Gruppe (1934) ist er an sich allein schon eine wahre Revolution in der tschechischen Dichtung. Er schrieb Gedichte, verfaßte Romane und Theaterstükke, arbeitete als Übersetzer (von Rimbaud bis Breton) und brachte theoretische Schriften heraus ...« (P. Kral, *Le surréalisme en Tchécoslovaquie,* Gallimard, 1983, S. 167). Er war mit Eluard sehr gut befreundet und übertrug einige seiner Gedichte ins Tschechische.
3 Teige (Karel), 1900–1951. Tschechischer Literatur- und Kunstwissenschaftler, treibende Kraft und geistiger Führer der »Schriftsteller- und Künstlergruppe Devetsil«. Er gründete zusammen mit Nezval den »Poetismus« und danach die Prager surrealistische Gruppe (Biographische Notiz aus dem *Dictionnaire des littératures,* P. U. F., 1969, Bd. III, S. 3884). Teige leitete auch die tschechische Zeitschrift *»Doba«.*
4 Styrsky (Jindrich), 1899–1942. »Styrsky, der Maler, Photograph, gelegentlich Lyriker und Essayist war, erfand (mit Toyen) im Jahr 1927 die ›Künstlichkeit‹, die bildnerische Entsprechung zum Poetismus. Als Mitbegründer der Prager Gruppe (1934) leistete er als Maler, Collagist und Photograph wesentliche Beiträge zum Surrealismus. Durch sein unstetes Wesen, das bisweilen an ›Dekadenz‹ grenzte, gilt Styrsky als der Surrealist der Friedhofsblumen« (P. Kral. *Le surréalisme en Tchécoslovaquie,* Gallimard, 1983, S. 199). Eluard besaß mehrere Werke Styrskys.
5 Toyen (Maria Germinova, genannt), 1902–1980, tschechische Malerin. Schon während ihrer Ausbildung beteiligte sie sich an allen Aktivitäten der Gruppe »Devetsil«. Sie war die Lebensgefährtin von Styrsky und erfand mit ihm zusammen die »Künstlichkeit«. Eluard war ebenfalls im Besitz von Werken dieser Malerin.
6 Makovsky (Vincenc), 1900–1966, Bildhauer und Mitglied der tschechischen Surrealisten-Gruppe. Er lebte von 1926 bis 1930 in Paris.
7 Das Protokoll dieser Konferenzen, das in tschechischen Zeitschriften

erschien (*Internationales Bulletin des Surrealismus,* 9. April 1935, *»Rude Pravo«* und *»Halo Noviny«,* 3. April 1935), wurde in *Documents surréalistes* auf Seite 400–412 abgedruckt.

8 Erstes Heft vom *»Internationalen Bulletin des Surrealismus«,* das am 9. April 1935 in Prag erschien. Es sollten noch drei weitere Hefte folgen, die in jeweils zwei Sprachen herausgegeben wurden und über das Wirken der surrealistischen Gruppe im Ausland berichteten; Nummer 2 erschien in Teneriffa anläßlich der Reise Bretons und Pérets zu den Kanarischen Inseln, Ende April 1935; Nummer 3 kam im August in Brüssel heraus; Nummer 4 enthielt einen umfassenden Bericht über die große surrealistische Ausstellung in London, Ende Mai 1936.

Brief 207

1 Im »Ateneo de Santa Cruz« in Teneriffa auf den kanarischen Inseln fand vom 1. bis 21. Mai 1935 die erste internationale Ausstellung surrealistischer Kunst in Spanien statt. Zu diesem Anlaß erschien in Teneriffa selbst das zweite Heft des *»Internationalen Bulletins des Surrealismus«.*

2 M. A. Cassanyes, spanischer Kunstkritiker. Er schrieb zwei Artikel über Dali, den ersten 1927 in *»L'Amic de les Arts«,* den zweiten 1934 in *»D'aci i d'alla«.*
Jaume Miravitlles, spanischer Schriftsteller. Sein Buch, *El ritmó de la revolución* erschien 1933 im Verlag »Documents de Barcelone« mit frühen Zeichnungen von Dali.
Über J.-V. Foix siehe Anm. 25 von Brief 180.

3 Diese Konferenz sollte im Juni 1935 im Rahmen der »systematischen Vortragsreihe ...« stattfinden (siehe Anm. 7 von Brief 204). Für die Ausgestaltung des Programms hatte man Dali, Arp, Max Ernst, Duchamp, Giacometti, Valentine Hugo, O. Dominguez, Man Ray, M. Jean und Yves Tanguy gewonnen. Die für Juni 1935 geplanten Konferenzen fanden schließlich nicht statt, aber »Dali hielt im Januar 1936 im »Vieux Colombier« einen höchst persönlichen Vortrag ...« (*Tracts surréalistes et déclarations collectives,* P. Losfeld, 1982, Bd. I, S. 496) unter dem Titel: »Der surrealistische Kannibalismus und der hysterische Surrealismus«.

4 *»Minotaure«,* Nr. 7 (10. Juni 1935), S. 15–16.

Brief 210

1 Mumifizierte Hand, eine Art Glücksbringer, den Eluard besaß und den ihm wahrscheinlich Gala geschenkt hatte.

2 Alfred A. Barr organisierte Ende 1936 im Museum für moderne Kunst in New York (9. Dezember 1936 bis 17. Januar 1937) eine riesige Ausstellung *Fantastic Art, Dada and surrealism.*

3 *»Sur«,* revista mensual publicada bajo la dirección de Victoria Ocampo, Buenos Aires (siehe Anm. 2 von Brief 213).
4 Pierre Matisse, Sohn von Henri Matisse, besaß in New York eine Gemäldegalerie.
5 *Facile,* erschien am 24. Oktober 1935, mit 12 Porträtaufnahmen von Nusch durch Man Ray.
6 Christian Zervos: Herausgeber der Kunstzeitschrift *»Cahiers d'Art«* die jährlich zehnmal erschien und zahlreiche Texte und Gedichte von Eluard veröffentlichte. Als Verleger gab Christian Zervos mehrere Bücher Eluards heraus, unter anderem *La barre d'appui* (1936), mit Illustrationen von Pablo Picasso.
7 *Du temps que les surréalistes avaient raison* (»Damals, als die Surrealisten recht hatten«), Editions surréalistes, August 1935, abgedruckt von Nadeau auf Seite 422–423. Nach dem »Kongreß der Schriftsteller für die Verteidigung der Kultur« (Juni 1935), auf dem Eluard Bretons Rede verlas, gerieten Surrealisten und Kommunisten heftig aneinander, und die Auseinandersetzung, die sich an diesem Text entzündet hatte, führte zum baldigen Bruch zwischen der surrealistischen Gruppe und der kommunistischen Partei. René Crevel hatte sich am Tag davor das Leben genommen – vielleicht zum Teil wegen der Vorfälle, die der Eröffnung des Kongresses vorangegangen waren. Eine ausführliche Darstellung des Geschehens um besagten Kongreß und den »Vorfall« um Ehrenburg, an dem sich der Streit zwischen Surrealisten und Kommunisten entfachte, findet sich in den *Entretiens* von A. Breton, Gallimard, 1969, S. 177–179.
Vor der Veröffentlichung dieses Traktats hatten zwei der Unterzeichner, Marcel Jean und Léo Mallet, in Heft 5–6 von *»Cahiers d'Art«* (1935) ein Protestschreiben mit folgendem Titel publiziert: *Ja! Es sind noch immer die gleichen Methoden* – gegen »diesen manierierten, für das Proletariat in jeder Hinsicht gefährlichen Kongreß«, der *Kongreß der Schriftsteller für die Verteidigung der Kultur* (in *Tracts surréalistes et déclarations collectives,* P. Losfeld, 1982, Bd. II. S. 444–445).

Brief 211
1 Dieses Gemälde steht unter dem Titel *L'incertitude du poète* (»Die Ungewißheit des Dichters«, 1913) auf der Liste der Bilder, die 1938 an Roland Penrose verkauft wurden.
2 Deharme (Anne-Marie Hirtz, genannt Lise), Literatin und Freundin von Eluard, der zu ihrem Gedichtband *Le coeur à pic, 32 poèmes pour les enfants* (1936) das Vorwort schrieb.

Brief 212
1 Es handelt sich wohl um einen gewissen Banquet, Schmied und

naiver Maler (geb. 1861), der in Tartas/Landes in Südwest-Frankreich lebte.

2 Die Faszination, die das *Abendgebet* von Millet auf Salvador Dali ausübte, ist allgemein bekannt; diesem Thema widmete er zahlreiche Gemälde, Zeichnungen und mehrere Texte.

3 In *»Cahier d'Art«*, Heft 5–6, 1935 (ohne Monatsangabe), erschien zum erstenmal *La nuit est à une dimension* (S. 99–100), illustriert mit Eskimo-Masken aus der Sammlung Charles Ratton, sowie *René Magritte* (S. 130) und das schon bekannte Gedicht *Max Ernst* aus dem Band *La vie immédiate*.

Brief 213

1 *Nuits Partagées* erschien mit zwei Zeichnungen von Salvador Dali bei Editions G. L. M., Paris, 1935. Diese Gedichte waren schon 1932 im Band *La vie immédiate* herausgekommen.

2 Diese drei Gedichte, die nicht mehr bei dem Brief lagen, erschienen erstmals im April 1936 in der Zeitschrift *»Sur«* in französischer und portugiesischer Sprache (Nr. 19, S. 100–107).

Brief 214

1 Eluard hielt anläßlich einer großen Picasso-Ausstellung, die in Spanien stattfinden sollte, mehrere Vorträge über den Maler Picasso und den Surrealismus. In einem Brief an Valentine Hugo schrieb er am 16. Januar 1936 in Barcelona: »... Ich werde heute nachmittag im Rundfunk sprechen. Morgen Abend: Vortrag, der auch über Funk übertragen wird. Am Montag: Vortrag über Dichtung und Surrealismus. Wir fahren am Dienstag nach Madrid. Danach wahrscheinlich nach Bilbao ⟨...⟩ Die Ausstellung verursacht eine große Unruhe...« (Die Postkarte, die ebenfalls von Nusch und Miró unterschrieben ist, wurde in *Livre d'identité* abgedruckt, allerdings unter dem falschen Datum des 19. Februar. Auf dem Original ist der Poststempel teilweise verwischt, aber der Tag ist gut lesbar, und als Monat kommt nur der Januar in Frage). Am 4. Februar hielt Eluard am »Institut français de Madrid« einen Vortrag über *Pablo Picasso, Maler und Poet*. Auszüge aus diesem Vortrag wurden in *»Cahiers d'Art«*, Nr. 7–10 (Ende 1935 oder Anfang 1936) und später in dem *»London Bulletin«*, Nr. 15–16 (Sonderheft »Picasso«, Mai 1939, S. 32–35) abgedruckt.
Gomez de la Serna (Ramon): spanischer Schriftsteller, der in allen erdenklichen literarischen Gattungen über hundert Werke verfaßte, aber vor allem durch seine, in zahlreiche Sprachen übersetzten Romane internationale Geltung erlangte.

Brief 215

1 Heft 1–2 von »*Cahiers d'Art*«: *L'objet surréaliste* (S. 53–56); Dali schrieb dafür: *Honneur à l'objet* (»Ehre dem Gegenstand«), sowie *Analyse de »L'escalier de l'amour et Psyché«* (»Analyse der Liebestreppe und Psyche«) – eine Erfindung Galas – und *Analyse du veston aphrodisiaque* (»Analyse der aphrodisischen Jacke«) von S. Dali (S. 53–57); von Eluard erschien in derselben Zeitschrift *L'habitude des tropiques* (S. 29), ein Text, der 1939 in das Bändchen *Donner à voir* aufgenommen wurde.

2 *La Barre d'appui* erschien im Juni 1936 mit 3 Ätzradierungen Picassos. Im Exemplar von *Thorns of Thunder,* das aus der Gaffé-Auktion stammt und sich gegenwärtig in der Nationalbibliothek befindet, lag ein vom 4. April 1936 datierter Brief Paul Eluards an G. Reavey (der die übersetzten Gedichte Eluards unter dem Titel *Thorns of Thunder* herausgab): »... Von Sorgen erdrückt ist Picasso vor ein paar Tagen mit unbekanntem Ziel und ich weiß nicht für wie lange plötzlich abgereist. Würden sie sich mit dem beiliegenden Porträt begnügen? ⟨...⟩ Ich hatte im Januar Picasso um eine Ätzradierung gebeten. Er hat mir vorgeschlagen, mein Porträt zu zeichnen. Konnte ich das ablehnen? Vor seiner Abreise hatte er mehrere Radierungen zu meinen letzten Gedichten gemacht. Dem Graveur ist aber der Stich mißglückt. Picasso war untröstlich und mußte wieder von vorn anfangen. Aber seine Abreise ...«. Hinsichtlich der Gründe, die Picasso dazu veranlaßten, in aller Heimlichkeit so unvermittelt abzureisen, schreibt Pierre Cabanne: »Picasso fuhr am 25. März an die Côte d'Azur; er wußte noch nicht, wo er sich niederlassen würde; er versprach, so bald wie möglich, Sabarthès ⟨dem Freund und Vertrauten Picassos⟩ seine Adresse mitzuteilen, und dieser würde ihm unter dem Namen Pablo Ruiz antworten. Marie-Thérèse ⟨seine Frau⟩ und die kleine Maïa ⟨seine Tochter⟩ würden dann zu ihm fahren; er glaubte damals noch, daß die Anwälte für das schwierige Problem seiner Scheidung eine Lösung finden würden und daß eine Aufteilung seiner Gemälde verhindert werden könnte. Um den Ausgang des laufenden Verfahrens nicht zu gefährden, bat er Sabarthès um absolutes Stillschweigen hinsichtlich seiner Reise; er allein wußte, wo sich Picasso versteckt hielt: Villa Sainte-Geneviève, Avenue du docteur Hochet, Juan-les-Pins, in einem kleinen Haus mit einem zauberhaften Garten und ganz in der Nähe des Meeres ... ⟨wie Picasso damals an Sabarthès schrieb⟩« (Cabanne, *Le siècle de Picasso,* 2, Denoël, 1975, S. 290).

Brief 216

1 Der endgültige Bruch vollzog sich erst im Jahr 1938. In den vorangegangenen Briefen wird die Kluft deutlich, die sich schon zu Beginn

des Jahres 1934 zwischen Eluard und Breton aufgetan hatte, wobei sich die Meinungsverschiedenheiten zwischen den beiden Männern hinsichtlich des Sinns und der Ziele dichterischen Wirkens schon in Bretons Urteil über den Titel des Gedichtsbands von Eluard: *La rose publique* und in der Auseinandersetzung um Salvador Dali recht deutlich zeigten. In einem Brief vom 5. Mai 1936 schrieb Eluard diesen lapidaren Satz: »Ich habe mit den kollektiven Aktivitäten der Surrealisten endgültig Schluß gemacht, sind mir zu labyrinthisch« (von Lucien Scheler zitierter Brief in *La grande espérance des poètes* (»Die große Hoffnung der Dichter«), bei Temps Actuels, 1982, S. 23). Die Spannung zwischen Eluard und Breton war derart gestiegen, daß Eluard damals drauf und dran war, auf einen Besuch der Londoner Ausstellung zu verzichten. Roland Penrose erinnert sich: »Während die Vorbereitungen zu diesem großartigen Ereignis noch voll in Gang waren, erreichte die Spannung zwischen Eluard und Breton ihren Höhepunkt, und eines Tages bekam ich einen Brief von Eluard, der mir in knappen Worten mitteilte, daß seine Differenzen mit Breton ihn dazu bewogen haben, nicht zur Eröffnung der Ausstellung zu fahren...« (Katalog zur Ausstellung »Paul Eluard« im Centre Pompidou. 1982, S. 15). Trotz dieser gravierenden Schwierigkeiten veröffentlichte Eluard am 5. Mai 1936, in Zusammenarbeit mit André Breton, den Band *Notes sur la poésie* (geschrieben im Jahr 1929) und 1938 das *Dictionnaire abrégré du surréalisme.*

2 Die Ausstellung *Surrealism, the international Surrealist Exhibition,* die vom 11. Juni bis 14. Juli 1936 in den »New Burlington Galleries« stattfand.

3 »Penrose (Roland), 1900–1984. Maler, Fotograf und Lyriker, Förderer und Organisator des Surrealismus in England. Penrose studierte Architektur in Cambridge, lebte von 1922 bis 1935 in Paris, wo er sich den französischen Surrealisten anschloß und Beziehungen knüpfte, in deren Folge der Surrealismus in England Fuß fassen und sich entwickeln konnte. Zusammen mit David Gascoyne beschloß er im Jahr 1936, in London eine große Ausstellung des Surrealismus durchzuführen und eine Gruppe zu gründen, deren Aktivitäten er bis 1947 mitgestaltete...« (*Dictionnaire général du surréalisme et de ses environs,* P. U. F., 1982, S. 325).

Im Katalog der Ausstellung »Paul Eluard« (Centre Pompidou, 1982, S. 15) erläutert R. Penrose seine Rolle bei der Durchführung der Londoner Ausstellung: »Ich hatte bei Eluard und Breton, denen sich Man Ray angeschlossen hatte, eine ausgesprochen angenehme und anregende Aufgabe zu erfüllen. Unser Ziel bestand darin, in London eine internationale Ausstellung von noch nie da gewesenem Umfange vorzubereiten. Unsere häufigen Begegnungen und unsere ausgiebigen Diskussionen, über die ich jedesmal meine Londoner Freunde unterrichtete, führten dazu, daß ich sehr eng in das Vorhaben einbezogen wurde. Wir stellten die lange Liste der Werke auf, die wir bei den französischen und belgischen Sammlern ausleihen mußten, denn bis auf einige ethnographische Ausstellungsstücke war keines der Werke, die wir brauchten, bisher in ein Museum gelangt; auch Eluard und Breton stellten auf großzügige Weise aus ihren privaten Sammlungen mehrere Werke zur Verfügung.«

4 Eluard und Breton hatten sich im Jahr 1918 kennengelernt.

5 Im Londoner Katalog sind nur drei Gemälde, eine Grafik, ein Objekt, eine Zeichnung und vier Entwurfszyklen für die *Gesänge des Maldoror* verzeichnet. Als Leihgabe von Paul Eluard wird nur das Gemälde *Daybreak* (»Tagesanbruch«, Katalog-Nr. 61) angeführt.

6 Von Max Ernst wurden sechzehn Arbeiten ausgestellt (unter anderem *L'éléphant Célèbes* und *La Mariée du vent,* die Eluard zur Verfügung stellte und im Jahr 1938 an R. Penrose weiterverkaufte); Miro war mit neunzehn Gemälden und drei Objekten vertreten, Klee mit fünfzehn Gemälden.

7 *Das Rätsel Wilhelm Tells;* dieses Gemälde wird im Katalog nicht genannt.

8 Caillet: Fotograf, der für die Surrealisten, namentlich auch für Paul Eluard, zahlreiche Kunstwerke fotografierte.

9 *»Konkretion«,* Sonderheft Nr. 5–6, Kopenhagen-Oslo-Stockholm, März 1936; Redaktion: Paul Eluard und André Breton.
Texte von: Breton, Dali, Eluard, Hugnet, Magritte, Péret, G. Prassinos, Tanguy, Guy Rosey. Reproduktionen von Dali, Chirico, Magritte, V. Hugo, Breton, Bellmer, M. Ray, Dominguez, M. Henry, Tanguy, Hugnet, Brauner, M. Ernst, Duchamp, Miró, Styrsky, Picasso, M. Jean, Arp und Giacometti.
In diesem Heft erschienen zwei Texte von Dali: *Mine befoestede Stillinger* (S. 136–141) sowie *Picasso's Kunst* (S. 172–174).
Drei dieser Gedichte (*Où la femme est secrète ...«, Un soir courbé* und *Chassé*), die das erste Mal in dieser Nummer von *»Konkretion«* (März 1936) veröffentlicht wurden, erschienen einen Monat später auch in *»Sur«* (siehe Anm. 5 von Brief 213). *Au temps présent* erschien im Juni 1936 im Gedichtband *La barre d'appui.*
»Konkretion« wird in der Bibliographie der »Pléiade«-Ausgabe nicht zitiert, da keine öffentliche französische Bibliothek über Exemplare dieser Zeitschrift verfügt; obenstehende Angaben verdanken wir Herrn Paul Destribats.

Brief 218

1 Weder das Bild *Hallucination partielle: six apparitions de Lénine sur un piano* (»Partielle Sinnestäuschung: Sechs Erscheinungen Lenins auf einem Klavier«), das während der Ausstellung in der Galerie Pierre

Colle (26. Mai bis 13. Juni 1932) gezeigt worden war, noch das andere Gemälde, das Eluard erwähnt – möglicherweise *La persistance de la mémoire* (»Die Beständigkeit der Erinnerung«), das ein Jahr zuvor (5.–13. Juni 1931) ebenfalls in der Galerie Colle ausgestellt worden war – befindet sich im Verzeichnis des Katalogs der Londoner Ausstellung.

2 Katalog-Nr. 60, *The Dream* (1931), Leihgabe von Marie-Laure de Noailles.

3 Edward James stellte *Paranoiac Head* (1935, Katalog-Nr. 62) zur Verfügung. Aufgrund eines im Jahr 1935 abgeschlossenen Vertrags hatte sich der Lyriker Edward James den Kauf der bedeutendsten Werke Dalis gesichert. Diese Übereinkunft sollte bis 1939 gültig bleiben.

4 *L'homme invisible*(»Der unsichtbare Mann«; 1929–1933) wurde in London nicht ausgestellt; eine Reproduktion dieses Gemäldes befindet sich im Katalog der Dali-Retrospektive des Centre Pompidou (18. Dezember 1979 bis 21. April 1980. S. 247).

Brief 219

1 Eine Abbildung dieses Objektes befindet sich in »*Cahiers d'Art*«, 1936, Heft 1–2 »über das Objekt«, S. 57 (siehe Anm. 1 von Brief 215). Das handgeschriebene Manuskript der Beschreibung dieses Objektes wird im Museum von Saint-Denis aufbewahrt. Das Centre Pompidou ist im Besitz einer handgeschriebenen Kopie von Eluard.

2 Paul von Guillaume (Wilhelm), wahrscheinlich ein Rennfahrer. Die letzte Unterschrift ist unleserlich.

Brief 220

1 Am 1. Juli hielt Salvador Dali einen Vortrag über die »Echten paranoischen Gespenster«.

2 *La poésie surréaliste* wurde vor der Publikation im Jahr 1937 in *L'évidence poétique* umgenannt.

3 Eine Ausstellung surrealistischer Objekte, die vom 22. bis 29. Mai 1936 in der Rue de Marignan bei Charles Ratton, einem Experten für afrikanische Kunst, stattfand. Bei dieser Gelegenheit zeigte Dali das *Monument à Kant* und die *Aphrodisische Jacke*.

Brief 221

1 Dieser Brief wurde nicht gefunden.

Brief 222

1 Nach seiner Rückkehr aus London am 9. Juli fuhr Eluard schon am 12. desselben Monats in Begleitung von Man Ray nach Saint-Raphaël, wo sie bis zum 24. Juli im Hôtel des Algues wohnten (siehe Brief 221). Vom 24. Juli bis 4. August bewohnten sie ein Haus, das ihnen

eine Bekannte von Paul Eluard, Madame Sauvard-Wilms, vermietet hatte, zogen dann um nach Saint-Tropez, in die Villa »Aux Salins« von Lise Deharme, wo sie bis zum 15. August blieben, und kehrten schließlich wieder nach Mougins zurück, von wo aus sie Anfang September die Rückreise nach Paris antraten.

2 Das Manuskript dieses Gedichts konnten wir nicht finden (die untere Seite des Blatts wurde abgeschnitten). Der zweite Teil des Gedichts *An Pablo Picasso* (*Les yeux fertiles*/»Die fruchtbaren Augen«) ist vom 30. August 1936 datiert, wurde also noch vor der Rückkehr Eluards nach Paris in Mougins verfaßt. Während dieses Sommers traf Eluard – in Begleitung von Dora Maar – mit Picasso, mit den Zervos, den Rosenberg und René Char zusammen, die während des Monats August im Hôtel Vaste Horizon von Mougins wohnten. Der erste Teil des Gedichts trägt das Datum »15. Mai 1936«.

Brief 223

1 Mabille (Pierre), 1904–1952, Essayist. Er schloß sich 1935 der surrealistischen Gruppe an und war von 1937 bis 1938 Mitherausgeber der Zeitschrift *»Minotaure«* (Heft 10–13). In seiner Eigenschaft als Arzt behandelte er Eluard, mit dem er gut befreundet war.

2 Dieses Gedicht mit dem endgültigen Titel: *Les yeux fertiles* erschien am 15. Oktober 1936 bei G. L. M. mit einem Porträt und vier Zeichnungen von Picasso. *Grand air* ist zugleich der Titel eines Teiles der Auswahl, des letzten Gedichts und der vierten Zeichnung, einer Reproduktion des handgeschriebenen Manuskripts von *Grand air* mit einer Illustration von Picasso.

3 Jacqueline Lamba, geb. 1910. Die Begegnung mit dieser Frau inspirierte Breton zu seinem *L'amour fou (»Die unbändige Liebe«)*. Jacqueline Lamba und André Breton heirateten am 14. August 1934, eine Woche vor der Eheschließung von Eluard und Nusch. Sie beteiligte sich von 1935 bis 1945 an den Aktivitäten der Surrealisten (Gemälde, Zeichnungen, Collagen und Objekte). Sie bekam 1936 mit Breton eine Tochter, Aube, und trennte sich von ihm im Jahr 1943. Danach wurde sie die Frau des Bildhauers David Hare, während André Breton Elisa heiratete.

4 Picasso wurde tatsächlich zum Direktor des Prado ernannt. Doch als er um den 20. September von Mougins nach Paris zurückkehrte, kam es ihm keinen Augenblick in den Sinn, nach Madrid zu fahren: »Die überfallene Republik mußte ihre Kräfte mobilisieren. In diesem Sinne hatte der Präsident Manuel Azna Picasso zum Direktor des Prado berufen. Dachte nun dieser, und dachten auch die Initiatoren dieser Entscheidung, Picasso würde wirklich nach Madrid kommen und die ihm angetragene Funktion übernehmen? Niemand glaubte im Ernst an eine solche Möglichkeit, die Ernennung hatte einen rein

symbolischen Wert; sie sollte Eindruck machen auf die demokratischen Staaten, in denen man die Entwicklung in Spanien aufmerksam verfolgte ... Picasso dachte keine Minute daran, sich nach Madrid zu verfügen.« (P. Cabanne, *Le siècle de Picasso,* 2, Denoël, 1975, S. 300).

5 Englischer Kunstmäzen; er gehörte zu den Förderern, die Dalis Werk in England bekanntmachten.

Brief 224

1 Eluard hatte erst geschrieben: »Dali müßte sofort eine Zeichnung an Sylvain Itkine schicken ...« und diesen Satz dahingehend korrigiert, daß er Dali bat, ihm selbst die Zeichnung zuzusenden.
Ubu enchaîné (»Ubu in Ketten«) von Alfred Jarry, mit Texten von Roger Blin, André Breton, Paul Eluard u. a., Paris, 1937, Druckerei Rocroy. In Sedez, 24 Seiten, mit Illustrationen. Wurde anläßlich der Aufführung des Stückes durch die »Compagnie du Diable écarlate« in der Inszenierung von Sylvain Itkine in der »Compagnie des Champs-Elisées« gedruckt. Das Stück lief vom 22. bis 26. September 1937 mit einem Bühnenbild von Max Ernst. Auf Seite 12–14 steht ein Gedicht von Paul Eluard: *Le croyez-moi je suis la loi,* das später in *Cours naturel* aufgenommen wurde. Dali hat an dieser Aufführung nicht mitgewirkt.

Brief 225

1 Dali und Gala waren am 7. Dezember 1936 in New York eingetroffen. Sie blieben damals vier Monate in den Vereinigten Staaten.

2 Es handelt sich um das Gedicht *Novembre 1936,* das am 17. Dezember 1936 in der *»Humanité«* (S. 8 A) mit diesen einführenden Worten erschien: »Die Kritik ist sich weitgehend darin einig, Paul Eluard als einen der großen Lyriker seiner Generation zu würdigen. Wir freuen uns, hier ein unveröffentlichtes Gedicht abdrucken zu können, in dem Eluard die Franco-Horden brandmarkt, jene Feinde des republikanischen Spaniens und der Kultur.« Georges Sadoul zufolge hatte Louis Parrot dieses Gedicht zur Veröffentlichung in der *»Humanité«* vorgeschlagen. Er bearbeitete damals die Kulturseite unter der redaktionellen Leitung von Léon Moussinac (*»Europe«,* Juli–August 1953, S. 45). Das Gedicht erschien zum erstenmal 1938 in einer Auswahl unter dem Titel *Cours naturel.* Eluard hat wahrscheinlich nicht das Manuskript des Gedichts, sondern den Zeitungsausschnitt aus der *»Humanité«* an Gala geschickt. Es lag jedoch nicht mehr beim Brief.

3 Die Surrealisten, die seit einiger Zeit schon mit der *»Humanité«* in offener Fehde lagen, hatten zudem im August 1935 endgültig mit der kommunistischen Partei gebrochen, wobei dieser Bruch durch die

Veröffentlichung des Manifests: *Du temps que les surréalistes avaient raison* (»Damals, als die Surrealisten noch recht hatten«. Siehe Anm. 7 von Brief 210) bekräftigt wurde.

Brief 226

1 Diese Ausstellung Dalis fand vom 10. Dezember 1936 bis 9. Januar 1937 in der New Yorker Galerie »Julien Levy« statt.

2 Jeanne Bucher, die mehrere Bücher Eluards herausgab (u. a. *Les mains libres*/»Mit freien Händen«), besaß auch eine Galerie auf dem Boulevard Montparnasse, in der vom 5. bis 20. November 1937 Zeichnungen Man Rays zu Eluards Gedichtauswahl *Les mains libres* ausgestellt wurden.

3 *Fantastic Art, Dada, Surrealism,* Museum of Modern Art, New York, 9. Dezember 1936 bis 7. Januar 1937. Diese Ausstellung, in der auch Werke Dalis zu sehen waren, wurde von Alfred Barr organisiert, der das Vorwort des Katalogs schrieb.

4 Gedichte für den Band *Les mains libres* (siehe Anm. 2 von Brief 228.

5 Erschüttert von José Bergamins Bericht über die Ereignisse in Spanien, verzichtete Eluard damals auf dieses Projekt. J. Bergamin schreibt dazu in *»Europe«:* »... ich erinnere mich an meine erste Begegnung mit dem Dichter. Er erwartete mich mit den Zervos in den Räumen von *›Cahiers d'Art‹* ... und wollte mir vorschlagen, mit ihm zusammen in Paris eine Zeitschrift mit dem Titel ⟨...⟩: *»Au poids de l'or«* herauszugeben. Ich kam gerade aus Spanien, es war in den ersten Tagen des Jahres 1937; die Zervos und Eluard baten mich, ihnen doch zu erzählen. Was ich auch tat – aufgewühlt und brennend von dieser Leidenschaft, die mich noch immer verzehrt ⟨...⟩ Ich erinnere mich sehr genau ⟨...⟩ an das, was Eluard mir damals sagte: Er möchte nunmehr keine Zeitschrift mit dem Titel *Au poids de l'or,* sondern *Au poids du sang* herausgeben« (José Bergamin, *Nous en aurons raison* (»Wir werden sie bezwingen«), in *»Europe«,* Heft 91–92, Juli–August 1953, S. 75).
José Bergamin (1895), spanischer Kunstkritiker und Essayist, gründete und leitete bis 1936 die Zeitschrift *»Cruz y Raya«.*

6 Ein Heft von *»Minotaure«* über spanische Kunst kam nicht zustande.

Brief 227

1 Heft 10 von *»Minotaure«* erschien im Winter 1937, doch ohne Text von Dali. Von Eluard wurde *Premières vues anciennes* abgedruckt (S. 49–56).

2 Die Galerie Julien Levy in New York veranstaltete mehrere Ausstellungen mit Werken Dalis, so auch seine erste Ausstellung 1933 in New York. Die englische Fassung von *Métamorphose de Narcisse* (Julien Levy Gallery, N. Y., 1937) wurde bei Julien Levy herausgegeben.

3 Siehe Anm. 2 von Brief 210. Eluard hatte für diese Ausstellung das Bild *L'Eléphant Célèbes* von Max Ernst zur Verfügung gestellt.

Brief 228

1 Francis Poulenc: *Tel jour telle nuit* (»Dieser Tag jene Nacht«), neue Melodien zu Gedichten von Paul Eluard. »Der Komponist schrieb die Noten im Dezember 1936 in seinem Landhaus in Noizay. Er entschied sich für acht Gedichte der Auswahl *(Les yeux fertiles)* und ordnete sie nach den ersten Worten des jeweiligen Gedichts. Die eigentlichen Titel sind in Klammern gesetzt:
- *Bonne journée* (À Pablo Picasso I)
- *Une ruine coquille vide* (Je croyais le repos...)
- *Le front comme un drapeau perdu* (Être)
- *Une roulotte couverte en tuiles* (Rideau)
- *À toutes brides* (Intimes, II)
- *Une herbe pauvre* (Balances III)
- *Je n'ai envie que de t'aimer* (Intimes V)
- *Figures de force* (Intimes IV).

Ein neuntes Gedicht: *Nous avons fait la nuit...*, das dem Band *Facile* entnommen wurde, gehört ebenfalls zu diesem Zyklus von Liedern, der am 3. Februar 1937 in der Salle Gaveau zum erstenmal aufgeführt wurde...« Francis Poulenc, der seit 1917 mit den Surrealisten bekannt war, hatte schon einmal Gedichte von Eluard vertont; im April 1935 hatte er die Musik für mehrere Gedichte aus dem Band *À toute épreuve* geschrieben, und 1936 weitere fünf Gedichte aus *La vie immédiate* und aus *Répétitions* vertont.

2 *Les mains libres,* Gedichte Eluards zu Zeichnungen von Man Ray, Paris, Editions Jeanne Bucher, 10. November 1937. Diese Auswahl besteht aus zwei Teilen mit je 30 beziehungsweise 24 Gedichten. Sie entstand zwischen dem Frühjahr 1936 (Eluard hatte das Arbeitsexemplar dieser Auswahl seiner Frau Nusch zu ihrem Geburtstag am 21. Juni 1936 geschenkt; dieses Exemplar wurde zehn Jahre später, nach Nuschs Tod, Louis Parrot geschenkt) und wahrscheinlich dem Sommer oder September 1937. Die Zeichnungen von Man Ray datieren von 1936 und 1937. Die Entstehungszeit dieser Zeichnungen läßt jedoch keine Datierung der dazugehörenden Gedichte zu, denn von den vier Gedichten, die diesem Brief beigefügt waren und die wahrscheinlich im Jahr 1937 verfaßt wurden (Eluard schickte fast alle seine Gedichte an Gala, sobald er damit fertig war), sind drei – *L'angoisse et l'inquiétude, Paranoïa* und *Les yeux stériles* – mit den dazugehörigen Zeichnungen aus dem Jahr 1936 erhalten, während die Zeichnung zu *La femme portative* das Datum 1937 trägt. Elf Gedichte aus *Mains libres* erschienen zum erstenmal am 1. April 1937

in der N. R. F.; zwei davon – *Paranoïa* und *Les yeux stériles* – waren diesem Brief beigefügt.

3 *Donner à voir* erschien erst im Jahr 1939. *Premières vues anciennes* wurde 1937 als gedrucktes Buch herausgegeben.

4 *Cours naturel,* Editions zu Sagittaire (Kra), Paris, erschien nach dem 10. März 1938.

5 Der zweite Internationale Schriftstellerkongreß »wurde am 4. Juli in Valence eröffnet, am 6. in Madrid fortgeführt, dann nach Barcelona verlegt und zwei Wochen später im Pariser Théâtre de la porte Saint-Martin beendet« (J. Lacouture, *Malraux, une vie dans le siècle,* Seuil, 1976, S. 245). Ziel dieses Kongresses war die Solidarisierung der überwiegenden Mehrheit der Schriftsteller mit der spanischen Republik. Gleichzeitig bekräftigten die Kongreßteilnehmer ihre Unterstützung der Sowjetunion, die gerade mit einigem Erfolg in Spanien gegen die faschistischen Truppen interveniert war, wodurch die Trotzkisten – vor allem Breton – in die Isolation gerieten. Eluard, der während des Kongresses von 1935 für Breton noch das Wort ergriffen hatte, verzichtete auf eine Teilnahme an diesem zweiten Kongreß.

6 Diesen Diskussionsbeitrag hielt Eluard auf dem 2. Internationalen Kongreß für Ästhetik und Kunstwissenschaft, der vom 8. bis 15. August 1937 im Rahmen der Internationalen Ausstellung in Paris stattfand. Der Text dieses Beitrags wurde mit den Kongreßdokumenten veröffentlicht (Allan 1937, Bd. 2, S. 380–388). Ausgehend von diesem Vortrag schrieb Eluard später *Physique de la poésie* (I), das in *Donner à voir* erschien.

7 Siehe Anm. 2 von Brief 210.

8 Julien Levy, der in Amerika die ersten surrealistischen Ausstellungen durchgeführt hatte, gab auch die erste surrealistische Anthologie in den USA heraus: *Surrealism,* ein anthologisches Essay, New York, Black Sun Press, 1936.

9 Gemälde von Max Ernst, das Eluard gehörte und in der Ausstellung *Fantastic Art, Dada, Surrealism* gezeigt wurde (siehe Anm. 3 von Brief 226). Dieses 1924 gemalte Relief, das nach Max Ernsts Auffassung vielleicht »die (vorläufige) Endkonsequenz der Kunstcollage« ist (vgl. *Ecritures,* N. R. F., 1970, S. 48), befindet sich heute im Museum of Modern Art in New York. Eine Abbildung davon war 1925 in *La Révolution surréaliste* im Anschluß an das Gedicht »André Masson« von Eluard erschienen.

10 In seinem Buch *Entretiens* erzählt Breton, wie er dazu kam, die Galerie »Gradiva« zu gründen: »In den Jahren 1936–37 war meine finanzielle Situation äußerst kritisch ... So sehr ich mich auch bei den zuständigen öffentlichen Stellen – unter anderem über Jean Giraudoux – um eine Dozentur oder einen anderen Posten im

Ausland bemühte –, man bedauerte jedesmal sehr, mir nicht helfen zu können, da ich die dafür erforderlichen akademischen Titel nicht besaß. Während der Monate aber, in denen meine Lage sich noch zu verschlimmern drohte, kam mir ein Freund großzügig zu Hilfe, so daß ich unter dem Namen ›Gradiva‹ eine kleine Galerie eröffnen und betreiben konnte ...«

11 Während der zweiten Moskauer Prozesse, in deren Verlauf Stalin die Hauptführer der Oktoberrevolution (unter anderem Leon Trotzki) ausschaltete, hielt André Breton am 26. Januar 1937 auf einer Kundgebung der trotzkistischen Internationalen Arbeiterpartei eine Rede, die kurz darauf als Traktat verbreitet wurde. Breton brandmarkt darin die Prozesse als reine Justizfarcen (Abdruck der Erklärung in *Documents surréalistes,* S. 462–466).

12 In der neunten Zeile hatte Eluard erst geschrieben:
»Ich liebe nicht meine Träume ich begegne ihnen nur.«

Brief 229

1 Dieser Brief ist wahrscheinlich die Antwort auf das lange Schreiben Dalis aus Zürs in Tirol, wo Dali und Gala im April einige Zeit verbrachten (siehe Auszüge aus dem Brief am Schluß dieser Anmerkung). »Narcisse main« bezeichnete wohl die Reproduktion des Dali-Gemäldes: *Metamorphose des Narziß* (Dalis Bild stellt eine Hand dar, die zwischen Daumen und Zeigefinger ein Ei hält, aus dem eine Narzisse sprießt); dem Brief war eine Zeichnung beigefügt (?); am Schluß des Gedichtes *Le mythe de Narcisse* stellt Dali an Eluard folgende Frage: »Wie findest Du es mit der Illustration?« (Siehe ebenfalls Brief 231: »Dalis Narziß ist für mein Buch herrlich geeignet. Das gibt eine sehr gute Reproduktion.«)
Metamorphose des Narziß, Text und Zeichnungen von Dali – Paul Eluard gewidmet, der diesen Text in *Donner à voir* wiedergab, erschien am 25. Juni 1937 bei den Editions surréalistes. Eine Reproduktion des Dali-Bildes befindet sich in keinem Buch Eluards. Vielleicht wollte er für die Illustration des *Dictionnaire abrégé du surréalisme* (1938) noch auf dieses Bild zurückgreifen – das kurzgefaßte Lexikon des Surrealismus, das anläßlich der Ausstellung im Palais des Beaux-Arts erschien, erarbeiteten Eluard und André Breton gemeinsam; es beinhaltet zahlreiche Reproduktionen sowie mehrere Artikel, die Salvador Dali gewidmet sind – oder er wollte es für seinen Band *Donner à voir* benutzen, der auszugsweise in Heft 10 von *»Minotaure«* erschien (Winter 1937) und die *Metamorphose des Narziß* zitiert. Die »Kommentare zu seiner Lyrik« (*L'activité poétique de Salvador Dali,* drei Seiten) sollten ebenfalls in eines dieser beiden Werke aufgenommen werden.

Auszüge aus Dalis Brief
Zürs ⟨Tirol⟩ ⟨April 1937⟩
Lieber Paul, im folgenden also die kleine Zusammenfassung des lyrischen Wirkens von Salvador Dali.
In erster Linie ist er (Dali) der Meinung, daß die Dichter für das, was sie erzählen, Beweise bringen müssen; dazu ist er in der Lage dank der Erfindung der kritisch-paranoischen Methode, die seine entscheidende und wichtigste Erfindung ist: eine darstellende Methode zur irrationalen Erkenntnis, die sich auf die interpretatorische Assoziation gründet – Kritik der wahnhaften Erscheinungen – ein Gedicht also. Wenn er zum Beispiel sagt: »Die ekstatische Melancholie der Hunde gleicht einer schwindelerregenden Skiabfahrt« ⟨Titel eines Bildes von Dali, 1932⟩, dann beweist er das auch durch ein paranoisches Bild, das diesen Gedanken wortwörtlich illustriert...

Dali ist der Meinung, daß die Poesie der »lyrischste Ausdruck des Denkens« ist, woraus sich ergibt, daß der musikalische Ausdruck des Denkens wirklichen Versen entspricht, wenn der Mensch in seiner wirklichen Inspiration wie eine Nachtigall zu singen beginnt und sogleich zum Opernsänger wird; der Reim wäre also die wahre Technik der Dichtkunst, vor allem wenn Zwänge dieser Art eine Entfaltung interessanter Automatismen auslösen, wie bei Vermeer, der unter dem Zwang der Technik stand und freier war als jeder andere. Der surrealistische Automatismus ist unabdingbar, er ist eine Art wolkenbruchartiger Durchfall, eine Art Kolik...
Ich schicke Dir... mein letztes Gedicht, an dem Du ermessen kannst, wo ich jetzt stehe, es kann nicht im Ganzen veröffentlicht werden, da ich es mit einem paranoischen Bild herausgeben will, das jedes Wort daraus illustriert... ⟨es folgt *Le Mythe de Narcisse,* der nach Überarbeitung später zu *Metamorphose des Narziß* wurde⟩.
Wie findest Du das mit Illustration? Es ist das paranoischste, was ich je gemacht habe.
...Zeige Breton nichts von alledem, es ist vertraulich, benutze Auszüge daraus, wenn es Dir in Deiner Arbeit von Nutzen sein kann... Salvador Dali.

2 *»La Nouvelle Revue Française«,* Nr. 283, 1. April 1937, S. 550–554, (11 Gedichte von Paul Eluard): *Les mains libres* (Fragmente) I, *L'évidence, les sens, La femme et son poisson, Solitaire, Les yeux stériles, La mort inutile, La marseillaise, Où se fabriquent les crayons, La couture.*
»Marianne«, auflagenstarke Wochenillustrierte (vom 14. April 1937), S. 4: *Au-delà de la peinture* (aufgenommen in *Donner à voir*).

3 Den Vortrag *L'évidence poétique* hielt Breton am 24. Juni 1936 in London; als Text erschien er 1936 in *»Cahiers d'Art«* (Heft 6–7) und 1937 in der Reihe *Habitude de la poésie* bei G. L. M. Es wurde auch eine

kleine, nicht numerierte Luxusausgabe auf zweifarbigem Papier gedruckt.

4 Unter den Bildern, die Eluard am 25. Juni 1938 an Roland Penrose verkaufte (die Liste dieser Werke belegt J.-C. Gateau in seinem Buch *Paul Eluard et la peinture surréaliste,* (Droz, 1982, S. 359–360), befanden sich drei Gemälde von Benquet (siehe Anm. 1 von Brief 212). Das Bild eines ovalen Rads, das Benquet 1878 malte und das sich im Besitz von André Breton befand, wurde in der Ausstellung *Fantastic art, Dada and Surrealism* (siehe Anm. 3 von Brief 226) gezeigt. Im Katalog der Ausstellung wird bemerkt, daß dieses Rad von Paul Eluard und Man Ray entdeckt worden ist.

5 Siehe zweite Strophe des Gedichts, das dem Brief 230 beigefügt war.
»N'oublions pas le rossignol
Ni le jeu d'échecs caché dans la boue . . .«
⟨»Vergessen wir nicht die Nachtigall
Noch das Schachspiel tief unterm Schlamm . . .«⟩

Brief *230*

1 Guy Levis Mano, französischer Verleger (Verlag G. L. M.). Er gab zahlreiche surrealistische Werke heraus, darunter viele Bücher von Eluard, welcher die polygraphische Kunst des Verlegers in seinem Beitrag zum 30jährigen Bestehen des Verlags – *Espérer réaliser la véritable lisibilité* – eingehend gewürdigt hat.

2 Dieses Gedicht lag nicht mehr beim Brief, sondern war mit anderen Briefen gesondert aufbewahrt. Indes, das Datum auf dem Gedicht, wie auch das gleichfarbige – grüne – Papier des Briefes, lassen den Schluß zu, daß es zu diesem Brief gehört.

3 Dieses (undatierte) Gedicht erschien in *Cours naturel* (»Der natürliche Lauf«, 10. März 1938) unter dem Titel: *Toute la vie* (»Das ganze Leben«).

Brief 231

1 Eluard spielt hier auf einen Prozeß an, den Edwar James wegen der Zeitschrift *»Minotaure«* gegen Skira führte, über dessen Gründe und dessen Ausgang jedoch nichts bekannt ist.

2 Ein Paß in den österreichischen Alpen.

3 Von Martin Luis Guzman, der an verschiedenen revolutionären Ereignissen beteiligt war, die er in seinen Romanen verarbeitete.

4 Die nordspanische Stadt wurde durch ein deutsches Fliegerschwadron bombardiert und dem Erdboden gleichgemacht: 1654 Tote und 889 Verletzte, fast ausschließlich Zivilpersonen. Nach diesem Massaker schrieb Eluard das Poem *La victoire de Guernica* (»Der Sieg von Guernica«), das erst in *»Cahiers d'Art«* erschien (1937, Heft 1–3,

S. 36) und später in die Auswahl *Cours naturel* (1938) aufgenommen wurde. Schon im August 1936, ein Monat nach dem Beginn des Bürgerkriegs, schrieb Eluard – in der Vorahnung seiner Ohnmacht – folgende Zeilen an Louis Parrot: »... Mein Buch ⟨*Les yeux fertiles*⟩ zählt kaum noch. Ich träume von Aufbruch und davon, in den Dienst der Spanier zu treten. Wann endlich wird man eine ausländische Legion aufstellen, um die der Faulenzer, der Sklaven zu vernichten ⟨?⟩. Von der Botschaft bekäme ich die Erlaubnis, aber die revolutionären ⟨*sic*⟩ intellektuellen Organisationen sind weniger zuversichtlich. Leider! Nun, ich will die Hoffnung nicht aufgeben ...« (Brief an Louis Parrot, vom 11. August 1936, abgedruckt in *Livre d'identité* S. 155). Im Dezember desselben Jahres erschien in der *»Humanité«* das Gedicht *Novembre 1936* (siehe Brief vom 17. Dezember 1936), das ebenfalls in den Band *Cours naturel* aufgenommen wurde.

Brief 232

1 Lee Miller: Man Rays Assistentin; sie heiratete 1947 Roland Penrose.
2 Eileen Agar, Malerin und Gestalterin von Objekten mit symbolischer Funktion; sie hatte sich 1936 der englischen surrealistischen Gruppe angeschlossen.

Brief 233

1 Gala und Cécile.

Brief 234

1 Der Prinz von Faucigny-Lucinge, Mitglied der Gruppe »Zodiaque«, jener Vereinigung, die regelmäßig Werke von Dali aufkaufte. Er war auch mit Dali befreundet.
2 *Metamorphose des Narziß* erschien am 25. Juni 1937.
3 Die Ausstellung *Origines et développement de l'art international indépendant* (»Ursprung und Entwicklung der internationalen unabhängigen Kunst«), auf der acht Gemälde von Dali zu sehen waren, fand in Paris vom 30. Juli bis 31. Oktober 1937 im Museum des »Jeu de Paume« statt. Zu diesem Anlaß wurde am 7. August 1937 ein von nahezu 50 Künstlern unterzeichnetes Traktat – Breton hatte als erster unterschrieben – veröffentlicht, in dem diese (in Form eines *offenen Briefes an den Ministerpräsidenten Camille Chautemps, den Minister für Volksbildung und Bildende Künste Jean Zay und den Generaldirektor der Bildenden Künste Georges Huisman*) die Forderung erhoben, einige »allgemein anerkannte« und »ohne Grund ausgeschlossene« Künstler zu dieser Ausstellung zuzulassen, und gegen die Überrepräsentation »einiger anderer« Künstler protestierten, die zwar nicht genannt wurden, zu denen aber ganz sicher Salvador Dali zu rechnen ist, der bei dieser Ausstellung mit acht Bildern vertreten war.

Siehe Abdruck dieses Traktats, sowie erläuternden Kommentar von José Pierre in *Tracts surréalistes et déclarations collectives,* Losfeld, 1980, Bd. I, S. 311 und 519.

Brief 235

1 Siehe Anm. 4 von Brief 228. Die Luxusausgabe zählte nur 5 Exemplare auf China-Papier und 10 Exemplare auf Leinen mit je einer Ätzradierung von Salvador Dali.

2 Marie Cuttoli, Gattin des Senators für Algerien, war u. a. mit Eluard und Picasso befreundet. Sie übernahm die ehemalige Galerie Kahnweiller und stellte dort Gobelins aus, die nach Gemälden von Braque, Léger, Miró und Picasso ausgeführt waren und die sich in ihrem Besitz befanden.

Brief 236

1 Dali arbeitete 1938 am Bühnenbild für ein Ballett der russischen Ballettruppe von Monte-Carlo, für das Coco Chanel die Kostüme entwarf. Dieses Ballett sollte im Herbst desselben Jahres aufgeführt werden, aber wegen des Krieges konnte es erst im November 1939 in New York zur Aufführung kommen: *Bacchanale.* Die Première fand am 9. November im Metropolitan House New York statt. Ballett nach der Szene »Venusberg« aus dem Tannhäuser; Bühnenbild und Kostüme: Salvador Dali; Choreographie: Leonide Massine; Musik: Richard Wagner.

Brief 237

1 Die *Ode an Salvador Dali* von Federico Garcia Lorca war im April 1926 in *»La Revista de Occidente«* erschienen. Hier handelt es sich um das Exemplar, das Gala aus Spanien mitgebracht hatte und von Louis Parrot in einer Notiz am Anfang des übersetzten Gedichts erwähnt wird: »Es war in dem ›Maison grise‹ von le Pecq, als Paul Eluard eines Tages die staubige Hülle öffnete, die Gala uns gegeben hatte: ein vergilbter Umschlag, und darin das einzige, aus Spanien mitgebrachte Exemplar des Gedichtes von Lorca ...« Paul Eluard wohnte erst ab Oktober 1938 in Le Pecq (siehe Brief 241). Die Übersetzung der *Ode an Salvador Dali* fertigte er jedoch schon im Sommer 1938 zusammen mit Louis Parrot an (Vgl. Lucien Scheler, *La grande espérance des poètes,* Temps actuels, 1982, S. 25–26). Also besaß Eluard eine Kopie des spanischen Originals – bevor Gala ihm das obenerwähnte Exemplar übergab –, dessen er sich bei der Übertragung des Lorca-Gedichts bediente.

Brief 239

1 Luc Decaunes (1913), französischer Lyriker; schrieb 1965 ein Buch

über Paul Eluard. Erster Mann von Cécile Eluard, die er im November 1938 heiratete.

2 Maar (Dora Markovitch, genannt), Fotografin. Sie schloß sich ab 1934 den Surrealisten an. Im Jahr 1936 machte Eluard sie mit Picasso bekannt. Sie wurde seine Gefährtin. Picasso hat von Dora Maar zahlreiche Porträts gemalt. Sie inspirierte ihn auch zu den Zeichnungen der *Weinenden Frau* (1937), die als Figur in sein Gemälde *Guernica* integriert wurde.

3 *Unis* ist das 19. Gedicht aus dem ersten Teil der Auswahl *Donner à voir.* Erstveröffentlichung am 15. Januar 1939 in *»Mesures«,* Heft 11, S. 67. Dieses Gedicht ist in gewisser Hinsicht eine Reminiszenz an *Nuits partagées* (»Geteilte Nächte«) aus *La vie immédiate* (1932): »Am Ende einer langen Reise erblicke ich jedesmal diesen langen Gang, diesen Maulwurf, diesen warmen Schatten, dem der Schaum des Meeres Luftzüge vorschreibt, so rein wie ganz kleine Kinder, ich sehe immer wieder das Zimmer, in dem ich mit Dir das Brot unserer Lüste brach ...« Etwas weiter: »Vereint, jedesmal für immer vereint.«
Als eines der am stärksten autobiographisch angelegten Gedichte Eluards beschreibt *Nuits partagées* Szenen aus dem gemeinsamen Leben Eluards und Galas vor ihrer Trennung.

Brief 241

1 In Le Pecq, unweit von Saint-Germain-en-Laya (Département Yvelines), wo Eluard und Nusch das »graue Haus« bewohnten.

2 Paul Eluard, der zu diesem Zeitpunkt dreiundvierzig Jahre alt war, hatte den Dienstgrad eines Oberleutnant der Reserve.

Brief 243

1 Jean Fraysse, Schriftsteller. Er gab mit Roger Lannes die Zeitschrift *»Les Feux de Paris«* heraus, in der unter anderem Texte von Max Jakob veröffentlicht wurden. Von 1936 bis 1937 war er Abteilungsleiter im Ministerium des Innern und im Jahr 1937 Beauftragter der Sektion Literatur bei der Weltausstellung von 1937.

2 Eluard spielt hier auf die geplante Heirat Céciles mit Luc Decaunes an, die im November 1938 stattfand.

Brief 244

1 Hugnet (Georges), 1900–1975, Lyriker, Objektkünstler; er gehörte von 1933 bis 1939 der surrealistischen Gruppe an.

Brief 245

1 Die Postkarte trägt in dem für briefliche Mitteilungen reservierten Teil den Aufdruck: »Friedensabkommen mit Österreich, 10. September 1919«.

2 Coco Chanel schuf die Kostüme für das Ballett von Dali, das in Monte-Carlo aufgeführt werden sollte (siehe Anm. 1 von Brief 236).

Brief 246

1 Über die Gründe dieses nunmehr endgültigen Bruchs wissen wir nur soviel, wie uns Breton in seinem Buch *Entretiens* mitteilt (diese aufgezeichneten »Gespräche« erschienen 1952, im Todesjahr Eluards). Im Frühjahr 1938 reiste Breton im Auftrage der Kulturabteilung beim Außenministerium nach Mexiko. Dort erhielt er Kenntnis von den Angriffen gegen ihn in der Zeitschrift *»Commune, revue littéraire pour la défense de la culture«,* die von Romain Rolland und Aragon herausgegeben wurde und in der kurz darauf, im Mai 1938, Eluards Gedicht über den spanischen Bürgerkrieg: *Les vainqueurs d'hier périront* (»Die Sieger von Gestern werden zugrunde gehen«) erschien (in Heft 57, S. 1054–1055; dasselbe Gedicht wurde später in *Chanson complète* aufgenommen). Breton zufolge war dies damals der Anlaß zum Bruch zwischen ihnen: »Und zwar genau auf folgende Weise: Als ich in Mexiko erfuhr, daß Gedichte von Eluard in der Zeitschrift ›*Commune*‹, dem Organ der ›Maison de la culture‹ erschienen waren, beeilte ich mich natürlich, ihn brieflich über die unqualifizierten Methoden zu unterrichten, welche diese Organisation gegen mich angewendet hatte, und ich zweifelte überhaupt nicht daran, daß er sich ihr gegenüber sofort distanzieren würde. Ich erhielt jedoch keine Antwort von ihm, und nach meiner Rückkehr war ich höchst erstaunt von ihm zu hören, daß eine solche Mitarbeit seinerseits keine besondere Solidarisierung impliziere, daß er davon überzeugt sei, ein Gedicht könne man wegen seiner eigenen Qualitäten überall vertreten, wobei er in den vergangenen Monaten nicht minder bereitwillig für faschistische Publikationen – das waren seine eigenen Worte – in Deutschland und in Italien geschrieben hat. Ich begnügte mich mit der Bemerkung, daß eine solche Haltung die Aufkündigung jeder Übereinkunft zwischen uns nach sich ziehe und daß dadurch jedes weitere Miteinander hinfällig sei. Seither haben wir uns nie wieder gesehen ...« (Breton, *Entretiens,* Gallimard, 1969, S. 191).

Ohne diese Aussage Bretons in Frage stellen zu wollen, kann man sich jedoch auch vorstellen, daß die Dinge sich anders zugetragen haben, und zwar »genau auf folgende Weise«. Aus der Korrespondenz von Eluard an Gala geht recht deutlich hervor, daß diese Veröffentlichung eines Gedichts in der Zeitschrift *»Commune«* Differenzen, die schon seit längerem zwischen ihnen bestanden und wiederholt zu »Krisen« geführt hatten (so 1934 und 1936), im nachhinein nur bekräftigte. Wenn dem nicht so wäre, könnte man mit Recht sich fragen, warum dieser endgültige Bruch nicht schon früher erfolgt war, beispielsweise anläßlich der Veröffentlichung von *Novembre 1936* in der *»Humanité«,* was Eluard vielleicht erwartet hatte (»Ich ahne, wie Breton darüber denken wird«; vgl. Anm. 3 von Brief 225). Es sei noch bemerkt, daß Eluard seit über einem Jahr schon Bretons Namen in seinen Briefen an Gala nicht mehr erwähnte (seit Brief 234, August 1937), was er früher sonst regelmäßig getan hatte.

2 Die Umfrage über die »Notwendigkeit der Poesie« (siehe Briefende) wurde im Oktober 1938 in *»Cahiers G. L. M.«,* Heft 8, veröffentlicht. Der Text dieser kurzen Umfrage stammte von René Char, der ihn jedoch selbst nicht unterschrieben hat. In einem Interview Robert Lebels mit Max Ernst beschrieb dieser Bretons Verhalten so: »Ich hatte schon lange bei den Surrealisten Symptome zyklischer Exaltiertheit, gefolgt von Depressionen beobachtet. Der sonst so klardenkende Breton war selbst gegen diese Krisen nicht gefeit. Erinnerst Du Dich ... er hatte die Mitglieder seiner Gruppe aufgefordert, die Lyrikpublikationen Eluards mit allen möglichen Mitteln zu boykottieren (es war im Jahr 1939, und Eluard hatte es abgelehnt, sich zum Trotzkismus bekehren zu lassen)« (Max Ernst, *Ecritures,* N. R. F., 1970, S. 422). In *Propos et présence* (P. Gonthier, Seghers, S. 28) erinnert sich Max Ernst sogar daran, daß es Hans Bellmer war, der »Sendbote des Chefs«, der die Weisung überbrachte, daß »jedes Mitglied der surrealistischen Gruppe sich verpflichten sollte, Eluards Dichtkunst mit allen verfügbaren Mitteln zu sabotieren. Jede Verweigerung würde den Ausschluß nach sich ziehen ...«

3 Diese Antwort findet sich im Gesamtwerk bei Gallimard. Eluard nennt *Les champs magnétiques, L'union libre* und *Nadja* von Breton, sowie Gedichte von B. Péret ohne Titelangabe. Bei den Gedichten von Malern nannte er unter anderem *Der große Masturbator* von Salvador Dali.

4 Dalis Antwort in Heft 9 *»Cahiers G. L. M.«* (März 1939): »Für mich: Ruben Dario, Lautréamont, Paul Eluard, Péret, Gongora.«

5 Siehe Anm. 1 von Brief 237. Die Luxusausgabe umfaßt 15 Exemplare auf Japanpapier imperial.

6 Zeitungsausschnitt, der an den Brief geheftet war: Die letzten Zeilen sind von Eluards Hand: »Antwort an G. L. M.: 6, rue Huyghens, Paris XIV«.

Brief 247

1 *L'homme qui a perdu son squelette,* Roman von Hans Arp, Leonora Carrington, Marcel Duchamp, Paul Eluard, Max Ernst, Georges Hugnet, Henri Pastoureau, Gisèle Prassinos u. a., erschien in *»Plastique«,* Paris, Heft 4 und 5, 1939. Im fünften Kapitel, *La sirène de luxe et la sirène ordinaire* ⟨»Die Luxus-Sirene und die gewöhnliche Sirene«⟩, das Max Ernst allein geschrieben hat, werden »... Tyves und Tanja-

min ⟨Yves Tanguy und Benjamin Péret⟩ beauftragt, die Kunden der Kartenlegerin ⟨Breton?⟩ einzuführen ...« Über die Autorenschaft der anderen, namentlich Eluards, ist nichts bekannt.

2 *Donner à voir,* Paris, Gallimard, 3. Juni 1939.

3 Dali hat diese Antwort allein unterschrieben.

Brief 248

1 Wie es scheint, ging vielmehr der zweite Brief verloren, jener, in dem Eluard den Erhalt des Geldes bestätigt (Vgl. Brief 247).

2 Vor diesem letzten Satz hatte Eluard den aktuellen Dollarkurs genannt: »90 × 38 = 3420) und 80 frs. Ich habe sie für 38 frs bekommen. Und ich habe nur 10-Dollar-Scheine. Ich kann leider nicht warten, bis ich die, die mir bleiben, noch umtauschen kann.« Der ganze Absatz wurde durchgestrichen.

Brief 249

1 In einer Meldung der französischen Tageszeitung *»Paris-Soir«* vom 18. März 1939 (S. 4) hieß es: »Der Maler Dali und ›sein Narzißmus-Komplex‹ lösen in New York einen Skandal aus ...«
Dali hatte im Auftrag des Warenhauses Bonvit-Teller in der Fifth Avenue zwei Schaufenster dekoriert und dabei ein Arrangement geschaffen, das den »Narzißmus-Komplex darstellte, der durch mehrere Gegenstände symbolisiert wurde: eine mit Wasser gefüllte Badewanne, in der Narzissen schwammen, einen Spiegel und eine Wachspuppe ohne Kopf in einem grünen Négligé«.
Bald hatte sich vor der Auslage eine Menschenansammlung gebildet, und der Geschäftsleiter des Hauses beschloß die »etwas gewagte« Gestaltung zu verändern und die »staubbedeckten, an den Tod gemahnenden« Wachsfiguren durch gewöhnliche neue Schaufensterpuppen aus Pappmaché, die »unsympathisch und stupsnäsig waren«, zu ersetzen (S. Dali, *Lettre ouverte à Salvador Dali,* Albin Michel, 1966, S. 41). Als Dali am Tag darauf diesen Eingriff in sein Werk entdeckte, ging er zur Geschäftsleitung, trug seine Beschwerde vor und verlangte, daß man seinen Namen aus der Auslage entferne. Der Geschäftsleiter lehnte das aber ab. Dali ging daraufhin ins Erdgeschoß, stieß die Schaufensterpuppen um und hob die Badewanne an, um das Schaufenster unter Wasser zu setzen. Dabei entglitt ihm die Wanne und stieß so heftig in die Scheibe, daß diese in tausend Scherben zerbarst. Dali wurde von einem Detektiv festgenommen und auf das Polizeirevier geführt. Er wurde schließlich dazu »verurteilt, für die Kosten der zerschlagenen Schaufensterscheibe aufzukommen« (S. Dali, *Das geheime Leben ...,* S. 465).

2 Die Surrealisten, die sich im Café »Les deux Magots« trafen. Es handelt sich ganz offenbar um Breton und seine Anhängerschar.

Brief 250

1 Der »dicke Prosaband« bekam den Titel *Donner à voir* und erschien am 3. Juni 1939, das »Gedichtbändchen« kam am 6. Mai unter dem Titel *Chanson complète* heraus.

Brief 252

1 In seinem »Geheimen Leben« erzählt Dali, wie er sich entschied, im Herbst 1939 nach Arcachon zu fahren: »Zurück in Paris nahm ich mir die Karte vor und plante meinen Winterfeldzug, wobei ich versuchte, die Möglichkeit einer Nazi-Invasion mit gastronomischen Annehmlichkeiten zu kombinieren... Schließlich legte ich den Finger auf einen nostalgischen Punkt der französischen Küche: Bordeaux. Das müßte einer der letzten Punkte sein, den die Deutschen erreichen würden, falls sie, was mir äußerst unwahrscheinlich erschien, siegen sollten... Arcachon! Das ist es! Ein paar Kilometer nur von Bordeaux entfernt... Drei Tage nach unserer Ankunft in Arcachon wurde der Krieg erklärt...«
(S. Dali, *Das geheime Leben...*, S. 471).

Brief 253

1 Eluard wurde am 3. September 1939 mit dem Dienstgrad eines Oberleutnants mobilisiert und als Offizier der Intendantur dem Verpflegungslager von Mignères-Gondreville (Département Loiret) zugeteilt.

2 Auf Exemplar 6 von *Blason des fleurs et des fruits* (»Loblied der Blumen und Früchte«), das Eluard im November 1940 15mal handschriftlich kopierte, befindet sich eine handgeschriebene Notiz von Valentine Hugo (vom 5. Januar 1967): »Im September 1939 bewohnte Eluard... ein Zimmer im Hotel Maison Ferney von Pannes, ein paar Kilometer von Minières-Gondreville. Seine Frau Nusch wartete dort auf ihn. Tagsüber kam er nur selten nach Hause, aber stets am Abend und zur Nacht. In ihren Briefen hatten mich Nusch und Eluard gebeten, sie doch zu besuchen, so fuhr ich am 27. September zu ihnen. Ich glaube, es war dieses kleine Zimmer in Pannes, wo Eluard mir Gedichte vorlas, an denen er damals schrieb; es war *Le blason des fleurs et des fruits...*«

3 In der *»Nouvelle Revue Française«*, 1. November 1939, Nr. 314, S. 673–676: *Pour vivre ici* (»Um hier zu leben«); dieses Gedicht erschien in *Le livre ouvert* (»Das offene Buch«). Jean Paulhan, die »graue Eminenz« der französischen Literatur, der nach Jacques Rivières Tod im Jahr 1925 die Leitung des Verlages N. R. F. übernahm, hatte Paul Eluard schon im Jahr 1919 André Breton vorgestellt. Dieser bemerkt in seinen »Gesprächen«: »Bevor Eluard einer der unseren wurde, war er Jean Paulhans Freund und teilte lange Zeit dessen Gedanken,

pflegte auf dem Gebiet der Lyrik dieselben gelehrten Einwendungen in Sachen Sprache.«

Brief 255

1 Gala sammelte Fliegen. Wir haben den Brief, in dem Eluard ihr von seiner »Suche nach der zweiten Fliege« spricht, nicht gefunden. Im darauffolgenden Brief (vom 9. Juni) teilte Eluard Gala mit, daß »die zweite Fliege verkauft ist«.

2 Luc Decaunes blieb während des ganzen Krieges in deutscher Gefangenschaft.

Brief 257

1 Nach dem Debakel zogen sich die Einheiten der militärischen Verwaltungsbehörde bis nach Saint-Sulpice am Tarn zurück.

Brief 258

1 »Juni (1940). Der Vormarsch der deutschen Truppen im Südwesten Frankreichs zwingt die Dalis zum erneuten Aufbruch. Sie verlassen Bordeaux, das beschossen wird, überschreiten die Grenze nach Spanien zwei Tage, bevor die Deutschen die Brücke von Hendaye besetzen. Gala reist nach Lissabon, um die Überfahrt nach den Vereinigten Staaten zu organisieren. Währenddessen besucht Dali seinen Vater in Figueras und verbringt eine Woche in Madrid, bevor er sich wieder mit Gala trifft und für acht Jahre Europa verläßt« (*La vie publique de Salvador Dali,* Centre Pompidou, 1980, S. 88).

Brief 259

1 Dali und Gala trafen am 16. August in New York ein.

2 Das Entlassungsdokument, das im Album der »Pléiade« abgebildet ist (S. 255), trägt das Datum vom 19. Juli 1940.

Brief 260

1 Den Anfang des Briefes hat Cécile Grindel geschrieben. Wir haben auf einen Abdruck hier verzichtet.

2 *Le livre ouvert I* (1938–1940), Paris, Cahiers d'Art, 1940.

Brief 261

1 Ende 1942 hatten Eluard und Nusch ihre Wohnung in der Rue de la Chapelle 35 verlassen und waren in die Rue de Tournon umgezogen, wo sie inkognito lebten. Im November 1943 suchten sie Zuflucht in Saint-Alban-sur-Limagnole im Département Lozère, wo sie in der psychiatrischen Anstalt des Docteur Bonnafé neben anderen Widerstandskämpfern Unterschlupf fanden. Dort blieben sie bis Februar 1944. Und dort schrieb Eluard einige Gedichte, die 1946 in den von

Gérard Vulliamy illustrierten Band *Souvenirs de la maison des fous* (»Erinnerungen an das Irrenhaus«) aufgenommen wurden.
2 Ihr Anteil an den urheberrechtlichen Einnahmen Eluards (siehe Brief 263). Eluard und Gala hatten 1917 geheiratet.
3 *Au rendez-vous allemand* (»Das deutsche Stelldichein«) kam am 15. Dezember 1944 heraus. Die zweite, erweiterte Auflage von *Poésie et vérité 1942* (»Dichtung und Wahrheit 1942«) erschien am 7. April 1945.
4 *Le livre ouvert I–II* (»Das offene Buch«; es entstand zwischen 1938 und 1944) erschien erst 1947.
5 *À Pablo Picasso,* Genf, Paris, Éditions des Trois Collines, 18. Dezember 1944.

Brief 263
1 Einer der ursprünglich zwölf Mitglieder des »Zodiaque«, einer Gruppe von Kunstfreunden, die im Januar 1933 gegründet worden war und Salvador Dali den regelmäßigen Ankauf eines Teiles seiner Produktion sicherten.

Brief 264
1 Ehemals Rue de la Chapelle.
2 Louis Parrot, *Paul Eluard,* mit einer Studie von Louis Parrot, einer Auswahl von Gedichten, unveröffentlichten Texten, Zeichnungen, einer Biographie, Porträts, bei P. Seghers, Paris, *Poésie 44*, 1944. Eine zweite erweiterte Auflage erschien am 15. September 1945. In diesem Buch von Louis Parrot steht nichts, was Gala derart hätte beunruhigen können.
3 In *The secret life of Salvador Dali,* das 1942 erschien (siehe Anm. 1 von Brief 62).
4 Cécile Grindel hatte nach dem Krieg den Maler Gérard Vulliamy geheiratet (dieser schuf die Illustrationen für *Souvenirs de la maison des fous,* 1944).
5 Die Zeitschrift *»VVV«* wurde von André Breton, Marcel Duchamp und Max Ernst herausgegeben (Nr. 1: Oktober 1942; Nr. 2–3: März 1943; Nr. 4: Februar 1944). Diese surrealistische Publikation war während des Krieges von Breton in den Vereinigten Staaten gegründet worden. Es ist kaum wahrscheinlich, daß Eluard mit dem Scherznamen »Lümmel« Breton meint (den er im folgenden Brief »Monsieur Breton« betitelt). Das war vielmehr der Spitzname, den Eluard Dali gegeben hatte. Aber dieser war mit Breton zerstritten und wollte an der Zeitschrift »VVV« nicht mitarbeiten. Vielleicht ist Max Ernst, der Mitherausgeber der Zeitschrift, damit gemeint? Viel wahrscheinlicher ist wohl, daß »VVV« hier für die Zeitschrift *»Dali News«* steht, die Dali in Amerika herausgab.

6 Marie-Laure de Noailles. Siehe Anm. 3 von Brief 67.
7 *Poésie Ininterrompue* (D) ⟨Paris⟩, Gallimard, 3. Januar 1946.

Brief 265

1 Am 5. April hielt Paul Eluard in Prag einen Vortrag zum Thema *La poésie au service de la vérité* (»Die Dichtkunst im Dienste der Wahrheit«), und am 9. April einen weiteren Vortrag über die zeitgenössische Dichtung in Frankreich. Den ersten Vortrag hielt er dann noch einmal am 12. in Bratislava. Von der Tschechoslowakei aus fuhr er nach Italien, wo er ebenfalls Vorträge hielt. Danach reiste er durch Jugoslawien und Griechenland. Diese Reise dauerte über drei Monate (siehe nächsten Brief).
2 André Breton, *Arcane 17*, Brentano's, New York, 1945.

Brief 266

1 *Dali News, Monarch of the Dailies;* die erste Nummer erschien 1945 in New York anläßlich der Dali-Ausstellung in der Bignou Gallery.
2 Der Band *Choix de poèmes,* der zum erstenmal 1941 erschien, kam am 15. Juli 1946 in einer zweiten, verbesserten und erweiterten Auflage bei Gallimard heraus.

Brief 267

1 Drei Tage nach diesem Brief – am 28. November 1946 – erfuhr Eluard, der allein zu einem Erholungsaufenthalt nach Montana gefahren war, den plötzlichen Tod seiner Frau Nusch, die einer Gehirnblutung erlegen war.
2 Eluard arbeitete gerade am ersten Teil der Gedichtauswahl *Le temps déborde* (»Die Zeit fließt über«). *Un vivant parle pour le morts* (»Ein Lebender spricht für die Toten«) ist vom 23. November 1946 und *L'extase* (»Ekstase«) vom 24. November 1946 datiert.
Der erste Teil des Gedichts *En vertu de l'amour* (»Kraft der Liebe«) trägt das Datum vom 27. November 1946. Darauf folgt ein Alexandriner, der den Todestag von Nusch verzeichnet: *»Achtundzwanzigster November neunzehnhundertsechsundvierzig«,* und zum zweiten, schmerzlichen Teil der Auswahl überleitet:
Nous ne viellirons pas ensemble
Voici le jour
En trop: le temps déborde.
Mon amour si léger prend le poids d'un supplice.
(Wir werden nicht gemeinsam altern / Es kam der Tag / einer zuviel: Die Zeit fließt über. / Meine so leichte Liebe lastet nun wie eine Qual.«)
3 *Le dur désir de durer,* Gedichtband mit 25 Originalzeichnungen und

einem farbigen Titelblatt von Marc Chagall, Paris, Arnold-Bordas, 11. November 1946.

4 Dieses Buch wird nie zustandekommen.

5 In bezug auf das von Chagall illustrierte Buch. Dali betrachtete Chagall als den »unfähigsten Maler von heute« (Dali, *Entretiens avec A. Bosquet,* P. Befond, 1966, S. 119).

6 Breton war im Frühjahr 1946 aus den Vereinigten Staaten zurückgekehrt.

7 Im Frühjahr 1942 hatte Eluard seinen Antrag auf Wiederaufnahme in die kommunistische Partei gestellt, die sich damals in der Illegalität befand.

8 Das Gedicht *La puissance de l'espoir* (»Die Macht der Hoffnung«), vom 3. November 1946, wurde in die 3. Auflage von *Choix de poèmes* (1951) mit folgender Anmerkung aufgenommen: »Dieses Gedicht, das am 28. ⟨29.⟩ November 1946 in den *»Lettres françaises«* erschienen ist, war mit dem Namen Didier Desroches gezeichnet. Der Verfasser wollte über persönliche Schreibgewohnheiten hinwegkommen«. In *Derniers poèmes d'amour* (1962), einer Auswahl, in die alle Gedichte von *Le temps déborde* aufgenommen worden sind, wurde *La puissance de l'espoir* als Faksimile des Manuskriptes mit verschiedenen Schreibversuchen für ein Pseudonym abgedruckt: Jean la Rude (zweimal unterstrichen) – Rudale – Durale – Rulade – Larude – Denis Donne (zweimal unterstrichen) – Didier Desroches (dreimal unterstrichen). Unter diesem zuletzt angeführten Pseudonym erschien *Le temps déborde* in den *»Cahiers d'Art«* (am 16. Juni 1947), mit Fotos von Nusch, von Dora Maar und Man Ray.

9 In Clavadel hat Eluard während der gemeinsamen Zeit mit Gala seine ersten Gedichte geschrieben.

10 Stanley-William Hayter, Graveur; er arbeitete 1938 mit an der Illustration von *Solidarité* und schuf ebenfalls 1938 allein die Illustrationen für *Facile proes* (»Leichte Beute«).

Brief 268

1 Der Anfang des Briefes wurde von Cécile Grindel geschrieben.

2 Madame Grindel weigerte sich bis zu ihrem Tode, noch einmal ihr Haus zu verlassen.

3 Eluards sonst so gleichmäßige Schrift ist hier etwas zittrig.

Brief 269

1 Jacqueline und Alain Trutat. Ihnen widmete Eluard seinen Gedichtband *Le temps déborde:* »Für J. und A., letzte Glanzlichter meiner Liebe, die alles getan haben, um die über mich hereinbrechende Nacht zu verdrängen.«

Für Jacqueline schrieb Eluard das Gedicht *Corps mémorable.* Der Auswahl ist ein Widmungsgedicht vorangestellt:
»Ah! mille flammes, un feu, la lumière,
Une Ombre!
Le soleil me suit,
Jacqueline me prolonge.«
(»Ah! Tausend Flammen, ein Feuer, das Licht, / Ein Schatten! / Mir folgt die Sonne, / Durch Jacqueline dauere ich fort.«)
Und ebenfalls Jacqueline wurde 1950 das Gedicht *Une leçon de morale* gewidmet: »Für Jacqueline, die mir erneut das Leben schenkte.«
Le temps déborde wurde am 16. Juni 1947 ausgeliefert. Am selben Tag schrieb Eluard an Roland Penrose: »... Ich bin die letzte Zeit nur mit großer *Not* über die Runden gekommen. Diese Not ist nun vielleicht ein wenig gemildert; aber ich habe noch nicht resigniert. Der Schmerz hat nachgelassen, aber das Gefühl der Leere hat sich verdichtet, ist wirklich unerträglich geworden ... Ich muß mich sowieso zusammenreißen, um das Haus zu verlassen – und die beiden jungen Freunde, die mir seit Nuschs Tod regelrecht das Leben gerettet haben ...« (Dieser Brief wurde im Vorwort der »Oeuvres complètes«, Bd. 1, abgedruckt).

2 Shakespeare, *Macbeth,* mit dreizehn Zeichnungen von S. Dali, Doubleday, New York, 1946.

3 *Voir,* Gedichte, Gemäldereproduktionen, Zeichnungen, bei Editions des Trois Collines, herausgegeben am 30. April 1948. *L'âne pourri* (»Der Eselskadaver«, 1928) erschien als Reproduktion mit dem Gedicht *Salvador Dali* aus *La vie immédiate.*

Brief 270

1 Caresse Crosby, reiche Amerikanerin, war mit Dali und Gala befreundet. Sie begleitete die beiden während ihrer Überfahrt nach Amerika. Im Haus von Caresse Crosby hat Dali während des Krieges sein Buch »Das geheime Leben« geschrieben.

2 Cervantes, *El ingenioso Hidalgo Don Quixote,* New York, Random House, 1946.

Register*

* Bezieht sich auf die in den Eluard- und Gala-Briefen erwähnten Namen

Danksagung

Wir möchten an dieser Stelle all jenen danken, die unsere Aufgabe erleichtert haben: Cécile Eluard, François Chapon, Bibliothekar an der Bibliothèque littéraire, Jacques Doucet, Jean Rollin, Konservator am Museum von Saint-Denis, Robert Valette, André Thirion, Paul Destribats, Etienne Alain Hubert, Nicole Boulestreau, Philippe Peltier und Jean-Louis Paudrat.

Goethe an Cornelia

Die dreizehn Briefe an seine Schwester
Herausgegeben von André Banuls

192 Seiten, gebunden

Ausbruch des Genies: Leidenschaftlich und launig schreibt der 17jährige Student Goethe aus Leipzig an seine Schwester lange Briefe über seine Eindrücke, Ansichten, Projekte, schickt ihr Verse, gibt ihr Ratschläge, will sie lenken und bilden …
Er tut dies nicht nur in Deutsch, sondern auch oft in Englisch und vor allem in Französisch, der Sprache Friedrich des Großen, der Zarin Katharina, des damaligen gebildeten Europas.
Zum ersten Mal werden hier diese Briefe in einer vollständigen deutschen Übertragung dem Publikum geboten.

Hoffmann und Campe